Ouvrage dirigé par Jean-Paul Charvet

avec la participation de François Carré,
Jean-Louis Chaléard, Gilles Fumey,
Frédéric Landy, Marie-Claude Maurel,
Hervé Théry

Nourrir les hommes

CNED – éditions sedes

Ouvrage dirigé par Jean-Paul Charvet

Les auteurs :

Jean-Paul Charvet, Professeur de géographie à l'université de Nanterre (Paris X).

François Carré, Professeur de géographie de la mer à l'université de Paris-Sorbonne.

Jean-Louis Chaléard, Professeur de géographie à l'université Paris-I Panthéon-Sorbonne.

Gilles Fumey, Maître de conférences de géographie à l'université Paris-IV Sorbonne.

Frédéric Landy, Professeur de géographie, à l'université Paris X-Nanterre (laboratoire Gecko).

Marie-Claude Maurel, Directrice d'études à l'EHESS et directrice du Centre français de recherche en sciences sociales de Prague.

Hervé Théry, Directeur de recherche au CNRS-Credal, Professeur invité à l'Universidade de São Paulo (USP), chaire Pierre Monbeig.

Cartographie :

Julie Robert, cartographe-géomaticienne à l'université Paris-X Nanterre

Illustration de couverture : © Philippe Fouchard (fouchardphotographe.travelblog.fr)
Maquette de couverture : Atelier Didier Thimonier

ISBN : 978-2-301-000-347

www.editions-sedes.com
www.cned.fr

Armand Colin Éditeur • 21, rue du Montparnasse • 75006 Paris

Nourrir les hommes

Introduction

Jean-Paul CHARVET

La nourriture des hommes renvoie à trois grands groupes de besoins fondamentaux des hommes et des sociétés humaines : des besoins quantitatifs, des besoins qualitatifs et des besoins hédoniques.

La satisfaction des *besoins quantitatifs* correspond à ce que les anglophones désignent par « *food security* ». Elle ne répond, pour les francophones, qu'à un des volets de la *sécurité alimentaire* : il s'agit uniquement, dans ce cas, de mettre à la disposition des hommes suffisamment de nourriture – plus de 2 500 kcal. par jour pour un individu « moyen » vivant dans des conditions « moyennes » – afin qu'ils échappent à la sous-nutrition, aux disettes et aux famines.

La « révolution » du néolithique – l'invention de l'agriculture – a permis de progresser dans cette direction et a favorisé les premières capitalisations notables de population en Mésopotamie, en Égypte, en Chine et en Inde du Nord… Toutefois elle n'a pas pu empêcher que l'histoire du monde ait été rythmée, comme le rappelle Michel Griffon (Griffon, 2006), par des disettes et des pénuries alimentaires. Encore aujourd'hui, 850 millions de personnes – soit 13 % de la population mondiale – survivent en situation de sous-nutrition chronique, les trois quarts d'entre elles étant d'ailleurs des paysans.

Ce chiffre a même eu tendance à progresser au cours de la dernière décennie passant de 800 à 850 millions de personnes et la récente envolée des prix des principales denrées agricoles pourrait encore accroître leur nombre d'une centaine de millions de personnes selon le PAM (le Programme Alimentaire Mondial des Nations Unies). Elle a déjà déclenché des « émeutes de la faim » dans plus d'une vingtaine de pays pauvres répartis sur tous les continents, mais plus nombreux en Afrique qu'ailleurs.

Toutefois, dans le même temps, l'OMS (Organisation Mondiale de la Santé) a pu recenser plus d'un milliard de personnes en situation de surpoids, dont plus de 300 millions d'obèses, qui se trouvent principalement, mais pas uniquement, dans des pays riches (Charvet, 2007).

La satisfaction des *besoins qualitatifs* est désignée en anglais par « *food safety* ». Cette expression fait référence à la sécurité sanitaire des aliments : il s'agit pour les consommateurs de pouvoir se procurer une nourriture saine, les mettant en particulier à l'abri des risques d'allergies et/ou d'intoxication. Les crises sanitaires des deux dernières décennies – listéria, aliments contaminés par la dioxine, bœuf aux hormones, crise de la « vache folle », grippe aviaire… – ont contribué, d'autant plus qu'elles ont été largement surmédiatisées, à une sensibilisation accrue des populations des pays riches aux composantes qualitatives de l'alimentation. D'où le succès croissant auprès des consommateurs de productions obtenues sous signe de qualité (AOC, labels, bio...) et les progrès considérables réalisés dans l'Union européenne et en particulier en France au sujet de la traçabilité des aliments depuis les exploitations agricoles jusqu'aux assiettes des consommateurs finaux. De façon paradoxale, les consommateurs n'ont jamais été autant sensibilisés qu'aujourd'hui à la qualité sanitaire de leurs aliments que depuis la quasi-élimination des risques très réels qui existaient jadis dans ce domaine. La mortalité liée à des intoxications alimentaires est devenue aujourd'hui infime dans les pays riches.

D'autres dimensions qualitatives sont liées aux déséquilibres de certains régimes alimentaires. Il y a ceux qui comportent des consommations excessives de sucres, de sel, de produits gras..., ce qui favorise le surpoids et l'obésité. Mais il y a aussi environ deux milliards de personnes – soit plus de 30 % de la population mondiale – dont les régimes alimentaires, satisfaisants sur le plan quantitatif, présentent des carences plus ou moins marquées en vitamines (dont la vitamine A), en différents oligoéléments (fer, zinc...) et surtout en protéines, en particulier d'origine animale. Or on sait que la pleine réalisation de toutes les potentialités à la fois physiques et intellectuelles d'un individu passe par une consommation suffisante de ces différents éléments et en particulier de vitamines et de protéines. Il n'est toutefois pas indispensable d'en consommer des quantités massives.

La satisfaction de *besoins hédoniques* constitue une composante incontournable de la nourriture des hommes : le chapitre 7, portant sur « l'alimentation de qualité » lui sera plus particulièrement consacré. Ces besoins hédoniques entretiennent des relations étroites avec les spécificités culturelles propres aux différentes populations et civilisations de la planète. Ils peuvent également correspondre, à des échelles plus grandes, à des « traditions » nationales ou régionales. Ils s'expriment au travers d'une très grande diversité de cuisines qui ont souvent aujourd'hui essaimé au-delà de leurs aires d'origine. Dans le contexte de la mondialisation des échanges il est devenu banal de pouvoir choisir dans les grandes métropoles – qui constituent les moteurs, mais aussi les miroirs de la mondialisation – entre un nombre toujours plus important de restaurants et de cuisines « ethniques » qui proviennent du monde entier. Les plaisirs de la « bonne chère » ne relèvent cependant pas seulement de la restauration hors domicile : ils se trouvent également souvent satisfaits dans les cadres conviviaux de repas familiaux ou amicaux.

Lorsque l'on passe de l'échelle des individus et des familles à celle des États les différents volets de la *sécurité alimentaire* amènent à poser la question géopolitique de la *souveraineté alimentaire*. Les États jouent un rôle décisif dans le contrôle de la qualité des denrées alimentaires qui sont produites sur leur sol national, ou qu'ils importent, en fonction de normes qui leur sont propres et qu'ils fixent eux-mêmes, qu'il s'agisse de productions végétales – comme celles de plantes OGM – ou de productions animales telle la viande de bœuf aux hormones.

Sur un plan quantitatif, le débat porte sur la question plus globale de la capacité des agricultures nationales à couvrir les besoins alimentaires nationaux. Dans un contexte où le recours au marché mondial est devenu de plus en plus fréquent, même des pays riches comme la Suisse ou le Japon qui disposent de moyens financiers très importants leur permettant d'importer aisément de grandes quantités, y compris à des prix élevés, de denrées alimentaires, encouragent leurs agriculteurs nationaux à produire le plus possible. Pour les pays pauvres se pose non seulement en terme de politique alimentaire, mais de politique tout court, la question du « *droit des peuples à se nourrir eux-mêmes* ». Bien des agricultures de pays pauvres ont été, dans le passé, déstabilisées par des importations de denrées alimentaires à bas prix. Aujourd'hui, ces pays sont les premiers à être touchés par l'envolée des cours des denrées agricoles. Une dépendance excessive vis-à-vis d'importations alimentaires peut affecter non seulement la sécurité et la souveraineté alimentaires, mais également la souveraineté politique d'un État. C'est particulièrement le cas avec l'aide alimentaire qui passe le plus souvent par des relations bilatérales entre États (Charvet, 2007). Mais, en dehors même des circuits de l'aide alimentaire, le fait que les pays du sud et de l'est de la Méditerranée forment désormais ensemble le principal pôle déficitaire – et de plus en plus déficitaire – en grains de la planète constitue une donnée géopolitique majeure à mettre en parallèle avec leur rôle de premier plan pour les exportations de produits énergétiques.

Les différents points qui viennent d'être évoqués soulignent déjà que les productions agricoles et d'origine aquatique ne constituent pas l'unique dimension à prendre en compte lorsque l'on traite de l'alimentation des hommes, même si l'agriculture en constitue un élément majeur. Il convient en effet de la replacer dans son contexte et d'envisager en même temps les caractéristiques et les évolutions de la consommation alimentaire, avec leurs diversités géographiques, ainsi que les échanges de produits agricoles et agroalimentaires entre régions et entre pays. La notion qui permet de résumer de la façon la plus simple cette approche globale est celle de *système alimentaire ou agroalimentaire.*

On peut faire remonter les premiers développements de cette approche globale aux travaux pionniers du géographe Max Sorre (Sorre, 1951). Dès le début des années 1950, il avait souligné les liens très étroits existant entre régimes alimentaires et productions agricoles au travers de la notion de « céréale de civilisation » : il opposait en particulier les aires de consommation-production du riz asiatique, du maïs américain et du blé « européen ». Un type d'approche assez comparable a été repris au début des années 1970 par l'économiste agricole Louis Malassis (Malassis, 1973) dans l'étude qu'il a consacrée au « modèle » de consommation et de production alimentaire qu'il appelle « occidental » ou « marchand ». Il en a décrit avec beaucoup de précision les flux, les aspects capitalistiques (consommateurs de capitaux), l'industrialisation, les mécanismes de formation des prix... Il a défini ce modèle de consommation aujourd'hui très largement répandu dans la plupart des pays riches comme « un modèle à haut niveau énergétique et protéique, à pourcentage croissant de protéines animales, basé sur la consommation de denrées alimentaires industrialisées et diversifiées, produites et diffusées par un appareil de production-distribution de plus en plus industrialisé et capitalisé, rendant possible la consommation de masse » (Malassis, 1973). Il a montré comment, dès cette époque, ce modèle avait commencé à se diffuser, pour certaines catégories favorisées de population, dans différents pays en développement.

Partant des travaux de Louis Malassis, un de ses élèves, l'économiste Jean-Louis Rastoin a proposé, au début des années 2000, une définition à la fois concise et claire de la notion de système alimentaire ou agroalimentaire. Pour lui un système alimentaire correspond à « la façon dont les hommes s'organisent pour consommer et produire leur nourriture » (Rastoin et Ghersi, 2000). Dans une publication récente (Charvet, 2007) j'ai pensé utile d'insister sur les dimensions spatiales ou territoriales qui se trouvent implicitement contenues dans cette définition en les explicitant. Dans le présent ouvrage nous considérerons donc les « *systèmes alimentaires ou agroalimentaires* » comme « *la façon dont les hommes s'organisent et organisent l'espace aux différentes échelles afin de consommer et de produire leur nourriture* ».

Cette notion déborde donc très largement le seul domaine de la production agricole, aussi bien en direction de son amont que de son aval : les politiques agricoles elles-mêmes sont le plus souvent à la fois des politiques alimentaires et des politiques agricoles. Le cas français permet d'en mesurer concrètement l'ampleur. On ne comptait plus en France en 2005 que moins d'un million d'agriculteurs, représentant moins de 4 % de l'ensemble de la population active, et moins de 550 000 exploitations agricoles, dont seulement 350 000 exploitations professionnelles. Mais si, pour la même date, on additionne les emplois se situant en amont de l'agriculture (dans les « agrofournitures », dans l'enseignement et la recherche publiques ou privés...) et ceux qui se placent en aval (dans l'artisanat et les industries agroalimentaires, dans la distribution alimentaire et la restauration hors foyer...) on arrive à plus de 3,5 millions d'emplois, soit 12 % de la population active française, donc *au premier secteur d'emploi du pays*... Cette situation est très comparable à celle des États-Unis où les agriculteurs représentent désormais moins de 2 % de la population active, mais où l'« agrobusiness » dans son ensemble mobilise plus de 15 % de la population active. Rappelons aussi qu'*à l'échelle de la planète les seuls agriculteurs constituent encore 45 % de la population active mondiale*, sans prendre en compte les activités d'amont et d'aval et que leur nombre continue à progresser malgré l'exode rural.

Le **tableau 1** établi à partir de celui proposé par Jean-Louis Rastoin, mais en lui apportant quelques modifications et compléments, permet de retracer de façon très schématique les principaux stades d'évolution des systèmes alimentaires. La réalité est bien entendu nettement plus complexe : il ne faut voir là que des points de repère permettant de resituer les situations observées les unes par rapport aux autres, étant entendu que tous les stades d'évolution coexistent sur notre planète.

Tableau 1 – Les quatre stades d'évolution des systèmes alimentaires

Stade	Modes de consommation (%)		Répartition du prix final du produit alimentaire entre les différents acteurs (%)			« Food miles » (kilomètres alimentaires)
	Domicile	Restauration hors foyer	Agriculteurs	Industriels	Services	Distances parcourues par les produits alimentaires
Agricole	100	–	100	0	0	–
Artisanal	90	10	70	20	10	↗
Agro-industriel	70	30	30	40[a]	30	↗↗
Agro-tertiaire	50	50	10	35	55[b]	↗↗↗

a. Première, seconde, troisième... transformations.
b. Publicité, transport, grande distribution, restauration rapide etc.

Sources : D'après Jean-Louis Rastoin et Gérard Ghersi, La Documentation Française, Documentation photographique n° 8059, sept.-oct. 2007.

Dans le stade de départ – *le stade agricole* – la quasi-totalité de ce qui est consommé est produite sur place : production et consommation familiales se confondent ; l'alimentation des animaux (quand il y en a) est fondée sur l'autoapprovisionnement et celle des hommes sur l'autoconsommation. Ceci correspond à des situations où la population agricole et rurale représente plus de 90 à 95 % de la population totale. Les échanges, même s'il y en a toujours un peu, sont particulièrement limités. À ce stade la quasi-totalité de la valeur des denrées alimentaires produites va aux agriculteurs eux-mêmes. Une telle situation qui a été très fréquente jadis – en particulier dans les sociétés très peu urbanisées ou à certaines époques de déclin de la vie urbaine – apparaît de moins en moins représentée aujourd'hui sans pour autant avoir disparu : on la rencontre dans certains pays pauvres, dans des régions situées très à l'écart des moyens de transport modernes. Les paysans y sont en général particulièrement pauvres.

Au stade suivant – *le stade artisanal* – l'approvisionnement des villes commence à influencer de façon sensible la production agricole : si l'autoconsommation familiale demeure forte ou très forte dans les campagnes, une part croissante de la production se trouve commercialisée, en particulier sur les marchés urbains. Le transport des denrées alimentaires, leur transformation – même si elle se limite à une première transformation – commencent à prendre une certaine importance parallèlement au développement d'activités artisanales ou protoindustrielles qui apportent des ressources complémentaires. Dans un tel contexte on estime que 20 % du prix de vente final vont aux industriels et artisans et 10 % aux négociants. Restent donc 70 % du prix de vente final pour les agriculteurs. Sur le plan géographique, les échanges demeurent essentiellement locaux et/ou régionaux.

Le stade agro-industriel est marqué par une nette progression de la consommation alimentaire hors foyer qui atteint 30 %. Ces repas sont pris dans des restaurants, mais aussi dans des cantines d'écoles, d'entreprises, d'hôpitaux... Les aires d'approvisionnement s'élargissent de l'échelle régionale aux échelles nationale et internationale et les transports de produits alimentaires s'effectuent sur de bien plus grandes distances. Les produits consommés subissent davantage d'opérations de conditionnement et de transformation industrielle. Dans ce nouveau contexte le maillon agroindustriel devient le maillon principal à partir duquel les opérations les plus importantes s'organisent : c'est lui qui assure le pilotage de filières agroalimentaires de plus en plus complexes. Cette intégration économique permet de passer à des productions de masse normalisées. À ce stade, c'est le segment agro-industriel qui récupère la majeure partie du prix final payé par le consommateur (40 %) contre 30 % pour les services et 30 % pour les agriculteurs. Sur un plan géographique, certains approvisionnements peuvent devenir mondiaux comme le soulignent en particulier l'exemple des élevages industriels européens qui font venir leurs aliments de différents continents ou les approvisionnements en fruits et légumes qui jouent sur l'inversion climatique entre les deux hémisphères. Les « food miles » ou « kilomètres alimentaires » parcourus par certains produits agricoles et alimentaires sont alors susceptibles de prendre une ampleur considérable. Autre conséquence géographique : l'émergence et la consolidation de bassins de production agricole spécialisés, bassins céréaliers, laitiers, caféiers, cacaoyers...

Le stade ultime – *le stade agrotertiaire* – s'affirme de plus en plus aujourd'hui dans les pays riches et localement dans certains pays émergents. À ce stade, consommation alimentaire hors foyer et consommation alimentaire à domicile ont tendance à s'équilibrer. Surtout : le pilotage des filières agroalimentaires se trouve de moins en moins contrôlé par les industries agroalimentaires elles-mêmes et de plus en plus par les firmes de la grande distribution, firmes qui développent des stratégies de plus en plus mondialisées telles celles de Wal-Mart (États-Unis), de Carrefour (France), de Tesco (Royaume-Uni), de Metro (Allemagne), d'Ahold (Pays-Bas) ou d'Intermarché (France)... Le pilotage des filières agroalimentaires se trouve ainsi effectué par un aval qui se situe de plus en plus en aval par rapport à la production agricole, avec, assez souvent, de réelles tensions entre les différents segments des filières. Sur le plan géographique les « food miles » prennent une ampleur considérable en relation avec des approvisionnements de plus en plus mondialisés et ce d'autant plus que le kérosène utilisé par les avions est le seul de tous les carburants tirés des hydrocarbures à ne pas être taxé.

Tous les produits sont concernés, y compris ceux de l'agriculture biologique : en raison de leur importance, les importations de produits agricoles réalisées par le Royaume-Uni depuis l'Australie ou la Nouvelle-Zélande peuvent être ainsi à l'origine d'émissions de CO_2 non négligeables... La répartition du prix final payé par le consommateur devient dans ce nouveau contexte très peu favorable aux agriculteurs qui n'en reçoivent en moyenne que 10 % alors que 35 % vont aux industriels de l'agroalimentaire et 55 % aux services au sens large (transports, distribution, restauration rapide...). Cette répartition très inégale s'explique par l'ampleur que prennent les frais de conditionnement, de transformation, de transport, de logistique et de stockage, de services, de publicité... Un cas extrême cité par Jean-Pierre Boris (Boris, 2005) est celui du café. Dans les grandes villes des pays riches un « petit noir » pris au comptoir d'un bar peut aisément coûter 1,50 euro. À partir d'un kilogramme de café on peut en confectionner une centaine alors que le producteur de café ne touche souvent, à la sortie de sa plantation, qu'1,5 à 2 euros pour un kilogramme de café.

Alors que ces différents stades d'évolution des systèmes alimentaires et agroalimentaires coexistent – tout en entrant en concurrence – sur notre planète, il conviendra de s'interroger sur leurs *durabilités* respectives. La durabilité comporte dans le domaine agricole et agroalimentaire, comme dans d'autres domaines, trois composantes majeures : *une composante écologique et environnementale, une composante économique et, une composante sociale et éthique* (Charvet, 2006).

Sur le plan écologique, les techniques et itinéraires techniques mis en œuvre apparaissent, selon les cas considérés, plus ou moins agressifs ou plus ou moins bons gestionnaires de l'environnement. Sur le plan économique, la dépendance vis-à-vis des marchés, et en particulier des marchés mondiaux, peut être très marquée dans différents cas tel celui des agricultures de plantations tropicales ou en revanche très limitée. Sur le plan économique et social certaines formes d'agriculture ont conduit, et continuent à conduire, à une concentration toujours plus marquée des structures d'exploitation alors que d'autres permettent le maintien d'exploitations agricoles nombreuses et de structures d'exploitation moins inégalitaires.

Au-delà de la production agricole elle-même, *la durabilité des modèles de consommation alimentaire* que proposent et soutiennent à grand renfort de publicité les industries agroalimentaires doit être envisagée. Ces modèles demeurent largement fondés sur la promotion de produits comportant des proportions souvent importantes de sel, de sucres et de matières grasses... Mais, dans le même temps, un nombre croissant de ces industries propose des gammes toujours plus larges de produits « light », réputés pour avoir des vertus positives sur la santé des consommateurs.

Sur ce contexte général est venue se greffer depuis 2006 une envolée des prix de tout un ensemble de produits agricoles de base : les cours du blé, du riz et de l'orge de brasserie ont triplé, ceux du maïs et du soja ont presque doublé entre 2006 et les premiers mois de 2008 (Images Économiques du Monde, 2009)... La facture céréalière de pays gros importateurs de grains comme l'Égypte ou l'Algérie a ainsi plus que doublé entre 2005 et 2007.

Les différentes composantes de cette situation tout à fait nouvelle seront présentées dans le chapitre 1. Dans l'immédiat constatons que cette envolée des cours des « commodités » agricoles pose avec une acuité nouvelle la question de l'approvisionnement des habitants de la planète, et en particulier des plus pauvres, en denrées alimentaires. Fin 2007-début 2008, la FAO, associée à l'OCDE, et la Banque Mondiale, ont publié des études et des prospectives portant ce thème qui figure désormais aux premières places de l'actualité (FAO/OCDE, 2007 ; Banque Mondiale, 2008). Le forum de Davos qui avait jusque-là superbement ignoré les questions agricoles les a placées début 2008 au rang de ses préoccupations majeures.

Les analyses prospectives divergent à ce sujet. Philippe Chalmin, le directeur du rapport annuel *Cyclope*, laisse transparaître un certain pessimisme dans son rapport 2007 (Chalmin, 2007). Il pense que nous nous rapprochons pour les principales commodités agricoles, comme pour les hydrocarbures, de certaines limites de production et que nous entrons dans « le temps du monde fini » jadis annoncé par Paul Valéry. En revanche l'agronome et économiste Michel Griffon (Griffon, 2006) nous dit que des marges de manœuvre existent du moins tant que la production de biocarburants demeure limitée : il pense qu'une révolution « doublement verte » et qu'une « agriculture écologiquement intensive » sont possibles, n'excluant pas – *a priori* – les OGM, même si bien d'autres voies sont également à explorer dans le domaine des biotechnologies. Il propose – depuis de nombreuses années – de rapprocher davantage les agrosystèmes des écosystèmes et l'agronomie de l'écologie.

Les sérieuses atteintes portées à l'environnement par l'agriculture productiviste font que celle-ci se trouve largement remise en question, y compris par ceux qui l'ont beaucoup pratiquée. Dans ces conditions il s'agit de voir comment l'agriculture mondiale peut arriver à produire à la fois plus (la population mondiale devrait passer de 6 milliards à 9 milliards entre 2000 et 2050) et mieux ; c'est-à-dire en utilisant moins d'eau, moins d'énergie, moins de produits chimiques de synthèse, et même moins de terres agricoles, tout en préservant les paysages agraires légués par les générations qui nous ont précédé et en entretenant la biodiversité. Tout ceci alors que de nouvelles demandes adressées à l'agriculture viennent concurrencer la production alimentaire elle-même qu'il s'agisse de la production de biocarburants ou de la proposition de « services » dans le cadre d'une multifonctionnalité de plus en plus élargie. La situation actuelle autorise-t-elle véritablement à ne considérer la production de denrées alimentaires que comme une fonction parmi d'autres de l'agriculture ou doit-elle être à nouveau clairement mise en avant ? Les analyses portant sur la production agricole elle-même ne doivent-elles pas à nouveau être privilégiées ?

A cette question fondamentale qui est celle de la nourriture des hommes à court, à moyen et à plus long terme s'ajoutent des questions plus spécifiques selon les régions, les pays, les sous-continents et continents.

Pour les États-Unis (cf. chapitre 2), la question majeure demeure celle du maintien, pour des raisons autant économiques que géopolitiques, d'une position exportatrice forte. Pour l'Union européenne (cf. chapitre 2), il s'agit davantage de promouvoir des productions sous signe de qualité, de mieux gérer l'environnement et développer de façon harmonieuse ses espaces ruraux, bien qu'elle occupe désormais, grâce à ses produits agroalimentaires, la position de premier exportateur mondial. Une autre question majeure – étudiée par Marie-Claude Maurel dans le chapitre 3 – est celle de l'intégration des agricultures d'Europe centrale et orientale, agricultures qui ont derrière elles des histoires agraires bien différentes, au sein d'une Politique Agricole Commune fondée sur un modèle ouest européen.

La situation des agricultures et des systèmes agroalimentaires des pays du Sud demeure bien différente, malgré un certain nombre de rapprochements enregistrés localement, de celles des pays Nord (cf. le chapitre 4 rédigé par Jean-Louis Chaléard). La Chine et l'Inde étudiées par Frédéric Landy (cf. chapitre 5) renferment les deux tiers des paysans de la planète, mais moins de 18 % des terres cultivées de celle-ci. Ces deux pays qui rassemblent près des trois quarts des terres irriguées de la planète sont de plus en plus confrontés à des problèmes d'approvisionnement en eau pour l'agriculture alors que la demande alimentaire continue à y progresser à des rythmes relativement rapides. Comment faire face à des situations nouvelles liées au fait que les chinois se mettent à consommer de plus en plus de produits laitiers ainsi que de produits carnés et les Indiens – ou au moins une partie d'entre eux – à consommer de plus en plus de viandes ?

L'Amérique latine fait figure, plus que d'autres continents, de « terre de contrastes » pour reprendre une expression usée, mais qui était toute neuve quand elle a été inventée par Roger Bastide. La répartition des terres entre les agriculteurs y est particulièrement inégale. Les espaces agricoles sont bien différents entre ceux des pays andins étudiés par Jean-Louis Chaléard (cf. chapitre 4) et ceux des pays du Mercosur où se trouve, dans le secteur des *campos cerrados* brésiliens, le plus important front pionnier agricole de la planète. Argentine et Brésil deviennent de plus en plus, comme nous le montre Hervé Théry (cf. chapitre 6), les « fermes du monde », leurs exportations concurrençant de plus en plus celles des États-Unis.

À l'opposé, l'Afrique, continent jadis autosuffisant dans le domaine alimentaire, a vu sa situation se dégrader : les importations de produits alimentaires augmentent, de même que le nombre de personnes sous-alimentées. Des voies de développement de la production agricole y existent pourtant comme le montre Jean-Louis Chaléard (cf. chapitre 4).

D'autres ensembles de pays seront envisagés à l'occasion de l'étude du marché des céréales, à la fin du chapitre 1. Quelle est la situation et quelles sont les perspectives de développement des agricultures des pays du sud et de l'est de la Méditerranée confrontées plus que jamais à des ressources limitées en eau alors que ces pays constituent aujourd'hui le principal pôle déficitaire en grains de la planète ? Que devient l'agriculture russe après la double liquidation de sa paysannerie, puis des exploitations géantes de l'époque collectiviste ?

Les deux derniers chapitres – celui de Gilles Fumey portant sur les alimentations de qualité (chapitre 7) et celui rédigé par François Carré portant sur la place des produits aquatiques dans l'alimentation des hommes (chapitre 8) – sont là pour apporter d'indispensables éclairages complémentaires et mettre en évidence, dans ces domaines comme dans d'autres, l'existence de géographies contrastées.

Dans un ouvrage publié au début des années 2000 et intitulé « Repenser les campagnes » (Perrier-Cornet, dir., 2002), les membres d'un groupe de prospective travaillant pour le compte de la DATAR avaient proposé de distinguer trois « figures » principales d'espaces ruraux : des campagnes « ressource », des campagnes « cadre de vie » et des campagnes « nature ». Depuis le début des années 1990 et les travaux fondateurs de Bernard Kayser portant sur la « renaissance rurale » (Kayser, 1990), les études conduites par les géographes ruralistes travaillant sur la

France ou sur des pays immédiatement voisins ont de plus en plus porté, avec de bonnes raisons, sur les campagnes « cadre de vie », voire sur les campagnes « nature », ainsi que sur les productions agricoles réalisées sous signes de qualité, et de moins en moins, sauf exception, sur les campagnes en tant qu'espaces de production agricole et de ressources alimentaires de base.

La nécessité de prendre en compte toutes les échelles jusqu'à l'échelle mondiale et l'envolée récente (depuis 2006) des cours des principaux produits agricoles qui pose la question des capacités de production alimentaire de la planète nous amènent à réorienter cet éclairage et à nous intéresser de plus près aux capacités productives des espaces et des sociétés agricoles.

Nous nous retrouvons aujourd'hui dans une situation qui n'est pas sans présenter quelques points communs avec celle de la seconde moitié du XVIIIe siècle. Les Physiocrates s'interrogeaient alors sur les possibilités de développement de la production agricole et se prononçaient – comme l'OMC aujourd'hui – en faveur de la libre circulation des grains. Voltaire lui-même souligne à la même époque que la nation, après s'être intéressée aux sujets les plus divers telles « les disputes théologiques sur la grâce et les convulsions », s'était soudain mise « à raisonner sur les blés ». Au même moment, Malthus écrivait que la progression de la production agricole ne parviendrait pas à suivre le rythme d'augmentation de la population.

La première révolution agricole – celle fondée sur la mise en culture des terres jusque-là laissées en jachère – qui débutait alors en Angleterre avant de se diffuser progressivement sur le continent européen, lui a finalement donné tort.

La seconde révolution agricole – celle qui correspond au développement d'une agriculture « productiviste » dans les pays du Nord et à la révolution verte dans les pays du Sud – qui a commencé à se mettre en place vers la fin des années 1950 et le début des années 1960, lui a également donné tort en dépit des différents problèmes environnementaux, socio-économiques et territoriaux qu'elle pose.

Alors que la population mondiale est appelée à augmenter d'un tiers entre 2000 et 2050, passant de 6 à 9 milliards de personnes, les agriculteurs de la planète, qui produisent dans des conditions bien différentes, pourront-ils tous tirer suffisamment parti de la troisième révolution agricole qui s'annonce, celle dominée par les recherches en biologie et les biotechnologies ? Ces biotechnologies sont loin de se limiter aux seuls OGM, même si les superficies consacrées aux plantes génétiquement modifiées sont passées de 1,5 millions d'hectares en 1996 à 114 millions d'hectares en 2007, ce qui représentait à cette date 13 % des superficies cultivées en grains (céréales et graines oléagineuses) de la planète. D'autres voies sont explorées et mises en œuvre qu'il s'agisse de l'agriculture biologique, de l'agriculture HVE (à haute valeur environnementale), de l'agriculture écologiquement intensive (Griffon, 2006) ou de nouvelles techniques d'obtention de variétés fondées sur le recours au génie génétique, mais sans transgenèse. De façon plus globale, il conviendra de passer à des agricultures plus « durables », substituant davantage de capital écologique au capital fabriqué, et en se fondant davantage – quand cela est possible – sur des relations de proximité. Les voies du futur sont en fait plurielles. Elles sont appelées à générer une nouvelle géographie agricole de la planète dont on cerne encore mal les contours et qui résultera des choix qui seront opérés aux différentes échelles des États, des régions agricoles et des agriculteurs. Les chapitres qui suivent sont destinés à éclairer les évolutions les plus récentes que l'on commence à entrevoir dans ce domaine.

Carte 1 – Le PIB agricole en 2004

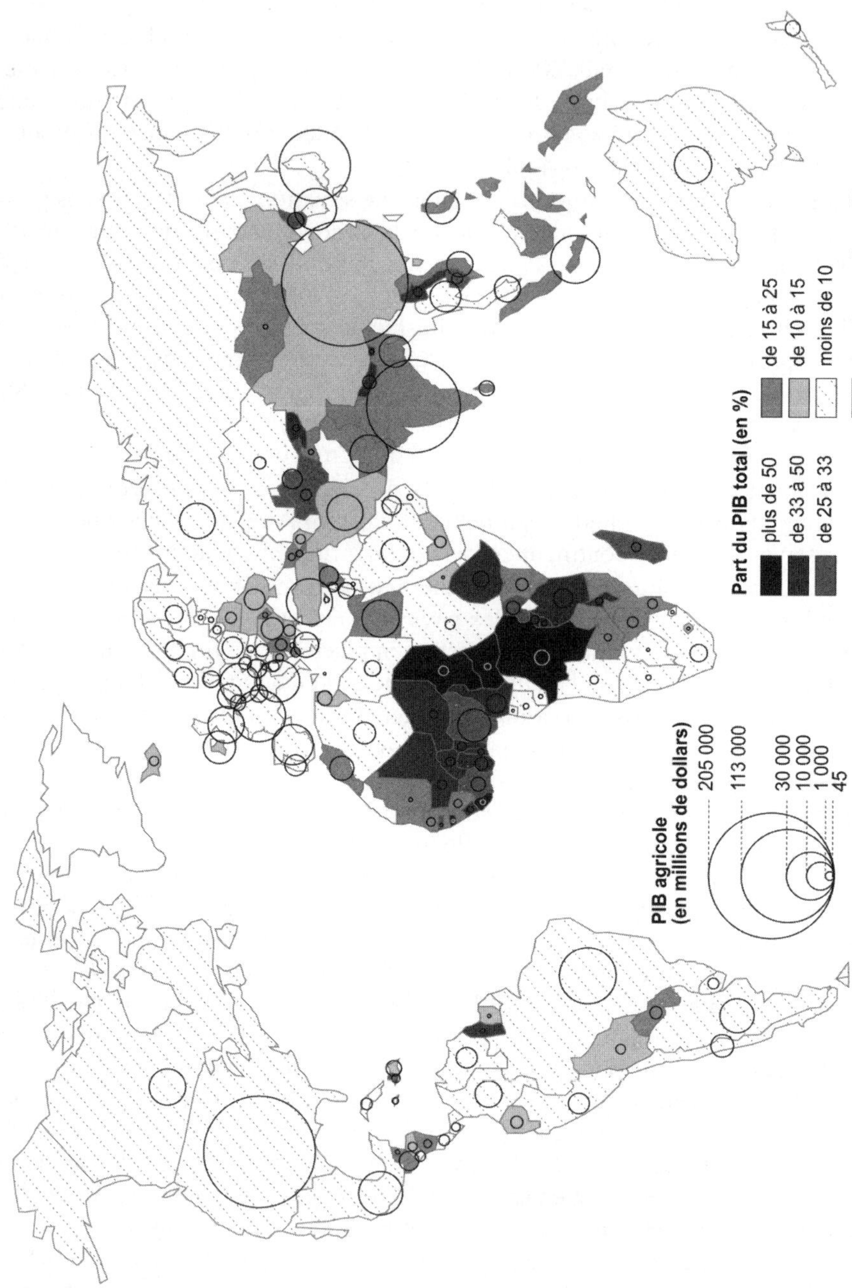

*Source : Annuaire statistique de la FAO, 2005-2006 * Réalisé avec Philcarto*

CHAPITRE 1

Évolutions récentes de la consommation, de la production et des échanges de produits alimentaires dans le monde

Jean-Paul CHARVET

Le pilotage des systèmes alimentaires et agroalimentaires se fait de plus en plus par l'aval. C'est donc par la demande qu'il convient d'entamer leur présentation. Les évolutions de la consommation reposent sur des facteurs quantitatifs et qualitatifs internes, mais aussi sur des facteurs externes comme la publicité : elles présentent une importance déterminante pour les évolutions d'ensemble des systèmes alimentaires.

1. Les évolutions récentes de la demande alimentaire

A. Uniformisation et diversification des régimes alimentaires

La tendance à l'uniformisation des régimes alimentaires est souvent soulignée et mise en avant. Elle est mise en relation avec les implantations de plus en plus mondialisées d'un petit nombre de chaînes de restauration rapide d'origine nord-américaine comme McDonald's, Kentucky Fried Chicken ou Pizza Hut. De fait, par l'attrait particulier qu'elles savent exercer sur les jeunes consommateurs grâce à d'importantes dépenses publicitaires, elles ont contribué à diffuser une alimentation uniformisée et stéréotypée que l'on a pu assimiler à de la « mal bouffe ». De même, la mondialisation de plus en plus marquée des industries agroalimentaires et, plus récemment, de la grande distribution (cf. *infra*) a contribué à une certaine uniformisation des produits alimentaires proposés aux consommateurs, en particulier dans le domaine des boissons, même si les gammes de produits qu'elles mettent en rayons apparaissent aujourd'hui de plus en plus variées, par exemple avec la multiplication des produits allégés en sucre et/ou en matières grasses. Du côté des consommateurs, l'utilisation de plus en plus fréquente du réfrigérateur et du congélateur a favorisé aussi bien une uniformisation qu'une diversification des régimes alimentaires. Dans les pays émergents, elle favorise la consommation de protéines d'origine animale (produits laitiers et/ou viandes).

Cependant, cette tendance à l'uniformisation demeure souvent limitée tout en étant très loin de concerner l'ensemble de la population mondiale comme le souligne la remarquable collection de photographies proposée par les journalistes californiens Peter Menzel et Faith D'Aluisio dans leur ouvrage *Hungry planet: what the world eats* (Menzel/D'Aluisio, 2005). Trente familles vivant dans vingt-quatre pays différents répartis sur tous les continents y sont photographiées devant leur consommation hebdomadaire de produits alimentaires : huit de ces photographies ont été reprises dans le n° 8059 de la Documentation Photographique (Charvet, 2007). Chaque photographie est accompagnée d'une présentation très précise des différents produits et des différents plats habituellement consommés : plus de six cents plats différents figurent dans l'ouvrage, avec des recettes... On trouve là une illustration de la très grande diversité des régimes alimentaires qui continuent à coexister sur notre planète. L'adage affirmant : « Dis-moi ce que tu manges, je te dirai d'où tu viens » demeure d'actualité malgré la très large diffusion d'un petit nombre de produits proposés par quelques firmes agroalimentaires mondialisées.

On retrouve aisément au travers de la collection de photographies proposée la toile de fond que constituent toujours les aires de production – consommation des grandes « céréales de civilisation » : le riz en Asie (en Chine, au Japon, aux Philippines...), le maïs en Amérique latine (en Équateur, au Guatemala...), le blé, sous forme de pain, de pâtes alimentaires, de couscous..., dans les pays méditerranéens (Égypte) et en Europe (France, Italie...), le mil dans l'Afrique sahélo-soudanienne (au Tchad, au Mali...). Toutes ces aires de production-consommation entretiennent des relations étroites avec les aires de domestication et de première diffusion des principales céréales cultivées : foyer proche-oriental et méditerranéen pour le blé (dès 10 000 à 9 000 BP), foyer centre-américain pour le maïs (entre 9 000 et 4 000 BP), foyer de Chine méridionale pour le riz (entre 6 000 et 5 000 BP), foyer sahélo-soudanien pour le sorgho (le gros mil) et le mil (autour de 5 000 BP) (cf. Mazoyer et Roudart, 1997). Dès le départ, ces révolutions agricoles qui ont marqué le passage du paléolithique au néolithique ont été précédées ou accompagnées de révolutions culturelles se manifestant par l'invention de divinités liées à ces nouvelles plantes cultivées. En outre, d'un pays à l'autre et d'une famille à l'autre, les consommations de fruits et légumes, de légumineuses, de sucre, de protéines d'origine animale... demeurent très contrastées.

Une opposition majeure apparaît toutefois entre les régimes alimentaires des populations et des pays les plus riches et ceux des populations et des pays les plus pauvres. Dans le premier cas, les consommations de sucre, d'huiles, de matières grasses, de viandes et de produits laitiers sont nettement plus importantes que dans le second (cf. tableaux 1.1 et 1.2). Ils comportent également davantage de produits ayant été conditionnés et/ou transformés par les industries agroalimentaires : plus de la moitié aux États-Unis.

Toutefois à l'intérieur du groupe des pays riches comme de celui des pays pauvres des contrastes importants existent: le régime alimentaire japonais comporte nettement moins de viandes et nettement plus de poissons que ceux des autres pays riches (cf. tableau 1.1) ; le régime alimentaire des Ivoiriens comporte, en raison même de la localisation géographique de la Côte d'Ivoire, une part bien plus importante de racines et de tubercules (manioc, igname, taro) que la plupart de ceux des autres pays en développement (cf. tableau 1.2).

Tableau 1.1 – Principales composantes de régimes alimentaires dans quelques pays du Nord (en %, données 2001-2003)

	Céréales	Huiles d'origine végétale	Sucres et édulcorants	Viandes et abats	Racines et Tubercules	Lait, œufs et poissons	Graisses d'origine animale	Fruits et légumes	Légumineuses	Autres
États-Unis	22,2	16,6	17,5	12,0	2,8	12,6	3,1	5,2	1,0	7,0
France	24,4	12,1	10,6	15,4	3,3	13,7	8,0	5,4	0,5	6,6
Japon	38,4	12,5	10,0	6,3	2,5	12,8	1,3	4,6	0,6	11,0
Russie	39,5	7,9	13,2	7,9	7,4	11,0	3,4	4,0	0,4	6,3
Monde	46,9	9,6	8,7	8,0	5,2	6,5	2,2	5,4	2,0	5,5

Sources : FAO, 2006.

Tableau 1.2 – Principales composantes de régimes alimentaires dans quelques pays du Sud (en %, données 2001-2003)

	Céréales	Huiles d'origine végétale	Sucres et édulcorants	Viandes et abats	Racines et Tubercules	Lait, œufs et poissons	Graisses d'origine animale	Fruits et légumes	Légumineuses	Autres
Bangladesh	82,0	6,2	2,7	0,7	1,9	2,1	0,3	1,0	2,0	1,1
Inde	58,8	9,7	9,7	0,9	1,9	4,9	2,3	3,8	4,5	3,5
Chine	49,4	7,9	2,4	14,8	6,0	4,5	1,5	7,3	0,4	5,8
Côte d'Ivoire	40,8	12,4	4,1	2,1	24,1	1,8	0,1	7,8	0,2	6,6
Burkina Faso	73,9	4,6	2,2	2,3	0,6	1,8	0,4	0,8	1,8	11,6
Algérie	57,3	11,8	9,5	2,8	2,6	6,6	0,5	6,1	1,9	0,9
Brésil	30,5	10,5	18,0	12,2	4,4	7,5	1,8	4,6	5,1	5,4
Guatemala	52,2	7,5	18,2	3,9	0,6	4,3	1,0	4,7	4,2	3,4
Monde	46,9	9,6	8,7	8,0	5,2	6,5	2,2	5,4	2,0	5,5

Sources : FAO, 2006.

Figure 1.1 – Consommation de viande par habitant en fonction du revenu par habitant (données 2000)

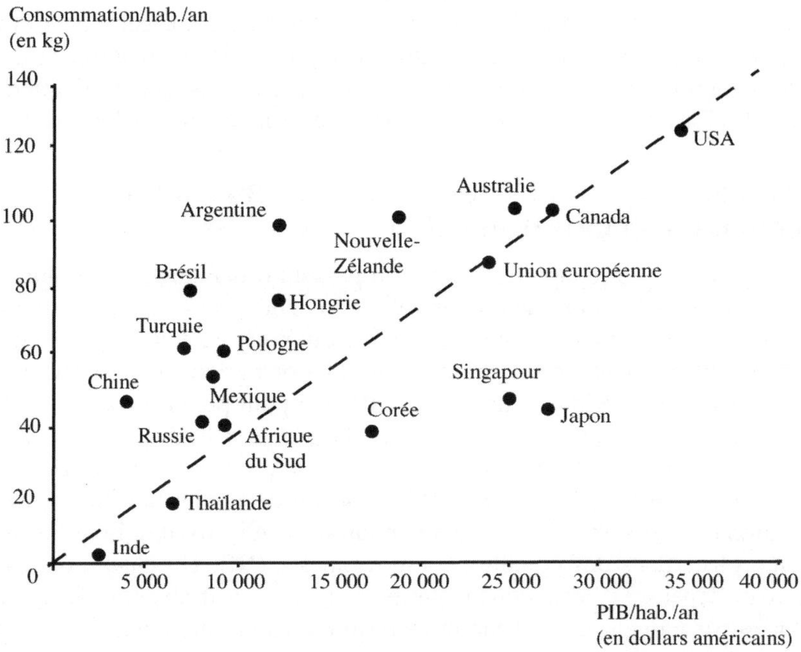

Source : Charvet, *L'alimentation dans le monde, Mieux nourrir la planète,* Paris, Petite Encyclopédie Larousse, 2006, 128 p.

Les migrations de population du passé et du présent ont constitué et constituent encore des agents importants d'une diversification des régimes alimentaires. À partir de l'époque des Grandes Découvertes et encore davantage à partir du XIXe siècle, les échanges de plantes cultivées, d'animaux domestiqués, mais aussi de cuisines ont été très importants entre les différents continents. Les migrations plus récentes sont par exemple à l'origine de la multiplication de restaurants indonésiens aux Pays-Bas ou de restaurants indiens au Royaume-Uni. On trouve aujourd'hui des cuisines venant du monde entier dans les grandes métropoles de la planète qui constituent à la fois les miroirs et les agents privilégiés de la mondialisation : les restaurants « ethniques » y sont de plus en plus nombreux et proviennent de tous les continents. Gilles Fumey a souligné la diversité des origines géographiques et culturelles des « best sellers » de l'agriculture mondiale : le hamburger est d'origine allemande, le kebab provient du Proche-Orient, la pizza nous vient d'Italie, le sushi est d'origine japonaise (Fumey, 2004)… Cette diversité s'ajoute à celle des cuisines nationales reposant sur des productions agricoles locales : ainsi sur le seul continent africain, en ce qui concerne les apports énergétiques de base, les Algériens se nourrissent très largement à partir d'aliments à base de blé (pain) ou de blé dur (couscous, pâtes alimentaires), les Burkinabés à partir de mil, et secondairement de maïs, et les Ivoiriens à partir de manioc et d'igname qui constituent un quart des apports énergétiques au niveau national (et davantage dans les régions méridionales) (cf.

tableau 1.2). Une autre dimension de la diversité des régimes alimentaires repose sur la place prise, et pas seulement dans les pays riches, par des productions obtenues sous signe de qualité : celles-ci sont de plus en plus nombreuses et variées et souvent liées à des territoires spécifiques (cf. chapitre 7).

Au total, à l'échelle mondiale, au-delà d'une tendance à une certaine uniformisation des régimes alimentaires de certaines catégories de population, la demande adressée à l'agriculture demeure caractérisée par une très grande diversité : elle renvoie à des formes d'agriculture très variées qui trouvent toutes leur place.

B. Les aspects quantitatifs de la demande : les contrastes concernant les apports d'énergie

Bien que les stocks de report (les stocks qui passent d'une année sur l'autre) soient aujourd'hui au plus bas pour de nombreux produits de base – ils représentent moins de deux mois de consommation pour le blé – ce qui pousse à l'envolée de leurs cours sur les marchés mondiaux et nationaux, la production agricole de la planète se situe, de façon globale et théorique, à un niveau suffisant pour pouvoir couvrir les besoins alimentaires de l'ensemble des habitants de la planète : la disponibilité théorique moyenne en apport énergétique par habitant y est de 2 800 kilocalories par personne et par jour, ce qui est supérieur aux 2 500 kilocalories que les nutritionnistes considèrent comme nécessaires et suffisantes pour subvenir aux besoins d'un individu « moyen » placé dans des conditions « moyennes » (NB. Un champion sportif de haut niveau dépensant beaucoup d'énergie aura besoin d'absorber jusqu'à 6 000 kilocalories par jour). L'importante progression de la production agricole mondiale des dernières décennies a même permis, malgré le rythme soutenu de l'accroissement de la population mondiale, d'améliorer ce niveau théorique de disponibilité en énergie qui n'était que de 2 550 kilocalories par personne et par jour à la fin des années 1970. Toutefois, lorsque l'on quitte l'échelle planétaire pour celle des États et des régions des contrastes considérables apparaissent, contrastes qui s'accentuent encore lorsque passe au niveau des groupes d'invidus et des individus.

Dans les pays du Nord, les consommations énergétiques moyennes quotidiennes sont dans l'ensemble supérieures à 3 200 kilocalories par personne : 3 750 aux États-Unis et en Autriche, 3 600 en France et au Canada, 3 500 en Allemagne et en Suisse, 3 450 au Royaume-Uni... mais avec l'exception notable du Japon : le japonais moyen ne consomme que 2 750 kilocalories par jour. Ces moyennes masquent, comme souvent, des situations bien moins favorables : parmi les 850 millions de personnes qui vivent ou survivent aujourd'hui sur notre planète en situation de sous-alimentation chronique plus de 10 millions se trouvent dans des pays du Nord.

Dans les pays du Sud, la moyenne globale apparaît encore satisfaisante avec une consommation énergétique quotidienne moyenne de 2 600 kilocalories, mais ce groupe de pays rassemble des États qui présentent des situations économiques et alimentaires particulièrement contrastées. La consommation énergétique moyenne s'établit à plus de 3 200 kilocalories par personne aux Émirats Arabes Unis, à plus de 3 000 kilocalories au Koweït, en Corée du Sud, au Brésil et à plus de 2 900 kilocalories en Chine. Elle demeure en revanche légèrement inférieure à 2 500 kilocalories en Inde et elle s'établit à moins de 2 200 kilocalories au Bangladesh ainsi que dans la plupart des pays de l'Afrique subsaharienne, avec des chiffres encore plus bas – inférieurs à 1900 kilocalories – pour le Burundi, l'Éthiopie, la Somalie...

Carte 2 – Consommation de calories et de protéines par tête d'habitant en 2001-2003

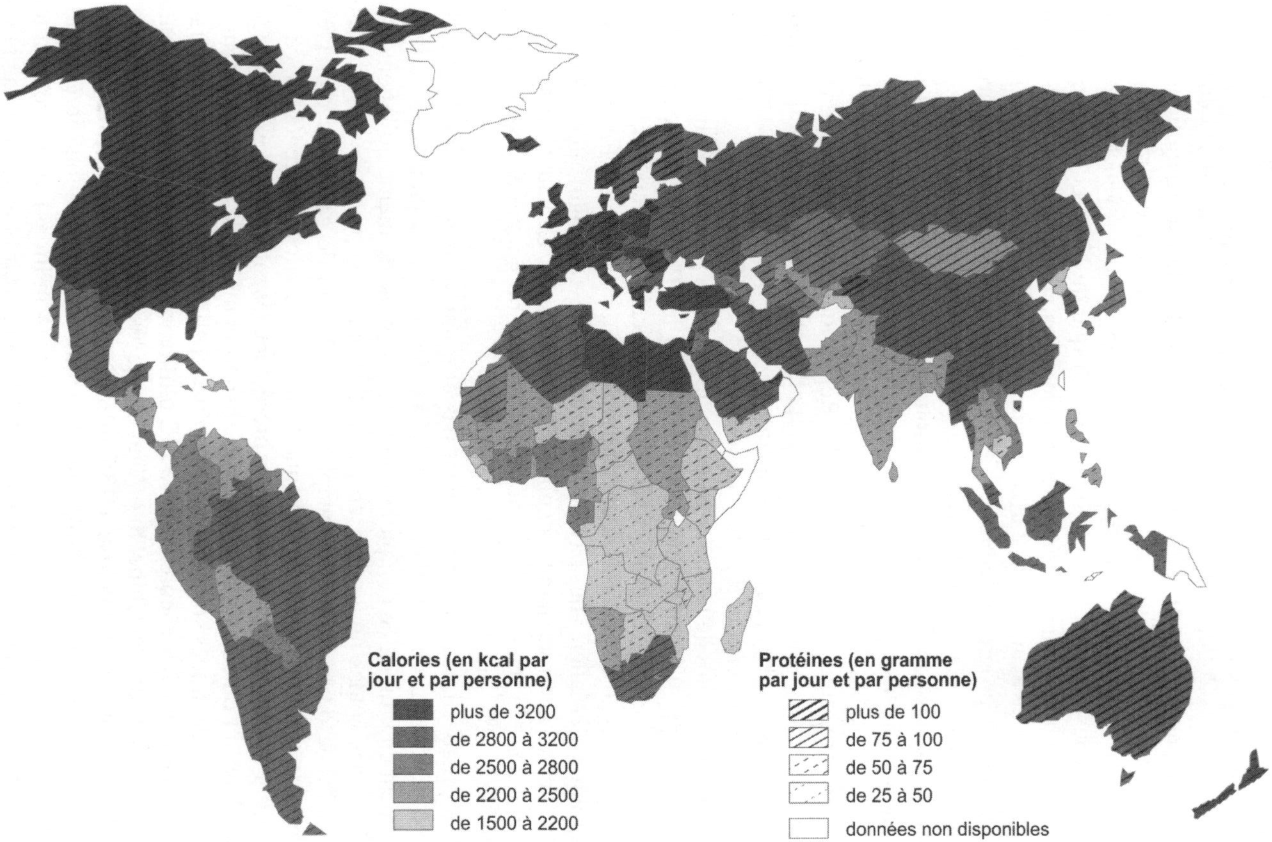

*Source : Annuaire statistique de la FAO, 2005-2006 * Réalisé avec Philcarto*

Le nombre de personnes sous-alimentées avait diminué de façon sensible dans le monde entre le début des années 1970, époque où il était estimé à un peu plus de 950 millions de personnes, et le milieu des années 1990, où il avait été ramené à 800 millions de personnes. Mais, depuis cette époque, il est reparti à la hausse : il est aujourd'hui de l'ordre de 850 millions de personnes (cf. « La situation mondiale de l'alimentation et de l'agriculture », FAO, 2007). Entre le début des années 1990 et le début des années 2000, la consommation alimentaire s'est améliorée en Chine, où le nombre de personnes sous-alimentées a diminué de plus de 40 millions, en Asie du Sud-Est, en Amérique du Sud, et, pour des nombres bien moindres de population en Inde et dans le monde Caraïbe (Charvet, 2007). En revanche, le nombre de personnes sous-alimentées a progressé en Afrique du Nord et Afrique australe, en Amérique centrale, dans différents pays asiatiques autres que l'Inde et la Chine, en Afrique orientale et au Proche-Orient et surtout en Afrique centrale où le nombre de ces personnes a progressé de plus de 20 millions entre le début des années 1990 et le début des années 2000 (Charvet, 2007).

Au printemps de 2008, et en relation avec l'envolée des cours des produits alimentaires de base, les pays considérés « en situation de crise alimentaire » par la FAO étaient au nombre d'une trentaine. Parmi eux figuraient la Bolivie et le Nicaragua en Amérique latine, Haïti et la République dominicaine dans le monde Caraïbe, l'Afghanistan, le Pakistan, le Népal, le Bangladesh, Sri Lanka, l'Indonésie et la Corée du Nord en Asie, ainsi que tout un ensemble de pays en Afrique occidentale, centrale et orientale. En outre même des pays ne figurant pas sur cette liste ont connu des « émeutes de la faim » au cours de la même période comme le Sénégal, le Maroc, l'Égypte, le Cameroun, la Thaïlande ou les Philippines. Les pays les plus touchés parmi les PMA (les Pays les Moins Avancés) sont ceux qui doivent à la fois importer des hydrocarbures et des produits alimentaires. Selon la FAO, la facture des importations céréalières des pays les plus pauvres devrait augmenter de plus de 50 % en 2008 après avoir augmenté de plus de 33 % en 2007. La hausse la plus durement ressentie a été la hausse brutale des cours du riz, de nombreux exportateurs ayant suspendu temporairement leurs exportations.

Les bilans alimentaires ne doivent pas être uniquement envisagés sous l'angle des pourcentages de personnes sous-alimentées dans la population totale, mais également en prenant en compte les nombres absolus, de même qu'il conviendra de conduire des études régionales, en particulier pour des pays très vastes comme le Brésil, l'Inde ou la Chine (cf. chapitres 5 et 6), afin de cerner au plus près cette géographie de la malnutrition. Lorsque l'on considère les pourcentages, ce sont les États de l'Afrique subsaharienne qui présentent les situations les plus dégradées. Cependant, si l'on considère les chiffres absolus et malgré les progrès accomplis, les grands pays asiatiques sont loin d'avoir réussi à éliminer le problème de la faim. En 2001-2003, la FAO a encore recensé 212 millions de personnes sous-alimentées en Inde et 150 millions en Chine. Si on leur ajoute les populations en situation de sous-nutrition chronique du Pakistan (35 millions), du Bangladesh (43 millions), du Vietnam (14 millions), des Philippines (15 millions), de l'Indonésie (14 millions), de Thaïlande (13 millions) et de Corée du Nord (8 millions) on arrive à un total de plus de 500 millions de personnes sous-alimentées, soit plus de 60 % de la population sous-alimentée de la planète. La révolution verte a permis de faire fortement progresser la production agricole dans une majorité de pays asiatiques et de remplir leurs « greniers » mais de façon encore insuffisante. Elle a en outre tendance à s'essouffler depuis quelques années : les progressions de rendements par hectare ne sont plus ce qu'elles ont été. Même un pays de plus en plus agroexportateur et qui est en train de devenir une des « fermes du monde » comme le Brésil n'a pas complètement résolu le problème de la faim : il abritait encore plus de 14 millions de personnes sous-alimentées au début des années 2000. Ceci souligne leur rôle majeur que joue la persistance de « poches de pauvreté » et de sous alimentation à l'intérieur de nombreux pays, y compris de pays émergents et de pays du Nord.

C. Les aspects qualitatifs contrastés de la demande : surnutrition et carences alimentaires

Les statistiques publiées par la FAO et par l'OMS (l'Organisation Mondiale de la Santé) montrent que trois milliards de personnes – sur un total de 6,5 milliards – se trouvent confrontés, à des degrés divers, à des problèmes de santé liés à la malnutrition. Pour deux milliards d'entre elles, il s'agit de carences en micronutriments (fer, vitamine A, iode, zinc) ; pour un milliard il s'agit d'excès de graisses et de sucres conduisant à des situations de surpoids, voire d'obésité, qui favorisent les maladies cardio- et cérébro-vasculaires, le diabète, l'hypertension artérielle et certains cancers (Hubert/Clément, 2006). La malnutrition peut donc provenir de la rareté ou de la surabondance. Elle est à mettre en relation avec des facteurs socio-économiques dont on peut dresser une géographie sommaire.

Francis Delpeuch (Delpeuch, 2006) nous rappelle que sur notre planète, plus de 150 millions d'enfants de moins de cinq ans – se trouvant principalement dans les pays pauvres – sont atteints par des retards de croissance ou des insuffisances de poids. Il nous confirme également que deux milliards de personnes se trouvent affectées, à des degrés divers, parce que l'on appelle parfois la « faim cachée », c'est-à-dire par des carences en différents micronutriments. Les causalités qui rendent compte d'une telle situation sont complexes. Interviennent et interfèrent à différentes échelles des combinaisons de causes : des causes politiques relevant en particulier des politiques agricoles et de santé, des causes culturelles et religieuses ainsi que des causes économiques et sociales, le tout, le plus souvent, sur un fond de pauvreté.

Alors que dans les pays du Nord, surpoids et obésité sont bien plus fréquents que l'insuffisance pondérale ; dans les pays du Sud « maigreur et obésité touchent simultanément la population adulte en grand nombre » (Delpeuch, 2006). Les régimes alimentaires responsables des situations de surpoids et d'obésité apparaissent aux yeux des nutritionnistes comme F. Delpeuch « trop riches en calories, en graisses saturées, en sucre, en sel et pas assez fournis en céréales non raffinées, en fruits et en légumes, en fibres et donc en macronutriments ». Retenons à titre de références que, selon les experts médicaux, un régime alimentaire suffisant pour qu'un individu « moyen » des pays riches puisse vivre en bonne santé devrait comporter quotidiennement de 2800 à 3000 kilocalories en valeur énergétique, 80 à 100 grammes de lipides dont une petite moitié d'origine animale et 80 à 100 grammes de protides dont également une petite moitié d'origine animale. Le fait que les modes de vie soient devenus de plus en plus sédentaires intervient également : une bonne partie de la population mondiale consomme de plus en plus d'énergie lorsqu'elle en dépense de moins en moins. L'urbanisation, une consommation accrue de certains produits riches en sucre, en sel et en graisses provenant des industries agroalimentaires pousse au surpoids et à l'obésité dans les pays du Nord, mais aussi dans ceux du Sud. Dans ces pays coexistent parfois au sein des mêmes familles une malnutrition liée à des carences alimentaires chez les jeunes enfants et des situations de surpoids chez les adultes, y compris chez les mères de ces enfants (Delpeuch, 2006) : ceci souligne l'importance des données éducatives. Il ne suffit pas de pouvoir produire plus, il faut aussi savoir consommer mieux : le lien entre politique agricole et politique alimentaire fait souvent défaut.

L'indice de masse corporelle (IMC) proposé par l'OMS permet de quantifier la surcharge pondérale et de dresser des cartes de l'obésité à différentes échelles y compris à l'échelle mondiale. Il est calculé en divisant le poids, mesuré en kilogrammes, d'une personne par le carré de sa taille, mesurée en mètres. Ainsi une personne pesant 65 kilogrammes et mesurant 1,65 mètre présente un IMC de 65 divisé par $1,65^2$ soit 23,9. Pour l'OMS, une personne est considérée en surpoids lorsque son IMC se trouve compris entre 25 et 29,9 et en situation d'obésité lorsque son IMC est supérieur à 30.

Les cartes de l'obésité dans le monde que l'on peut dresser (cf. Charvet, 2007) soulignent, comme on l'a déjà mentionné, que ce phénomène est plus fréquent dans les pays du Nord que dans ceux du Sud, même si les écarts en valeurs absolues ont tendance à se réduire en relation avec l'enrichissement de certaines catégories de population dans les pays émergents. Sur un plan social, il est intéressant de noter que dans les pays pauvres ce sont plutôt les riches qui se trouvent concernés par l'obésité alors que dans les pays riches ce sont davantage les pauvres qui consomment largement les produits bas de gamme des industries agroalimentaires. Des facteurs culturels interviennent également, par exemple pour la prévalence de l'obésité selon les sexes (Charvet, 2007). En Grèce, elle est plus fréquente chez les hommes que chez les femmes. Dans les pays d'Afrique du Nord et du Proche-Orient, elle apparaît plus fréquente chez les femmes en raison d'un statut social qui fait qu'elles sortent en général assez peu du domicile familial – sauf pour se rencontrer entre amies autour de thés à la menthe et de pâtisseries fortement sucrés – et qu'elles pratiquent peu d'activités sportives.

À l'échelle mondiale la consommation moyenne quotidienne de protéines par personne est de 75 grammes (FAO, 2007), ce qui est en gros suffisant pour autoriser une vie en bonne santé. Ce chiffre apparaît même en progression par rapport au début des années 1980 où il était de 67 grammes. Mais comme pour les apports en énergie d'importants contrastes existent dans ce domaine. Dans les pays riches la consommation quotidienne de protéines par personne est souvent supérieure à 100 grammes : elle est de 114 grammes aux États-Unis, de 118 grammes en France, de 104 grammes au Royaume-Uni, de 100 grammes en Allemagne... En revanche, dans les pays pauvres elle peut tomber jusqu'à des niveaux très bas, inférieurs à 50 grammes par personne et par jour : 48 au Bangladesh et en Zambie, 47 à Haïti et à Madagascar, 45 en Angola et au Burundi, 39 au Mozambique...

Au Brésil, cette consommation quotidienne moyenne de protéines par tête a nettement progressé au cours des deux dernières décennies, passant de 64 grammes en 1980 à plus de 83 grammes aujourd'hui. De même, en Chine, on a enregistré une nette amélioration dans ce domaine puisque l'on est passé de 54 grammes à plus de 82 grammes au cours de la même période. En revanche en Inde cette progression a été nettement moins marquée puisque l'on est seulement passé d'une consommation de 51 grammes de protéines par personne et par jour en 1980 à une consommation de 57 grammes au début des années 2000. Ces chiffres traduisent toutefois tous que des populations de plus en plus nombreuses sont entrées dans la « transition alimentaire ».

Carte 3 – La population sous-alimentée en 2001-2003

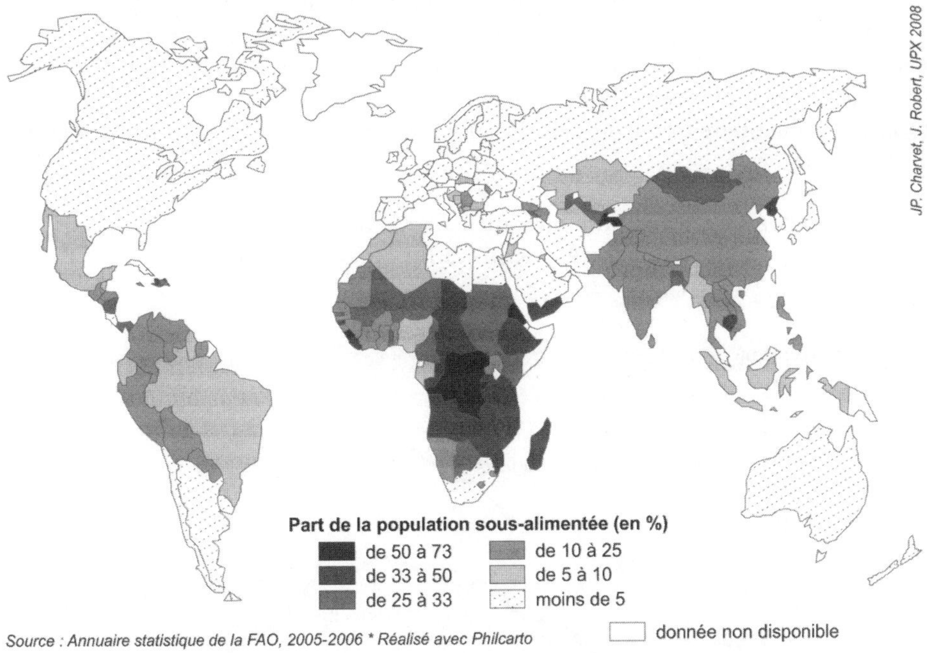

*Source : Annuaire statistique de la FAO, 2005-2006 * Réalisé avec Philcarto*

Carte 4 – La population active agricole en 2004

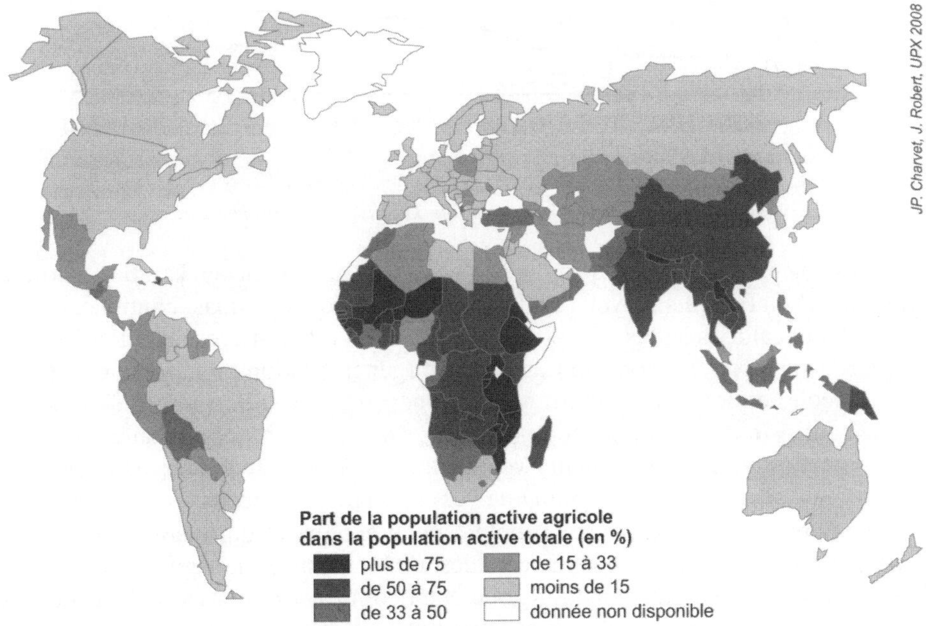

*Source : Annuaire statistique de la FAO, 2005-2006 * Réalisé avec Philcarto*

D. La transition alimentaire ou nutritionnelle

Pour en fournir une approche générale, on peut partir de l'analyse des évolutions de l'alimentation de la population française depuis le XIXᵉ siècle dans la mesure où l'on peut la considérer comme globalement représentative d'une majorité celles enregistrées dans bien d'autres pays, avec, bien entendu, des nuances tenant aux principaux produits alimentaires consommés et aux pas de temps des évolutions (Charvet, 2006) (cf. figure 1.2).

Figure 1.2 – La transition alimentaire en France : évolution des apports en calories depuis la fin du XVIIIᵉ siècle

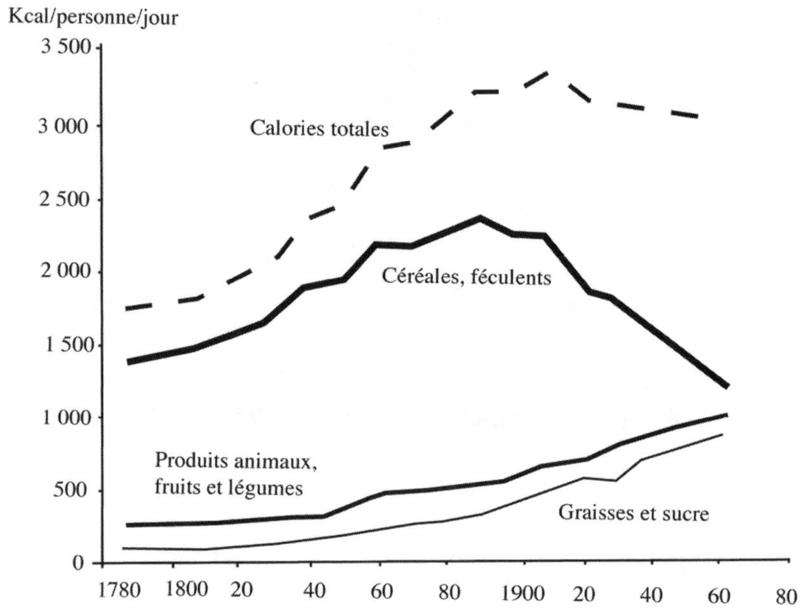

Source : P. COMBRIS, INRA, in Charvet, *L'alimentation dans le monde, op.cit.*

Dans une première phase qui couvre l'ensemble du XIXᵉ siècle, la ration calorique quotidienne du français moyen (adulte) a progressé de façon quasi continue, passant de 1 750 kilocalories à plus de 3 000 kilocalories, en relation avec un enrichissement progressif lié aux évolutions de l'agriculture (généralisation de la première révolution agricole) et de l'économie (révolution industrielle et des transports). Cet enrichissement s'est principalement traduit sur le plan alimentaire par une consommation accrue de produits végétaux : céréales et féculents. Un niveau de saturation a été atteint dans ce domaine vers la fin du XIXᵉ siècle.

Dans une seconde phase qui débute à cette époque et qui englobe tout le XXᵉ siècle, la consommation directe de céréales, de féculents et de légumes secs par les Français a diminué de façon continue en étant compensée pour les apports de calories par une augmentation des consommations de sucre, de graisses, de produits animaux (viandes, lait, fromages). Parallèlement, et la révolution des transports a joué un rôle très sensible dans ce domaine, la consommation de fruits et légumes a progressé. Il y a donc eu au cours du XXe siècle une nette diversification des régimes alimentaires des Français, diversification marquée en particulier par une consommation accrue de protéines d'origine animale, de vitamines ainsi que de différents oligo-éléments contenus dans les fruits et légumes. Actuellement la consommation directe de céréales sous forme de pain, de biscuits ou de pâtes alimentaires intervient pour moins du quart des apports caloriques dans le régime alimentaire des Français.

Parallèlement, la consommation de légumineuses, de racines et de tubercules est devenue très modeste, alors que celles de fruits et légumes, de sucre et de l'ensemble des produits d'origine animale sont devenues élevées. On est en gros arrivé à un régime alimentaire dans lequel les glucides apportent un peu moins de 50 % de l'énergie totale, les protides de 10 à 15 % et les lipides (les graisses) de 35 à 40 %. Ce régime alimentaire figure parmi les plus riches du monde avec un apport quotidien de 3 600 kilocalories par personne adulte et par jour. C'est beaucoup selon les nutritionnistes, en particulier pour les personnes qui ont une vie peu active et sédentaire. Ceci engendre désormais – est-ce l'amorce d'une troisième phase de la transition alimentaire ? –, en particulier chez les populations les plus aisées, une évolution vers des régimes alimentaires allégés en calories, en graisses alimentaires et en sucre et, également, la recherche de produits de qualité, par exemple fournis par l'agriculture biologique, et de produits AOC (vins et fromages principalement).

Avec des nuances – importantes dans le cas du Japon (cf. *supra*) – tous les pays riches sont arrivés au terme de leur transition alimentaire ou nutritionnelle. Ceci se traduit en apparence par une baisse très marquée de la demande de céréales. En réalité c'est la seule consommation *directe* de céréales qui a nettement reculé, la consommation *indirecte* n'ayant quant à elle jamais été aussi élevée. Elle s'opère au travers d'une consommation accrue de viandes, de produits laitiers et, de façon plus générale, de protéines d'origine animale. Il faut actuellement, avec des compléments en tourteaux d'oléagineux, environ deux kilogrammes de céréales pour produire un kilogramme de viande (bas de gamme) de poulet et 3 à 4 kilogrammes de céréales pour produire un kilogramme de viande de porc. Ceci explique que la consommation globale de céréales par tête soit en moyenne trois fois plus élevée dans les pays riches que dans les pays pauvres. Plus du tiers des céréales produites actuellement dans le monde sont destinées à l'alimentation animale (Charvet, 2007, cf. DP 26-27).

L'enrichissement de fractions de plus en plus nombreuses de la population dans les pays émergents et dans les pays exportateurs de pétrole conduit ainsi à une demande toujours croissante en céréales, d'autant plus que les viandes qui y sont principalement consommées – viande de volailles et viande porcine – sont des viandes de granivores. On a là une des explications de l'envolée des cours des grains depuis 2005-2006. Une étude publiée par l'IFPRI en 2008 (von Braun, 2008) souligne qu'entre 1990 et 2006, la consommation de viande de volailles est passée en Chine de 3 à 8 kg par an pour les ménages urbains et de 1 à 4 kg par an pour les ménages ruraux. Celle des autres viandes (viande bovine, ovine et surtout viande porc) y est passée dans le même temps de 22 à 24 kg par an pour les ménages urbains et de 11 à 17 kg par an pour les ménages ruraux. Ces moyennes sont à rapporter à un pays de plus d'1,3 milliard d'habitants. On mesure également à partir de ces chiffres les écarts de consommation qui subsistent entre villes et campagnes dans les pays émergents.

E. Les États confrontés aux questions de sécurité alimentaire

La crise alimentaire de 2008 a remis au premier plan la question de la « sécurité alimentaire » dans sa dimension quantitative alors qu'elle était plutôt abordée depuis le milieu des années 1980 sous ses aspects sanitaires et qualitatifs. Une des missions essentielles des États est en effet d'assurer la sécurité de leurs populations dans tous les domaines, y compris le domaine alimentaire. Dans le passé, bien des États furent déstabilisés par des crises alimentaires et des émeutes de la faim. Mais ils engagent également leur responsabilité dans le domaine de la sécurité sanitaire de l'alimentation à un moment où les consommateurs sont devenus de plus en plus exigeants quant à la qualité sanitaire de leurs aliments au point de consommer parfois des « alicaments » (aliments-médicaments). Il importe toutefois de bien distinguer les deux dimensions de cette notion de « sécurité alimentaire » même si elles ne sont pas totalement indépendantes l'une de l'autre. La langue anglaise fait d'ailleurs clairement la distinction puisqu'elle parle de « food security » pour la dimension quantitative et de « food safety » pour la dimension qualitative et sanitaire.

Le droit à l'alimentation et à une nutrition équilibrée a été reconnu lors du sommet mondial de l'alimentation organisé en 2002. Les États ont été incités à mettre en place des politiques qui ne soient pas seulement des politiques agricoles, mais aussi des politiques plus globales à la fois agricoles, alimentaires et nutritionnelles, ce qui n'est pas toujours aisé pour les États les plus pauvres (Delpeuch, 2006). La sécurité des approvisionnements et la sécurisation de l'alimentation impliquent en effet que les États puissent garantir à leurs populations :

– l'accès à une alimentation suffisante en quantité que cela soit à partir de la production nationale (de préférence) ou d'importations,

– l'accessibilité à l'alimentation pour tous, indépendamment du statut social et de la localisation géographique,

– l'accès à une alimentation équilibrée sur le plan nutritionnel et sûr sur le plan sanitaire,

– des approvisionnements en denrées alimentaires « durables », c'est-à-dire obtenues à partir de formes d'agriculture écologiquement viables, socialement acceptables et économiquement vivables.

Ces objets ambitieux soulignent que la marge de progression demeure importante même si toutes les expressions employées ne bénéficient pas de définitions très précises.

Interfère souvent avec la notion de « sécurité alimentaire » celle de « souveraineté alimentaire » : selon ses promoteurs, chaque État devrait être en mesure d'assurer l'alimentation de ses populations à partir de ses seules productions nationales et de ne pas recourir à des importations pour cela. Cette vision idéologique en faveur d'un comportement autarcique correspond mal aux situations réelles observées : l'Union européenne, les États-Unis et le Japon figurent parmi les grands importateurs mondiaux de produits agricoles et agroalimentaires sans que leur souveraineté alimentaire soit pour autant véritablement menacée, pas plus que celle de la Suisse qui doit pourtant importer une bonne part des produits agricoles qu'elle consomme.

La notion de souveraineté alimentaire – qui a toute son importance – doit donc être envisagée dans un cadre plus large : à la capacité de produire sur le sol national la plus grande partie de la nourriture consommée, s'ajoutent les capacités techniques et financières permettant d'importer et de stocker des produits alimentaires même lorsque ceux-ci connaissent des hausses de prix. Dans ce contexte, la sécurité alimentaire peut aussi bien reposer sur les capacités productives de l'agriculture nationale que sur la capacité à construire et à financer des capacités de stockage suffisantes, en particulier portuaires.

Le développement de cultures d'exportation a été souvent accusé d'entraîner des déficits dans les productions alimentaires de base. On peut en trouver quelques exemples, mais c'est très loin de constituer le cas le plus général, les deux types de culture pouvant s'épauler mutuellement et même cohabiter dans les mêmes champs (cf. chapitre 4).

Si dans les pays pauvres ce sont encore principalement les aspects quantitatifs de la sécurité alimentaire qui posent question ; dans les pays riches ce sont essentiellement les aspects qualitatifs qui se trouvent au cœur des débats depuis deux décennies au moins. Depuis 1986 ces pays se sont trouvés confrontés à toute une série de crises alimentaires largement hypermédiatisées : crises de l'ESB (Encéphalopathie Spongiforme Bovine) dites « de la vache folle », crises de la fièvre aphteuse, de la peste porcine, de la grippe aviaire…

Les premiers bovins victimes de l'ESB l'ont été au Royaume-Uni entre 1982 et 1985 : à la suite d'une longue incubation (de 2 à 5 ans) les bovins concernés sont victimes de troubles nerveux et moteurs, puis meurent assez rapidement. Les enquêtes épidémiologiques menées au Royaume-Uni ont montré que cette maladie se transmettait par la consommation de farines « animales », farines obtenues à partir de produits d'équarrissage provenant de cadavres de ruminants infectés et qui n'avaient pas été suffisamment chauffées. Au début des années 2000, on avait dénombré 180 000 cas au Royaume-Uni, mais seulement 900 en Irlande, 600 au Portugal, 550 en France et un peu plus de 400 en Suisse. Dès la fin des années 1980 la décision d'interdire de nourrir les bovins à l'aide de farines d'origine animale avait été prise, de même qu'étaient très fortement réduites les exportations de viandes bovines britanniques.

L'annonce en 1996 d'une possible relation entre l'ESB et la maladie de Creutzfeldt Jacob chez l'homme a conduit à des mesures encore plus radicales avec l'instauration d'une surveillance vétérinaire accrue et la mise en place d'un embargo sur les exportations d'animaux vivants et de viandes britanniques. Mais c'est dans toute l'Europe que l'image de la viande bovine a été fortement dégradée. En octobre 2000, la décision française de faire retirer dans plus de quarante grandes surfaces des lots de viandes suspectées d'être contaminées a été à l'origine d'une véritable psychose : la consommation de viande bovine a alors diminué en France de 40 % en seulement deux semaines alors qu'elle n'avait baissé « que » de 25 % en 1996. Finalement, le Conseil des Ministres de l'agriculture de l'Union européenne a décidé en décembre 2000 le dépistage systématique de l'ESB chez les bovins âgés de plus de 30 mois ainsi que l'interdiction totale de l'utilisation de farines d'origine animale (Loyat/Petit, 2008).

La fièvre aphteuse (« foot-and-mouth desease » en anglais) s'était développée au Royaume-Uni en février 2001 avant de s'étendre à l'Irlande, à la France et aux Pays-Bas. Il s'agit d'une maladie virale qui peut toucher les bovins, les ovins, les caprins et même les porcins. Elle n'est pas mortelle, mais très contagieuse. L'abattage des animaux concernés et la destruction de leurs carcasses ont eu pour objectif essentiel de stopper la propagation de cette épidémie. Cette maladie n'est pas transmissible à l'homme, mais le battage médiatique fait autour d'elle a contribué à faire reculer un peu plus la consommation de viande bovine, d'autant plus qu'il s'agit d'une viande relativement chère.

La peste porcine, maladie virale très contagieuse et mortelle pour les porcs n'est heureusement pas davantage transmissible à l'homme. Elle s'est déclarée en 1991 en Allemagne, puis entre 1994 et 1996 en Belgique, en Autriche et en Italie, puis en 1997 aux Pays-Bas et en Espagne et enfin en 2000 au Royaume-Uni. Plusieurs millions de porcs ont dû être abattus dans différents pays d'Europe avant d'en venir à bout (Loyat/Petit, 2008).

La grippe aviaire est certainement plus redoutable dans la mesure où elle peut constituer une réelle menace pour la santé humaine. Des mesures très strictes ont été prises très vite par l'Union européenne afin de dépister les oiseaux sauvages ou domestiques susceptibles d'être infectés. En 2006, le virus venu d'Asie a été détecté dans quatorze États membres. Des élevages avicoles situés en France, en Allemagne et au Danemark et qui avaient été infectés ont été dans leur totalité éliminés. Cet épisode très fortement médiatisé a eu comme principale conséquence en Europe une chute importante, mais temporaire, des achats de viandes de volailles : en France ceux-ci ont baissé de 30 % pendant 3 mois, les principales victimes étant les producteurs qui ont vu leurs ventes s'effondrer. Aux États-Unis on a constaté à la même époque (2006), et pendant plusieurs mois, un net recul de la consommation de viandes de volailles alors qu'aucune contamination par le virus H5N1 n'y avait été relevée. Parmi les victimes de cet épisode : le géant du poulet américain Tyson Foods qui a vu reculer de façon sensible sa valeur en bourse, ce qui a fait le bonheur des spéculateurs qui avaient anticipé cette baisse.

En revanche en Asie et en Afrique, la situation est beaucoup plus préoccupante (Charvet, 2007) : la souche la plus pathogène du H5N1 y a déjà fait plus de 200 victimes – principalement en Indonésie, au Vietnam, en Chine, en Thaïlande, au Pakistan, en Égypte, au Nigeria… – malgré les efforts déployés pour réduire ses foyers d'apparition. C'est là que l'on peut mesurer pleinement les différences qui existent en cas d'épidémie entre pays riches et pays pauvres. Dans les pays riches, les grands élevages hors sol fonctionnent dans des espaces entièrement clos, à l'abri des oiseaux migrateurs, et sont très étroitement surveillés par un dense réseau de services vétérinaires : en cas de doute, des destructions massives d'oiseaux sont opérées. En revanche, dans les pays pauvres d'Asie ou d'Afrique les situations demeurent bien différentes. De très nombreuses familles d'agriculteurs vivent en symbiose étroite avec leurs animaux de basse-cour. Même si les volailles sont rentrées la nuit, en particulier pour éviter les vols, elles passent leurs journées en plein air où il est possible qu'elles soient contaminées par des oiseaux migrateurs. Elles sont en outre commercialisées pour l'essentiel sur des marchés locaux, sans véritable contrôle vétérinaire. On touche ici du doigt le rôle décisif de structures de production et de structures d'encadrement sanitaire, donc de données économico-sociales, qui existent dans certains États, mais qui peuvent être difficilement mises en place dans d'autres, faute de moyens suffisants.

À l'intérieur même de l'Europe, ces crises sanitaires ont fait apparaître des clivages, par exemple entre la France, dont le réseau vétérinaire et des abattoirs demeurent dans l'ensemble bien organisés et efficaces, et le Royaume-Uni, où ils ont été déstabilisés par des restructurations excessives menées au nom du libéralisme économique à l'époque de Margaret Thatcher.

F. Produits géographiques et produits mondiaux

Les produits alimentaires mis aujourd'hui à la disposition des consommateurs parcourent des distances plus ou moins importantes depuis leurs lieux de production et subissent des transformations plus ou moins poussées par rapport aux produits agricoles qui ont servi de base à leur élaboration. Pour les géographes, une autre opposition majeure est celle qui distingue les produits « mondiaux » ou « globaux » qui ont des origines géographiques indifférenciées et les produits « géographiques » qui entretiennent des liens étroits avec des territoires, voire des terroirs particuliers : leur originalité par rapport à d'autres produits appartenant à la même famille est alors liée aux qualités spécifiques qui leur sont reconnues ainsi qu'à des origines géographiques clairement connues et reconnues. Une illustration très concrète de cette opposition est fournie par les deux grands types de vins qui sont proposés aux consommateurs. D'une part des vins « industriels » ou « de cépages » (merlot, cabernet sauvignon, chardonnay, syrah...) qui peuvent provenir de tous les continents : ils sont produits aussi bien en Californie, en Australie, au Chili, en Afrique du Sud... qu'en Europe. D'autre part des vins « géographiques » ou « d'appellation » produits sur des terroirs strictement délimités aux spécificités reconnues et dans le cadre de cahiers des charges garants de leur qualité : ils bénéficient alors d'appellations régionales, communales et même ne concernant qu'une partie d'un territoire communal (cf. chapitre 7).

Ces produits géographiques d'appellation sont principalement des vins et secondairement des fromages, mais ils concernent aussi des fruits, des huiles d'olives, des crus de café et de cacao... Dans l'Union européenne existent des AOP (Appellations d'Origine Protégée) inspirées des AOC (Appellations d'Origine Contrôlées) créées dès 1935 en France et des IGP (Indications Géographiques Protégées) pour lesquelles les contraintes de territorialisation sont moins fortes : elles ne portent que sur le lieu de production ou sur le lieu de transformation du produit (cf. chapitres 2 et 7). La reconnaissance de qualités spécifiques liées à des territoires ou à des terroirs particuliers tiennent en règle générale bien davantage à des conditions sociales et techniques de production et à des délimitations juridiques qu'à des données agronomiques ou « naturelles » (Hinnewinkel, 2002 et 2004). Elles ont pour les agriculteurs le très gros avantage de leur permettre d'échapper à la logique de commercialisation des produits « mondiaux » qui appartiennent souvent à la catégorie des « commodités ». Pour les produits géographiques, les qualités spécifiques des produits sont prises en compte dans les négociations de prix. Pour les « commodités », la qualité étant définie à l'avance en raison de standards techniques mondialement connus et reconnus – par exemple ceux du maïs Yellow Corn n° 2 –, la négociation ne porte plus que sur le prix. Il est alors possible, puisque les origines géographiques importent peu, d'organiser leur commercialisation en se fondant sur les cours « mondiaux » qui apparaissent sur les marchés à terme de la planète tels ceux de Chicago, de New York ou de Londres, marchés sur lesquels se trouvent confrontées une offre et une demande mondiales pour les principales commodités.

Depuis 2005-2006, ces cours sont devenus favorables aux producteurs, mais auparavant, et pendant des décennies, ils ont été orientés à la baisse sur le moyen et le long terme en raison d'une offre qui était le plus souvent supérieure à la demande *solvable* mondiale ; d'où une détérioration des termes de l'échange dont les producteurs agricoles ont été les premières victimes (Charvet, 2007, DP 42-43). L'intérêt bien compris de ceux-ci consiste donc à développer la production de produits « géographiques », plutôt que celle de commodités pour lesquelles ils sont en compétition sur les marchés mondiaux avec des producteurs dont les coûts de production sont très bas en raison de contraintes sociales et environnementales moins fortes et/ou de monnaies plus faibles qui favorisent leurs exportations. La territorialisation et la reterritorialisation de la production agricole ne sont cependant pas antinomiques avec une commercialisation sur le marché mondial, mais elle permet de l'aborder dans de bien meilleures conditions (Boulanger et Legouy, 2008).

G. Les principaux facteurs d'accroissement de la demande alimentaire

Les données qualitatives et culturelles, et d'imitation culturelle, ont pris une importance croissante dans la consommation alimentaire. Les « nouveaux modes de consommation de vin dans le monde » (Legouy, 2008) en constituent une illustration parmi d'autres. Dans ce contexte les agriculteurs et les firmes de l'agroalimentaire sont amenés à prendre de plus en plus en compte les préoccupations des consommateurs dans les domaines nutritionnels, de qualité, de santé et de sécurité alimentaire.

Sur le plan quantitatif, trois facteurs principaux permettre de rendre compte des évolutions de la demande de denrées alimentaires : l'amélioration des niveaux de vie, l'urbanisation des populations et l'accroissement démographique.

L'amélioration des niveaux de vie est très loin de concerner l'ensemble de la population mondiale. Localement, l'aggravation de la pauvreté est même à l'origine d'« émeutes de la faim » pendant que le nombre de personnes survivant en situation de sous-alimentation chronique a récemment augmenté. Toutefois, en particulier dans les pays émergents, une part croissante et plus ou moins importante de la population a vu son niveau de vie et son pouvoir d'achat s'améliorer. On estime que le nombre de personnes appartenant aux classes « moyennes » y aurait été multiplié par deux depuis le début des années 1990. En relation avec un enrichissement, même relatif, la consommation directe de céréales augmente dans un premier temps. Dans un second temps, si cet enrichissement se poursuit, on entre dans la seconde phase de la transition alimentaire où la consommation de protéines d'origine animales et en particulier d'œufs et de viandes de granivores augmente rapidement, entraînant une consommation indirecte de céréales et d'oléagineux de plus en plus importante. En Chine, plus du tiers de la production céréalière est désormais destiné à l'alimentation animale, contre moins de 10 % dans les années 1970. Elle est également devenue un des grands importateurs de soja.

L'urbanisation croissante des populations contribue également à la transformation des régimes alimentaires. Ceci ne joue plus guère dans les pays riches où les régimes alimentaires des populations rurales et des populations urbaines se sont considérablement rapprochés. En revanche, dans les pays émergents où les écarts de niveau de vie entre populations rurales et populations urbaines demeurent souvent de l'ordre de 1 à 3, voire de 1 à 4, l'arrivée en ville peut se traduire plus ou moins rapidement et de façon plus ou moins marquée par une transformation et une amélioration des régimes alimentaires. Ces évolutions sont – semble-t-il – plus rapides dans le monde caraïbe et en Amérique latine qu'en Afrique. Elles sont variables selon les pays en Asie : les transformations entre régimes alimentaires des citadins et régimes alimentaires des ruraux peuvent être selon les cas très peu perceptibles (les liens avec la campagne demeurant importants) ou en revanche très marquées. Mais alors que dans l'ensemble des pays du Sud, seulement 37 % des populations étaient urbaines en 1990, c'est le cas pour 50 % d'entre elles aujourd'hui et ce chiffre pourrait être de 60 % en 2025. Ce facteur « urbanisation » est en partie redondant avec le facteur « amélioration des niveaux de vie », mais pas entièrement. Se pose alors le problème de « nourrir les villes ». Parmi les plus grandes agglomérations urbaines des pays du Sud un bon nombre se trouvent situées dans des positions littorales ou sublittorales. C'est le cas pour Lagos, Karachi, Bombay, Calcutta, Djakarta, Manille, Séoul, Shanghai, Tianjin et même Pékin ou Le Caire. Des approvisionnements à partir du marché mondial peuvent alors aisément entrer en concurrence avec des approvisionnements locaux ou régionaux.

Le principal facteur d'augmentation de la demande alimentaire et en particulier de céréales – plantes dont la production constitue de façon directe et indirecte la base principale de l'alimentation mondiale – demeure toutefois pour les pays du Sud, qui rassemblent plus de 80 % de la population de la planète, l'accroissement démographique. La population de la planète a mis 110 ans – de 1810 à 1920 – pour passer d'un à deux milliards d'habitants. Elle a mis 40 ans pour passer – entre 1960 et 2000 – de 3 à 6 milliards de personnes. Depuis 2000, et malgré un léger ralentissement du rythme de croissance démographique, elle progresse à un rythme d'un milliard tous les douze à treize ans. Il y avait 6,5 milliards de terriens en 2006-2007 ; ils seront 7 milliards en 2012-2013 et 8 milliards en 2025. Pour rendre plus concrète en terme de demande alimentaire ces données démographiques, on peut envisager ce qu'elles impliquent pour la demande de céréales, plantes qui occupent près de la moitié des terres arables dans le monde. La production mondiale de céréales – toutes céréales confondues – était de l'ordre de deux milliards de tonnes au début des années 2000 alors que la population mondiale était de l'ordre de 6 milliards de personnes. À partir de ces chiffres on peut calculer que la consommation de céréales du terrien « moyen » – toujours toutes céréales confondues – était alors de 0,33 tonne ou 330 kilogrammes par an. Cette ration serait d'ailleurs suffisante si elle était équitablement répartie. Lorsque la population mondiale augmente de 1 milliard – ce qui arrive au rythme actuel tous les douze à treize ans – il convient, seulement pour maintenir les niveaux de consommation actuels sans même envisager de les améliorer, de pouvoir produire en plus 330 kg x 1 milliard, c'est-à-dire 330 millions de tonnes céréales supplémentaires. Afin de rendre ce chiffre plus concret on peut rappeler que la production céréalière actuelle des États-Unis est d'environ 330 millions de tonnes ou que la production mondiale de blé a été en moyenne de 600 millions de tonnes au début des années 2000. On mesure avec ces chiffres l'ampleur du défi qui se trouve lancé aux agriculteurs de la planète entière, d'autant plus qu'on leur demande dans le même temps, et non sans de bonnes raisons, de beaucoup mieux gérer l'environnement et de consommer moins d'énergie et moins d'eau.

2. Les évolutions de la production agricole

A. Les deux facteurs d'accroissement de la production agricole

Ces deux facteurs sont l'accroissement des superficies cultivées et l'accroissement des rendements. Au cours des deux derniers siècles leurs rôles relatifs dans l'accroissement de la production agricole mondiale se sont inversés.

Au cours d'un XIXᵉ siècle, que l'on peut faire aller jusqu'à la Première Guerre mondiale, et alors que la population mondiale passait de 1 à deux milliards de personnes entre 1810 et 1920, l'augmentation de la production agricole mondiale a largement reposé sur un accroissement des superficies cultivées. Cet accroissement a été engendré pour une part par la généralisation progressive de la première révolution agricole, née au XVIIIᵉ siècle au Royaume-Uni. La mise en culture des terres qui, jusque-là demeuraient, pour des raisons agronomiques, en jachère a permis d'accroître les superficies effectivement cultivées et d'augmenter un peu les rendements grâce au développement d'activités d'élevage génératrices de fumure (Chaléard/Charvet, 2004). Parallèlement et à la même époque, un accroissement majeur des superficies cultivées à l'échelle de la planète a été d'autre part engendré par les défrichements de dizaines de millions d'hectares de nouvelles terres agricoles, opérés par des agriculteurs venus le plus souvent d'Europe, dans des pays situés sur d'autres continents et que l'on considérait alors comme des « pays neufs » : États-Unis et Canada, Argentine et Brésil, Afrique du Sud et Afrique du Nord, Australie et Nouvelle-Zélande, Russie méridionale, etc. Parfois ces défrichements sont allés trop loin, déclenchant de redoutables crises environnementales telle celle du « Dust Bowl », dans les années 1930, dans les « Grandes Plaines » du piémont des Rocheuses aux États-Unis.

Au cours des dernières décennies, la situation a été radicalement différente, l'accroissement des superficies cultivées ne jouant plus désormais – au niveau global – qu'un rôle marginal dans l'accroissement de la production agricole mondiale. Celle-ci a essentiellement reposé depuis les années 1960-1970 et encore davantage à partir des années 1980 sur la progression des rendements obtenus par hectare de terre cultivée. Pendant que la population mondiale passait de 4,4 milliards de personnes en 1980 à 6,4 milliards de personnes en 2004, soit une augmentation de 44 %, les terres arables (« arable lands ») – « terres travaillées » serait plus exact car elles ne sont pas obligatoirement labourées, mais parfois travaillées à la houe ou à la bêche, voire aujourd'hui ensemencées en « semis direct », c'est-à-dire sans labours – sont passées de 1 346 millions d'hectares en 1980 à 1 398 millions d'hectares en 2000, soit une progression de 4 % seulement en deux décennies (FAO, 2008). Si l'on prend en compte les cultures permanentes (« permanent crops » en anglais) qui correspondent pour l'essentiel à des plantations dont la progression a été un peu plus marquée l'on passe pour l'ensemble « terres arables » + « cultures permanentes » de 1 448 millions d'hectares en 1980 à 1 544 millions d'hectares en 2000, soit une progression de 6,5 % sur vingt ans (FAO, 2008). On peut retenir pour la suite que l'ensemble des superficies cultivées et plantées par les agriculteurs occupe actuellement un peu plus de 1 500 millions d'hectares, soit environ 10 % des terres émergées. Comment cette très faible progression, à l'échelle globale, des superficies cultivées s'explique-t-elle puisque les défrichements opérés en divers points de la planète depuis des décennies, essentiellement dans le monde tropical (au Brésil, en Indonésie, mais aussi en Asie du Sud-Est et en Afrique subsaharienne), ont porté sur

13 à 14 millions d'hectares par an ? Elle est liée à des pertes annuelles presque équivalentes par érosion des sols, par épuisement des sols, par salinisation des terres dans de nombreux périmètres irrigués où l'irrigation est mal conduite et, de plus en plus, à l'étalement urbain qui ne cesse pas de progresser en périphérie des agglomérations urbaines grandes ou plus petites. Pour les seuls États-Unis on estime que 500 000 hectares sont ainsi perdus chaque année pour l'agriculture, mais ce phénomène concerne également la plupart des pays de la planète, dont la Chine. Dans les pays du Nord, l'abandon par les activités de production agricole de terres marginales va dans le même sens.

En dehors des terres plantées et cultivées (un peu plus de 1 500 millions d'hectares), les espaces qui portent de la végétation sur notre planète occupent une superficie de l'ordre de 7 200 millions d'hectares, dont un peu plus de 4 000 millions d'hectares d'espaces forestiers et 3 400 millions d'hectares de pâturages extensifs et de terrains de parcours (« grasslands » ou « pasturelands » en anglais). Sur la période 1980-2000, les « herbages et terrains de parcours » sont passés, au détriment des espaces forestiers, de 3,2 à 3,4 millions d'hectares, soit une progression de 6 % en vingt ans (FAO, 2008). Ces chiffres ne constituent que des ordres de grandeur dans la mesure où la délimitation des espaces « forestiers » n'est pas toujours bien assurée (Arnould/Simon, 2007), mais ils permettent de poser une question de fond si l'on pense que les forêts tropicales constituent « le poumon vert » de la planète : celui de la progression à leur détriment de terres consacrées à la production agricole qu'il s'agisse de cultures, de plantations ou d'activités d'élevage. Alors que les espaces forestiers sont aujourd'hui en progression sous les latitudes tempérées, et en particulier en France et en Europe, ceux des pays tropicaux apparaissent de plus en plus grignotés par les espaces pâturés et par les espaces cultivés, l'exemple du Brésil (cf. chapitre 6) illustrant plus particulièrement ce passage d'espaces forestiers à des espaces pâturés puis à des espaces cultivés.

B. Les contrastes de productivité agricole

Ils apparaissent très marqués sur notre planète et ils sont encore bien plus importants pour les productivités par unité de main-d'œuvre que pour les productivités par hectare.

Au cours des dernières décennies, la production agricole mondiale a augmenté de façon très importante (de plus de 50 % depuis les années 1970), essentiellement grâce à la progression des rendements par hectare et des rendements par animal. Cette progression des rendements a été permise par le progrès technique et la généralisation d'itinéraires techniques « productivistes » mobilisant de nouvelles variétés de plantes cultivées à haut potentiel de rendements, des races animales nettement améliorées, des quantités accrues d'engrais, des produits phytosanitaires de plus en plus variés et sophistiqués… Elle s'est appuyée dans un certain nombre de cas sur le recours à l'irrigation : les superficies irriguées ont été multipliées par cinq dans le monde au cours du XXe siècle, passant de 55 à 275 millions d'hectares… On reconnaît là les principales composantes des paquets techniques de la seconde révolution agricole des pays du Nord et de la révolution verte des pays du Sud.

Ces paquets techniques ont permis d'accroître les rendements par hectare dans des proportions considérables : les rendements laitiers par vache ont doublé et souvent triplé ; le rendement moyen en blé est passé en France de 25 quintaux/hectare dans les années 1950 à plus de 75 quintaux/hectare au début des années

2000, ce qui correspond à une progression moyenne d'un quintal par hectare et par an. Bien entendu les exploitations les plus performantes des régions les plus douées pour la production de grains obtiennent des rendements encore supérieurs, de l'ordre de 90 à 100 quintaux par hectare dans le centre et le nord du Bassin parisien. La maîtrise de l'eau a permis dans différentes régions de l'Asie, tout en augmentant les rendements, de passer d'une à deux récoltes de riz par an. Alors qu'un riz cultivé sous pluie (sans recours à l'irrigation) présente en Asie méridionale des rendements de 10 à 20 quintaux par hectare, l'irrigation permet de passer à 50 quintaux par hectare ou plus et la double culture annuelle irriguée de 100 à 120 quintaux par hectare et par an (Trébuil/Hossain, 2004).

Tous les agriculteurs de la planète n'ont pas accès aux techniques les plus performantes et tous n'ont pas accès à l'irrigation. Dans ces conditions, les agriculteurs qui cultivent en sec des céréales peu productives comme les mils et sorghos dans le Sahel africain peuvent n'obtenir que des rendements de cinq à six quintaux par hectare. En revanche une double récolte annuelle de riz irrigué ou une culture de maïs irrigué peut permettre d'atteindre dans les cas les plus favorables les 150 quintaux/hectare. Au-delà des niveaux moyens de rendement, il convient de tenir compte également de leur variabilité interannuelle, celle-ci étant moindre pour les cultures irriguées. Mais, même sans prendre en compte cette dernière donnée qui est très importante pour les agriculteurs, on constate que les rendements céréaliers par hectare se répartissent aujourd'hui sur notre planète à l'intérieur d'une fourchette variant dans une proportion allant de 1 à 30.

Les écarts de productivité les plus importants et les plus lourds de conséquences ne sont toutefois pas ceux qui s'expriment au travers des rendements par hectare : les écarts de productivité peuvent être bien supérieurs lorsque l'on considère les rendements par unité de main-d'œuvre (cf. fig. 1.3). Un agriculteur du Sahel africain qui peut cultiver un hectare de mil à l'aide d'une houe comme principal outil n'obtient guère plus de 5 à 6 quintaux. En revanche un céréalier ouest-européen ou nord-américain qui dispose de tout le matériel moderne (tracteurs de forte puissance, moissonneuse-batteuse, semences sélectionnées, engrais chimiques, produits phytosanitaires...) peut facilement cultiver seul plus de 200 hectares tout en obtenant dans le Corn Belt, le Bassin de Londres ou le Bassin parisien des rendements céréaliers de 80 à 100 quintaux/hectare. Ceci signifie que cet agriculteur produit pratiquement sans aide extérieure (sauf un peu au moment de la moisson) de 16 000 à 20 000 quintaux de grains. Afin de ne pas considérer que les plus performants parmi les performants, disons qu'il peut produire seul 15 000 quintaux de grain. L'écart de productivité n'est plus alors de 1 à 30 comme dans le cas des rendements par hectare, mais de 1 à 3 000 entre les unités de main-d'œuvre spécialisées dans la production de grains sur notre planète. L'ampleur de cet écart ne manque pas de poser la question de savoir si la mise en compétition sur un même marché – le marché mondial – d'agriculteurs aux performances aussi contrastées est bien raisonnable. La mise en place de marchés régionaux à l'intérieur desquels les écarts de productivité par unité de main-d'œuvre sont moindres serait sans doute préférable, tout en maintenant une économie de marché.

Figure 1.3 – Techniques agricoles et productivité du travail en culture céréalière

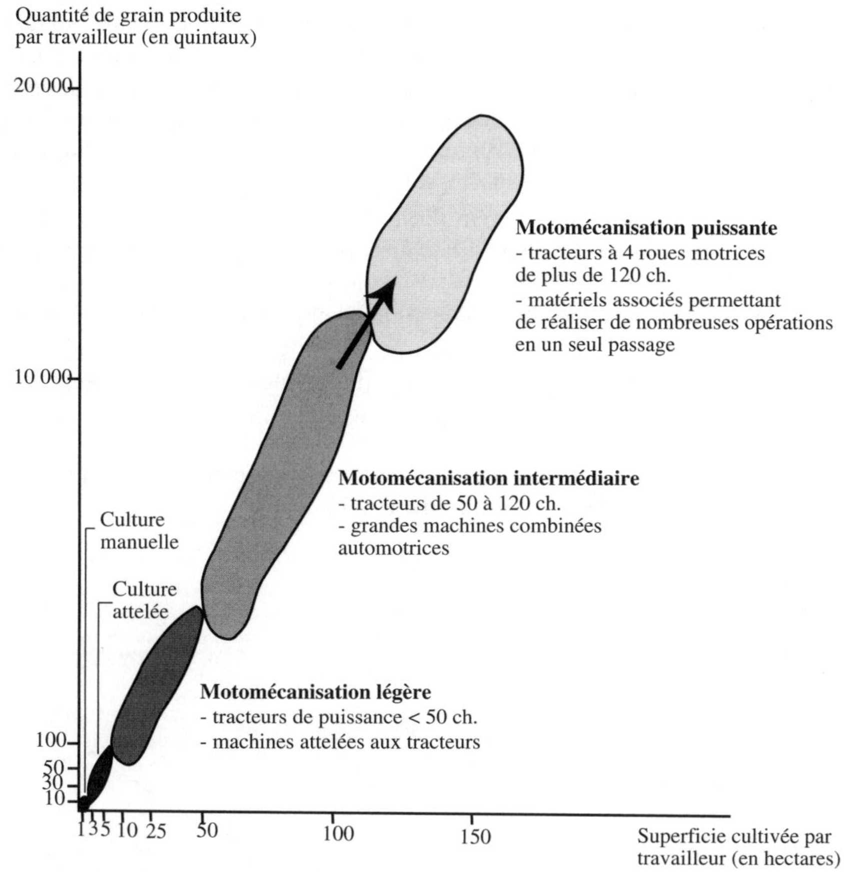

Source : D'après Mazoyer et Roudart, 1997, repris dans Chaléard Charvet, *Géographie agricole et rurale*, Belin, 2004.

À l'échelle de la planète, sur un peu plus de 1 milliard 350 millions d'agriculteurs, environ 30 millions, situés principalement dans les pays riches, disposent d'une motomécanisation lourde et de toutes les composantes techniques de la seconde révolution agricole et d'une partie de la troisième – celle des biotechnologies – ; environ 300 millions pratiquent différentes formes d'agriculture attelée et un milliard pratique une agriculture manuelle à l'aide d'outils tels que la houe ou la bêche et de semences souvent à peine améliorées.

Le succès remporté auprès de certains agriculteurs par les plantes OGM (génétiquement modifiées) s'explique moins par des rendements par hectare plus élevés (ils le sont plus ou moins selon les cas) que par des rendements par unité de main-d'œuvre, eux, souvent plus élevés : parmi les avantages procurés par la culture de plantes OGM figure une nette réduction des traitements à apporter aux cultures ainsi que la possibilité de mettre en place ces cultures sans labourer, grâce à la technique dite du « semis direct ». Une même unité de main-d'œuvre peut ainsi cultiver un espace agricole plus étendu.

La culture de plantes OGM n'a débuté dans les champs des agriculteurs qu'en 1996 (cf. figure 1.4). En 2007, elles ont occupé 114 millions d'hectares, soit 13 % des superficies cultivées en grains (céréales et graines oléagineuses) de la planète. Aucune technologie agricole nouvelle ne s'était jusque-là diffusée aussi rapidement et aussi largement. Depuis 2003, et c'est un fait nouveau, les superficies consacrées aux cultures OGM augmentent plus vite dans les pays du Sud que dans ceux du Nord. À l'exception de l'Union européenne où seule l'Espagne se distingue en cultivant 70 000 hectares de maïs OGM, tous les « poids lourds » de l'agriculture mondiale consacrent désormais des millions d'hectares aux OGM (Chine : 4 millions d'hectares ; Inde, plus de 6 millions d'hectares), voire même des dizaines de millions d'hectares (37 millions d'hectares pour les pays du Mercosur, dont 15 millions au Brésil ; plus de 57 millions d'hectares aux États-Unis). L'Union européenne se trouve ainsi dans une situation quelque peu paradoxale : le développement de la culture de plantes OGM y apparaît très largement bloqué alors qu'elle doit importer des dizaines de millions de tonnes de graines et de tourteaux de soja souvent OGM afin d'alimenter ses élevages industriels. Pour combien de temps ?

Figure 1.4 – Évolution des superficies cultivées avec des plantes OGM dans le monde de 1996 à 2007

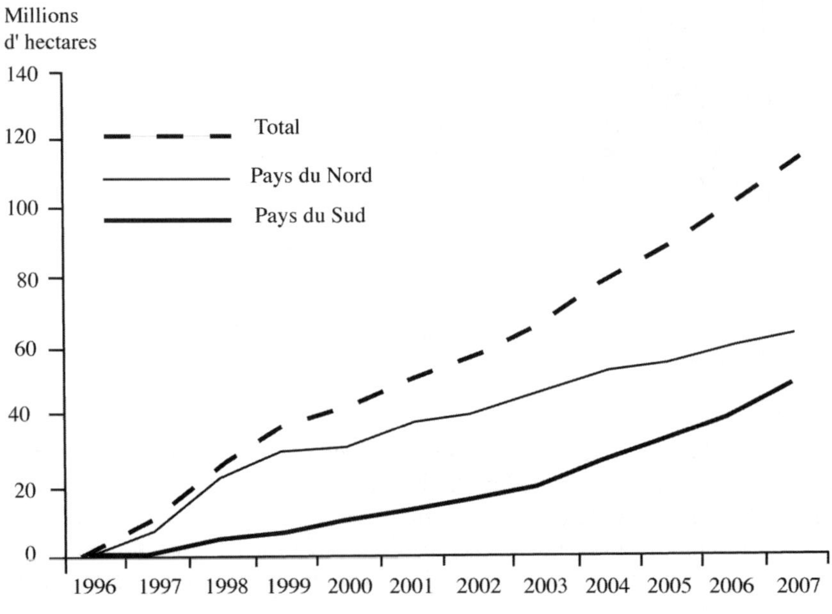

D'après Clive James, 2007.

En 2007, les principales plantes OGM cultivées dans le monde ont été : le soja (58,5 millions d'hectares), le maïs (35 millions d'hectares), le coton (15 millions d'hectares) et le colza (5,5 millions d'hectares). Pour la plupart ces plantes étaient soit tolérantes à un herbicide (largement biodégradable), soit résistantes aux attaques de différents insectes tels les maïs Bt rendus auto résistants aux attaques de pyrale. De plus en plus les maïs OGM combinent ces deux propriétés.

Carte 5 – Les superficies cultivées avec des semences OGM dans le monde en 2007

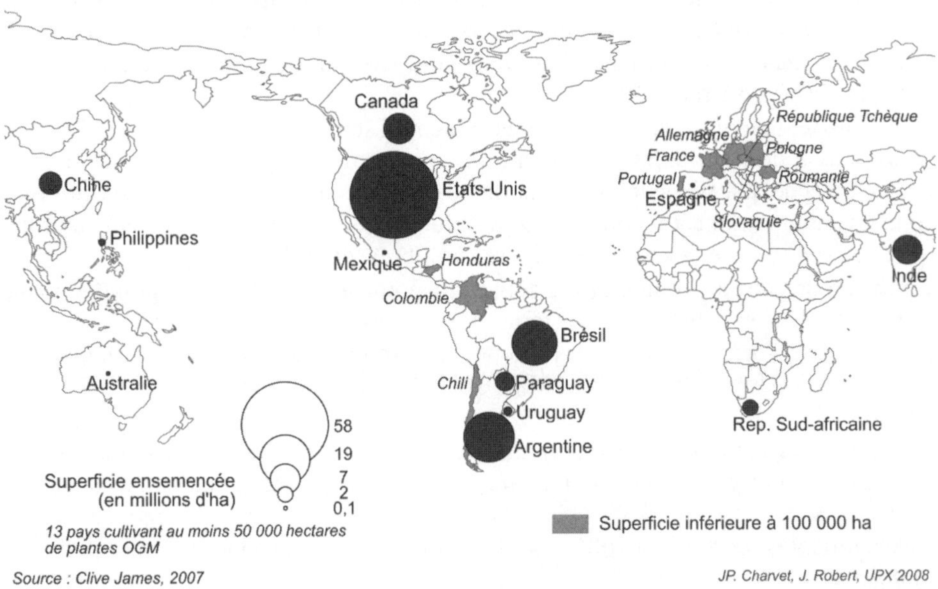

Sur 12 millions d'agriculteurs ayant cultivé des plantes OGM dans le monde en 2007, 11 millions étaient de petits paysans de pays du Sud cultivant principalement des cotons Bt.

C. Le rôle fondamental des encadrements par les firmes et les États

Avec l'accroissement de la part commercialisée de la production agricole, le rôle des encadrements par les firmes et les États a pris de plus en plus d'importance.

1. Les encadrements par les firmes

Le chiffre d'affaires de l'ensemble des industries agroalimentaires mondiales a pu être estimé à 2 500 milliards de dollars en 2006, ce qui correspond à 2 % du PIB mondial et à 15 % de la production manufacturière mondiale (Hatem/Pouch, 2008). On peut également comparer ces 2 % du PIB mondial au poids de l'agriculture dans ce même PIB : 3 % selon la FAO pour l'année 2004 (FAO, 2007). C'est bien dans le cadre de « systèmes agroalimentaires » qu'il convient aujourd'hui d'aborder le thème « Nourrir les hommes » et non pas seulement en termes agricoles.

Par ailleurs, alors que la production agricole mondiale a augmenté au rythme moyen de + 2 % par an au cours des deux dernières décennies, celui des échanges de produits agricoles a progressé en moyenne de 4 % an et celui des IDE (Investissements Directs à l'Étranger) dans le secteur agroalimentaire de 8 % an. Ce secteur devenu essentiel pour la nourriture des hommes apparaît de plus en plus internationalisé et présent, même si c'est à des degrés divers, sur tous les continents. Si les trois quarts des activités développées dans le secteur agroalimentaire le sont dans des pays du Nord, la part réalisée dans les pays du Sud (un quart donc) est loin d'être négligeable : elle y est, en particulier dans des pays comme le Brésil, en constante progression. La puissance agricole d'un État et sa capacité à nourrir ses citoyens dépendent chaque jour davantage de ses industries agroalimentaires. Les ventes des dix premières firmes agroalimentaires mondiales sont passées de 363 milliards de dollars en 2004 à 409 milliards de dollars en 2006, soit une progression de 13 % en deux années (von Braun, 2008).

Il convient en outre de prendre en compte non seulement les activités qui se trouvent en aval de l'agriculture, c'est-à-dire les activités de première, de seconde, de troisième et de quatrième transformation des produits agricoles, mais aussi celles qui se trouvent en amont. La concentration industrielle y apparaît encore plus marquée qu'en aval où l'on recense encore de très nombreuses PME (cf. *infra*).

En amont de la production agricole, un nombre très limité de grandes firmes transnationales se trouvent à l'origine de la fabrication du gros matériel agricole (tracteurs de forte puissance avec leurs différents équipements, moissonneuses-batteuses…) : John Deere, Case-Mac Cormick, Massey Ferguson, New Holland, Claas…

Toujours en amont, dans le domaine des semences et celui des produits phytosanitaires – ces deux domaines sont de plus en plus liés dans la mesure où ils sont associés au sein des mêmes « paquets techniques » – une dizaine de firmes transnationales contrôlent plus de la moitié de la production mondiale (cf. tableau 1.3).

Tableau 1.3 – Les six premières firmes semencières mondiales en 2002 et leurs activités dans le domaine des produits phytosanitaires (chiffres d'affaires en millions de dollars des États-Unis)

Firmes	Domaine des semences	Domaine de produits phytosanitaires	Ensemble
Dupont-Pioneer (États-Unis)	1 920	1 916	3 836
Monsanto (États-Unis)	1 707	3 366	5 073
Syngenta (Suisse)	938	5 385	6 323
Limagrain (France)	764	–	764
Dow (États-Unis)	215	2 627	2 842
Bayer Crop Science (Allemagne)	191	6 087	6 278

Source : Ph. Mac Dougall, 2002.

Le classement qui apparaît sur ce tableau est celui de 2002. Depuis, certains reclassements se sont opérés, en particulier en relation avec la montée en puissance de la culture des plantes OGM sur tous les continents, à l'exception de l'Europe et de l'Afrique (Afrique du Sud toutefois exclue). Monsanto qui a produit plus de 85 % des semences transgéniques mondiales en 2004 occupe désormais, devant Dupont-Pioneer, le rang de premier groupe semencier mondial. Au départ, entreprise du domaine de la chimie, Monsanto a racheté dans les années 1990 la firme semencière

De Kalb, dont la marque existe toujours. De son côté, Dupont de Neumours avait racheté en 1999 le premier semencier mondial de l'époque : Pioneer. Au cours des années 1990, les grandes firmes mondiales de la production de produits phytosanitaires ont été ainsi amenées à investir massivement dans le domaine des semences afin de profiter pleinement des fortes synergies qui existent entre ces deux domaines et des bénéfices que l'on peut en tirer.

Ceci étant dit, les deux premières firmes mondiales dans le domaine des produits phytosanitaires sont européennes : il s'agit de la firme allemande Bayer Crop Science (qui compte parmi ses composantes, depuis 2000, la firme française Rhône-Poulenc Agro) et de la firme suisse Syngenta. Syngenta est issue de la fusion en 2000 des branches « agriculture » d'Astra-Zeneca et de Novartis ; Novartis provenant elle-même de la fusion de deux firmes suisses des domaines de la chimie et de la pharmacie : Sandoz et Ciba-Geigy.

Les actionnariats de ces firmes sont de plus en plus dispersés et d'origines très diverses. Ainsi, parmi les quatre actionnaires les plus importants de Monsanto on trouvait en 2006, selon l'US Security and Exchange Commission, deux fonds de pension américains : Fidelity Investments (9,1 % du capital) de Boston et Primecap Management (3,6 % du capital) de Pasadena (Californie) ; mais aussi deux grands investisseurs européens : le groupe français AXA (6,1 % du capital) et la Deutsche Bank (3,6 % du capital). On peut également ajouter parmi ces actionnaires européens importants le groupe britannique Barclays (3 % du capital). Ces investisseurs ont fait de bonnes affaires en 2007 puisqu'au cours de cette seule année le cours de l'action « Monsanto » est passé de 50 à 120 dollars. Les performances de Syngenta ont été moins spectaculaires, mais la valeur de l'action « Syngenta » qui est cotée à la fois en Suisse et à New York a tout de même progressé de 40 % en 2007.

Cette dispersion à la fois économique et géographique du capital des très grandes firmes transnationales se retrouve également dans les firmes qui se situent en aval de l'agriculture, les investissements en provenance de fonds de pension et de fonds « souverains » se multipliant dans le contexte d'une financiarisation accrue de l'économie mondiale (Carroué, 2006). Un exemple parmi d'autres est fourni par la firme Unilever, une des toutes premières firmes agroalimentaires mondiales, dont les origines sont à la fois britanniques et néerlandaises (Charvet, 2006). Ses actionnaires étaient encore en 1995 pour 46 % britanniques et pour 24 % néerlandais. En 2005, les actionnaires d'Unilever n'étaient plus que pour 27 % britanniques et pour 17 % néerlandais. Les investisseurs des deux nations fondatrices ont vu leur importance relative reculer de 70 à 44 % en dix ans (Charvet, 2006) alors qu'augmentaient les parts des investissements en provenance d'Amérique du Nord et des pays pétroliers du Moyen Orient.

Pour revenir à l'amont de l'agriculture, mentionnons également les très fortes concentrations qui existent dans le domaine des élevages industriels qui est devenu un des secteurs clefs de l'alimentation mondiale. La sélection avicole mondiale (la production de lignées pures qui sont ensuite croisées afin de fournir les élevages en poussins) se trouve aujourd'hui contrôlée par trois ou quatre firmes principalement anglo-saxonnes qui se partagent l'essentiel du marché mondial (Diry, 2006). Les vaccins et médicaments nécessaires sont fournis par quelques firmes pharmaceutiques, souvent suisses. Les aliments servant à la nourriture des animaux (céréales et farines d'oléagineux) dépendent largement de ce qui est tranporté et fourni par les « Géants du grain », c'est-à-dire par le petit nombre de grandes firmes transnationales (Cargill, Bunge, Louis Dreyfus...) qui réalisent la plus grande part des échanges internationaux de grains. Ceci explique très largement qu'en Europe et dans bien des pays du Sud les élevages industriels soient localisés à proximité des ports d'importation de grains.

Les stratégies développées par les firmes qui se situent en aval de l'agriculture seront analysées plus loin (cf. chapitre 2) à partir d'exemples précis. Retenons seulement pour l'instant qu'elles jouent un rôle de plus en plus important dans le pilotage des filières agroalimentaires de plus en plus structurées qui se mettent en place ainsi que dans les nouvelles géographies de la production qui en résultent. Mais la grande distribution qui se situe encore plus en aval joue aussi un rôle croissant dans ce domaine : on est en train de passer de systèmes agro-industriels à des systèmes agro-tertiaires. En 2006, le principal distributeur nord-américain – Wal-Mart – a publié un chiffre de ventes supérieur à ceux de plus grandes firmes pétrolières mondiales (Exxon-Mobil et Shell). L'envolée du cours du pétrole a peut-être modifié, depuis 2006, cette hiérarchie même si les prix des denrées alimentaires ont également augmenté, mais entre 2004 et 2006 les ventes des dix principales enseignes mondiales de produits alimentaires au grand public sont passées de 777 à 1 091 milliards de dollars, soit une progression de 40 % (von Braun, 2008).

2. Les encadrements par les États

Ces encadrements ont joué et continue à jouer un rôle fondamental dans les évolutions des agricultures (Chaléard/Charvet, 2004). L'analyse des politiques agricoles développées par les « poids lourds » de l'agriculture mondiale – Union européenne, États-Unis, Chine, Inde, Brésil – sera détaillée dans les chapitres consacrés aux agricultures de ces différents pays. Le point central est que la modernisation des agricultures passe d'abord par les capacités d'investissement des agriculteurs. Celles-ci peuvent être soutenues et encouragées de différentes façons : par des prêts bonifiés (à taux réduits, voire nuls) pour l'achat d'intrants (Inde, Chine...), par la fourniture gratuite d'eau d'irrigation, par des prix minima garantis pour les principaux produits agricoles : « loan rate » et « marketing loans » aux États-Unis, « prix d'intervention » dans l'Union européenne (cf. chapitre 2), prix garantis pour les principaux grains par la « Food Corporation of India » en Inde, avec, plus en aval, une commercialisation au travers du « Public Distribution System » et des « fair price shops », ce qui implique d'importantes subventions étatiques (cf. chapitre 5). Jadis, des « Marketing Boards » et des « Caisses de Stabilisation » avaient été mis en place, respectivement dans différents pays de l'Afrique anglophone et de l'Afrique francophone, afin de garantir aux planteurs des revenus pas trop irréguliers et suffisants pour permettre des investissements. Ces structures qui ont eu en leur temps une réelle efficacité ont été très largement démantelées dans de contexte des politiques d'ajustement structurel (cf. chapitre 4).

L'OCDE calcule et publie périodiquement depuis les années 1980 – c'est-à-dire depuis que les produits agricoles ont été intégrés dans les négociations commerciales internationales menées dans le cadre du GATT, puis de l'OMC – les montants des soutiens apportés aux agriculteurs dans différents pays. Sont pris en compte, à la fois les transferts provenant des consommateurs (quand ils paient leurs produits à des niveaux supérieurs à ceux des cours mondiaux) et ceux provenant des contribuables qui financent les différentes mesures des politiques agricoles. Les chiffres absolus ne permettant pas d'effectuer des comparaisons significatives entre pays de tailles très différentes, le mieux est de rapporter les montants de ces soutiens aux recettes agricoles brutes (cf. tableau 1.4).

Tableau 1.4 – Les soutiens aux agriculteurs rapportés aux recettes agricoles brutes pour quelques pays (en %)

Moyenne pays de l'OCDE	31 %
Corée du Sud	64 %
Japon	58 %
Union européenne à 15	34 %
Mexique	22 %
Canada	20 %
États-Unis	20 %
Russie	6 %
Chine	6 %
Australie	4 %
Brésil	4 %

NB. Moyennes des années 2000-2003 ; Source : OCDE, 2005.

Les pays qui soutiennent le plus leurs agricultures sont les pays asiatiques à haut niveau de vie où les structures d'exploitation agricole sont demeurées de petite dimension. Le Japon, la Corée du Sud appartiennent avec la Suisse, la Norvège, Taïwan, Israël, l'Islande, le Liechtenstein..., mais aussi la Chine... au groupe du G10 dans le cadre des négociations commerciales de l'OMC : ces pays militent, en avançant des arguments d'ordre culturels, en faveur du maintien de niveaux de protection élevés pour leurs agricultures nationales vis-à-vis des importations venant du marché mondial.

Le niveau de soutien qui était alors apporté aux agriculteurs européens de l'Union européenne à 15, était proche de la moyenne des pays de l'OCDE. Il a diminué mécaniquement depuis dans la mesure où les passages à une Union européenne à 25, puis à 27, se sont effectués avec un plafond budgétaire de la PAC maintenu au même niveau (cf. *infra*) alors que la production agricole européenne augmentait.

Les pays de l'ALENA (États-Unis, Canada, Mexique) soutiennent de façon importante leurs agricultures, à des niveaux comparables, même s'ils sont très loin de constituer un marché commun agricole comparable à celui de l'Union européenne.

L'Australie et le Brésil, pays membres du groupe de Cairns, soutiennent également leurs agricultures, mais à des niveaux bien inférieurs à ceux des pays riches.

Les agricultures russe et chinoise apparaissent davantage soutenues que leurs homologues australienne et brésilienne, même si elles le sont moins que celles des pays riches. Toutefois les pourcentages retenus dans le tableau 1.4 peuvent être trompeurs : les 40 milliards de dollars d'aides versées de 2000 à 2003 par le gouvernement chinois à ses agriculteurs représentaient 3,3 % du PIB chinois de l'époque

Carte 6 – Les superficies irriguées dans le monde en 2005-2006

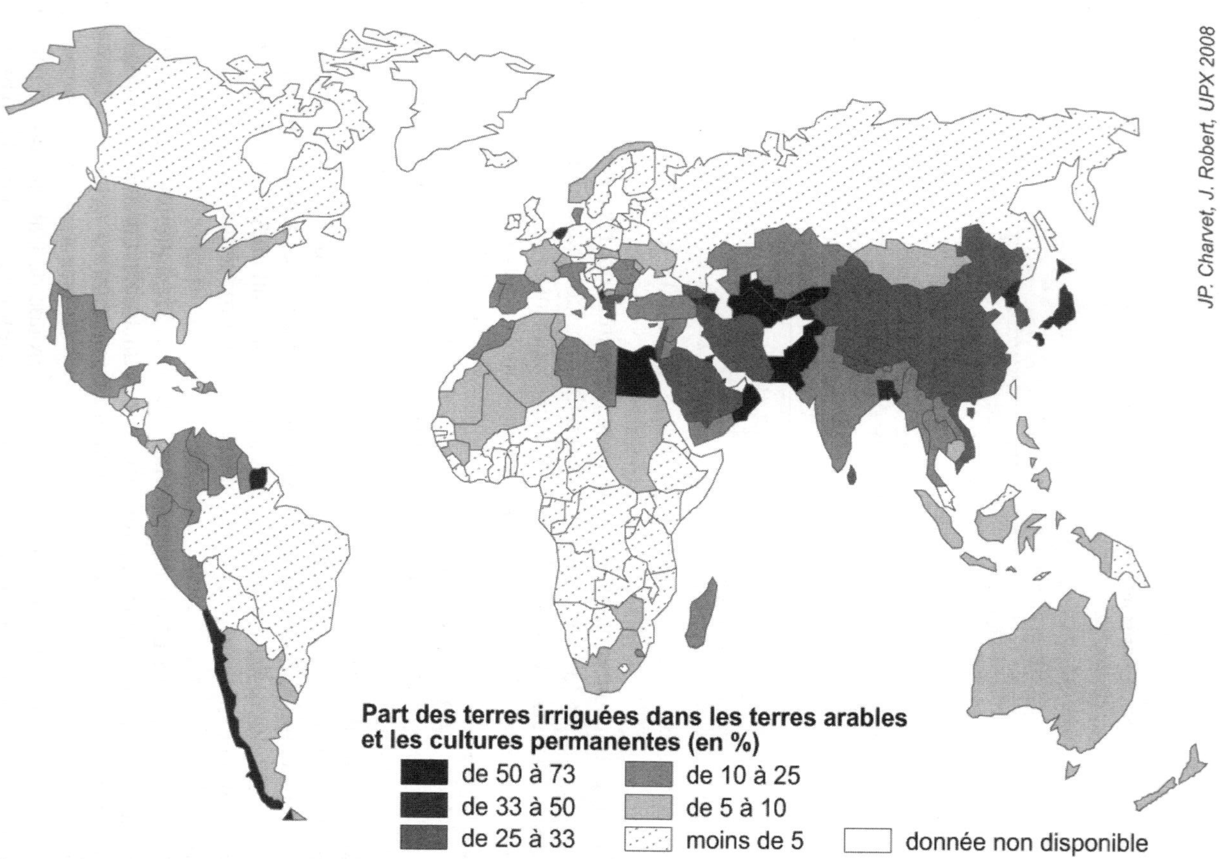

*Source : Annuaire statistique de la FAO, 2005-2006 * Réalisé avec Philcarto*

alors que les soutiens apportés à l'agriculture ne représentaient que 1,3 % du PIB de l'Union européenne et 1,2 % du PIB de l'ensemble des pays de l'OCDE.

On peut considérer qu'il s'agit en quelque sorte du montant de la prime d'assurance que ces pays acceptent de payer pour assurer leur sécurité et leur souveraineté alimentaires. Le débat demeure ouvert pour savoir si ce montant est insuffisant, convenable ou trop élevé en fonction d'objectifs qui ne sont pas qu'agricoles, mais aussi alimentaires et environnementaux. En période de crise et d'envolée des cours des produits alimentaires importés, le coût de l'assurance risque d'être perçu comme raisonnable.

D. La question de la durabilité des agricultures

Les superficies irriguées couvrent aujourd'hui plus de 275 millions d'hectares, soit près de 20 % des superficies cultivées de la planète. Ces superficies se trouvent principalement localisées au Proche-Orient ainsi qu'en Asie méridionale et orientale : plus de 33 % des terres agricoles de l'Inde sont irriguées, près de 40 % de celles de la Chine le sont (cf. carte). En Égypte, il n'y a pas d'agriculture sans irrigation. Mais alors que ces 20 % de terres irriguées sont à l'origine de 40 % de la production agricole mondiale, les ressources en eau commencent à se faire de plus en plus rares (et chères) dans des régions de plus en plus nombreuses de la planète (Mutin, 2000).

Parallèlement, la seconde révolution agricole – celle de l'agriculture « productiviste » dans les pays riches et de la « révolution verte » dans les pays en développement – a engendré de nombreuses atteintes à l'environnement. D'où le souci, partagé de façon très générale aujourd'hui, de passer à des formes d'agriculture « écologiquement intensives » ou « doublement vertes », disons à des agricultures beaucoup plus raisonnées. Celles-ci peuvent toutefois présenter des formes bien différentes. Certaines se situent en rupture totale ou quasi totale par rapport à l'agriculture productiviste. D'autres ne s'en différencient que partiellement (Charvet, 2007). En outre, les différentes dimensions dont se prévalent les agricultures « durables » – dimensions écologique et environnementale, dimensions sociale et économique, dimension éthique – ne vont pas sans présenter un certain nombre de contradictions entre elles (Charvet, 2007).

L'agriculture biologique (« organic farming ») se positionne comme une agriculture en opposition quasi totale par rapport à l'agriculture productiviste. Elle se définit par le refus du recours aux produits chimiques de synthèse fournis par les industries chimiques. (Il ne sera question ici que des agricultures biologiques qui sont reconnues de façon officielle, à la suite de certifications d'ailleurs assez coûteuses, et qui se traduisent par l'attribution de logos du type « Bio », « Organic », « AB »..., et pas de celles qui se trouvent pratiquées de façon non officielle par des centaines de millions d'agriculteurs des pays pauvres qui sont trop pauvres pour avoir accès à des intrants d'origine industrielle et qui figurent souvent parmi les 850 millions de personnes qui doivent vivre en situation de sous-nutrition et de sous-alimentation chronique). L'agriculture « bio », officiellement certifiée comme telle, était pratiquée en 2007 sur 31 millions d'hectares dans le monde, ce qui correspond à moins de 1 % (0,75 % exactement) des superficies agricoles mondiales. Les produits « bio » étant aujourd'hui très demandés dans les pays riches (ils sont désormais présents dans les super- et hyper- marchés), les agricultures des pays riches leur accordent une place croissante. Il leur est malgré tout nécessaire de recourir à des importations provenant d'autres pays.

Carte 7 – L'agriculture biologique dans le monde

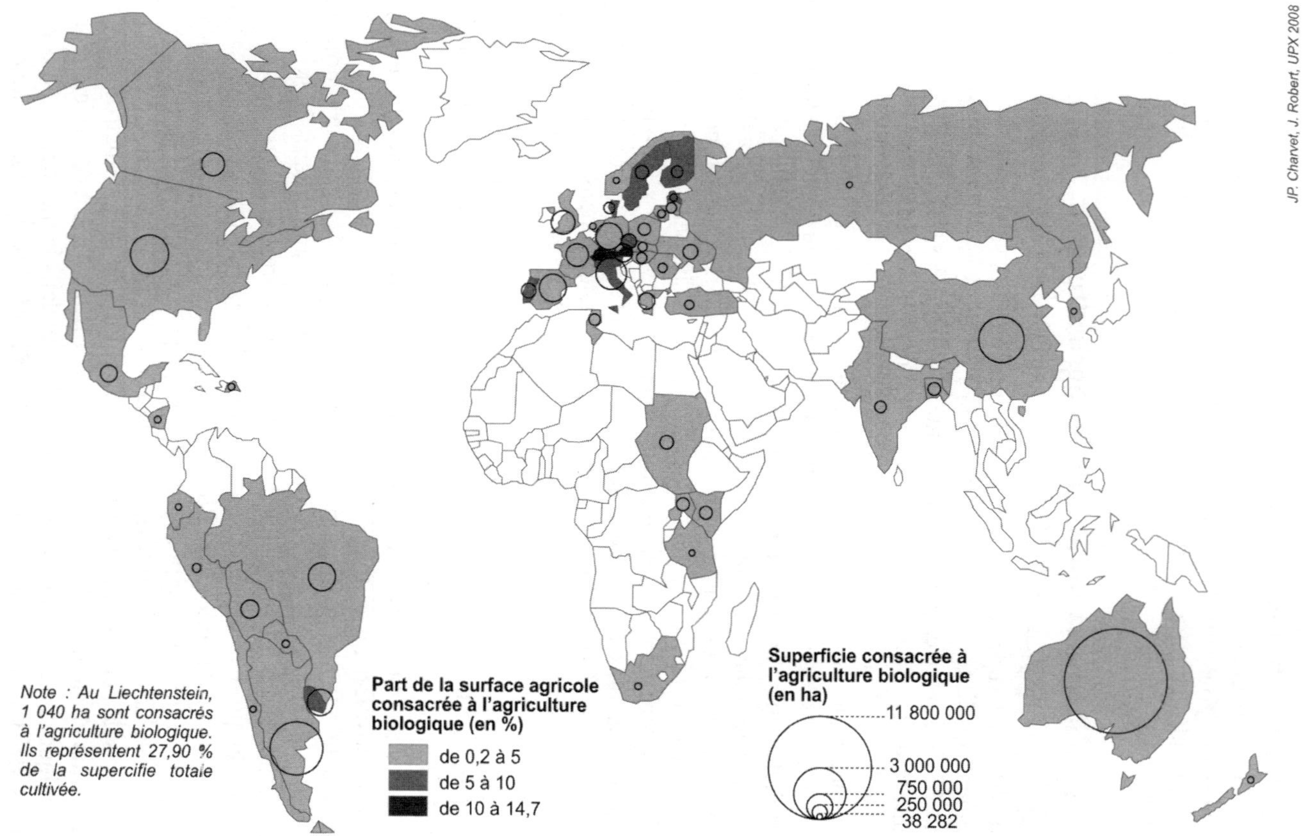

Source : The world of organic agriculture : statistics and emergency trends 2007 * Réalisé avec Philcarto

Deux pays regroupent près de la moitié des superficies consacrées à l'agriculture biologique dans le monde : l'Australie (11,8 millions d'hectares) et l'Argentine (3,1 millions d'hectares) (cf. carte). Elle y correspond très largement à des élevages conduits de façon très extensive sur d'immenses terrains de parcours : la taille moyenne de l'exploitation agricole « bio » est de 6 300 hectares en Australie et de 1 800 hectares en Argentine. Aux États-Unis, elle est de 190 hectares, ce qui correspond à la moyenne nationale, toutes exploitations confondues. Dans l'Union européenne, où l'agriculture biologique occupe 4 % des superficies agricoles, la taille moyenne de l'exploitation « bio » est de 39 hectares, soit deux fois plus que l'exploitation agricole moyenne de l'Union européenne à 27 (20,6 ha). Aux États-Unis et au Royaume-Uni, l'agriculture biologique est souvent pratiquée sur de très vastes exploitations : on est loin de l'idéal de départ du petit producteur commercialisant lui-même sa production en vente directe…

Parmi les pays riches, les pays qui véhiculent dans leurs cultures nationales un fort rapport à la « nature », tels les pays scandinaves ou les pays de culture germanique, font une large place à l'agriculture biologique : elle occupe 5 % des superficies agricoles en Allemagne, 11 % en Suisse, 14 % en Autriche et 28 % (record mondial) dans le paradis fiscal que constitue le Liechtenstein. Les consommateurs de produits « bio » appartiennent principalement aux catégories les plus aisées de la population. En France, seulement 2 % des superficies agricoles sont aujourd'hui cultivées en « bio » : l'objectif de 20 % qui vient d'être fixé est-il bien réaliste quand on sait que le « bio » réclame beaucoup plus de travail que le conventionnel ?

Les deux pays où l'on recense le plus d'exploitations « bio » sont le Mexique (83 000 exploitations) et l'Italie (45 000 exploitations). Ces deux pays présentent comme points communs d'être situés à proximité immédiate d'importants foyers de consommation à haut niveau de vie très demandeurs et de pouvoir bénéficier d'une abondante main-d'œuvre immigrée, légale ou illégale, venant principalement d'Afrique dans le cas de l'Italie et d'autres pays d'Amérique latine pour le Mexique.

Le commerce international des produits « bio » se développe aujourd'hui sur de longues distances, par exemple depuis la Chine vers les États-Unis ou depuis l'Australie vers le Royaume-Uni. Ceci implique des consommations élevées de « food miles » génératrices de consommations de carburants d'origine fossile et d'émissions de CO_2.

L'agriculture biologique a bien des vertus, en particulier en ce qui concerne la gestion de l'environnement, mais elle ne les a pas toutes. Quant à la capacité de l'agriculture biologique de nourrir la planète comme le prétendent certains « experts » immédiatement relayés par les médias (cf. Y. Arthus Bertrand, documentaire sur « Arte »), elle ne repose sur aucune réalité scientifique : alors que la production agricole mondiale n'a progressé pour l'essentiel au cours des dernières décennies que grâce à une importante progression des rendements – ceux permis par la seconde révolution agricole – comment croire qu'une agriculture dont les rendements sont au moins d'un tiers inférieur à ceux de l'agriculture conventionnelle puisse y parvenir ?

Si l'agriculture biologique mérite sans doute une place accrue, les véritables solutions à une bien meilleure prise en compte de l'environnement résident dans des formes d'agriculture présentant des ruptures moins marquées avec l'agriculture productiviste. Les agricultures « paysannes » bien décrites par Marc Dufumier dans son ouvrage consacré aux « Agricultures et paysanneries des Tiers-mondes » (Dufumier, 2004) en offrent de multiples exemples. Elles permettent en outre de maintenir des campagnes « vivantes ». Les agricultures de qualité vont également dans ce sens, tout comme celles que l'on s'efforce d'encourager dans certains PNR (Parcs Naturels Régionaux) en France, même si elles ne s'interdisent pas *a priori* l'emploi d'intrants d'origine industrielle. Les différentes formes d'agriculture raisonnée que l'on expérimente aujourd'hui se présentent comme des formes d'agriculture durable (Charvet, 2007). Cela va depuis celles qui sont promues par l'association FARRE (Forum de l'Agriculture Raisonnée Respectueuse de l'Environnement) jusqu'aux formes d'agriculture HVE (à Haute Valeur Environnementale) ou « écologiquement intensives » soutenues par les autorités de tutelle de l'agriculture en Europe. Différentes expériences avaient été mises en place jusqu'ici afin de faire en sorte que l'agriculture gère mieux l'environnement (en France : les OLAE, les MAE, les PDD, les CTE, les CAD, les PMPOA…), mais toutes présentaient un défaut majeur, surtout aux yeux des géographes : leurs discontinuités territoriales. Fondées sur la base du volontariat des exploitants agricoles, elles étaient extraordinairement disséminées dans l'espace rural, tout en étant d'ailleurs surreprésentées là où elles s'imposaient le moins et quasi absentes là où il y en aurait eu le plus besoin (dans les grands bassins de production agricole spécialisés). Un des intérêts de la réforme de la PAC de 2003 – réforme entrée en application en France seulement depuis 2005-2006 – est d'imposer une écoconditionnalité des aides directes au plus grand nombre des exploitations agricoles. Désormais, la mise en œuvre de « bonnes pratiques agricoles et environnementales » s'applique à tous et cette continuité territoriale devrait permettre une gestion nettement améliorée de l'environnement, même si les effets de celle-ci mettront quelque temps avant de se faire véritablement sentir.

3. Les évolutions récentes des échanges internationaux de produits agricoles et agroalimentaires

A. Les principales étapes de la mondialisation des échanges de produits agricoles et agroalimentaires

Cette mondialisation constitue un phénomène ancien : elle existait déjà pour le blé, pour l'huile d'olive et pour le vin à l'époque de l'Empire romain dans le Bassin méditerranéen. Son premier essor véritablement planétaire remonte toutefois à l'époque des Grandes Découvertes qui ont permis un brassage intercontinental des plantes cultivées et des produits agricoles échangés, avec en particulier les développements des commerces des épices, du café, du cacao, du sucre (dans le cadre du commerce « triangulaire »)…

Une seconde époque majeure de la mondialisation des échanges de produits agricoles fut, dans la seconde moitié du XIXe siècle, celle de la révolution des transports terrestres et maritimes. Elle s'est accompagnée du défrichement de centaines de millions d'hectares de terres agricoles dans les pays « neufs » de l'époque sous les latitudes tempérées et de la mise en place par les Européens de différents types de plantations dans le monde tropical. Il en est résulté un important développement des échanges même si, dans le contexte colonial de l'époque, les relations entre les différentes métropoles européennes et leurs colonies respectives demeuraient très nettement privilégiées. La décolonisation et l'époque de développement économique rapide de l'époque des « Trente Glorieuses » ont, après la Seconde Guerre mondiale, soutenu un important essor des échanges internationaux dans ce domaine comme dans d'autres.

La dernière étape majeure a débuté en 1986 avec, pour la première fois, la prise en compte des produits agricoles dans les négociations commerciales internationales menées alors dans le cadre du GATT (cycle de négociations de l'Uruguay Round : 1986-1994). Ceci étant dit, même après 1994, des droits de douanes bien supérieurs à ceux appliqués en moyenne aux produits industriels (4 %) subsistaient dans la plupart des pays avec des valeurs moyennes de plus de 66 % en Tunisie et en Égypte, de 50 % au Nigeria, de 40 % en Inde, de 22 % au Canada, de 18 % au Japon, de 16,5 % dans l'Union européenne, de 15 % en Chine et d'environ 10 % aux États-Unis et au Brésil (Insee, 2007). Les négociations engagées depuis 2001 dans le cycle de Doha devraient aboutir à de nouvelles baisses de ces droits de douane malgré la conjoncture nouvelle créée par l'envolée des cours des principales commodités agricoles.

B. Des échanges qui portent de plus en plus sur des produits transformés

Le commerce international des produits agricoles et agroalimentaires ne porte plus aujourd'hui que sur 8 à 9 % des échanges internationaux de marchandises contre encore 30 % dans les années 1950. Toutefois ce recul en part relative ne doit pas masquer un fait essentiel : il s'est considérablement développé depuis la fin des années 1950 : de 1960 à 2004 les échanges mondiaux de produits agricoles et agroalimentaires sont passés de 30 à plus de 600 milliards de dollars. Cet essor s'est accompagné d'une transformation importante de leurs principales composantes : alors que jusqu'à la fin des années 1960 les échanges de produits agricoles non transformés composaient encore plus de 60 % de l'ensemble de ces échanges, ils n'en représentent plus désormais que moins de 40 % : la part des produits transformés est devenue majoritaire (+ de 60 %) dans les échanges mondiaux de produits agricoles et agroalimentaires. Au-delà de cette moyenne globale, les situations des principaux exportateurs apparaissent toutefois très contrastées (cf. tableau 1.5).

On constate que si la part des exportations de produits agricoles non transformés représente encore 39 % de l'ensemble des exportations de produits agricoles et agroalimentaires pour les États-Unis et le Brésil, cette part n'est plus que de 8 % pour l'Union européenne qui, bien qu'alors encore à 15, constituait déjà le premier exportateur mondial, devant les États-Unis. On mesure déjà, de façon indirecte, le poids des industries agroalimentaires européennes. L'importance pour l'Union européenne des exportations de produits alimentaires à forte valeur ajoutée est confirmée par des données plus récentes publiées conjointement par l'OCDE et la FAO (cf. cartes). Pour les produits bruts non transformés (céréales, graines oléagineuses, grains de café, fèves de cacao…) les États-Unis apparaissent nettement en tête devant le Brésil, l'Argentine, l'Australie et le Canada. Pour les exportations de produits semi-transformés (animaux vivants et autres produits d'origine animale, farine, aliments pour le bétail…), l'Union européenne fait à peu près jeu égal avec les États-Unis. En revanche, pour les produits à haute valeur ajoutée (viandes réfrigérées, produits à base de viande, produits laitiers, pâtes alimentaires, vins et boissons…), elle se situe nettement en tête.

Carte 8 – Les 10 premiers exportateurs mondiaux de produits agricoles et agroalimentaires

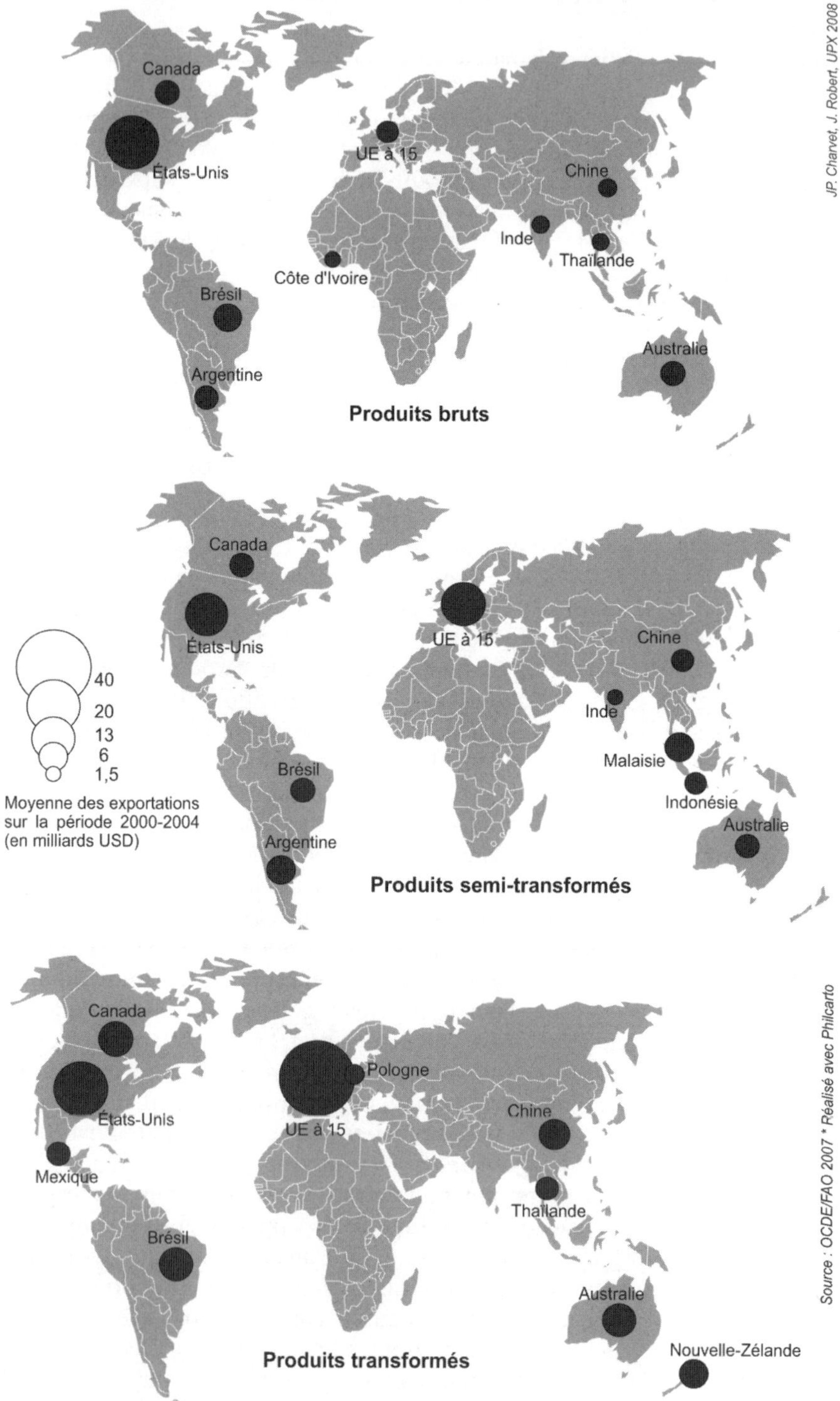

JP. Charvet, J. Robert, UPX 2008

Source : OCDE/FAO 2007 * Réalisé avec Philcarto

Tableau 1.5 – Répartition des exportations par grandes catégories de produits agricoles et agroalimentaires des grands pays exportateurs en 2004 (en %)

Pays	Valeur totale des exportations (en milliards de dollars)	Produits (en %)		
		Bruts	Intermédiaires	À forte valeur ajoutée
États-Unis	66	39,2	18,6	41,9
Brésil	28	39	19,8	41,2
Australie	20	32,6	16,9	50,5
Inde	7	36,6	24,2	39,2
Chine	16,5	9,9	21,1	69,0
Union européenne (à 15)	79	8,0	24,6	67,4

Source : D'après Commission européenne.

Une autre originalité de l'Union européenne tient à l'ampleur des échanges agroalimentaires entre les différents pays qui la composent (Charvet, 2007). Ceux-ci sont sans commune mesure avec ceux que l'on peut relever entre les pays de l'Alena ou ceux du Mercosur. En 2004, ils ont porté – dans le cadre de la seule Union européenne à 15 – sur près de 300 milliards de dollars chiffre que l'on peut comparer à ceux de moins de 60 milliards, aussi bien entre pays de l'Alena qu'entre pays du Mercosur. C'est seulement en Europe qu'existe un véritable marché commun agricole, avec le fonctionnement quasi systématique d'une « préférence communautaire » et d'une véritable Politique Agricole Commune (doublée, en outre, d'une monnaie commune), situation qui est très favorable pour un pays agro-exportateur comme la France (les trois quarts des exportations agricoles et agroalimentaires de la France sont à destination d'autres pays de l'Union européenne).

Malgré l'importance de ses exportations la balance commerciale de l'Union européenne pour les produits alimentaires demeurent déficitaire (de 4 milliards de dollars en 2004) alors que celle des États-Unis est excédentaire (de 4 milliards de dollars également en 2004) : l'Union européenne est donc très loin d'être une forteresse dans laquelle il est impossible d'entrer : elle est le premier importateur mondial de produits agricoles et agroalimentaires et les importations en provenance des PMA (les pays les plus pauvres) y bénéficient de droits de douane nuls.

Le classement des principaux produits exportés au niveau mondial a également évolué de façon sensible. Dans la première moitié des années 1980, les céréales occupaient la première place, suivies à peu près à égalité par les oléoprotéagineux, puis par les fruits et légumes et les viandes. Au début des années 2000, les exportations de fruits et légumes (plus de 100 milliards de dollars en 2004) arrivent en tête, suivies par celles d'oléoprotéagineux (plus de 70 milliards de dollars) et des viandes. Les échanges de céréales n'arrivent plus qu'en quatrième position (avec 47 milliards de dollars), devançant de peu les vins et spiritueux (46 milliards de dollars) et l'ensemble oeufs-produits laitiers (40 milliards de dollars). Les produits tropicaux (café, sucre, cacao, bananes...) arrivent très loin derrière, les échanges les plus importants étant ceux de sucre (11 milliards de dollars), mais ils ne viennent pas tous du monde tropical, et ceux de café (12 milliards de dollars), tous ces chiffres étant ceux de l'année 2004.

C. Détérioration des termes de l'échange et commerce équitable

Une fois mises à part les évolutions les plus récentes (depuis 2006), on relève depuis l'époque de la Seconde Guerre mondiale une nette tendance à la diminution des prix agricoles calculés en valeur réelle (c'est-à-dire en éliminant les effets de l'inflation) sur le moyen et le long terme : leur pouvoir d'achat est allé en diminuant. Il faut des quantités de plus en plus importantes d'un produit agricole donné pour acquérir un même produit industriel ou un même service. Ceci est l'expression, au niveau global, de « l'effet de King » qui touche l'ensemble des produits agricoles (Chaléard/Charvet, 2004). Les prix agricoles se fixent « à la marge » et il suffit qu'une offre soit légèrement supérieure à la demande solvable pour qu'il en résulte une baisse des prix beaucoup plus que proportionnelle aux quantités mises sur le marché en excédent. L'effet de King joue dans les deux sens : depuis 2006, des déficits finalement relativement modestes ont engendré une véritable envolée des cours. Toutefois, pendant des décennies, l'effet de King a joué le plus souvent en défaveur des agriculteurs en raison de productions souvent excédentaires au niveau global par rapport à la demande des marchés solvables d'où cette tendance lourde à la baisse, sur le moyen et le long terme, des prix des denrées agricoles de base, tendance doublée, à certains moments, de fortes fluctuations de cours.

Cette érosion quasi continue du pouvoir d'achat des produits agricoles, qui affecte aussi bien les agriculteurs du Nord que ceux du Sud, a été appelée « détérioration des termes de l'échange ». Les agriculteurs des pays du Nord en sont toutefois beaucoup mieux protégés que ceux du Sud par les aides qui proviennent de leurs politiques agricoles.

Afin de mesurer tous les effets de cette « détérioration des termes de l'échange », il convient également de prendre en compte la part des différentes productions agricoles qui transite par le marché mondial. Elle est supérieure à 80 % pour le café et les fèves de cacao, proche de 80 % pour l'huile de palme (qui provient du palmier à huile) et de 65 % pour l'huile de coprah (qui provient du cocotier). Toutes ces productions sont des productions du monde tropical. Pour le sucre, les graines de soja, les tourteaux et l'huile de soja la part de la production destinée au marché mondial est de l'ordre de 30 à 35 %. Ces produits figurent parmi les principales exportations du Brésil. Enfin, seulement 18 % de la production mondiale de blé, 11 à 12 % de celle de maïs, 8 à 9 % de celles de fromages et 8 % des productions mondiales de viandes se trouvent commercialisés sur les marchés mondiaux. Ces produits sont principalement obtenus dans les pays riches des latitudes tempérées où les agriculteurs disposent de marchés intérieurs importants.

Les situations les plus difficiles sont celles des pays dont les économies reposent principalement sur les exportations d'un tout petit nombre de produits agricoles et qui exportent la quasi-totalité de leurs productions (Charvet, 2007). Ils sont largement représentés en Amérique centrale (les exportations du Nicaragua sont composées pour les trois quarts par des produits agricoles) ainsi qu'en Afrique occidentale et orientale (60 % des exportations du Kenya correspondent à des produits agricoles).

C'est dans ce contexte peu favorable aux agriculteurs et en particulier à ceux des pays pauvres qu'ont été mises en place des filières de commerce équitable. Ces filières de commercialisation portent principalement sur des produits tropicaux (café, cacao, thé, bananes...). Dans leur cadre, les consommateurs acceptent de payer un peu plus cher les produits qu'ils acquièrent. Les agriculteurs en tirent au moins un double avantage : ils se trouvent rémunérés à des prix à la fois supérieurs aux cours mondiaux et nettement moins fluctuants. Ils s'engagent en contrepartie à respecter des cahiers des charges précis comportant souvent l'adoption de certaines pratiques de l'agriculture biologique et l'interdiction du travail des enfants (qui doivent pouvoir aller à l'école).

Ces filières de commerce équitable qui ont été largement « récupérées » par la grande distribution ne portent toutefois que sur des quantités marginales : moins de 1 % des échanges mondiaux des produits concernés, même si leur part peut monter à 2 ou 3 % dans quelques pays tels que le Royaume-Uni, l'Allemagne, les Pays-Bas ou la Suisse. Dans les pays exportateurs ce sont surtout les communautés paysannes les plus dynamiques, les plus ouvertes sur l'extérieur et les mieux organisées, qui en sont les bénéficiaires ce qui ne manque pas de créer des clivages entre communautés rurales. Si ces filières peuvent procurer à certains consommateurs le sentiment de « lutter contre le sous-développement en faisant leurs courses » (Boris, 2005), elles ne peuvent pas être considérées comme des alternatives crédibles et généralisables aux échanges de produits agricoles qui continuent à dépendre très largement des cours qui se forment sur les grands marchés à terme de la planète.

D. Les envolées récentes des cours des commodités agricoles

L'analyse de ce phénomène permet d'envisager la combinaison d'éléments qui se trouve à l'origine de la fixation, sur les grands marchés à terme de la planète ou dans les principaux ports d'exportation, des cours « mondiaux » des principales denrées agricoles de base.

Depuis 2006, les cours mondiaux de la plupart des denrées agricoles de base ont doublé ou triplé, engendrant localement des « émeutes de la faim ». Le cours mondial du blé américain Hard Red Winter – un blé à haute teneur en protéines – a presque quadruplé dans les ports d'embarquement du Golfe du Mexique passant de 120 dollars par tonne au début de 2006 à 400 dollars par tonne au tout début de 2008 (cf. *Images Économiques du Monde*, 2009) avant de refluer depuis. Le prix du maïs américain Yellow Corn n° 2 – maïs de qualité courante – est passé de moins de 100 dollars par tonne au début des années 2000 à 200 dollars par tonne fin 2007 et à 240 dollars par tonne en mai 2008. Le cours mondial du riz américain (riz haut de gamme) est passé de 200 dollars par tonne en 2002 à 500 dollars par tonne fin 2007. Celui des brisures de riz exportées par la Thaïlande vers différents pays africains (où il est largement consommé dans les villes portuaires) est passé de 150 dollars par tonne en 2001-2002 à 350 dollars par tonne en janvier 2008. Le cours mondial du soja est passé de 200 dollars par tonne en 2005-2006 à 380 dollars par tonne fin 2007. Aux Pays-Bas, le prix de l'huile de colza sortie usine est passé de 350 dollars/tonne début 2001 à 1 400 dollars par tonne fin 2007 et ce n'est qu'une des illustrations de l'envolée générale des cours de toutes les huiles végétales : comme elles sont dans une large mesure substituables les unes aux autres leurs cours évoluent en gros de concert (cf. *Rapport Cyclope*, 2008).

Ces tensions sur les prix résultent de la combinaison de facteurs qui interviennent à des temporalités ou à des pas de temps différents, étant entendu qu'en toile de fond, il y a toujours la loi de l'offre et de la demande qui génère « mécaniquement » une hausse des cours en période d'offre déficitaire (ou une baisse des cours en période excédentaire), hausse (ou baisse) toujours exagérée par le jeu de l'effet de King.

À court terme, les vagues de sécheresse qu'a connu l'Australie ces deux dernières années, les gelées « sibériennes » qui ont affecté l'Ukraine et les plaines de Russie méridionale en 2006/2007, les inondations qui ont touché en 2008 le Corn Belt n'ont pas manqué d'accentuer la hausse des cours des grains.

À long terme, les accroissements de consommation de viandes, en en particulier de viandes de granivores, que l'on constate dans les pays émergents (cf. *supra*) pousse les cours mondiaux à la hausse en particulier dans un contexte nouveau où les agriculteurs sont amenés à prendre davantage en compte la protection de l'environnement et donc à réduire leurs rendements ou au moins la progression de leurs rendements.

À moyen terme enfin, les politiques relativement nouvelles suivies par les « poids lourds » de l'agriculture mondiale afin de réduire les coûts de leurs politiques agricoles respectives ont abouti à réduire de façon très importante les stocks qui existaient jusque-là. Entre 2000 et 2006, le gouvernement chinois a ramené ses stocks de blé de 100 à 35 millions de tonnes. Parallèlement l'Union européenne et les États-Unis ont réduit leurs stocks de report de grains (les stocks qui passent d'une année sur l'autre) de façon importante. En outre, de 1992 à 2007 l'Union européenne a mis en jachère chaque année jusqu'à 10 % de ses terres labourables alors que les États-Unis continuaient à geler 15 millions d'hectares dans leur programme de gel de terres à long terme (cf. chapitre 2).

Enfin, la mise en place récente d'importants programmes d'encouragement à la production de biocarburants à partir de céréales et de graines oléagineuses a brutalement accru la demande dans ce domaine. La nouvelle loi sur l'énergie promulguée par le Président Bush en décembre 2007 a fixé pour 2008 un taux minimal d'incorporation d'éthanol dans les carburants supérieur de deux tiers à celui de 2005. Désormais, les États-Unis transforment davantage de maïs en éthanol qu'ils n'en exportent sur le marché mondial où ils sont pourtant de très loin le premier exportateur mondial (cf. *Images Économiques du Monde*, 2009). Dans l'Union européenne les objectifs ambitieux fixés pour 2010 ont été maintenus (cf. chapitre 2).

Cette flambée des prix, qui s'est accompagnée de fluctuations de plus en plus marquées des cours, n'a pas manqué d'attirer des capitaux spéculatifs. Sans être véritablement à son origine, ils ont contribué à l'accentuer. Sur les grands marchés à terme tels ceux de Chicago, de Londres ou de New York, interviennent deux types d'agents économiques : les « hedgers » ou opérateurs en couverture de risque et les « speculators » ou spéculateurs (ce terme n'a pas *a priori* de connotation péjorative en anglais). Les premiers détiennent le produit physique à un moment ou à un autre et cherchent à s'assurer à l'avance contre les fluctuations à venir des cours. Les « speculators » n'ont jamais de contact avec le produit physique : beaucoup plus nombreux que les « hedgers » et prenant des positions beaucoup plus courtes dans le temps, ils prennent en charge, au travers de positions « vendeur » ou « acheteur » qu'ils dénouent avant la date de livraison effective, les risques de fluctuation des cours que les hedgers ne veulent pas ou ne peuvent pas prendre. Ce faisant, ils perdent ou ils gagnent de l'argent (Declerck/Portier, 2007). Jusque-là, les spéculateurs étaient des agents économiques qui avaient une très bonne connaissance des

Carte 9 – OMC (Doha Round) : groupe de Cairns et groupe du G20

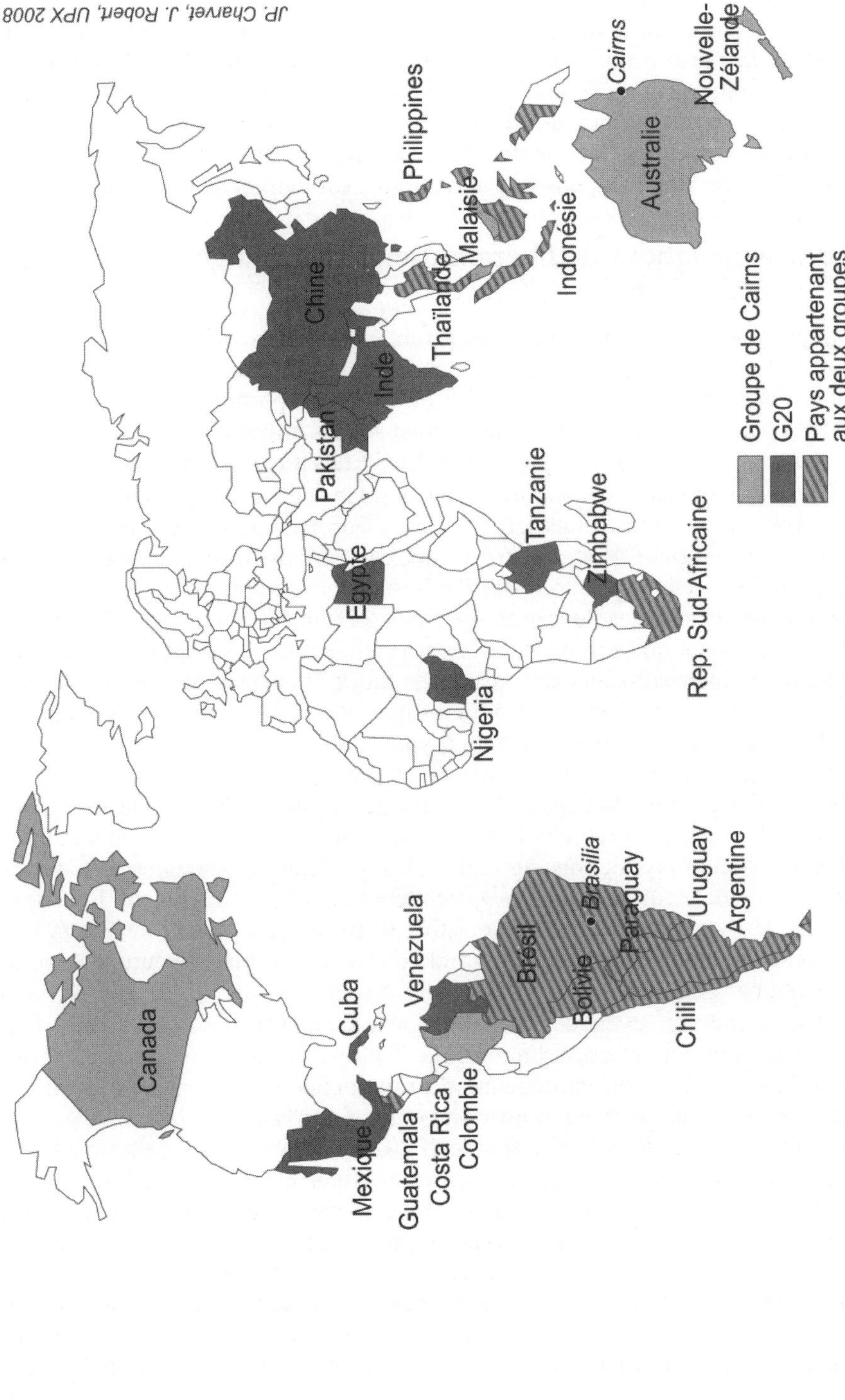

*Source : Agra presse Hebdo n°3023, 26-09-2005 * Réalisé avec Philcarto*

marchés des produits agricoles : ils savaient ne pas se laisser entraîner dans des fluctuations excessives de prix à la hausse ou à la baisse. Mais depuis 2006-2007 les prises de position de « fonds indiciaires » largement étrangers aux marchés agricoles ont pris de l'importance. Sur le Chicago Board of Trade leurs prises de position représentaient déjà, début 2007, 25 % des prises de position sur le blé et 40 % des prises de position sur le maïs (Charvet, 2007). Les opérateurs habituels s'en inquiètent dans la mesure où le lien qui doit exister entre marché à terme et marché physique au moment du dénouement final du contrat (i.e. au moment de la livraison effective du produit concerné) devient moins bien assuré alors que le mécanisme d'assurance contre les fluctuations des cours repose sur le fait que les pertes sur le marché à terme sont compensées par des gains sur le marché physique et vice-versa.

E. Les négociations de libéralisation des échanges menées dans le cadre du GATT, puis de l'OMC

Ces négociations ne concernent les produits agricoles que depuis 1986, date du début de l'Uruguay Round. Dans le domaine agricole, elles ont principalement porté sur la réduction et la suppression des aides aux exportations, sur l'ouverture des marchés par réduction des taxations portant sur les importations et sur la diminution et la modification des aides apportées par les États à leurs agriculteurs.

Lors des négociations de l'Uruguay Round les débats ont principalement opposé trois protagonistes : les États-Unis, l'Union européenne et les pays du groupe de Cairns emmenés par l'Australie. Ce groupe est composé d'une quinzaine de pays qui possèdent des avantages comparatifs liés à des conditions agronomiques et/ou économiques et sociales pour produire à bas prix un certain nombre de denrées agricoles. Ils estiment que ces avantages ne parviennent pas à s'exprimer pleinement sur les marchés internationaux en raison des aides attribuées aux agriculteurs et des protections mises en place aux frontières par les autres pays. Ils se proclament eux-mêmes « fair traders » (exportateurs loyaux de produits agricoles). Ce groupe est composé de pays de tous les continents, les principaux étant l'Australie, le Canada, le Brésil, l'Argentine, la Colombie, l'Afrique du Sud, la Thaïlande, l'Indonésie, la Nouvelle-Zélande… Ils recherchent surtout un accès amélioré aux marchés des pays riches pour leurs productions agricoles et la diminution des aides introduisant des distorsions de concurrence que les agriculteurs de ces pays reçoivent. Lors des négociations de l'Uruguay Round, ils ont très souvent reçu l'appui des États-Unis qui recherchaient également une plus grande ouverture du marché européen pour leurs exportations agricoles.

Dans le cadre du cycle de Doha qui a débuté en 2001, on constate une recomposition des forces en présence. La réforme de la PAC de 1992 (cf. *infra*) a permis aux États-Unis et à l'Union européenne de rapprocher beaucoup leurs positions : un accord entre eux ne semble pas hors d'atteinte. En revanche un nouveau groupe s'est constitué autour du Brésil en 2003 : le G 20, groupe composé d'environ 20 pays en développement. Ce groupe de pays dit représenter les intérêts des agriculteurs des pays en développement qui se plaignent d'une concurrence déloyale de la part des pays riches (par exemple des subventions accordées aux producteurs américains de coton) et qui souhaitent obtenir un accès encore plus large aux marchés des pays riches. En fait, Brésil et Argentine défendent surtout les intérêts commerciaux de leurs très grandes exploitations, fazendas, haciendas et estancias. Comme un bon nombre de pays du groupe de Cairns ont rejoint le G 20 – c'est en particulier le cas des pays du Mercosur – celui-ci a perdu une partie de son influence. Le G 20 constitue aujourd'hui le principal groupe de pays exportateurs de produits agricoles s'opposant aussi bien aux États-Unis qu'à l'Union européenne. Ce groupe est toutefois très loin d'être homogène : les intérêts des grands pays agro-exportateurs que sont les pays du Mercosur ne sont pas les mêmes que ceux de pays comme l'Inde ou la Chine que l'on voit mal ouvrir totalement leurs marchés nationaux aux importations en provenance du marché mondial. Quant aux pays en développement les plus pauvres – les PMA – l'ouverture totale du marché de l'Union européenne ne leur apporterait rien de plus puisqu'ils en bénéficient déjà au travers d'accords préférentiels comme les accords de Cotonou et les accords « tout sauf les armes ». Ils auraient même à redouter bien davantage la concurrence des grandes latifundia sud-américaines…

F. L'exemple d'un grand marché agricole mondial : celui du blé

Si le blé se trouve désormais devancé par le maïs en tant que première céréale mondiale pour les quantités produites (environ 600 millions de tonnes pour le blé contre 700 millions de tonnes pour le maïs en 2006-2007 et 2007-2008), il n'en demeure pas moins la céréale qui transite le plus par le marché mondial : en 2006-2007 ses échanges internationaux ont porté sur 115 millions de tonnes, contre 90 millions de tonnes pour le maïs et 27 millions de tonnes pour le riz (cf. *Images Économiques du Monde*, 2009). De 18 à 19 % de la production mondiale de blé font l'objet d'échanges internationaux, cette proportion ayant peu varié au cours des deux dernières décennies.

1. La demande de blé

La demande de blé – céréale qui a été et demeure la céréale de civilisation des peuples européens et des pourtours de la Méditerranée – est devenue une demande véritablement mondiale : plus des trois quarts des pays de la planète, répartis sur tous les continents, sont des importateurs réguliers de quantités notables de blé. La part de la production mondiale de blé qui est destinée à l'alimentation animale demeure modeste, même si elle s'est développée dans l'Union européenne à la suite de la réforme de la PAC de 1992, qui avait entraîné une baisse des cours du blé : le blé, comme le riz et contrairement au maïs, demeure essentiellement consommé directement par les hommes sous des formes très diverses : pains, galettes, biscuits, pâtes alimentaires, couscous etc. Si la demande de blé apparaît effectivement très dispersée à la fois économiquement et géographiquement, il n'en est pas moins possible de repérer quelques aires majeures d'importation. La façade pacifique d l'Asie avec les importations importantes du Japon, de la Corée du Sud, de l'Indonésie, constitue une des grandes aires déficitaires en blé de la planète. Dans ces pays le développement important de la consommation de blé constitue toutefois un phénomène relativement récent, postérieur à l'époque de la Seconde Guerre mondiale. En revanche, la principale aire déficitaire en blé de la planète – celle formée par les pays d'Afrique du Nord et du Proche-Orient – correspond à l'aire où le blé a été jadis domestiqué (il y a 10 000 ans) et où sa culture a connu ses premiers développements, ce qui explique que sa consommation (sous différentes formes) y demeure très profondément ancrée. Parmi les grands importateurs mondiaux de blé, on trouve l'Égypte (qui doit importer la moitié de sa consommation nationale), l'Algérie (qui doit importer les trois quarts de sa consommation nationale), l'Irak etc. À l'exception de la Turquie qui est le plus souvent exportatrice, la quasi-totalité des pays d'Afrique du Nord et du Proche-Orient doivent importer chaque année des quantités significatives de blé. Ce déficit n'a fait que se creuser de plus en plus au cours des dernières décennies et il pose un véritable problème de sécurité et de souveraineté alimentaire, problème encore aggravé par l'envolée récente des cours du blé. Ainsi l'Égypte, pays où la consommation journalière de pain par habitant est en gros trois fois supérieure à ce qu'elle est en France, compte 76 millions d'habitants et voit cette population augmenter d'un million chaque année. Elle a dû importer 7 millions de tonnes de blé en 2006-2007, soit à peine plus que l'année précédente, mais sa facture céréalière annuelle est passée de deux à plus de 5 milliards de dollars en raison de la hausse des cours du blé et du fret maritime (qui a doublé entre La Nouvelle-Orléans et Alexandrie). Le pain vendu de façon très courante en Égypte – le très célèbre pain « baladi » – coûte 15 centimes d'euros : c'est un des pains les moins chers du monde (40 % de la population égyptienne vit en dessous d'un seuil de pauvreté fixé à 2 dollars par jour). Ceci implique d'énormes subventions étatiques à la consommation de pain.

2. La production de blé

La production de blé s'effectue essentiellement, pour des raisons agronomiques, sous les latitudes tempérées (Charvet, 1996). C'est sous ces latitudes que se trouvent les grands pays exportateurs de blé. La production s'y effectue le plus souvent dans le cadre de grandes et de très grandes exploitations, au sein de bassins de production agricole très spécialisés dans ce domaine : Wheat Belts des États-Unis, Prairie canadienne, Pampa argentine, plaines d'Ukraine et de Russie méridionale, bassins céréaliers de l'Union européenne ou de l'Australie. Mais, par ailleurs, le blé se trouve également cultivé dans le cadre de petites et de très petites exploitations : autour du Bassin méditerranéen, en Inde du Nord et en Chine du Nord. Les rendements par hectare sont très différents d'un pays et d'une région à l'autre, y compris dans le groupe des grands pays exportateurs : moins de 20 q/ha en Australie, 25 q/ha au Canada, de 25 à 30 q/ha dans les Wheat Belts des États-Unis, de 30 à 35 q/ha en Ukraine et en Russie méridionale, de 70 à plus de 100 q/ha dans l'Union européenne. Toutefois ce qui compte véritablement, dans la compétition internationale, ce ne sont pas les rendements par hectare, mais les rendements par unité de main-d'œuvre (cf. *supra*). Dans les grands pays exportateurs on est souvent, dans les exploitations spécialisées, à plus de 8 000 à 10 000 quintaux par homme, avec des pointes à plus de 20 000.

3. Les flux internationaux de blé

Ces flux ont connu récemment des modifications très sensibles dont certaines sont passagères et d'autres plus durables.

En 2006-2007, puis en 2007-2008, les régions productrices de blé de l'Australie ont été affectées par des vagues de sécheresse très marquées : la production australienne de blé a diminué de moitié dans un pays qui exporte plus des trois quarts de sa production : l'Australie n'a pu exporter « que » 11 millions de tonnes de blé en 2006-2007.

Carte 10 – Le marché mondial du blé en 2006/2007

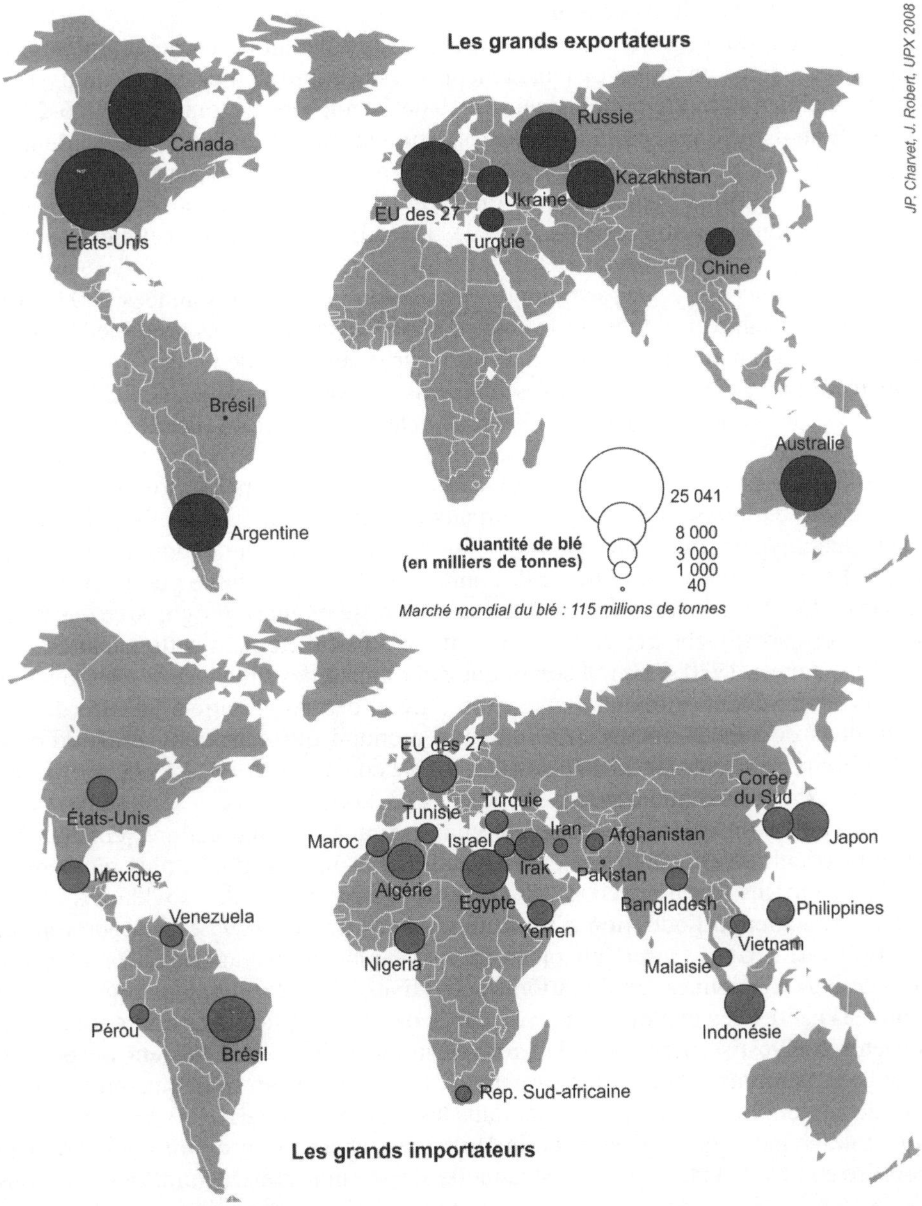

*Source : d'après USDA, 2008 * Réalisé avec Philcarto*

L'Union européenne à 27 a exporté 14 millions de tonnes de blé en 2006-2007, pendant qu'elle en importait 5 millions de tonnes (principalement des blés à haute teneur en protéines en provenance du Canada). Ses exportations « nettes », n'ont donc été que de 9 millions de tonnes.

Le Canada, dont les blés bénéficient d'une prime importante de qualité sur les marchés mondiaux en raison de leurs teneurs élevées en protéines (blés « hard »), est arrivé à maintenir ses exportations au niveau de 20 millions de tonnes en 2006-2007.

Les États-Unis ont exporté 25 millions de tonnes de blé en 2006-2007 et demeurent le premier exportateur mondial. Ils ont la même année importé 3 millions de tonnes de blé (surtout canadiens), ce qui ramène leurs exportations nettes à seulement 22 millions de tonnes. La position des États-Unis apparaît en net recul dans ce domaine.

Le fait le plus nouveau par rapport à la situation d'avant les années 2000 est la percée remarquable effectuée sur le marché mondial par les « blés de la mer Noire », ainsi dénommés parce qu'ils sont exportés à partir des ports de la mer Noire et principalement par Odessa : il s'agit des blés russes, ukrainiens et du Kazakhstan. En 2006-2007, les exportations russes de blé ont été de 11 millions de tonnes, celles du Kazakhstan de 8 millions de tonnes et celles de l'Ukraine (malgré une mauvaise récolte liée à des gelées hivernales) de 3 millions de tonnes, soit un total de 22 millions de tonnes, chiffre équivalent aux exportations nettes des États-Unis.

On peut rappeler que l'Empire russe était en 1917 le premier exportateur mondial de blé. La collectivisation radicale des années 1930 – « véritable guerre contre les paysans » (M.-Cl. Maurel, cf. chapitre 3) – et la mise en place progressive des kolkhozes et des sovkhozes avaient abouti à changer complètement cette situation. Au cours des années 1970, l'Union soviétique était même devenue – et de très loin – le premier importateur mondial de céréales, avec des importations de l'ordre de 50 millions de tonnes par an pour un total mondial qui était alors de l'ordre de 200 millions de tonnes. Ses achats avaient même engendré en 1972-1973 une vigoureuse envolée des cours des grains sur le marché mondial.

Avec l'effondrement du régime communiste, une réforme agraire remettant en cause l'agriculture socialiste a été progressivement mise en place, plus rapidement d'ailleurs en Russie qu'en Ukraine « où le démantèlement des sovkhozes et des kolkhozes a attendu l'adoption d'un décret présidentiel en 1999 et du code foncier en 2000 » (M.-Cl. Maurel, chapitre 3). Des associations agricoles privées ont succédé aux anciennes exploitations collectives. En Russie des oligarques et d'anciens cadres des exploitations collectives ont mis en place des « agroholdings » (sociétés d'investissement dans la production agricole) qui rappellent un peu les « pools de siembras » de la Pampa argentine. Le potentiel agronomique qui existe au nord de la mer Noire, et en particulier dans les régions de « terres noires » (*tchernoziums*) des régions de Rostov et de la Volga, est encore loin d'être complètement mobilisé en raison de la lenteur avec laquelle s'opèrent les restructurations dans tous les domaines. Mais on est en train d'assister à la résurrection d'un des plus vieux greniers du monde, grenier qui avait déjà participé dans l'Antiquité à l'approvisionnement d'Athènes, puis de Rome et, ultérieurement, à celui de Constantinople/Byzance/Istanbul. Ce grenier est remarquablement placé pour alimenter en blé la région qui est devenue la plus déficitaire du monde dans ce domaine : les pays du Proche-Orient et d'Afrique du Nord. Sur la route de la mer Noire vers la Méditerranée, les industries minotières turques, dans lesquelles ont investi des groupes européens, sont très actives.

4. Le rôle fondamental des États

Plus encore que pour d'autres produits, les échanges internationaux de blé dépendent de décisions prises par les États. Dans de très nombreux pays et pas seulement en Chine, des agences d'État détiennent le monopole ou un quasi monopole des importations de blé. Les exportations dépendent également d'autorisations administratives et peuvent faire dans certains cas, comme en Argentine, l'objet de taxations. Avant l'envolée récente du cours mondial du blé existaient des aides aux exportations : « restitutions » de l'Union européenne, « marketing loans » des États-Unis, prêts accordés à des conditions particulièrement favorables par bien des pays exportateurs à de nombreux pays importateurs de blé...

Les stratégies de commercialisation dépendent très largement des capacités de stockage. L'Union européenne, le Canada, l'Australie, les États-Unis disposent de capacités importantes. Des primes au stockage existent souvent afin d'éviter que des quantités trop importantes de blé soient mises sur le marché au moment de la récolte. En revanche, les capacités de stockage de l'Argentine demeurent encore limitées malgré les investissements importants effectués par les grandes firmes transnationales du commerce des grains dans les infrastructures portuaires du Rio de la Plata. Elle doit encore souvent « brader » une part importante de sa récolte sur le marché mondial au moment de la récolte (Charvet, 2007), celle-ci ayant toutefois lieu à contre-saison (en décembre janvier) par rapport à celles, beaucoup plus importantes, de l'hémisphère nord. Les « géants du grain » – les grandes firmes transnationales qui prennent en charge le transport international des grains – Cargill, Bunge, Louis Dreyfus... – n'interviennent que très peu dans la production même de blé. Leurs activités sont centrées sur la collecte, le transport et la transformation des grains (Charvet, 1996).

Comme le commerce international des grains s'effectue dans un contexte le plus souvent très compétitif, leurs marges bénéficiaires demeurent, sauf en période de très fortes tensions sur les marchés, très modestes : de l'ordre de 1 à 3 %. Afin de s'assurer de cette marge bénéficiaire, toute une série d'opérations doivent être coordonnées au mieux dans la mesure où le client (souvent une agence d'État) demande, à l'avance (plusieurs mois), un prix ferme et définitif. Dans le cas d'une vente de blé américain à l'Égypte, les « traders » devront ainsi s'assurer à l'avance d'un prix pour le blé lui-même (en prenant position sur le marché à terme de Chicago), d'un prix pour le fret sur le trajet La Nouvelle-Orléans/Alexandrie (en intervenant sur le Baltic Exchange de Londres) et éventuellement d'un taux de conversion des monnaies (en prenant position sur les marchés à terme des monnaies de Chicago, de Londres, de New York, de Singapour...). Les opérations de ce type, qui sont très courantes, soulignent la forte intégration et les multiples facettes de la mondialisation du commerce des produits alimentaires.

5. Le blé, principale munition de l'aide alimentaire

L'aide alimentaire internationale continue à reposer principalement sur des expéditions de blé, même si elle s'est sensiblement diversifiée au cours des deux dernières décennies. Sa place relative dans les échanges internationaux de blé varie, selon les années, entre 5 et 10 % de l'ensemble de ces échanges. Certains flux sont liés à des opérations d'urgence, par exemple, actuellement, en direction du Darfour. Mais d'autres flux sont plus durables et les dimensions géopolitiques de ces opérations d'aide alimentaire sont alors beaucoup plus présentes. L'analyse des évolutions des flux de l'aide alimentaire américaine depuis le milieu des années 1950, époque de leur mise en place, est tout à fait révélatrice à cet égard : elles ont très largement épousé les principales orientations et réorientations de la diplomatie américaine (Charvet, 2007). Pendant l'époque de la Guerre Froide, l'aide alimentaire américaine a été principalement ciblée sur les pays qui se trouvaient en périphérie immédiate du bloc des pays communistes de l'époque : il s'agissait d'empêcher l'extension du communisme. Vers la fin des années 1980, alors que le communisme constituait de moins en moins une menace et que les échanges de pétrole, de minerais, de produits agricoles etc. prenaient de plus en plus d'importance, l'aide alimentaire américaine a été très largement ciblée sur les passages obligés des grandes routes du commerce maritime international, en particulier sur les secteurs du canal de Panama et du canal de Suez. Depuis, elle demeure importante dans ces secteurs, mais elle prend de plus en plus d'importance en Afrique, où elle entre en concurrence avec l'aide alimentaire qui est apportée par les pays de l'Union européenne (Charvet, 2007). La question est de savoir si, en dehors des cas d'urgence, le mieux ne serait pas de donner de l'argent, afin de permettre l'achat de céréales locales ou régionales et/ou d'améliorer les conditions de production des agricultures locales (ce que fait largement l'Union européenne), plutôt que de décourager les agriculteurs des pays pauvres par la concurrence de grains arrivant sur leurs marchés à très bas prix. Cette question est actuellement – été 2008 – en débat aux États-Unis, les mileux évangélistes se prononçant vigoureusement en faveur du maintien d'une aide alimentaire en nature, donc principalement en blé.

CHAPITRE 2

Les systèmes alimentaires des pays du Nord

Jean-Paul CHARVET

Si les systèmes alimentaires des pays du Nord relèvent encore, dans un certain nombre de cas, du stade artisanal tel qu'il a été présenté en introduction, ils appartiennent, de plus en plus, aux stades agro-industriel et agrotertiaire. Il est significatif que l'on parle davantage aujourd'hui à leur sujet de systèmes agroalimentaires plutôt que de systèmes alimentaires.

Les caractéristiques les plus générales de ces systèmes agroalimentaires ont déjà été présentées très brièvement dans le chapitre 1. Des illustrations détaillées seront fournies dans la suite de ce chapitre à propos des cas de l'Union européenne et des États-Unis. Nous ne ferons dans l'immédiat qu'expliciter un peu plus les principaux points communs aux systèmes alimentaires des pays du Nord en insistant sur ce qui les oppose à ceux des pays du Sud.

1. Traits généraux des systèmes alimentaires des pays du Nord

A. Des activités de production agricole de plus en plus intégrées vis-à-vis de l'aval

Dans les pays du Nord, la part des budgets des ménages consacrée aux achats de produits alimentaires s'établit le plus souvent, compte tenu de niveaux de vie élevés, en dessous de 20 % de l'ensemble de ceux-ci. Les consommateurs de ces pays ont les moyens d'acquérir de façon courante des denrées alimentaires susceptibles de venir de fort loin et ayant déjà fait l'objet de transformations plus ou moins poussées : on parle couramment aujourd'hui de produits de troisième, voire de quatrième transformation. Parallèlement, le consommateur des pays du Nord est un consommateur motorisé : il utilise de plus en plus son automobile pour effectuer ses achats de produits alimentaires ; ceux-ci s'opèrent chaque jour davantage dans les grandes surfaces : supermarchés et hypermarchés. En Europe, plus de 50 % des ventes de produits alimentaires (plus de 75 % en France) sont désormais le fait de la grande distribution. Dans ces conditions, celle-ci fait de plus en plus figure de pilote majeur dans les évolutions et le fonctionnement des systèmes agroalimentaires des pays du Nord. Il s'agit en outre d'une grande distribution de plus en plus mondialisée, largement présente dans les pays du Nord, mais également de plus en plus dans les principales villes des pays émergents.

Le groupe américain Wal-Mart dispose aujourd'hui de plus de 6 000 magasins répartis dans une dizaine de pays, mais pas encore en France. En 2005, il a réalisé un montant global de ventes (pas seulement de produits alimentaires) supérieur au budget de la France. Le groupe français Carrefour contrôle également plus de 6 000 magasins, mais répartis sur plus de trente pays : il est bien implanté dans de nombreux pays d'Europe, mais aussi dans des pays tels la Chine ou le Brésil. Le groupe néerlandais Ahold (« Stop and Shop » aux États-Unis) possède plus de 5 000 magasins répartis principalement dans des pays du Nord. Parmi les autres grands groupes de la distribution alimentaire figurent les groupes allemands Metro et Rewe, le groupe britannique Tesco, les groupes américains Safeway et Kroger… Les grands groupes français, outre Carrefour, sont bien connus : Leclerc, Auchan, Intermarché, Casino, Systeme U… La grande distribution alimentaire apparaît nettement moins concentrée au Japon où le groupe Ito-Yokado ne se classe qu'au 22e rang mondial.

Ces grands groupes, tout en étant en compétition les uns avec les autres, effectuent bon nombre de leurs achats en commun grâce à des centrales d'achat communes comme GlobalNetXchange, qui lancent des appels d'offres mondiaux et effectuent ensuite leurs achats au travers de systèmes d'enchères inversées. Avec de tels systèmes d'hyperconcentration de la demande, la grande distribution des pays du Nord est à même de dicter ses prix non seulement à une offre de produits agricoles particulièrement atomisée économiquement et géographiquement (celle des agriculteurs), mais aussi aux entreprises de l'agroalimentaire – petites ou plus grandes – dont l'offre demeure largement dispersée en dépit de mouvements de concentration.

Ceci étant précisé, la puissance des entreprises agroalimentaires constitue une autre caractéristique des pays du Nord, même si la structure globale de ce domaine apparaît relativement différente en Amérique du Nord et en Europe. La domination de très grands groupes est très affirmée en Amérique du Nord ; en Europe, on a dans le domaine agroalimentaire une structure duale avec de grandes firmes transnationales et, parallèlement, un nombre encore très important de PME (Petites et Moyennes Entreprises) malgré une tendance à la concentration. La concentration y demeure bien moins marquée que dans d'autres secteurs manufacturiers comme l'industrie automobile.

L'internationalisation des investissements dans le domaine agroalimentaire progresse rapidement poussant à la concentration des entreprises : les IDE (Investissements Directs à l'Étranger) ont doublé dans ce domaine entre 1990 et 2004. Pour les trois quarts, ils ont concerné des pays du Nord (et pour le quart restant le plus souvent des pays émergents). Parmi les exemples récents on peut citer l'achat du groupe néerlandais Numico par Danone et la vente des biscuits LU par Danone au groupe américain Kraft. On observe même, illustration de la mondialisation financière, une progression des investissements de groupes financiers dans de grands groupes de l'agroalimentaire : Morgan Stanley est ainsi devenu le second actionnaire du groupe français Pernod-Ricard (qui est – entre autres – le premier exportateur de vins australiens) ; le groupe britannique Cadbury Schweppes dépend désormais du fond d'investissement Blackstone & Lion Capital (Hatem, 2008). Parmi les vingt premiers groupes agroalimentaires mondiaux on compte 3 groupes japonais, 6 groupes européens (dont un suisse, Nestlé) et 11 groupes américains (cf. tableau 2.1). Mais dans certains secteurs plus spécialisés tel celui des produits laitiers les groupes européens apparaissent aussi bien placés que les groupes américains (cf. tableau 2.2).

Tableau 2.1 – Les vingt premiers groupes mondiaux de l'agroalimentaire en 2007

Rang	Groupes	« Headquarters » (sièges sociaux)	Chiffres d'affaires (en milliards d'euros)[a]
1	Nestlé	Suisse (Vevey)	59
2	Cargill	États-Unis (Minnéapolis)	58
3	Pepsico	États-Unis	28
4	Kraft Foods	États-Unis	28
5	Archer Daniels Midland	États-Unis	27
6	Unilever	Pays-Bas/Royaume-Uni	21
7	Tyson Foods	États-Unis	20
8	Coca-cola	États-Unis (Atlanta)	19
9	Mars	États-Unis	17
10	Diageo	Royaume-Uni	14
11	Danone	France	14
12	In Bev	Belgique	13
13	Anheuser-Busch	États-Unis	13
14	SAB Miller	États-Unis	12
15	Conagra Foods	États-Unis	12
16	Kirin Brewety Company	Japon	11
17	Cadbury Schweppes	Royaume-Uni	11
18	General Mills	États-Unis	9
19	Suntory	Japon	9
20	Asahi Brewery	Japon	9

a. Exprimés en milliards de dollars, ces chiffres d'affaires sont bien entendu nettement plus élevés. Ce classement ne doit être considéré que comme indicatif d'ordres de grandeur. Il est, en outre, sujet à de fréquents changements.

D'après CIAA, 2007 et Chambres d'Agriculture, 2008.

Ces grands groupes de l'agroalimentaire développent deux grands types de stratégies : des stratégies de marques et des stratégies de filières.

Coca-Cola, Nestlé ou Unilever ont développé et continuent à développer des stratégies de marques qui permettent, grâce à des investissements considérables dans le marketing et la publicité, de réaliser d'importantes plus values. Dans le domaine alimentaire, Unilever détient les marques Knorr, Lipton, Findus, Iglo, Amora-Maille, Bertolli, Becel, Slim Fast etc. (Charvet, 2007). Quant au groupe Nestlé, il détient les marques Maggi, Buitoni, Herta, Ricoré, Nescafé, Nesquick, Crunch, Kit Kat, Smarties, Mousline, Gloria, Sveltesse, Perrier, Vittel, Contrex, San Pellegrino, Valvert, Fido, Felix, Friskies etc. Comme les origines géographiques d'approvisionnements multiples sont susceptibles de changer, les impacts territoriaux de ces firmes sur la production agricole sont souvent difficiles à évaluer.

Tableau 2.2 – Les cinq plus grandes entreprises de transformation du lait dans le monde en 2006 (classement en fonction des chiffres d'affaires réalisés dans le secteur laitier)

Rang	Groupes	« Headquarters » (sièges sociaux)	Chiffre d'affaires (en milliards de dollars)
1	Nestlé	Suisse	14
2	Dean Foods	États-Unis	7
3	Lactalis	France	7
4	Danone	France	7
5	Dairy Farmers of America	États-Unis	7

Source : Rabobank 2006 et FAO/OCDE, 2007.

En revanche, les firmes qui développent des stratégies de filières ont des impacts géographiques identifiables, qu'elles correspondent à des stratégies d'intégration directes ou indirectes (Canevet, 1992 ; Diry, 1999). Les stratégies d'intégration directe ne sont pas les plus fréquentes, même si elles sont pratiquées par des firmes comme Cargill, Conagra ou Tyson Foods. Dans ce cas, la firme gère elle-même toute la filière de production depuis l'amont jusqu'à l'aval au travers de toute une série de filiales (cf. Charvet, 2007, l'exemple des élevages industriels gérés par Cargill). On rencontre surtout ces exemples d'intégration verticale complète dans lesquels la firme prend en charge les activités de production elles-mêmes dans la production de viandes, de fruits et légumes et de vins aux États-Unis.

Cette organisation des filières de production est toutefois très loin d'être la plus fréquente, y compris pour les firmes mentionnées ci-dessus. Ainsi, pour les activités d'élevage industriel, les firmes sont souvent présentes en amont de la production elle-même (elles fournissent les jeunes animaux, les aliments, les produits nécessaires) et en aval de celle-ci : elles prennent en charge l'abattage des animaux, la découpe, le conditionnement et la commercialisation de gros des viandes produites. Mais le maillon central – celui de la production – demeure le fait d'agriculteurs indépendants travaillant souvent dans un cadre familial. Ceux-ci constituent en quelque sorte des « travailleurs à façon » ou des « sous-traitants » par rapport aux firmes intégratrices d'amont et d'aval. Ce type d'organisation de la production explique que, malgré la place importante prise par les firmes développant des stratégies d'intégration et une réelle concentration des structures d'exploitation, l'agriculture des pays du Nord demeure très largement le fait d'exploitations familiales. Elles prennent en charge le segment de la filière où les risques économiques et sanitaires sont les plus élevés et où la rentabilisation des investissements consentis est la plus faible.

Géographiquement, l'intégration directe ou indirecte se traduit par l'émergence et la consolidation de bassins de production agricole spécialisés dont l'efficacité est réelle sur le plan économique, mais qui peuvent poser, comme en Bretagne, d'importants problèmes de gestion de l'environnement.

Les industries agroalimentaires, et plus particulièrement les PME qui sont actuellement dans l'incapacité de développer des stratégies d'internationalisation en direction des pays émergents, se trouvent en position délicate, avec des marges revues à la baisse, entre des prix de matières premières agricoles qui ont beaucoup augmenté depuis 2006 et des pressions accrues de la part de la grande distribution et de ses centrales d'achat qui contrôlent l'accès aux consommateurs finaux et qui souhaitent maintenir, voire améliorer leurs marges. De nouvelles vagues de concentration se préparent dans le domaine de l'agroalimentaire.

B. Des agricultures de plus en plus techniciennes et employant de moins en moins de monde

L'agriculture qui s'est développée dans les pays du Nord depuis les années 1950 grâce à des investissements en capital considérables que l'on a pu comparer à ceux d'industries lourdes, a été avant tout soucieuse, comme l'a souligné l'ancien ministre de l'agriculture Edgar Pisani (Pisani, 2004), de performances productives. D'où le nom d'agriculture productiviste qui lui est souvent attribué.

Elle a mis en œuvre l'arsenal technique de la seconde révolution agricole (Chaléard/Charvet, 2004) : motomécanisation de plus en plus puissante, recours massif à des intrants d'origine industrielle qu'il s'agisse d'engrais ou de produits phytosanitaires (herbicides, fongicides, pesticides), utilisation de semences et/ou d'animaux sélectionnés à haut potentiel de rendement, mise en œuvre d'itinéraires techniques établis à partir de recherches scientifiques de haut niveau. Cela s'est traduit par la large diffusion, dans l'ensemble des pays du Nord, d'un petit nombre de modèles techniques standardisés : grande culture céréalière (« cash grain farming ») fortement motomécanisée, élevages laitiers fondés sur la race Holstein et une alimentation reposant largement sur le maïs ensilé, élevages industriels de porcs ou de volailles fonctionnant très largement à partir d'aliments composés achetés, cultures maraîchères conduites sous serres ou sous tunnels plastiques etc.

Ces progrès techniques ont autorisé un essor sans précédent de la production agricole qui a permis de faire face, dans une large mesure, à l'accroissement des besoins alimentaires des dernières décennies. Ils ont été toutefois accompagnés par un effondrement du nombre des emplois agricoles. Il y avait encore en France en 1955 plus de 6 millions d'emplois agricoles ; il n'y en a plus qu'un million aujourd'hui. Quant au nombre d'exploitations agricoles, il est passé en France sur la même période de 2 300 000 à 500 000. Au Canada, la population agricole a reculé de 1 750 000 personnes en 1980 à 700 000 en 2004. Il est souvent devenu difficile dans ces conditions de maintenir des campagnes « vivantes » (Croix, dir., 2000), en particulier dans les espaces ruraux où les emplois non agricoles sont peu nombreux comme c'est souvent le cas dans les « greniers du monde », c'est-à-dire dans les régions qui sont étroitement spécialisées dans la production de grains destinés à être en grande partie exportés. Même dans un pays comme le Japon où ont pu se maintenir de nombreuses exploitations agricoles de petite dimension en relation avec une forte protection assurée par des tarifs douaniers très élevés, la population agricole est passée de 12,5 millions en 1980 à moins de 4 millions en 2004 (FAO, 2007).

Alors que la population agricole continue à s'accroître dans les pays du Sud (cf. chapitre 4) elle s'est effondrée dans les pays du Nord depuis l'époque de la Seconde Guerre mondiale. Dans ces pays elle représente désormais presque toujours moins de 10 % et souvent moins de 5 % de la population active totale : 4 % en France, 2 %

aux États-Unis et au Royaume-Uni. Même si ces chiffres doivent être replacés dans le contexte de filières agroalimentaires qui emploient globalement beaucoup plus de monde lorsque l'on prend en compte les activités qui se situent en amont ainsi que celles qui se sont développées en aval de la production agricole elle-même, il n'en reste pas moins que les agriculteurs eux-mêmes ne représentent plus qu'une population « marginale » dans les pays du Nord. Il en résulte des écarts de productivité par unité de main-d'œuvre considérables entre pays du Nord et pays du Sud (cf. chapitre 1) ; écarts qui continuent de s'accroître avec l'augmentation des superficies moyennes d'exploitation dans les pays du Nord liée au mouvement de concentration des structures d'exploitation. L'exploitation agricole moyenne est aujourd'hui de près de 50 hectares en France, de près de 200 hectares aux États-Unis, de plus de 1 000 hectares en Australie… ce qui signifie que les exploitations « professionnelles » à temps complet disposent, dans ces pays, de superficies bien plus importantes.

La généralisation de modèles de production agricoles productivistes s'est aussi traduite par une artificialisation croissante des milieux « naturels ». Ceux-ci ont été très largement modifiés : des opérations de drainage ont permis de transformer des millions d'hectares de prairies permanentes en terres labourables ; les superficies irriguées ont très fortement progressé au point d'engendrer des réductions très sensibles de débit sur de nombreux cours d'eau et d'importantes baisses de niveaux de nappes d'eau souterraines en Amérique du Nord (cf. le cas de l'Ogallala Aquifer sur le piémont des Rocheuses) comme en Europe (par exemple, Beauce) ; les pollutions de cours d'eau ou de nappes d'eau souterraines par des apports excessifs d'engrais azotés ou de produits phytosanitaires se sont multipliées ; l'érosion des sols, favorisée par les labours, a nettement progressé et pas seulement dans les régions semi-arides ; localement, en particulier en Europe, des paysages agraires légués par les sociétés agricoles du passé ont été rasés alors qu'il aurait été possible et souhaitable d'en conserver certains éléments : on replante aujourd'hui des haies dans bien des régions de bocage du Grand Ouest français.

Depuis les années 1980, et encore davantage depuis les années 1990, les externalités négatives des modèles de production productivistes sont reconnues par la profession agricole elle-même. Différentes options sont aujourd'hui développées afin de passer à des formes d'agriculture plus « durables » (Charvet, 2006). Cela va de l'agriculture biologique – qui se développe aujourd'hui rapidement en Amérique du Nord – jusqu'à l'agriculture raisonnée qu'encourage de façon globale la PAC depuis 2003 au travers de l'écoconditionnalité des aides directes en passant par les agricultures « paysannes » et les agricultures de qualité (cf. chapitre 7). Plus du tiers des exploitations agricoles françaises pratiquent une forme d'agriculture de qualité. Certaines de ces agricultures présentent l'avantage – c'est le cas pour les AOC et les IGP – de reterritorialiser la production agricole dans des territoires et des terroirs particuliers. Une autre forme d'agriculture durable devrait se mettre en place en France à partir de 2008 : l'agriculture HVE (à Haute Valeur Environnementale) reposant sur des certifications d'exploitations à partir de grilles de notation construites en fonction non plus d'itinéraires techniques très généraux, mais d'itinéraires techniques élaborés territoire par territoire. Dans ce nouveau cadre les agriculteurs pourraient avoir le choix entre différents niveaux de certification portant sur l'emploi d'intrants d'origine industrielle, l'entretien de la biodiversité, des sols, des paysages, la consommation d'énergie, la gestion des déchets etc.

C. Le rôle fondamental de politiques agricoles fortes

Le rôle fondamental des « encadrements » et de l'organisation des agriculteurs a été souligné de longue date par Pierre Gourou, à propos des pays du Sud (Chaléard/ Charvet, 2004, cf. chapitre 4). Il se vérifie également tout à fait pour les pays du Nord. La forte progression de leurs productions agricoles apparaît étroitement liée aux politiques agricoles fortes qu'ils ont mises en place depuis des décennies : elles ont servi de cadre et de garantie aux investissements considérables effectués par les agriculteurs des pays du Nord afin de moderniser leurs exploitations et leurs techniques de production. Elles ont permis le développement du progrès technique et de la production agricole.

Aux États-Unis, les premiers éléments de la politique agricole actuelle ont été mis en place, dans le contexte de la crise des années 1930, dès 1933, avec l'AAA (Agricultural Adjustment Act) de l'époque du *New Deal*. En Europe, le traité de Rome qui a fixé les objectifs de la Politique Agricole Commune, et en particulier celui d'assurer « la sécurité des approvisionnements », a été signé en 1957 dans le contexte des pénuries alimentaires de l'après-guerre. Nous n'allons pas détailler tout de suite les politiques agricoles américaine et européenne ainsi que leurs évolutions : ce sera fait dans la suite de ce chapitre. Dans l'immédiat, il suffit de retenir qu'elles ont joué un rôle clef – pour le meilleur et pour le pire – dans la modernisation des agricultures des pays du Nord : en garantissant aux agriculteurs des revenus minimums, donc d'être en mesure de rembourser les emprunts qu'ils contractaient, elles ont permis des investissements massifs dans la modernisation des techniques de production agricole. Ces investissements ont pu être comparés pour leur ampleur à ceux d'industries lourdes.

Les États-Unis et l'Union européenne ne sont pas les seuls pays du Nord concernés : des pays comme la Suisse, le Japon, la Norvège... ont également mis en place des politiques garantissant un retour sur les investissements effectués dans la modernisation de la production agricole. Membres du G10 dans le cadre des négociations internationales conduites à l'OMC, ces pays défendent, en s'appuyant sur leurs spécificités culturelles, le droit de protéger leurs agricultures nationales à l'aide de droits de douane très élevés et de soutenir fortement leurs agriculteurs : avant les envolées récentes (2006-2007) des cours du riz, le prix du riz payé à l'agriculteur japonais était de cinq à six fois plus élevé que sur le marché mondial.

En raison du jeu de l'effet de King (cf. *supra*) il apparaît qu'aucune agriculture commerciale ne puisse durablement fonctionner dans un contexte d'économie de marché totalement libérale : faute de régulateurs efficaces au niveau international des régulations étatiques sont apparues indispensables. Même des pays appartenant au groupe de Cairns (c'est-à-dire au groupe des pays les plus hostiles aux soutiens apportés aux agriculteurs) tels l'Australie ou le Canada soutiennent de longue date (depuis les années 1930) leurs agriculteurs, entre autres au travers de leurs « Wheat Boards » ou « Offices du Blé » qui disposent d'un quasi-monopole de la commercialisation de leurs blés sur le marché international (Charvet, 1997). Depuis 1986 et les négociations commerciales internationales conduites dans le cadre du GATT les soutiens apportés aux agriculteurs ont évolué (cf. *infra*) dans le sens d'un « découplage » croissant des aides par rapport à la production, mais la nécessaire garantie des investissements réalisés dans le domaine de la modernisation des techniques de production fait qu'elles ne sont pas près de disparaître.

Carte 1 – Production et productivité du travail agricole dans l'Union européenne à 27 en 2006

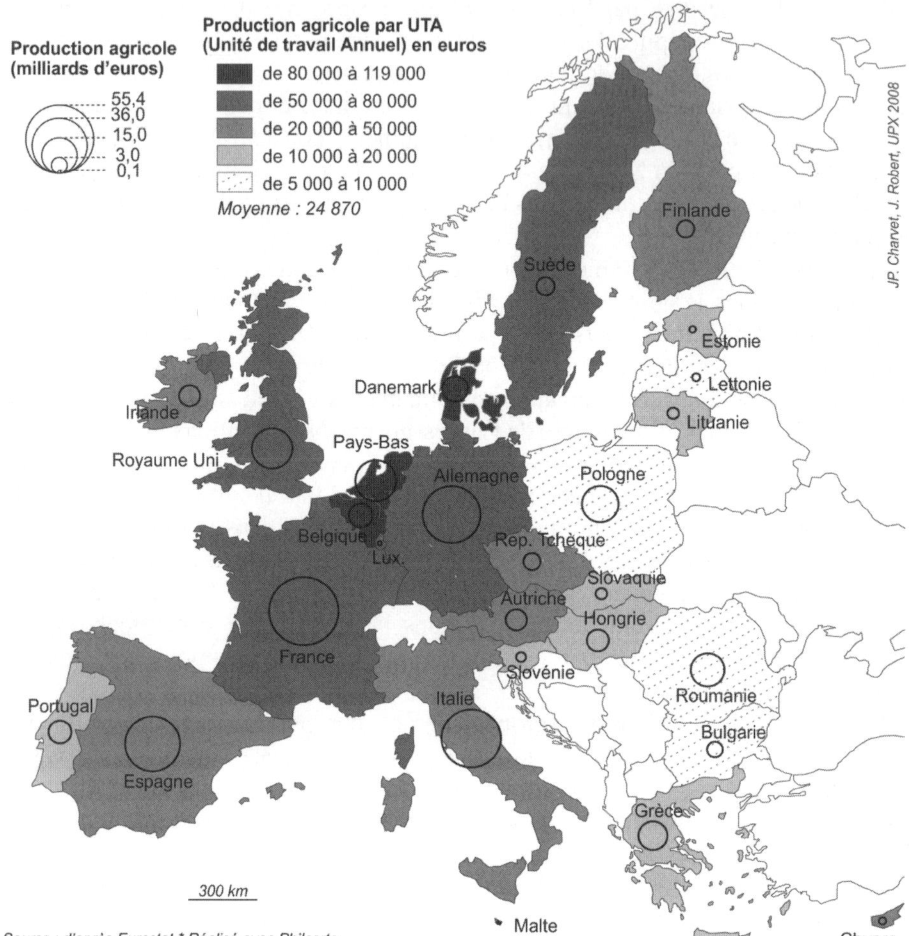

Source : d'après Eurostat * Réalisé avec Philcarto

2. Les systèmes alimentaires de l'Union européenne

L'Union européenne fait partie des « poids lourds » de l'agriculture mondiale avec les États-Unis, la Chine, le Brésil et l'Inde. Elle est, derrière la Chine et les États-Unis, le troisième producteur mondial de céréales, toutes céréales confondues. Ces dernières années elle a produit entre 270 et 290 millions de tonnes de céréales par an, contre 330 à 350 millions de tonnes pour les États-Unis et plus de 400 millions de tonnes pour la Chine. Cette production lui permet, à un moment où les prix des grains sont devenus très élevés, d'occuper le 4e rang mondial parmi les exportateurs mondiaux de céréales derrière les États-Unis, le Canada et l'Argentine. L'Union européenne est le premier producteur mondial de blé et d'orge.

Elle est aussi, et de très loin, le premier producteur mondial de vin, malgré les développements récents de cette production sur d'autres continents.

Dans le domaine des productions animales, l'Union européenne occupe le rang de premier producteur mondial de lait et de fromages, très loin devant les États-Unis, et de premier producteur mondial de viande ovine, même si elle se place parallèlement au rang de premier importateur mondial dans ce domaine. Elle est aussi le second producteur mondial de viande porcine, derrière la Chine et très loin devant les États-Unis, ce qui lui permet d'être le premier exportateur mondial de viande porcine. Elle est, enfin, le troisième producteur mondial de viande bovine ainsi que de viande de volaille derrière les États-Unis et le Brésil.

Si l'on considère la *totalité* des échanges de produits agricoles et agroalimentaires, l'Union européenne apparaît comme l'ensemble géoéconomique qui participe le plus aux échanges internationaux. Loin de constituer une forteresse inaccessible pour exportations en provenance d'autres pays, elle se classe au premier rang des importateurs mondiaux de produits agricoles et agroalimentaires avec 124 milliards de dollars d'importations (pour l'Union européenne à 25) en 2006, devant les États-Unis (104 milliards de dollars), le Japon (66 milliards de dollars) et la Chine (57 milliards de dollars). L'alimentation des populations européennes repose pour une part non négligeable sur des importations de produits alimentaires qui sont loin d'être constituées uniquement de produits tropicaux.

Mais dans le même temps, l'Union européenne occupe la place de premier exportateur mondial de produits agricoles et agroalimentaires. En 2006, l'Union européenne à 25 a exporté pour plus de 95 milliards de produits dans ce domaine devant les États-Unis (93 milliards), le Canada (44 milliards) et le Brésil (40 milliards). Nous avons vu (cf. chapitre 1) que ces exportations correspondent pour plus des deux tiers à des produits transformés à forte valeur ajoutée ou à des produits « intermédiaires » (pour près d'un quart) et seulement pour 8 % à des produits bruts, ce qui souligne l'importance des industries agroalimentaires dans le système agroalimentaire européen. Notons également que, malgré ses performances à l'exportation, l'Union européenne continue à présenter un bilan de sa balance commerciale agroalimentaire nettement déficitaire.

Une autre originalité de l'Union européenne repose sur l'intensité des échanges de produits agricoles et agroalimentaires entre ses différents pays membres : ils ont porté sur 350 milliards de dollars en 2006, soit une nette augmentation par rapport à 2004 (un peu moins de 300 milliards de dollars). Par rapport aux autres ensembles géoéconomiques comme l'Alena (60 milliards de dollars) ou le Mercosur, l'Union européenne présente, en fait, le seul véritable marché commun agricole, fondé sur une politique agricole commune (Charvet, 2007).

Ce système agroalimentaire européen – système qui est très largement ouvert sur le monde – englobe en fait des agricultures très diverses, mais qui se trouvent encadrées par une Politique Agricole Commune forte qui a joué et continue à jouer, un rôle essentiel dans son organisation, y compris depuis les différentes réformes qu'elle a connu depuis 1992.

A. Diversité des agricultures européennes

Cette diversité est fondée sur différents facteurs. Elle repose sur des conditions agronomiques qui apparaissent contrastées, depuis les régions occidentales, jusqu'aux régions orientales de l'Union, de même que depuis ses régions méridionales jusqu'à ses régions septentrionales. Elle est due encore bien davantage à des histoires agraires très différentes qui se trouvent à l'origine de structures démographiques et sociales du monde rural et agricole contrastées et de niveaux de productivité par hectare et par unité de mains-d'œuvre bien différents selon les États et les régions. L'ampleur de tous ces contrastes n'a fait que s'accroître avec les élargissements successifs de l'Union, depuis l'Europe des 6 jusqu'à l'Europe des 27, en passant par celles des 9, des 10, des 12, des 15 et des 25. Dans ce contexte des spécialisations régionales s'affirment de plus en plus alors que s'opposent bassins de production agricole spécialisés qui concentrent l'essentiel de la production agricole et régions en difficulté, voire en déprise, sur le plan agricole.

1. Diversité des conditions agronomiques

Déjà sensible au départ, dans les années 1960, elle n'a fait que s'accroître avec les élargissements successifs et une SAU (surface agricole utile) qui est passée de 60 millions d'hectares en 1957 à plus de 190 millions d'hectares en 2007.

Dans le sens des latitudes, l'Union européenne est traversée par toute une série de limites de cultures : limite nord de la culture des agrumes (plantes très sensibles au gel), limite septentrionale de la culture de l'olivier (qui délimite le domaine bioclimatique méditerranéen), limite septentrionale de la culture de la vigne (qui est en fait une limite sud-ouest-nord-est allant de l'estuaire de la Loire jusqu'à la vallée moyenne du Rhin), limite nord de la culture du maïs grain (qui peut toutefois être aujourd'hui cultivé jusque dans le sud de la Suède grâce aux variétés hybrides), limites nord des cultures du blé et de l'orge, qui furent d'ailleurs jadis encore plus septentrionales (Chaléard/Charvet, 2004). On peut aussi évoquer la limite méridionale de l'élevage du renne, élevage qui n'est présent que dans les parties septentrionales de la Suède et de la Finlande. La palette des domaines bioclimatiques est donc très large selon les latitudes depuis des régions traversées par le cercle polaire arctique jusqu'à des régions de climat méditerranéen qui peuvent porter des cultures tropicales (canne à sucre, coton, riz) ou, plus souvent, des cultures fruitières et maraîchères à partir du moment où les ressources en eau d'irrigation sont suffisantes. Dans ces régions méridionales, le problème de la gestion des ressources en eau se pose de façon de plus en plus aiguë, d'autant plus que des populations toujours plus nombreuses viennent s'accumuler le long des rivages méditerranéens afin de profiter de leurs aménités.

Dans le sens des longitudes, la façade atlantique du continent européen se trouve marquée, sous l'influence du Gulf Stream, par des climats océaniques à la fois doux et humides. À proximité de l'océan Atlantique et de ses mers bordières, l'herbe peut pousser toute l'année : les hivers ne sont pas assez froids et les étés ne sont pas suffisamment secs pour interdire sa croissance même si c'est au printemps que sa croissance est la plus importante. En revanche, en Pologne, en Hongrie, en Roumanie, l'éloignement de l'océan fait que l'on est en présence de climats continentaux caractérisés par des hivers très froids et peu arrosés et des étés chauds et humides, les maxima de précipitations se plaçant en été. De telles conditions climatiques conviennent bien à la culture des céréales et en particulier, aux latitudes pas trop septentrionales, à celle du maïs. Toutefois, plus on se déplace vers l'est, plus l'irrégularité des précipitations d'une année sur l'autre devient importante, générant une variabilité des récoltes de plus en plus marquée. Le continent européen étant, contrairement au continent américain aux mêmes latitudes, très largement ouvert aux influences maritimes venues de l'ouest, toute une série de transitions existent entre le domaine bioclimatique océanique et le domaine bioclimatique continental. Combinées à une grande variété de conditions de relief, elles sont à l'origine de conditions agronomiques très diverses qui forment une véritable marqueterie de terroirs aux échelles régionales et locales.

De fait, les conditions orographiques introduisent des contrastes supplémentaires. Dans l'ensemble, les régions de montagne sont davantage arrosées que les régions plus basses, ce qui favorise la pousse de l'herbe, mais les températures y sont plus basses et les pentes plus accentuées. Ces contraintes n'ont pas constitué dans le passé un véritable obstacle au développement d'activités de production agricole relativement variées, associant souvent cultures et élevages. Qu'il s'agisse de moyennes ou de hautes montagnes, les montagnes européennes ont jadis porté des densités de population agricole relativement élevées. Aujourd'hui la concurrence des agricultures des zones plus basses et les difficultés de la mécanisation font que bien des montagnes de l'Union européenne connaissent des phénomènes de déprise agricole qui ont justifié la mise en œuvre d'une politique spécifique d'aide à l'agriculture de montagne. Actuellement, les montagnes sont très souvent amenées à se spécialiser dans les activités d'élevage : ce sont celles qui leur conviennent le moins mal dans le contexte de compétition économique actuel.

Les conditions édaphiques ne peuvent être, dans ces contextes bioclimatiques et orographiques, que très variées. Elles le sont également en fonction des roches mères : argiles et calcaires dans les bassins sédimentaires tels le Bassin parisien, le Bassin de Londres ou le Bassin de Souabe-Franconie ; roches granitiques ou métamorphiques, génératrices de sols acides, dans les massifs anciens tels le Massif Central en France ou les massifs hercyniens d'Europe centrale. Ces conditions ne peuvent véritablement s'apprécier qu'aux échelles locales, en particulier dans le monde méditerranéen où s'opposent souvent de façon brutale plaines et montagnes. À petite échelle, une donnée majeure s'impose toutefois : celle de la « diagonale du loess » que l'on suit depuis le Bassin de Londres jusqu'en Ukraine en passant par le Bassin parisien et flamand, la zone des Börden en Allemagne et les plaines et plateaux du piémont des montagnes méridionales de la Pologne. Cette « diagonale du loess » s'est mise en place en avant des limites méridionales des grands *inlandsis* qui ont recouvert le nord du continent européen lors des époques froides du quaternaire : les sols qui se sont développés à partir de cette roche mère sont particulièrement favorables. En revanche, plus au nord, dans les aires jadis recouvertes par les glaces et aujourd'hui encore souvent mal drainées les agriculteurs ne disposent le plus souvent que de sols sableux, plus ou moins podzolisés, nettement moins favorables. Seuls des secteurs très localisés aux sols argileux se prêtent mieux aux activités de production agricoles. Ces points étant précisés il ne faut cependant pas surestimer le rôle des conditions « naturelles ». Les sols aujourd'hui cultivés en Europe comportent presque tous, compte tenu d'une mise en valeur agricole fort ancienne, une dimension historique qui peut être importante. L'agriculture danoise est aujourd'hui très performante à partir de conditions édaphiques au départ très médiocres. Plus du tiers des terres agricoles des Pays-Bas se trouveraient au-dessous du niveau de la mer si les hommes n'étaient pas intervenus en créant des polders.

2. Des places relatives très différentes de la population active agricole dans la population active totale et de la production agricole dans le PIB

Dans l'Union européenne à 27, la population active agricole représente 7,9 % de la population active totale. Quant à la valeur ajoutée brute des activités de production

Carte 2 – Les exploitations agricoles de plus de 50 hectares dans l'Union européenne à 27 en 2003

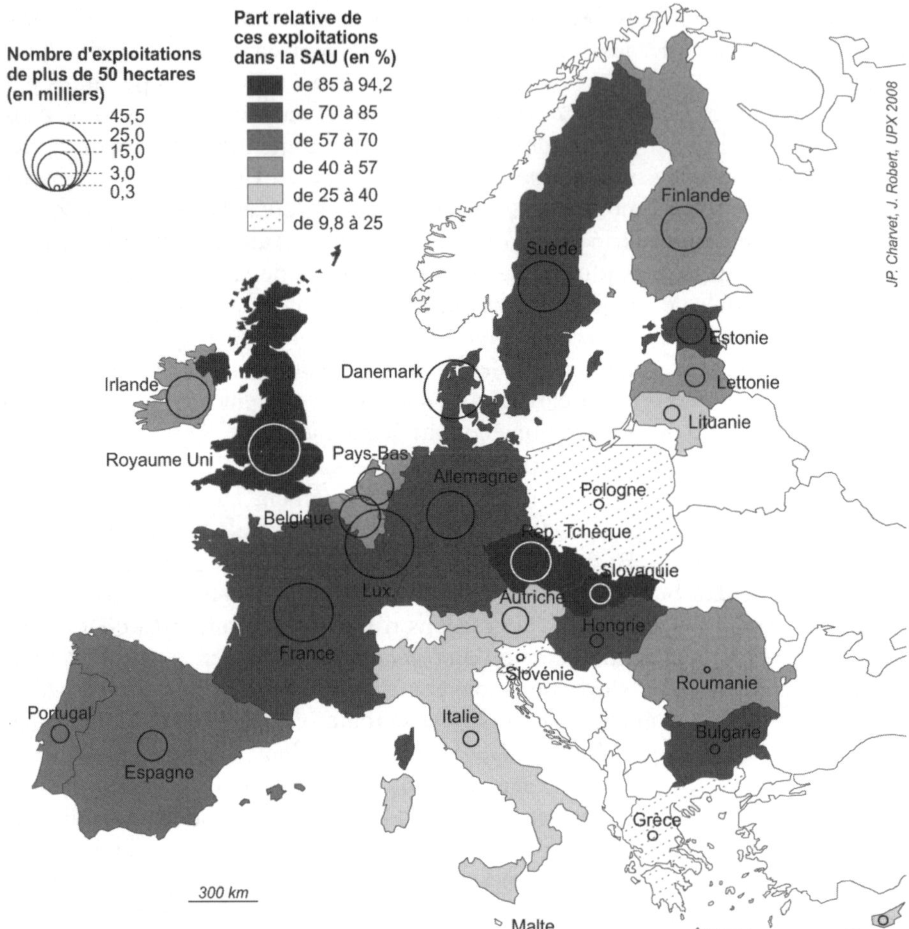

Source : d'après Eurostat * Réalisé avec Philcarto

agricole, elle représente 2,2 % du PIB de l'Union. Ces moyennes recouvrent toutefois des réalités très contrastées. Dans les pays de l'ancienne Union européenne à 15, la population active agricole ne représente que 4,3 % de la population active totale et la participation des activités de production agricole au PIB est d'à peine 2 %. En revanche dans les douze pays qui ont rejoint l'Union depuis 2004, la population agricole compose 22 % de la population active totale et la production agricole intervient pour 4,5 % du PIB. Lorsque l'on passe à l'échelle de ces différents pays, les contrastes sont encore plus marqués : la part de la population active agricole dans la population active totale varie de moins de 2 % à Malte et de 9 % à Chypre à plus de 26 % en Bulgarie et à plus 46 % en Roumanie… Il en va de même pour la participation de la production agricole aux différents PIB nationaux : elle va de 2 % pour Malte et de 3,5 % pour Chypre à plus de 11 % pour la Roumanie et à plus de 16 % pour la Bulgarie. Les contrastes nationaux se sont donc nettement accrus à la suite des deux élargissements de 2004 et de 2007.

Pour les anciens pays membres les situations étaient déjà contrastées. La part de la population active agricole dans l'ensemble de la population active se répartit entre 1,5 % pour le Royaume-Uni et 2,5 % pour la Suède et l'Allemagne d'une part et d'autre part 12,5 % pour le Portugal et près de 16 % pour la Grèce. Pour la France, ce chiffre est de 4 %. Il est de 3 % pour le Danemark et les Pays-Bas. En périphérie de cette Europe du Nord-Ouest les pourcentages sont un peu plus élevés : entre 5 et 6 % pour l'Italie, l'Espagne, l'Autriche et la Finlande ; près de 7 % pour l'Irlande.

Dans ce contexte, les pays de l'ancienne Union européenne à 15 réalisent encore 85 % de la production agricole européenne alors que la Roumanie et la Pologne réunissent à elles deux, 40 % de la main-d'œuvre agricole européenne. Celle-ci est estimée à l'équivalent de 12 millions d'UTA, c'est-à-dire de personnes travaillant à temps complet.

Cette main-d'œuvre agricole européenne demeure très largement une main-d'œuvre familiale : c'est le cas pour 88 % de la main-d'œuvre agricole de l'Union européenne à 27.

Les très petites exploitations agricoles (les exploitations de moins d'une UDE, c'est-à-dire celles qui présentent une marge brute standard – c'est-à-dire une valeur ajoutée « standard » – inférieure à 1 200 euros) constituent moins de 15 % de l'ensemble des exploitations dans la majorité des pays de l'ancienne Union européenne à 15 à l'exception de la Grèce (19 %), de l'Autriche et de l'Italie (20 %), du Portugal (32 %) et du Royaume-Uni (36 %), ce qui n'empêche toutefois pas que le Royaume-Uni présente des superficies moyennes pour l'ensemble des exploitations parmi les plus élevées. En revanche, elles représentent toujours plus du tiers de l'ensemble des exploitations dans la plupart des 12 nouveaux pays membres, à l'exception de la Slovénie (21 %). Ce chiffre atteint même 34 % à Chypre, 35 % à Malte, 56 % en Pologne, 78 % en Hongrie et 81 % en Slovaquie. Les régions méridionales et orientales de l'Union européenne se caractérisent donc – sauf exception – par des nombres très élevés de micro-exploitations qui jouent un rôle très important sur le plan social – certaines d'entre elles ont pu être considérées comme des exploitations « de survie » dans le cadre de la « transition vers l'économie de marché » (cf. chapitre 3) – mais qui pèsent peu sur le plan économique. Très souvent plus de 50 % de leurs productions sont autoconsommées sur les exploitations elles-mêmes. Nous sommes là encore très largement au stade « artisanal » des systèmes alimentaires. Cette situation qui est l'expression d'une plus grande pauvreté des populations concernées se traduit également dans la part des budgets des ménages consacrée aux dépenses alimentaires : la moyenne est de 19,5 % pour l'Union européenne à 27, mais seulement de 18 % pour les pays de l'ancienne Union européenne à 15 et de 39 % pour le groupe des 12 nouveaux pays membres.

3. La très grande diversité des structures d'exploitation

En Écosse, ou dans les länder de l'ancienne Allemagne de l'Est, la taille moyenne des exploitations dépasse souvent les 200 hectares. Elle s'en rapproche dans certains secteurs du Bassin parisien. En revanche elle est souvent de l'ordre de deux hectares dans bien des régions du sud et de sud-est de l'Union européenne à 27.

Afin de ne pas raisonner uniquement sur des données moyennes très globales et qui masquent une grande part des situations réelles, il est intéressant de séparer, comme le fait Eurostat (Eurostat, 2007), les très petites exploitations inférieures à une UDE (Unité de Dimension Européenne), donc qui présentent une marge brute standard inférieure à 1 200 euros, de celles dont la MBS est au moins égale à une UDE. Parmi elles les exploitations de taille moyenne à grande sont nombreuses parallèlement à des exploitations de très grande taille qui sont peu nombreuses, mais qui couvrent au total des superficies importantes. Dans l'Union européenne à 25 les 7 % des exploitations qui couvraient plus de cinquante hectares occupaient les deux tiers de la SAU de l'Union.

Les structures d'exploitation de l'Union européenne ont évolué dans le temps en relation avec la concentration des structures d'exploitation ainsi qu'avec les élargissements successifs.

Les six pays « fondateurs » – ceux qui avaient signé le traité de Rome en 1957 – présentent, à l'exception notable de l'Italie où s'opposent un Nord, un Centre et un Sud, des structures d'exploitation assez proches : la taille moyenne des exploitations de plus d'une UDE y est aujourd'hui comprise entre 24 hectares (aux Pays-Bas) et 52 hectares (en France). Le nombre d'exploitations de plus d'une UDE y est aujourd'hui, toujours en excluant l'Italie, d'à peine plus d'un million, ce qui représente 13 % de l'ensemble des exploitations de cette catégorie de l'Union européenne. On est là dans un espace où sont largement représentées les exploitations agricoles de taille moyenne à grande et où le mouvement de concentration des structures d'exploitation a été important depuis les années 1950. La taille moyenne de l'exploitation agricole française est passée, toutes exploitations confondues, de 15 hectares en 1955 à 50 hectares en 2005. Or c'est en fonction de ces exploitations familiales de taille moyenne à grande qui font l'originalité de l'agriculture européenne par rapport à celles de l'Amérique du Nord et des pays du Mercosur, aux structures d'exploitation beaucoup plus grandes, tout comme par rapport aux agricultures asiatiques, aux structures d'exploitation beaucoup plus petites, qu'a été construite au départ la Politique Agricole Commune. Dans les six pays fondateurs, à l'exception de l'Italie, les micro-exploitations de moins d'une UDE n'ont qu'une importance marginale aussi bien en nombre, en part relative de la main-d'œuvre agricole permanente qu'en part relative dans la SAU (moins de 0,4 % de la SAU).

Les trois pays de l'Europe du Nord qui ont rejoint la CEE en 1973 – Danemark, Irlande et Royaume-Uni – présentent des exploitations un peu plus grandes : alors qu'elles représentent moins de 13 % des exploitations de l'ancienne Europe des neuf, elles couvrent plus de 26 % de la SAU de celle-ci. Elles demeurent malgré tout de taille moyenne, à l'exception de celles du Royaume-Uni qui sont nettement plus grandes avec, pour l'exploitation moyenne de plus d'une UDE, une superficie de plus de 80 hectares. Ce premier élargissement de six à neuf pays n'a donc pas bouleversé les structures d'exploitations de l'Union, d'autant moins que, comme nous le verrons plus loin, la PAC a été très largement construite en fonction du modèle « danois ». Seul le Royaume-Uni s'en distingue, avec ses structures d'exploitation bien plus vastes.

Les trois pays qui ont rejoint l'Union entre 1981 et 1986 – la Grèce dès 1981, l'Espagne et le Portugal en 1986 – appartiennent à l'Europe méditerranéenne. Leurs structures d'exploitation sont beaucoup plus proches des structures italiennes, avec également des oppositions entre régions méridionales et régions septentrionales, que de celles des pays de l'Europe du Nord et du Nord-Ouest. La présence dans ces trois pays d'une majorité d'exploitations de plus d'une UDE de petite dimension – des microfundia – leur confère une forte originalité qui se trouve encore accentuée lorsque l'on ajoute les très grands nombres d'exploitations de moins d'une UDE qu'on y trouve. La part relative de celles-ci dans l'ensemble des exploitations est de

11 % en Espagne, de plus de 18 % en Grèce et de plus de 30 % au Portugal. Elles occupent près de 9 % de la main-d'œuvre agricole permanente en Espagne, 15 % en Grèce et plus de 27 % au Portugal. Mais ces pays possèdent dans le même temps des latifundia, exploitations très vastes couvrant des centaines, voire des milliers d'hectares. On est en présence dans ces pays de structures d'exploitation très différentes de celles de l'Europe du Nord-Ouest et d'espaces agricoles en outre plutôt spécialisés dans des productions, telles les cultures fruitières et maraîchères, moins soutenues par la PAC que les céréales ou les productions tirées des bovins.

Les adhésions survenues en 1995 et qui ont fait passer l'Union de 12 à 15 ont redonné plus de poids aux agricultures des pays du Nord de l'Europe avec les arrivées de l'Autriche, de la Suède et de la Finlande. Elles n'ont pas modifié la place centrale de l'exploitation agricole familiale de taille moyenne, agrandie et modernisée grâce à la PAC. Leurs superficies moyennes d'exploitation sont comprises entre 20 et 30 hectares alors que l'exploitation agricole de plus d'une UDE était de 25 hectares dans l'ancienne Europe des quinze. En revanche, à l'exception de la Finlande, et aussi bien en Autriche qu'en Suède, les micro-exploitations de moins d'une UDE tiennent une place notable : plus de 10 % de la main-d'œuvre agricole permanente et plus de 12,5 % du nombre total des exploitations en Suède ; plus de 15 % de la main-d'œuvre permanente et près de 20 % du nombre total des exploitations en Autriche. Ceci est pour partie lié à la place relativement importante qu'occupe dans ces deux pays l'agriculture biologique qui constitue une forme d'agriculture grosse consommatrice de main-d'œuvre.

Les dernières adhésions survenues en 2004 (dix pays dont deux petits pays méditerranéens – Chypre et Malte – et huit pays d'Europe centrale et orientale dont certains comme la Hongrie et la Pologne sont de grands pays agricoles), puis en 2007, de deux pays d'Europe orientale – Bulgarie et Roumanie – ont modifié de façon très sensible le visage de l'agriculture européenne. En passant de 15 à 27, l'Union européenne a gagné plus de 2,9 millions d'exploitations de plus d'une UDE (soit un gain de 60 % du nombre total de ces exploitations) alors que la SAU des exploitations de plus d'une UDE progressait de plus de 40 millions d'hectares (soit une progression de 33 % de la SAU correspondante). Si on ajoute l'arrivée d'une multitude de micro-exploitations de moins d'une UDE qui constituent, selon les pays, entre 50 et 80 % du nombre total des exploitations on comprend que la taille moyenne de l'exploitation agricole européenne ait nettement diminué entre 1995 et 2007. En fait, les structures d'exploitation des pays de l'Europe centrale et orientale sont souvent très contrastées. L'époque collectiviste leur a légué deux grands groupes d'exploitations : d'une part des fermes géantes héritières, avec de nouveaux statuts juridiques, d'anciens kolkhozes ou sovkhozes, et qui sont surdimensionnées par rapport à celles d'Europe de l'Ouest, et d'autre part une multitude d'exploitations de survie mises en place par les réformes de l'époque post-collectiviste, une priorité ayant été accordée à la question sociale et foncière plutôt qu'à l'efficacité économique (cf. chapitre 3). Ces dernières exploitations sont très nettement sous-dimensionnées par rapport à celles d'Europe de l'Ouest. L'exploitation de taille moyenne que la PAC conduit sur le chemin de la modernisation apparaît finalement très peu fréquente en Europe centrale et orientale…

4. Des histoires agraires très différentes

La PAC qui a été progressivement mise en place à la suite du Traité de Rome de 1957 l'a été à partir d'un projet de société dont plusieurs éléments sont repris dans les quatre objectifs de base qui figurent à l'article 39 de ce traité. Le premier est d'« accroître la productivité de l'agriculture », ceci grâce au progrès technique qui doit permettre d'augmenter à la fois les rendements par hectare et les rendements par unité de main-d'œuvre. Le second est d'« assurer un niveau de vie équitable à la population agricole », ce qui sera obtenu à partir de prix garantis relativement élevés et des progrès de la productivité agricole. Le troisième est de « stabiliser les marchés », les fluctuations excessives des prix des produits agricoles pénalisant les revenus des agriculteurs et encore davantage leurs capacités d'investissement dans le progrès technique. Le quatrième est de « garantir la sécurité des approvisionnements » ; une production agricole en croissance grâce aux progrès techniques permettant d'atteindre ou au moins de se rapprocher de la « sécurité alimentaire » et de la « souveraineté alimentaire » auxquelles aspirent alors des populations européennes qui ont à cette époque bien en mémoire les pénuries et privations alimentaires de l'époque de la Seconde Guerre mondiale.

En France, les grandes lois d'orientation agricole du début des années 1960 (lois de 1960 et de 1962) reposent sur une approche très proche de celle-ci, en particulier sous la forte influence exercée alors par la JAC (la Jeunesse Agricole Chrétienne), syndicat de jeunes agriculteurs qui a largement soutenu la mise en place de ces nouvelles législations.

Ce projet de société nouvelle qui sert alors de référence repose sur la promotion *d'exploitations agricoles familiales* – à deux unités de main-d'œuvre – *agrandies et modernisées.* Pour aller dans ce sens, et s'intégrer pleinement à l'économie de marché, ces exploitations devaient pouvoir compter sur des coopératives agricoles fortes – gérées et contrôlées par les agriculteurs eux-mêmes – intervenant à la fois en amont (pour les achats d'engrais, de semences, de produits phytosanitaires… et pour la fourniture de conseil technique) et en aval (pour la mise en marché des produits) de la production agricole elle-même.

Les nombreux voyages effectués dans les années 1950 aux Pays-Bas par les jeunes dirigeants syndicaux de la JAC, dont Michel Debatisse, l'auteur de la « Révolution silencieuse » (Debatisse, 1963), soulignent que ce projet de société et ce « modèle » de développement agricole s'inspiraient largement de l'organisation de la production agricole qui avait été mise en place aux Pays-Bas, organisation fondée sur des exploitations agricoles familiales modernisées ainsi que sur de puissantes coopératives agricoles. Ce « modèle » néerlandais avait toutefois une origine encore plus septentrionale : la péninsule danoise où il avait été pensé et installé vers la fin du XVIIIe siècle. Son initiateur principal a été le pasteur luthérien Grundtvig. Son projet et son action ont consisté à mettre en place une nouvelle organisation de la société agricole et rurale en rupture totale avec l'ancien régime social féodal, fondé sur la grande propriété aristocratique, qui existait alors au Danemark. Son projet de société était fondé sur la mise en place d'une démocratie rurale de petits exploitants indépendants, instruits (le pasteur Grundtvig est à l'origine de la création des « hautes écoles populaires »), vertueux (l'église luthérienne est là pour y veiller), solidaires (en particulier dans le cadre d'un mouvement coopératif) et bien formés sur le plan technique (Charvet, 1997). Ce modèle de société, assez largement inspiré par la philosophie des Lumières, n'est pas sans présenter un certain nombre de points communs avec celui que Jefferson souhaitait, à la même époque, mettre en place dans des États-Unis nouvellement indépendants au travers de son « township and range system » (cf. *infra*) qui avait pour ambition d'être le cadre territorial, avec son découpage de l'espace agricole en « townships » et en « sections » – sur la base de 36 sections par township – d'une démocratie de petits propriétaires-exploitants indépendants et instruits (une section était prévue pour l'école dans chaque township).

On peut considérer que le modèle « danois » du pasteur Grundtvig, modèle social fondé sur une paysannerie instruite, compétente, disciplinée, solidement organisée sur le mode démocratique grâce à des syndicats et des coopératives, constitue l'inspirateur lointain du projet de société agricole qui est sous-jacent à la fois aux grandes lois d'orientation agricole françaises du début des années 1960 et à la Politique Agricole Commune qui se met en place dans l'Europe des 6, à la suite du traité de Rome, au cours des années 1960. Cette mise en place s'est effectuée à l'abri de solides barrières douanières (cf. *infra*).

Cette politique agricole inspirée du modèle « danois » convenait bien à l'Europe des 6, à l'exception du Mezzogiorno italien où les réformes agraires des années 1950 n'avaient pas réussi à créer des exploitations agricoles viables : seulement 670 000 hectares avaient pu être distribués à plus de 110 000 familles (d'ailleurs souvent retenues selon des critères de clientélisme plus que de compétences) en 1960 c'est-à-dire à l'époque où les expropriations de latifundia ont pris fin faute de moyens financiers. Tous les pays fondateurs de la Communauté Économique Européenne avaient vu se développer au cours du XIXe siècle des paysanneries qui, sauf exception, n'étaient pas trop inégalitaires. Dans la vallée du Rhin, les coopératives Raiffeisen (d'inspiration catholique) avaient fourni un encadrement technique et commercial efficace aux paysanneries de cette aire géographique. En France, depuis l'époque de la Révolution française, la paysannerie s'était de plus en plus affirmée sur le plan économique. À partir de la fin du XIXe siècle, elle a pu profiter d'un enseignement primaire devenu obligatoire, puis de la mise en place d'un dense réseau de coopératives agricoles, bien que certaines fussent à l'époque « de droite » (proches du clergé catholique) et d'autres « de gauche » (proches des radicaux-socialistes). Aux Pays-Bas, l'influence danoise remonte au moins au milieu du XIXe siècle, à l'époque où les deux pays sont entrés dans une compétition de plus en plus vive pour approvisionner le marché britannique qui s'était largement ouvert aux importations de produits agricoles depuis l'abolition des « Corn Laws » (i.e. des droits de douanes portant sur les importations de grains) en 1846. Mais déjà auparavant, aussi bien aux Pays-Bas, qu'en Belgique flamande et en Italie du Nord, le passage à des formes d'agriculture commerciale intégrant le progrès technique s'était déjà largement opéré autour des villes commerçantes, en particulier de celles de l'« Europe des marchands ».

Le premier élargissement – celui de 1973 – s'il n'a pas posé de problème véritable du côté des agriculteurs danois, en a posé davantage avec les agriculteurs britanniques. Depuis plusieurs siècles, et en particulier depuis le milieu du XIXe siècle, l'agriculture britannique avait évolué dans un modèle de société bien différent de celui du modèle « danois ». Ce modèle « britannique » a été fortement marqué dès le XVIe siècle (à l'époque des Tudor), puis surtout au XVIIIe siècle et au début du XIXe siècle – principalement entre 1740 et 1840, en relation avec la première révolution agricole, – par le mouvement des enclosures qui a très largement vidé les campagnes britanniques de leurs agriculteurs et qui s'est traduit par la constitution de vastes et de très vastes domaines. Cette concentration de la propriété foncière et des exploitations a été ensuite accentuée par l'abolition des « Corn Laws ». La grande enquête foncière de 1872 montre qu'à cette date, la moitié des terres agricoles du Royaume-Uni sont possédées par seulement 7 400 familles. Le plus grand « landlord » du pays – le duc de Sutherland – possédait, en Écosse, plus de 500 000 hectares... Ces vastes et très vastes propriétés foncières étaient, pour leur mise en valeur, divisées en grandes exploitations louées à des « farmers ». Avec le temps et les successions les dimensions de ces grands domaines fonciers se sont réduites, mais leur mise en valeur par des exploitations de très grande taille demeure. En outre, dans un contexte de libéralisme économique affirmé, les coopératives n'ont jamais été importantes au Royaume-Uni (ainsi, elles réalisent aujourd'hui moins de 20 % de la collecte des céréales, contre plus de 75 % en France) et l'agroalimentaire y est dominé par de puissantes firmes privées.

Les élargissements des années 1980 se sont effectués en direction du sud et ont fait entrer dans l'Union, des pays méditerranéens aux structures et aux histoires agraires bien différentes de celles de l'Europe de l'Ouest, avec en particulier une opposition entre latifundia et microfundia, à l'exception de la Grèce où les petites exploitations dominent depuis la réforme agraire des années 1920. Les statistiques qui soulignent la large place tenue par les petites exploitations peuvent toutefois dans certains cas déformer la réalité. En Grèce, bien des exploitants agricoles ne le sont que sur le papier et ont quitté la campagne pour Athènes ou pour l'étranger : leurs terres sont exploitées, au travers de locations verbales, par des voisins ou par des membres de leur famille demeurés sur place et qui travaillent ainsi sur des exploitations plus vastes que ne le laissent penser les statistiques (Sivignon, 2003). Par ailleurs, dans le domaine méditerranéen où les cultures irriguées sont fréquentes et où les cultures sous tunnel plastique ou sous serre se sont beaucoup développées, des exploitations de quelques hectares peuvent dégager des produits bruts élevés et procéder à des ventes importantes de produits agricoles. Mais, dans l'ensemble, les petites exploitations y demeurent nombreuses alors que l'emploi, dans des conditions légales ou illégales, d'une main-d'œuvre immigrée venue d'Afrique ou du Moyen-Orient devient fréquente.

Les adhésions de 1995 – Autriche, Suède, Finlande – ont porté sur des pays aux structures agraires beaucoup plus proches de celles de l'Europe du Nord-Ouest, avec toutefois une place plus importante des exploitations agricoles de taille modeste en Autriche où la pluriactivité des exploitants se trouve favorisée par les activités touristiques liées au cadre montagnard.

En revanche, les adhésions survenues depuis 2004 ont intégré dans l'Union européenne des territoires qui ont connu des histoires agraires profondément différentes de celles des campagnes paysannes de l'Europe de l'Ouest. Les huit pays d'Europe centrale et orientale qui ont alors rejoint l'Union ont été marqués pendant longtemps par la place importante tenue par les grands domaines aristocratiques et certains ont connu le « second servage ». Tous ces pays ont connu après la Seconde Guerre mondiale, la collectivisation puis, plus tard, la décollectivisation de leurs agricultures et de leurs industries agroalimentaires. Les exploitations agricoles s'y trouvent donc le plus souvent soit surdimensionnées, soit sousdimensionnées par rapport à l'exploitation agricole de taille moyenne agrandie en fonction de laquelle la PAC a été construite (cf. chapitre 3).

Avec des élargissements successifs de l'Union, générateurs d'une hétérogénéité croissante des agricultures européennes, il est devenu de plus en plus difficile de gérer la PAC. Et ceci d'autant plus qu'elle ne s'applique pas aujourd'hui de la même façon dans les États centralisés comme la France et dans les États fédéraux comme l'Allemagne où les Régions disposent de davantage de marges de manœuvre.

5. Des résultats économiques très contrastés et des soutiens différenciés

Comme nous l'avons vu plus haut, les résultats par unité de main-d'œuvre sont plus importants et plus significatifs dans la compétition qui existe entre les agricultures que les rendements par hectare. En 2006, la valeur de la production agricole de l'Union européenne a été estimée à 304 milliards d'euros pour un nombre d'UTA (unités travail année) de 12 225 000, ce qui donne une moyenne de 24 900 euros par UTA. Mais, sans même descendre aux niveaux locaux ou à ceux des régions et en se limitant à celui des États, des différences très importantes peuvent être relevées (cf. carte ou tableau). On constate des valeurs nationales supérieures à 100 000 euros par UTA au Danemark (119 000) et aux Pays-Bas (104 000). Ces chiffres sont de 66 900 euros par UTA en Allemagne et de 59 800 euros par UTA en France. En revanche on est à moins de 7 000 euros par UTA en Pologne (6 900 euros), en Lettonie (5 300 euros), en Roumanie (5 100 euros) ou en Bulgarie (5 000 euros). L'écart entre les extrêmes est donc, au niveau des États, de 1 à 24.

La répartition des aides directes de la PAC entre les États membres et à l'intérieur de ceux-ci, aides qui sont proportionnelles aux facteurs de production mis en œuvre (cf. *infra*), vient accentuer ces écarts (cf. carte ou tableau). En 2006, les exploitations européennes éligibles (7 332 000 dans le cadre de l'Union européenne à 25) ont reçu un peu plus de 33 milliards d'euros d'aides directes soit 4 500 euros en moyenne. Parmi elles, 82 % ont reçu moins de 5 000 euros d'aides directes (cette somme correspond au seuil de déclenchement de la modulation des aides, cf. *infra*), 17,7 % ont reçu entre 5 000 et 99 999 euros d'aides directes et 0,3 % 100 000 euros ou plus (cette somme pourrait devenir le seuil de déclenchement d'une modulation supplémentaire si l'on en décide ainsi dans le cadre du « bilan de santé » de la PAC). Si le pourcentage des exploitations éligibles à ces aides et qui ont reçu moins de 5 000 euros d'aides directes en 2006 est seulement de 34 % en France et compris entre 49 et 52 % au Royaume-Uni, en Allemagne et au Danemark, il dépasse 90 % en Grèce, en Italie, au Portugal, en Hongrie et même 98 % en Lettonie, en Lituanie, en Pologne, en Slovénie ou à Chypre.

Quant aux exploitations qui ont reçu en 2006 pour 300 000 euros ou plus d'aides directes, elles se trouvent principalement en Allemagne : plus de 15 800, essentiellement situées dans l'ex Allemagne de l'Est ; au Royaume-Uni (environ 3 500), en Italie (3 150), au Portugal (480) ou en Hongrie (405). En France ce fut le cas de 426 exploitations.

Notons pour interpréter ces chiffres que les agriculteurs des pays qui ont rejoint l'Union européenne depuis 2004 ne percevaient en 2007 que 30 % des aides directes perçues par hectare de terre labourable par leurs collègues d'Europe de l'Ouest. Il est prévu que ce pourcentage augmente progressivement, mais il n'atteindra 100 % qu'en 2013.

Carte 3 – Les aides directes par exploitation éligible dans l'Union européenne en 2006

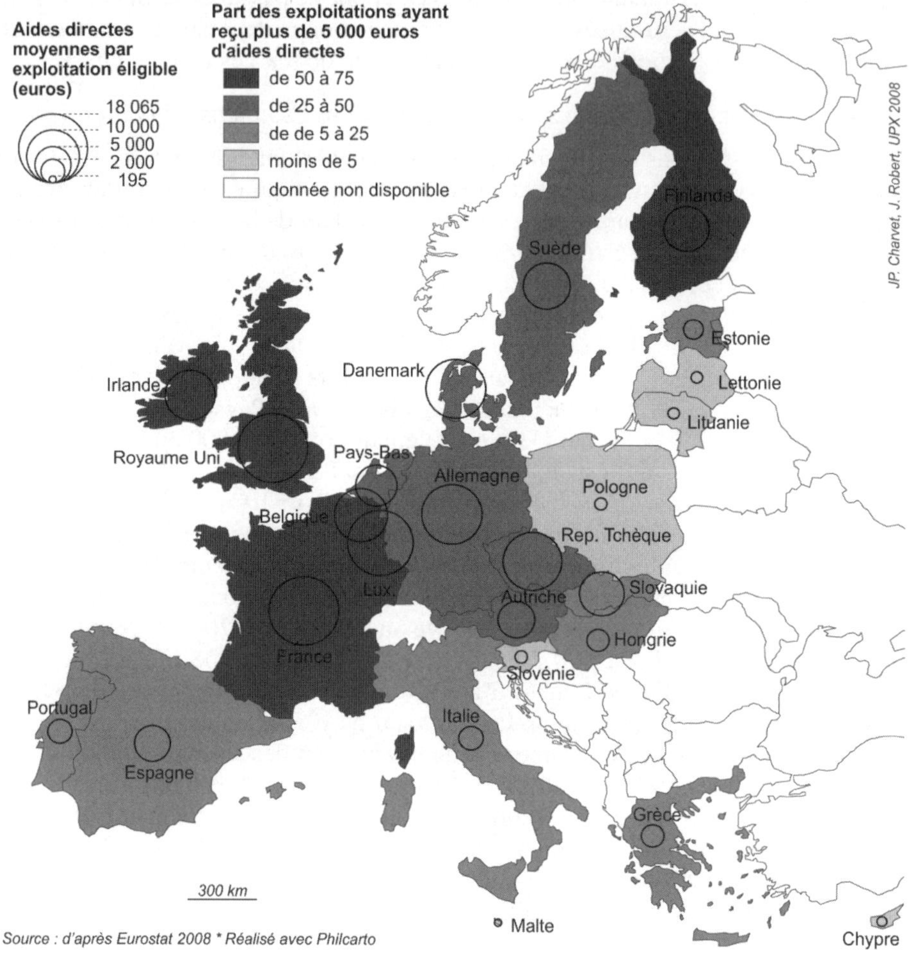

*Source : d'après Eurostat 2008 * Réalisé avec Philcarto*

B. Industries agroalimentaires et entreprises agrotertiaires dans l'Union européenne

1. Puissances des industries agroalimentaires en Europe et en France

Avec une production de 870 milliards d'euros en 2006 les industries agroalimentaires de l'Union européenne à 27 se placent très nettement devant celles des États-Unis (496 milliards d'euros), du Japon (203 milliards d'euros) et de la Chine (171 milliards d'euros) (Hatem/Pouch, 2008). Les industries agroalimentaires de l'Union européenne à 27 participent pour 14 % au chiffre d'affaires de l'ensemble des industries manufacturières de l'Union. Ce pourcentage est plus élevé au Brésil (16,2 %) ainsi qu'au Japon (17,5 %), mais il est supérieur à ceux que l'on relève pour les États-Unis (12,3 %) et le Canada (13,1 %) (Hatem/Pouch, 2008). Tous ces chiffres mettent en valeur une dimension devenue particulièrement importante des systèmes alimentaires européens.

Bénéficiant d'une puissante base agricole aux productions diversifiées, d'un marché unique de plus en plus élargi sur lequel la demande est de plus en plus plus exigeante en terme de qualité et de technologies industrielles qui figurent parmi les plus sophistiquées de la planète, les industries agroalimentaires européennes réalisent plus du tiers de la production mondiale de ce secteur. Elles constituent également le premier secteur industriel de l'Union européenne. Les grandes firmes transnationales européennes de l'agroalimentaire ont largement développé leurs activités sur le marché mondial : huit d'entre elles se classent aujourd'hui dans le groupe des trente premiers groupes agroalimentaires mondiaux : Unilever (groupe néerlandais et britannique), Diageo, Cadbury Schweppes et Associated British Foods (groupes britanniques), Danone et Lactalis (groupes français), Inbev (groupe belge) et Heineken (groupe néerlandais). Il est fréquent de leur ajouter le groupe suisse Nestlé, premier ou second groupe agroalimentaire mondial selon les classements et dont le siège social est implanté en Suisse sur les bords du lac Léman, mais qui est très largement présent dans la plupart des pays de l'Union européenne.

Actuellement, les groupes agroalimentaires européens figurent au premier rang des investisseurs internationaux dans leur domaine d'activité : ils en réalisent environ les deux tiers. Mais en sens inverse, l'Union européenne constitue également la première terre mondiale d'accueil pour les investissements internationaux réalisés dans le secteur agroalimentaire qu'il s'agisse de l'acquisition d'entreprises européennes ou d'investissements « greenfields », c'est-à-dire de créations de nouveaux sites de production ou d'extensions de sites déjà existants. Ces investissements étrangers « greenfields » sont à l'origine de près de la moitié des créations d'emplois dans le domaine agroalimentaire dans l'Union européenne (Hatem, 2008). Toutefois, si l'agroalimentaire européen se caractérise par la présence de « poids lourds » mondiaux, il convient de ne pas perdre de vue que plus de 60 % de la production de ce secteur demeurent le fait d'entreprises de moins de 250 salariés donc d'entreprises de taille petite ou moyenne. Tout comme dans le domaine de la production agricole, l'Union européenne présente des structures de production qui demeurent dans l'immédiat, pour la majorité d'entre elles, de dimension moyenne dans les comparaisons internationales. Ceci ne leur a pas interdit de développer des politiques actives d'investissement en direction des nouveaux États membres d'Europe centrale et orientale.

Pour le nombre d'emplois qu'elles procurent, les industries agroalimentaires de l'Union européenne se situent à un niveau comparable à celui des industries agroalimentaires chinoises, avec plus de 4 300 000 emplois dans les deux cas, mais avec des productivités par unité de mains-d'œuvre nettement plus élevées en Europe qu'en Chine. Les États-Unis avec 1 540 000 emplois dans l'agroalimentaire et le Brésil avec 1 290 000 emplois se placent assez loin derrière ces deux pays dans ce domaine, malgré une croissance rapide des industries agroalimentaires brésiliennes due à des initiatives locales ou à des implantations de firmes nord-américaines comme Smithfields ou européennes comme Tereos ou Doux (cf. chapitre 6 et Charvet, 2007).

Les industriels de l'agroalimentaire orientent dans une large mesure, au travers de leurs campagnes de publicité, les consommateurs européens vers les catégories de produits qui sont pour eux les plus rentables tout en prenant en compte les évolutions des attentes des consommateurs européens. Ceux-ci apparaissent de plus en plus sensibles aux questions de santé, de protection de l'environnement, de sécurité alimentaire, de diététique… Au total ce sont donc des produits contenant de plus en plus de valeur ajoutée, tels les plats préparés, qui sont proposés aux consommateurs, les aliments « basse calorie » étant ceux qui en contiennent le plus. Quatre secteurs rassemblent les deux tiers des activités de l'agroalimentaire européen : les produits laitiers, les viandes, les boissons et la boulangerie-pâtisserie. Les normes de qualité très rigoureuses qui ont été mises en place font qu'actuellement plus des deux tiers des exportations agricoles et agroalimentaires européennes correspondent à des produits à forte valeur ajoutée. C'est grâce à ces produits que l'Union européenne est devenue le premier exportateur mondial de produits agricoles et agroalimentaires devant les États-Unis. Une part croissante de la production agricole européenne est absorbée par les industries agroalimentaires qui constituent désormais les maillons centraux des systèmes agroalimentaires des pays du Nord. Si bon nombre de ces industries fabriquent directement des produits finis consommés en l'état, d'autres se limitent à la fabrication de produits « intermédiaires » ensuite intégrés en tant qu'ingrédients dans des produits finis fabriqués par d'autres firmes. Les filières de production sont devenues de plus en plus complexes : elles mobilisent des services de transport et de logistique, d'approvisionnement, de gestion et de formation, de recherche, de traitement de l'information, de distribution... En France, en 2006, les industries agroalimentaires employaient 414 000 personnes, chiffre bien supérieur à celui des exploitations agricoles « professionnelles » à la même date.

Bon nombre d'entreprises agroalimentaires européennes ont développé des activités à l'étranger qu'il s'agisse d'Unilever, de Cadbury Schweppes, de Danone ou de Doux (Charvet, 2007), mais en sens inverse, dans le contexte d'une mondialisation de plus en plus poussée, de nombreux groupes étrangers, en particulier nord-américains, ont développé et continuent à développer, des activités de production agroalimentaire sur le sol européen : c'est le cas pour 30 % des industries agroalimentaires situées en France ou au Royaume-Uni avec des sociétés comme Cargill, Coca-Cola, Mac Cain, Kraft Foods, General Mills... Actuellement, les stratégies d'investissement des entreprises de l'agroalimentaire ont tendance à légèrement privilégier pour la localisation des activités de production l'Europe centrale et orientale où les salaires sont nettement plus bas qu'en Europe occidentale alors que les fonctions de commandement, de recherche, de gestion et de gestion de la logistique demeurent principalement localisées en Europe de l'ouest. La répartition du chiffre d'affaires global des industries agroalimentaires implantées dans l'Union européenne met nettement en avant la France (17 % du total) et l'Allemagne (16 %). Ces deux pays sont suivis par l'Italie (13 %), le Royaume-Uni (12 %), l'Espagne (9 %) et les Pays-Bas (6 %) (Hatem/Pouch, 2008).

Les industries agroalimentaires en France

La France fait figure de leader européen non seulement pour son agriculture, mais aussi pour ses industries agroalimentaires. Elle vient en tête, devant l'Espagne, le Royaume-Uni, la Pologne et la Roumanie pour les investissements « greenfields », c'est-à-dire pour les créations et extensions de sites de production agroalimentaire avec près de 15 % des projets européens. Plusieurs grandes entreprises étrangères – Unilever, Nestlé et, pour partie, Tate and Lyle – ont choisi la France comme base principale pour leurs activités mondiales de recherche et développement (R&D). Les entreprises étrangères du secteur agroalimentaire réalisent 30 % de la production et emploient 15 % des salariés de ce secteur : elles travaillent surtout dans le domaine de la production d'aliments pour le bétail et dans celui des boissons. En revanche, ces entreprises sont très peu présentes dans les secteurs des viandes et des produits laitiers.

Les structures de l'agroalimentaire présent sur le sol national apparaissent de plus en plus concentrées : les entreprises de 20 salariés ou plus qui ne représentent que 30 % de l'ensemble des entreprises du secteur emploient 92 % des salariés et réalisent 95 % du chiffre d'affaires. Quant aux plus petites entreprises (moins de 20 salariés) qui sont moins de 10 000, elles sont plus nombreuses dans la France du Sud et de l'extrême Est – telles les petites entreprises fromagères de Franche-Comté – que dans la France du Nord et de l'Ouest, domaine géographique, à l'image de la Picardie, des grandes entreprises.

Dans le secteur des industries laitières avec des groupes comme Nestlé, Danone, Lactalis, Bongrain, Unibel, Sodiaal et dans celui des viandes avec LDC, Terrena, Socopa, Doux, Bigard, Unicopa, parallèlement aux activités « traditionnelles » à faible valeur ajoutée telles l'abattage des animaux et la découpe de la viande ou le conditionnement du lait ont été de plus en plus développées des productions beaucoup plus élaborées intégrant bien davantage de valeur ajoutée : charcuterie et plats préparés, fromages, desserts lactés, produits laitiers enrichis en vitamines, produits laitiers allégés ou « bioactifs »...

Les ventes à l'exportation (32 milliards d'euros en 2006) ont doublé depuis le milieu des années 1980, le secteur qui a le plus progressé étant celui des boissons, avec en particulier le champagne et les eaux-de-vie.

De nouveaux segments de marché sont mis à profit et développés par les firmes de l'agroalimentaire : celui des aliments « santé » ainsi que celui qui établit une relation entre produits alimentaires et produits cosmétiques : l'Oréal et Nestlé viennent de créer la ligne « Inneov » qui correspond à la commercialisation de compléments nutritionnels à visée cosmétique. On est loin des émeutes de la faim et du problème de la faim dans le monde... Les entreprises agroalimentaires s'intéressent également à un autre segment de marché particulièrement porteur : celui du « bio ». La firme italienne Futura vient d'implanter dans l'Aube une usine de panification utilisant des céréales « bio ». Quant aux produits agricoles de qualité à très forte valeur ajoutée tels le champagne, le cognac ou les vins de Bordeaux, ils sont de plus en plus contrôlés par des entreprises extérieures au monde agricole et qui viennent de l'industrie ou du commerce du luxe tel le groupe LVMH (Louis Vuitton Moët Hennessy) qui commercialise les marques de champagne Moët & Chandon, Dom Pérignon, Mercier, Veuve Clicquot..., et les cognacs Hennessy.

Parmi les nouvelles activités des industries utilisant comme matières premières des « agroressources », il importe également de mentionner celles qui produisent des bio ou agrocarburants dans la mesure où elles mobilisent des ressources qui pourraient servir à nourrir les hommes plutôt qu'à produire des carburants. Contrairement aux États-Unis et au Brésil où l'on produit essentiellement de l'éthanol à partir soit du maïs (aux États-Unis) soit de la canne à sucre (au Brésil), l'Union européenne a surtout privilégié la production de biodiésel (connu en France sous la marque « Diester ») à partir du colza. La directive 2003-1930/CE qui date donc de 2003 a fixé pour objectif une incorporation de 5,75 % de biocarburants dans l'essence ou le gazole à l'horizon 2010. La France a même décidé d'aller encore plus vite en se fixant cet objectif d'incorporation de 5,75 % de biocarburants dès 2008, puis des objectifs de 7 % en 2010 et de 10 % en 2015. Alors que l'on a consacré en France 500 000 hectares à la production de biocarburants en 2006 (contre 250 000 hectares en 2004) il faudrait leur consacrer 2 millions d'hectares en 2010 afin d'atteindre l'objectif fixé pour cette date sans recourir à des importations. Pour la production de biodiésel trois unités de production fonctionnent déjà à Montoir-Saint-Nazaire, à Nogent-sur-Seine (dans l'Aube) et à Sète. Sept usines supplémentaires doivent les rejoindre : deux à Dunkerque et une dans chacun des sites suivants : Coudekerque (Nord), Bordeaux-Bassens, Grand-Couronne (Seine-Maritime), Lisieux (Calvados) et Limay (Yvelines). Pour la production d'éthanol, à partir de céréales ou de betterave à sucre, trois unités sont déjà en fonctionnement à Dunkerque, au Havre et à Feyzin ; trois sont agréées à Lacq, à Bazencourt dans la Marne et à Lillebonne en Seine-Maritime et trois sont en projet à Benheim, à Mériot (Aube) et à Origny (Oise). On remarquera que ces unités de production sont localisées soit dans des ports, soit dans des régions spécialisées dans la production de grains (céréales et graines oléagineuses).

En 2006, la consommation de biocarburants a représenté dans l'Union européenne moins de 2 % de la consommation totale de carburants alors que la conjoncture actuelle marquée par une envolée des cours des grains est devenue nettement moins favorable à la production de biocarburants. Les objectifs fixés en 2003 pourront-ils être atteints ? Dans un premier temps le colza produit pour la fabrication de biodiésel a pu l'être sur les terres laissées en jachère (on pouvait cultiver cette « jachère » à condition que les plantes cultivées ne soient pas destinées à des débouchés alimentaires, d'où son nom de jachère « industrielle »), mais l'Union européenne vient de supprimer en 2007, la jachère qui avait été instaurée en 1992, afin de réduire l'offre de grains. Les cultures destinées à la production de biocarburants entrent désormais pleinement en concurrence avec les cultures alimentaires dans les assolements même si les coproduits de la production de biodiésel tels les tourteaux de colza peuvent être utilisés en alimentation animale et réduire les importations européennes de tourteaux de soja. La question de la poursuite des programmes d'aide à la production de biocarburants se trouve désormais posée.

2. Stratégies territoriales et impacts territoriaux des industries agroalimentaires

Tout en participant de plus en plus à la satisfaction des besoins alimentaires des hommes, les industries agroalimentaires occupent désormais une place majeure dans l'organisation des espaces agricoles à différentes échelles. L'impact territorial des entreprises géantes qui ont développé des stratégies de marque telles Nestlé et Unilever n'est pas aisé à mettre en évidence dans la mesure où il est le plus souvent tout à fait indirect. Ainsi, les six sites de production de Nestlé en France se trouvent approvisionnés par plus de 400 fournisseurs de produits intermédiaires dont 180 se trouvent en France et 250 à l'étranger.

En revanche les firmes de différente taille qui ont développé des stratégies de filières telles celles, petites ou grandes, qui utilisent le lait comme matière première jouent un rôle majeur dans l'émergence de bassins de production agricole spécialisés. L'implantation de centres d'approvisionnement et d'usines de conditionnement et/ou de transformation ne manque pas d'inciter les agriculteurs situés à proximité de passer des contrats de livraison avec les entreprises qui les gèrent. Les aires d'approvisionnement peuvent être de taille relativement réduite pour des productions de qualité reposant sur des labels ou des AOC ; elles sont en général plus vastes pour les productions de base. Elles reposent le plus souvent sur une sélection des agriculteurs avec lesquels sont passés les contrats de livraison : ceux-ci y trouvent une assurance pour l'écoulement de leurs productions, mais ils dépendent alors de façon très étroite des entreprises avec lesquelles ils travaillent à la fois sur les plans économiques et techniques.

Ces mécanismes ont conduit à une spécialisation régionale de plus en plus marquée de l'agriculture européenne. On y repère sans peine des bassins céréaliers, des bassins céréaliers et betteraviers, des bassins laitiers, des bassins légumiers, des régions viticoles, des régions de forte concentration des élevages hors sol… Ces dernières se trouvent le plus souvent dans l'Union européenne à proximité des ports d'importation de graines et de tourteaux de soja, aux Pays-Bas, en Allemagne du Nord, en Catalogne, en Bretagne…, mais bien d'autres facteurs interviennent également pour déterminer les stratégies des firmes et des agriculteurs (cf. Chaléard et Charvet, 2004). Les activités de production agroalimentaire peuvent y être le fait de firmes privées ou de coopératives, mais ces dernières se comportent de plus en plus de façon comparable aux firmes privées, avec les mêmes conséquences de concentrations géographiques.

3. De l'agro-industrie à l'agrotertiaire

Malgré la puissance croissante des groupes de l'agro-industrie on est en train de passer dans l'Union européenne de systèmes agro-industriels pilotés par les industries agroalimentaires à des systèmes agrotertiaires dans lesquels le pilotage est de plus en plus assuré par les entreprises de la grande distribution. Celui-ci se trouve donc désormais de plus en plus réalisé par des entreprises qui se situent encore plus en aval par rapport à la production agricole. Une part croissante du prix final payé par le consommateur va désormais aux services et à la grande distribution (cf. Introduction, tableau 1), ce qui alimente le débat qui existe aujourd'hui, en particulier en France, entre associations de consommateurs et grande distribution dans un contexte de pouvoir d'achat stagnant, voire en régression, pour une large part de la population.

Dans ce domaine de la grande distribution, le groupe Carrefour se place au second rang mondial, derrière l'américain Wal-Mart, mais au premier rang dans l'Union européenne. En France, il contrôle de façon directe ou indirecte au travers de ses différentes enseignes (Champion, Shopi, 8 à huit, Marché Plus, Proxi, Ed…) plus de 25 % du marché, ce qui lui confère une position de force non seulement vis-à-vis des producteurs et groupements de producteurs agricoles, mais aussi vis-à-vis des grandes entreprises de l'agroalimentaire. En 2005, plus d'un français sur deux a fait au moins un achat dans un magasin du groupe Carrefour et la proportion est la même pour le groupe Leclerc (Parmentier, 2007). Parmi les autres groupes de la grande distribution largement impliqués dans la vente de produits alimentaires on trouve Système U (avec ses enseignes Unico, Hyper U, Super U, Marché U), Casino (avec ses enseignes Géant, Spar, Monoprix, Franprix, Leader Price…), Auchan (avec ses enseignes Atac et Mammouth), Intermarché… Six groupes européens figurent parmi les dix premiers groupes mondiaux de la grande distribution alimentaire : outre Carrefour et Intermarché on y trouve l'allemand Metro (très présent en Europe centrale et orientale), le néerlandais Ahold, le Britannique Tesco et l'allemand Rewe. Seule l'Amérique du Nord présente une concentration comparable de la grande distribution agroalimentaire.

Ces groupes, qui se retrouvent plus ou moins en compétition les uns avec les autres selon leurs différentes implantations, s'approvisionnent auprès de *centrales d'achat communes* ce qui leur confère une puissance de négociation considérable, y compris vis-à-vis des grandes entreprises de l'agroalimentaire. Auchan et Casino ont fondé IRTS (International Retail and Trail Service). LUCIE (L'Union des Commerçants Indépendants Européens) – dont le siège est… en Suisse –, fournit les groupes Système U et Leclerc. Carrefour se trouve associé à Sears (États-Unis), à Metro (Allemagne) et à Unilever (qui n'intervient plus guère dans le secteur de la production agricole elle-même et qui s'intéresse de plus en plus au segment plus lucratif que constitue la grande distribution) ainsi qu'à d'autres entreprises commerciales dans la « place de marché » GlobalNetXchange qui pratique, à l'échelle mondiale, des enchères inversées. Auchan, Casino, Cora, Ahold, utilisent une structure comparable : WorldWide Retail Exchange (Parmentier, 2007). Le système fonctionne à l'échelle mondiale grâce à internet : le niveau de l'offre la moins chère est rendu public sur le web et pour emporter le marché il faut être capable de proposer, dans un laps de temps assez court, un prix encore inférieur.

Dans le contexte actuel de stagnation, voire de baisse, du pouvoir d'achat et de hausse des prix des denrées alimentaires les consommateurs se tournent de plus en plus vers les magasins « hard discount », d'ailleurs dans l'immédiat plus nombreux en Allemagne qu'en France. Les jugements portés sur la grande distribution apparaissent contradictoires en Europe comme en Amérique du Nord : certains insistent sur le fait qu'elle permet un approvisionnement et une sécurité alimentaire à moindre coût ; d'autres disent que ses marges sont trop élevées (en particulier lorsqu'il y a peu de concurrence locale), qu'elle vide les centres-villes de leurs commerces alimentaires, qu'elle est peu généreuse dans les domaines des salaires et des avantages sociaux alors que ses dépenses dans le domaine publicitaire sont considérables, qu'elle multiplie les importations à bas prix au détriment des productions agricoles locales et qu'elle participe ainsi largement à la désertification des campagnes dans les pays où elle est implantée. C'est toute une organisation sociale et territoriale de la production et de la commercialisation des denrées alimentaires qui se retrouve ainsi mise en question, la France étant plus particulièrement concernée dans la mesure où elle est le pays au monde où le pourcentage des achats de produits alimentaires en grande surface est le plus élevé (plus de 75 %). Tous les segments de marché sont aujourd'hui concernés : presque toutes les enseignes de la grande distribution proposent désormais des produits « bio » et possèdent leurs propres marques de produits du commerce « équitable » (Ivoria pour Intermarché, Entr'aide pour Leclerc, Malongo pour Carrefour…), mais alors que ces produits sont vendus plus chers que les produits de base à des consommateurs plus solidaires et/ou plus fortunés les marges des entreprises concernées ne semblent pas être plus réduites pour autant.

C. La PAC, politique agricole commune confrontée à des agricultures et à des systèmes alimentaires de plus en plus divers

La PAC a été la première politique commune établie dans le cadre de ce qui est aujourd'hui devenu l'Union européenne. Cette politique qui a constitué un instrument puissant de l'unification européenne demeure encore actuellement la première politique de l'Union : en 2007, les aides directes versées aux agriculteurs et les dépenses de soutien des marchés ont représenté 42,7 % de l'ensemble des dépenses communautaires et les dépenses consacrées au développement rural 12,4 % de celles-ci : plus de 55 % du budget communautaire sont consacrés au monde agricole et rural.

Les critiques adressées à la PAC sont multiples et d'origines diverses : le Royaume-Uni juge son coût financier excessif ; les États-Unis, le Brésil et les pays du groupe de Cairns considèrent qu'elle demeure trop protectionniste ; à l'intérieur même de l'Union européenne on lui reproche, avec de bonnes raisons, de profiter principalement aux exploitations les plus grandes et aux régions agricoles les mieux placées ; les consommateurs européens eux-mêmes se sont inquiétés de crises sanitaires successives (« vache folle », fièvre aphteuse, grippe aviaire).

Il n'en demeure pas moins que la PAC a transformé un ensemble de pays européens qui étaient nettement déficitaires en produits alimentaires dans les années 1950 en une Union européenne qui se classe désormais au premier rang, devant les États-Unis, des exportateurs mondiaux de produits agricoles et agroalimentaires. Dans le contexte actuel, où il apparaît urgent de développer davantage la production alimentaire dans bien des pays du globe, la PAC est même proposée par certains comme un modèle de politique agricole, tant il est vrai que, comme l'avait bien montré en son temps Pierre Gourou à propos des pays tropicaux, que les « structures d'encadrement et d'organisation » des agriculteurs jouent finalement un rôle plus important que les « techniques de production » agricoles elles-mêmes dans le développement de la production agricole.

1. Les évolutions de la PAC

Ses objectifs de base ont été définis en 1957 dans l'article 39 du traité de Rome. Il s'agissait :

– d'« accroître la productivité de l'agriculture » (en développant le progrès technique),
– d'« assurer un niveau de vie équitable à la population agricole »,
– de « stabiliser les marchés »,
– de « garantir la sécurité des approvisionnements ».

Par la suite, de nouveaux objectifs sont venus s'ajouter à ceux-ci concernant la sécurité sanitaire (volet supplémentaire d'une « sécurité alimentaire » qui n'a pris pendant longtemps en compte que les aspects quantitatifs de la « sécurisation des approvisionnements »), la nécessaire évolution vers des formes d'agricultures « durables » et de qualité, la prise en compte globale des espaces ruraux, au-delà de leur fonction de production agricole.

Des années 1960 et jusqu'en 1992, la PAC a été une politique des prix : afin d'encourager les agriculteurs à moderniser leurs techniques de production, des prix nettement plus élevés que les niveaux moyens des cours des principales commodités agricoles sur les marchés mondiaux leur ont été garantis. Ceci a été rendu possible par le double mécanisme des « prélèvements » (droits d'entrée) perçus sur les importations en provenance du marché mondial et des « restitutions » venant aider les exportations en compensant pour les exportateurs européens la différence entre le prix sur le marché européen et le prix sur le marché mondial. Sur le marché européen lui-même les prix fluctuaient assez peu (cf. l'objectif de stabilisation des marchés) car ils demeuraient compris à l'intérieur d'une fourchette déterminée par un prix plancher : le « prix d'intervention » auquel les agriculteurs étaient assurés de pouvoir vendre leurs productions au FEOGA (Fonds Européen d'Orientation et de Garantie Agricole) s'ils ne trouvaient pas preneur sur le marché européen lui-même et un prix plafond qui correspondait au « prix de seuil », prix auquel entraient sur le marché européen les denrées agricoles provenant du marché mondial après paiement des « prélèvements ». Le prix d'intervention est assez comparable au système américain du « loan rate » qui garantit également un prix minimum (cf. *infra*). Au début, tant que la CEE (Communauté Économique Européenne) est demeurée déficitaire en produits agricoles, ce système a plutôt bien fonctionné, les « prélèvements » perçus sur les importations permettant de financer les rares « restitutions » aux exportations. Mais, avec le temps et le succès même de la PAC, la CEE est devenue excédentaire sur le plan agricole : aussi bien les dépenses d'intervention (qui ont entraîné à différents moments la constitution de stocks européens très importants de céréales, de viande bovine, de lait en poudre…) que les subventions aux exportations (les « restitutions ») ont pris de plus en plus d'importance (cf. figure 2.1).

Figure 2.1 – Évolution des dépenses de la PAC de 1980 à 2004

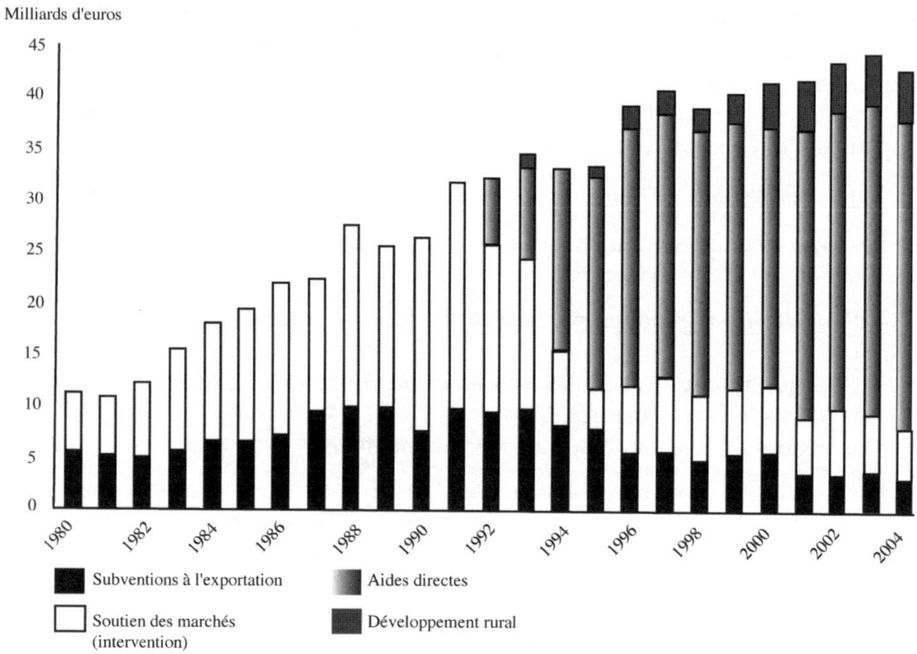

Source : La Documentation Française, *Documentation photographique* n° 8059, sept-oct 2007.

C'est là une des deux raisons majeures de la réforme de la PAC survenue en 1992, l'autre étant les fortes pressions exercées sur l'Union européenne dans le cadre des négociations commerciales internationales de l'Uruguay Round menées alors dans le cadre du GATT (« General Agreement on Tarifs an Trade ») devenu, depuis 1995, OMC, (« Organisation Mondiale du Commerce »). La réforme de 1992 a mis en place une baisse importante des prix d'intervention (baisse de plus de 50 % pour les céréales), qui a généré mécaniquement une baisse des « soutiens des marchés » et des « subventions aux exportations » (cf. fig. 2.1). Avec l'envolée récente (depuis 2006) des cours mondiaux des principales commodités agricoles ces postes de dépense ont même pratiquement disparu. Cette forte baisse des prix d'intervention a été compensée par un système de versements directs attribués aux agriculteurs, sur le modèle des « *deficiency payments* » américains. La figure 2.1 montre, qu'avec le temps, ces « aides directes » ont pris de plus en plus d'importance, d'autant plus que l'Union européenne s'est élargie en 1995 de 12 à 15 membres. Une conséquence importante de ce nouveau mécanisme de soutien des revenus des agriculteurs est que la PAC qui se trouvait financée jusque-là de façon quasi invisible pour les consommateurs au travers d'une politique de prix élevés, l'est désormais de façon bien visible par les contribuables européens au travers de paiements directs attribués aux agriculteurs. D'où l'émergence d'exigences citoyennes demandant des évaluations plus précises des soutiens apportés aux agriculteurs par hectare de terre arable ou par tête de bétail et des modalités d'établissement de leurs montants ainsi que de leur répartition sociale. Parallèlement à la diminution des prix d'intervention et afin de limiter une offre que l'on considérait à l'époque excessive, une jachère « économique » (et non pas « agronomique ») a été imposée en 1992 portant sur 10 % des terres labourables. On a suspendu son application en 2007, devant la nécessité de soutenir à nouveau l'offre de produits agricoles. Autre mesure, mais qui, elle, a été amplifiée par la suite : des mesures agri-environnementales, encore bien modestes, ont été développées à partir de 1992.

La PAC actuelle (2008) date d'une seconde vague de réformes : celle de l'Agenda 2000 (qui date en fait de 1999) et, surtout, celle des « Accords de Luxembourg » de juin 2003. L'Agenda 2000 a commencé à mettre véritablement en place une politique de développement rural qui avait été esquissée à partir de 1995 (cf. fig. 2.1 : dépenses liées au développement rural). Les « Accords de Luxembourg » ont encore renforcé cette nouvelle orientation de la PAC, mais alors que les aides qui relèvent du « premier pilier » (le pilier « agricole ») sont financées à 100 % par l'Union européenne, celles du « second pilier » (le pilier « rural ») doivent l'être à 50 % par les pays membres avant de l'être pour les autres 50 % par l'Union européenne, ce qui ne manque pas de poser problème aux pays les plus pauvres. Sur le plan agricole, afin de répondre aux exigences de l'OMC, un large « découplage » des aides directes versées aux agriculteurs a été instauré : celles-ci ne sont plus qu'assez peu attribuées à des productions particulières, mais principalement octroyées sous forme de DPU (Droits à Paiement Unique) découplées de la production (à la limite l'agriculteur peut décider de ne rien produire du tout). Toutefois, le versement intégral de ces DPU implique de la part des agriculteurs le respect de « bonnes pratiques agronomiques », générant une gestion améliorée de l'environnement : c'est « l'écoconditionnalité des aides ». Enfin, une « modulation des aides » a commencé à être mise en place : 5 % des aides directes allant aux plus grandes exploitations sont retenus pour être utilisées, dans le cadre du second pilier de la PAC, en faveur d'opérations de développement rural.

2. Les principaux débats concernant la réforme à venir de la PAC (2013 ?)

Échanges et souveraineté alimentaire : l'exemple de l'Union européenne, premier exportateur et premier importateur mondial de produits agricoles et agroalimentaires souligne que souveraineté alimentaire et autarcie ne doivent pas être confondues. La capacité de recourir à des échanges constitue une dimension de la sécurité alimentaire à partir du moment où on a la capacité de financer des importations et où celles-ci sont contrôlées. Quant à l'image d'une Union européenne forteresse inviolable pour les produits agricoles et agroalimentaires venus du reste du monde et en particulier des pays en développement, elle est démentie par l'importance des importations : l'Union européenne absorbe 25 % des exportations agricoles et agroalimentaires provenant des pays en développement (et 75 % de celles qui proviennent des PMA ou pays les moins avancés) contre seulement 12 % pour les États-Unis. Il est vrai que, dans le passé, certaines exportations agricoles subventionnées et à très bas prix de l'Union européenne ont pu désorganiser les agricultures locales dans différents pays en développement, mais en 2004-2005 seulement 5 % des exportations agricoles européennes bénéficiaient encore de « restitutions » à l'exportation et, depuis 2006, pratiquement aucune.

Le coût de la PAC est-il excessif comme le disent volontiers les Britanniques ? En fait, son coût – 46 milliards d'euros pour le premier pilier – a été stabilisé malgré les élargissements de l'Union européenne à 15 à une Union européenne à 25 puis à 27. Ce coût demeure raisonnable dans la mesure où la PAC constitue, avec la politique régionale, une des deux seules politique de quelque importance qui ait pu être mise en place au niveau de l'Union. Dans l'Union européenne, la part de la population active qui travaille dans l'agriculture est quatre fois plus élevée qu'au Royaume-Uni et pour être complet il conviendrait de prendre en compte les très nombreux emplois qui se situent en amont et en aval de la production agricole elle-même.

Réformes de la PAC et évolutions vers de nouveaux modèles technico-économiques pour l'agriculture. La demande sociale d'une meilleure prise en compte des questions environnementales par les agriculteurs ainsi que par les firmes de l'agroalimentaire est aujourd'hui très forte. Toutefois les formes que peut prendre l'agriculture durable sont diverses et susceptibles de prendre des formes originales selon les régions et les pondérations accordées aux différentes dimensions de la durabilité : dimensions sociale, économique, environnementale, éthique (Charvet, 2007). Alors que les agriculteurs vont être amenés à gérer de mieux en mieux l'environnement grâce à différentes formes d'agriculture raisonnée, les justifications des subventions européennes se trouveront de plus en plus justifiées par la rémunération de ces externalités positives. La PAC vers laquelle on se dirige (pour après 2013 ?) pourrait reposer sur un double système de financement : un système (indispensable) d'assurance garantissant un revenu de base pour la production de biens marchands et un système de rémunération des services rendus à la société globale par les agriculteurs, donc de rémunération pour l'entretien d'aménités non marchandes. Ce double système de rémunération pourrait être modulé selon les États et même selon les Régions…

Les risques de contradiction entre actions menées dans le cadre des deux piliers de la PAC. Le premier pilier de la PAC – le pilier agricole – continue à absorber plus de 85 % du budget total de la PAC. Il favorise, en raison même du mode de calcul retenu pour établir le montant des aides directes – celles-ci sont proportionnelles à des facteurs de production tels le nombre d'hectares ou celui de têtes de bétail – les exploitations les plus grandes ainsi que les régions qui se prêtent le mieux à une agriculture modernisée et technicienne. Ayant pour objectif la compétitivité économique au travers de la réduction des coûts de production, elle pousse à une concentration toujours plus marquée des structures d'exploitation, à une réduction de la main-d'œuvre employée en agriculture et au renforcement des bassins de production agricole spécialisés déjà existants.

Le second pilier – le pilier rural – encourage en revanche la diversification des productions, la création d'emplois agricoles et ruraux et le maintien d'activités de production agricole dans des zones défavorisées telles les régions de montagne. Des arbitrages – fondés sur une régionalisation ? – devront être opérés si l'on veut éviter que l'argent des contribuables ne soit pas dépensé pour des opérations contradictoires.

Enfin, nombre d'agriculteurs européens, et pas seulement en Europe centrale et orientale, se trouvent aujourd'hui « entre les deux piliers de la PAC ». La taille de leurs exploitations est trop réduite pour qu'ils puissent obtenir du premier pilier de la PAC une aide suffisante leur permettant de se lancer dans une modernisation de leurs exploitations. Dans le même temps leurs localisations géographiques, hors des aires touristiques, les handicapent pour développer une véritable multifonctionnalité fondée sur des activités rurales non agricoles.

Au total, la PAC est en train de devenir beaucoup plus qu'une politique agricole et alimentaire destinée à sécuriser les approvisionnements et à nourrir les hommes. Elle devient de plus en plus une politique rurale et territoriale. Au-delà de l'indispensable maintien de règles communes, dont celles de la préférence communautaire et d'un marché unique vis-à-vis des pays tiers, une place plus importante est appelée à être faite à des politiques territorialisées nationales et/ou régionales. Vaste domaine de réflexion pour les géographes !

3. Les systèmes alimentaires des États-Unis

L'agriculture américaine et ses industries agroalimentaires permettent de nourrir plus de 300 millions de personnes tout en autorisant d'importantes exportations dans ce domaine. Si l'Union européenne fait aujourd'hui figure de premier exportateur de produits agricoles et agroalimentaires, elle le doit pour une bonne part à la forte dépréciation du dollar par rapport à l'euro. En outre, alors que la balance commerciale européenne est déficitaire, celle des États-Unis demeure nettement excédentaire (cf. fig. 2.2). Actuellement, aux États-Unis, plus d'un hectare sur trois produit pour l'exportation : les États-Unis demeurent le premier exportateur mondial de maïs, de blé, de graines de soja… et le troisième exportateur mondial de riz (*Images Économiques du Monde*, 2009). Dans le domaine des viandes, ils se placent en 2007, au second rang mondial pour les exportations de viande porcine (derrière l'Union européenne) ainsi que pour les exportations de viandes de volailles (derrière le Brésil). Cette puissance exportatrice repose sur la combinaison de différents facteurs.

A. Des conditions agronomiques très variées

En raison même de leur extension en longitude, de l'Océan atlantique à l'Océan pacifique, et en latitude, de la frontière mexicaine à la frontière canadienne, les États-Unis disposent de 430 millions d'hectares de terres agricoles, dont 185 millions d'hectares de terres labourables situés dans des domaines bioclimatiques allant de climats frais humides ou plus secs à des climats chauds semi-arides (au sud-ouest) ou humides (au sud-est) de type subtropical. La Californie présente des climats méditerranéens qui se prêtent bien aux cultures maraîchères et fruitières à partir du moment où l'on peut disposer d'eau d'irrigation. L'immense bassin-versant du Mississippi comporte des espaces agricoles qui figurent parmi les plus productifs de la planète. Au sud-ouest, dans l'ancien Cotton Belt, la double culture annuelle est possible et des cultures très variées se trouvent pratiquées. Le long des côtes du Golfe du Mexique, à l'est de delta du Mississippi, des plantes tropicales tels le riz ou la canne à sucre sont cultivées, souvent dans le cadre de très vastes exploi-

Figure 2.2 – Evolutions des échanges agricoles des Etats-Unis depuis 1970

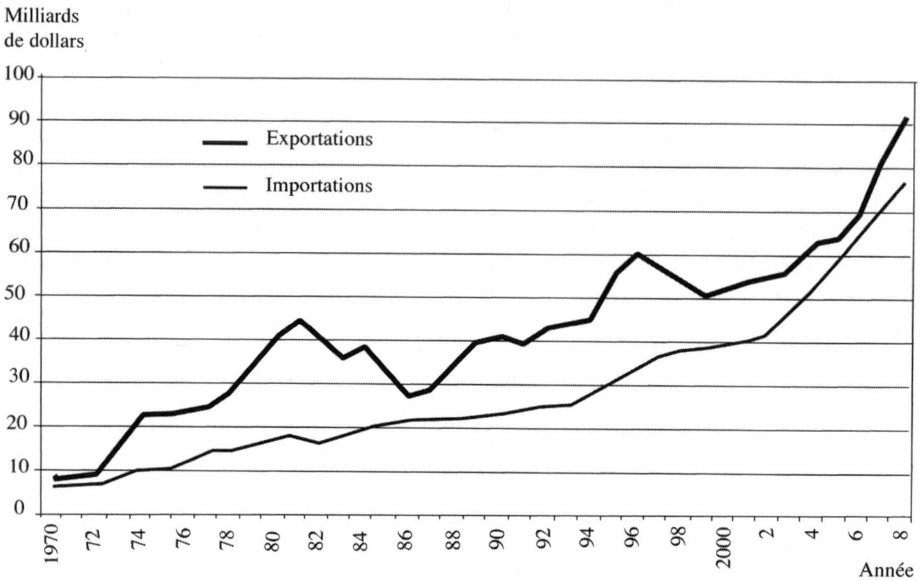

Source : Agri US Analyse et USDA.

tations. Les États-Unis sont ainsi à même de pouvoir produire un très large éventail de cultures. Au cœur du pays, le Corn Belt figure parmi les toutes premières régions agricoles de la planète. Les sols noirs, épais et très riches en humus, que l'on y trouve (mais qu'il a fallu drainer avant de pouvoir les mettre en culture (Charvet, 1985)) et les conditions climatiques d'un climat continental marqué par des étés à la fois chauds et humides conviennent remarquablement aux deux cultures qui s'y succèdent en alternance : le maïs et le soja, qui sont désormais OGM à plus de 50 % pour le maïs et à plus de 90 % pour le soja.

B. Des exploitations agricoles qui demeurent, pour l'essentiel, familiales malgré leurs grandes tailles

La part de la population active américaine qui travaille aujourd'hui dans l'agriculture est inférieure à 2 % alors que la taille moyenne de l'exploitation agricole américaine est de 190 hectares. On comprend à partir de ces chiffres que l'on ait aux États-Unis une productivité du travail agricole particulièrement élevée avec une surface agricole moyenne de 140 hectares par UTA (Unité de Travail Annuel). Toutefois l'écrasante majorité des exploitations agricoles américaines (près de 98 %) demeurent des exploitations familiales (cf. tableau 2.3).

La grande masse des exploitations agricoles américaines n'en est pas véritablement : 1 400 000 exploitations correspondent plutôt à des exploitations de retraite ou à des exploitations de « hobby farming » (agriculture de loisir) qu'à de véritables unités de production agricole. Elles sont d'ailleurs principalement localisées en périphérie des grandes agglomérations urbaines et la plupart de leurs proprié-

Tableau 2.3 – Les exploitations agricoles américaines en 2000

Types d'exploitation	Nombre	% de l'ensemble des exploitations agricoles	% SAU	% volume de la production agricole	% des aides directes
Fermes résidence rurale	1 400 000	62 %	23 %	8 %	18 %
Exploitations familiales	785 000	36 %	67 %	75 %	83 %
Corporate farming	45 000	2 %	10 %	17 %	4 %
Ensemble des exploitations	2 230 000	100 %	100 %	100 %	100 %

Source : USDA, Ministère américain de l'agriculture.

taires pratiquent le « commuting » : ils se rendent tous les jours de la semaine en ville pour travailler dans des emplois urbains. Ce très grand nombre d'exploitation s'explique par la définition très large qui a été retenue aux États-Unis pour définir l'exploitation agricole : entité « qui a vendu *ou qui aurait pu vendre* pour plus de 1 000 dollars de produits agricoles en une année ». Le seuil a donc été placé à un niveau très bas. Ces exploitations occupent malgré tout 23 % de la SAU (surface agricole utile) américaine : ce sont assez souvent de micro « ranches » où l'on élève quelques chevaux. Mais ces exploitations ne participent que pour 8 % à la production agricole américaine.

À l'opposé, les 45 000 exploitations de « corporate farming » correspondent à des exploitations en société contrôlées par des sociétés anonymes dont les capitaux ne sont pas majoritairement familiaux. Malgré leur faible nombre (2 % de l'ensemble des exploitations), elles contrôlent 10 % de la SAU et réalisent 17 % de la production agricole américaine. Ceci s'explique par le fait qu'elles pratiquent souvent des formes d'agriculture intensive : élevages hors sol de volailles, de porcs ou de bovins (pour ce dernier cas dans le cadre de « feed lots » ou parcs d'engraissement du bétail en plein air), cultures maraîchères ou fruitières irriguées, cultures de plantes tropicales comme le riz et surtout la canne à sucre. Elles sont principalement localisées dans le sud-ouest des États-Unis là où le découpage territorial avait été déjà largement effectué en immenses « ranchos » à l'époque mexicaine avant que se mettent en place le « township and range system » jeffersonien avec ses townships, sections et quarts de section (Chaléard et Charvet, 2004) : certaines peuvent ainsi disposer de très larges bases foncières. Elles sont également bien représentées au Texas, en Floride et aux Îles Hawaï. Ce sont donc plutôt des exploitations de la « Sun Belt », même si elles ne sont pas absentes ailleurs, en particulier quand il s'agit d'élevages industriels. Cette grande agriculture capitaliste et ses origines ont été remarquablement étudiées par Gérard Dorel (Dorel, 1985). Elle est finalement assez peu aidée par l'État (elle reçoit seulement 4 % des aides directes fédérales) compte tenu des productions dans lesquelles elle se trouve souvent spécialisée. En revanche, elle a largement tiré profit des grands programmes de développement de l'irrigation jadis financés par le gouvernement fédéral (Dorel, 1985).

Les exploitations familiales, qui réalisent l'essentiel de la production agricole américaine (les trois quarts) sont au nombre de 785 000. Un bon nombre d'entre elles correspond à des exploitations à temps partiel, l'exploitant exerçant parallèlement une autre profession, ce qui est possible lorsque l'on ne produit que des grains. Ce sont ces exploitations familiales qui perçoivent l'essentiel (plus de 80 %) des aides directes fédérales. Elles se trouvent principalement localisées dans les grandes régions productrices de grains des États-Unis : Corn Belt, Wheat Belts du Nord et du Sud (Chaléard/Charvet, 2004). Ces structures d'exploitation n'ont pas cessé de se concentrer de plus en plus au cours des dernières décennies : elles couvrent aujourd'hui assez souvent entre 400 et 800 hectares. On s'éloigne de plus en plus de la petite ferme familiale de 64 hectares (un quart de section) que l'Homestead Act de 1864 avait pour ambition de mettre en place à partir du découpage au « moule à gauffre » que représente le découpage territorial jeffersonien. Désormais la plupart de ces exploitations sont amenées à cultiver des terres dans plusieurs sections, parfois relativement éloignées les unes des autres. Elles prennent de plus en plus la forme de « fragmented holdings » (exploitations éclatées) au fil des acquisitions et des prises en location de superficies agricoles supplémentaires (Charvet, 1985 ; Chaléard et Charvet, 2004), ce qui implique de nombreux déplacements de gros matériels agricoles sur les routes. Sur ces exploitations le capital a été très largement substitué au travail, permettant d'importants gains de productivité par unité de main-d'œuvre. Celle-ci est très souvent supérieure à 10 000 quintaux de grains/UTA.

C. Des filières agroalimentaires de plus en plus structurées et dépendantes de l'aval

Les exploitations agricoles américaines constituent le maillon central de filières de plus en plus structurées. Les agriculteurs ne représentent que 2 % de l'ensemble de la population active et même à peine 1 % si l'on ne retient que ceux qui réalisent des productions un peu importantes (cf. ci-dessus). Cependant, en amont de la production agricole, la production de matériel agricole, d'intrants, de semences, les activités de nombreux centres de recherche, de conseil technique, de conseil économique et financier etc. mobilisent au moins 3 % de la population active américaine. En outre, en aval de la production agricole, les activités qui conditionnent, transforment, transportent, distribuent en gros et au détail ou relèvent du monde de la restauration occupent encore beaucoup plus de monde : au moins 12 % de la population active américaine. Au total, l'agroalimentaire américain au sens le plus large, qui est un agroalimentaire de plus en plus tertiarisé, mobilise de 16 à 17 % de la population active du pays : il constitue, comme dans l'Union européenne, le premier secteur d'activité du pays, avec un pilotage qui s'effectue de plus en plus par l'aval, la grande distribution jouant un rôle croissant dans ce domaine.

Différentes filières agroalimentaires se sont récemment renforcées par la mise en place de « clusters » (associations de grandes entreprises pour une activité donnée) tel le « cluster » mis en place par Cargill et Monsanto pour la production de semences (Charvet, 2007). Il arrive, mais ce phénomène demeure limité, que certaines grandes firmes de l'agroalimentaire participent elles-mêmes à la production agricole, en particulier pour les élevages industriels. C'est le cas pour des firmes comme Cargill ou Tyson Foods. Mais dans l'organisation de la production de loin la plus fréquente, elles passent des contrats avec de grosses exploitations familiales. Il arrive aussi que celles-ci achètent les aliments composés nécessaires à l'alimentation de leurs animaux à Nutrena (filiale de Cargill) et qu'elles vendent ensuite leurs animaux à Excel, autre filiale de Cargill, qui se charge de leur abattage et de leur conditionnement avant expédition vers Wal-Mart, le géant américain de la grande distribution ou vers les chaînes de restauration rapide. Mais certaines grandes firmes, telle Smithfields, grande spécialiste de la viande de porc, ont commencé à délocaliser leurs activités à l'étranger, en particulier au Brésil, ce qui inquiète les agriculteurs américains.

D. Une agriculture puissamment soutenue par le gouvernement fédéral

Ce soutien joue un rôle décisif et il concerne principalement la production de grains (céréales et graines oléagineuses). La mise en place de ce soutien fédéral remonte à la crise des années 1930 et à l'AAA (Agricultural Adjustment Act) de 1933, donc à l'époque du *New Deal*. Certains mécanismes de soutien mis en place à cette époque existent toujours : c'est le cas pour le « *loan rate* » qui joue le rôle d'un prix plancher garanti à l'avance aux agriculteurs pour leurs grains. En sécurisant les revenus des agriculteurs américains ils ont permis les investissements qui ont été à l'origine de la modernisation de l'agriculture américaine.

Avec le temps, les modalités de soutien ont toutefois largement évolué au gré des grandes lois-cadre agricoles (les « Farm Bills ») qui se sont succédées au rythme d'une nouvelle loi tous les 4 à 5 ans, ce qui représente une réelle flexibilité bien plus grande qu'en Europe. Depuis les années 1990, ces soutiens n'ont pas cessé de se renforcer au point de poser aujourd'hui problème dans le cadre des négociations commerciales internationales du cycle de Doha. Les dépenses de soutien à l'agriculture américaine sont en effet passées de 12 milliards de dollars au début des années 1990 à 20 milliards de dollars au début des années 2000. Selon l'OCDE, les soutiens fournis aux agriculteurs à temps plein étaient en 2002 de 17 000 euros dans l'Union européenne et de 22 000 euros aux États-Unis.

Le Farm Bill qui vient d'être adopté par le Congrès des États-Unis en mai 2008 renforce encore les soutiens apportés aux producteurs de grains, de sucre, de lait et expose sans doute les États-Unis à de lourds contentieux à l'OMC. Le « Food, Conservation and Energy Act of 2008 » (FCEA) concerne la période 2008-2012. Son coût prévisionnel est estimé à plus de 300 milliards de dollars sur 5 ans, dont les deux tiers (environ 200 milliards de dollars) sont destinés aux programmes d'aide alimentaire *intérieurs* : « food stamps » (bons alimentaires) destinés aux pauvres, aux cantines scolaires, aux femmes enceintes… Il n'y a rien de véritablement équivalent en Europe. Les conditions d'accès aux « food stamps » ont été élargies.

Sur les 100 milliards restants, un quart (25 milliards de dollars) est destiné à des mesures agri-environnementales et trois quarts (75 milliards de dollars) sont prévus pour les soutiens apportés aux prix agricoles et aux revenus des agriculteurs.

Des prix minima, liés aux « marketing loan rates », sont garantis aux producteurs pour leurs grains. En outre, des « paiements directs », créés par la loi-cadre agricole de 1996 (le « Fair Act ») sont versés par hectare cultivé quelle que soit la production réalisée. Un effet pervers de ces paiements est toutefois, comme dans l'Union européenne, que leur valeur a tendance à se capitaliser dans la valeur du foncier. Le prix des terres labourables est devenu plus élevé dans le Corn Belt (7 000 à 8 000 dollars par hectare) que dans le Bassin parisien (cf. figure 2.3). Les prix d'objectif (« target prices ») ont été maintenus après avoir été supprimés entre 1996 et 2002. Ils constituent, au-dessus des niveaux des « marketing loan rates », un autre filet de protection des revenus des agriculteurs : ils permettent le déclenchement de « paiements contracycliques » en cas de baisse des cours.

Figure 2.3 – Évolutions du prix du foncier agricole aux États-Unis depuis 1970

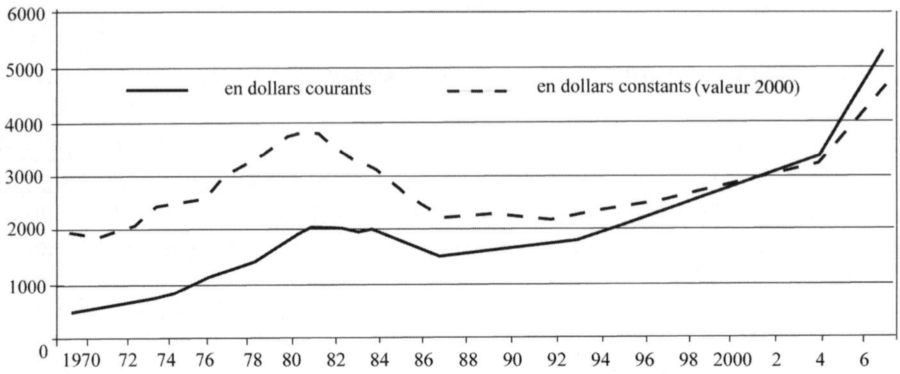

Source : Agri US Analyse d'après USDA.

Enfin un dispositif tout à fait nouveau et très innovant a été mis en place : le programme ACRE (« Average Crop Revenue Election »). Il vise à stabiliser les recettes des producteurs de grains sur une base pluriannuelle en garantissant des *chiffres d'affaires* par culture. Quelle que soit la technique proposée, il y a toujours en arrière-plan, l'idée que la modernisation de l'agriculture passe par la garantie des revenus des agriculteurs. Bien entendu, les agriculteurs qui opteraient pour le programme ACRE (ils pourraient être relativement nombreux dans la conjoncture actuelle de prix agricoles très élevés) devraient renoncer aux paiements « contracycliques ». Ces aides peuvent poser problème dans les négociations du cycle de Doha.

D'autres crédits (3 % des dépenses) sont prévus pour le développement rural, ce qui rappelle le « second pilier » de la PAC. Quelques crédits sont également prévus pour encourager l'agriculture biologique.

E. Questions et problèmes

La course aux hectares supplémentaires encouragée par la généralisation de la culture de plantes OGM (en permettant de travailler nettement plus vite, elles permettent de travailler des superficies plus importantes avec le même matériel et la même main-d'œuvre) pousse à l'endettement des exploitations alors que la capitalisation de la valeur des paiements directs dans le foncier rend celui-ci de plus en plus onéreux. L'écart avec les coûts de production brésiliens où le coût du foncier est beaucoup moins élevé a donc tendance à s'accroître.

La compétition avec le Brésil sur les marchés internationaux se fait de plus en plus vive : le foncier y est en moyenne de 3 à 4 fois moins cher et la main-d'œuvre non qualifiée de 8 à 10 fois moins chère. Parallèlement, dans différents domaines, le Brésil n'hésite plus désormais à déposer des plaintes auprès de l'OMC contre certaines subventions agricoles américaines.

La gestion de l'environnement pose problème aux États-Unis, comme dans tous les pays où s'est généralisée une agriculture « productiviste ». L'érosion des sols est toujours menaçante en différents points des Grandes Plaines du piémont des Rocheuses et même localement dans le Corn Belt. Les nappes aquifères telle celle de l'Ogallala Aquifer du piémont des Rocheuses ont été souvent surexploitées. La multiplication récente dans le Corn Belt d'usines produisant du bioéthanol à partir du maïs a généré une consommation supplémentaire d'eau très importante. Toutefois de gros efforts ont été déployés pour mieux gérer l'environnement et contrôler les consommations d'eau. On n'en est plus à l'agriculture « minière » de l'époque du Dust Bowl. Chaque ferme américaine dispose d'une carte des sols très précise. Quinze millions d'hectares de terres fragiles demeurent gelés depuis 1985. Des dépenses en très nette augmentation ont été affectées à la gestion de l'environnement dans le nouveau « Farm Bill » : le FCEA (cf. *supra*).

Dernier problème en date : les filières agroalimentaires américaines sont aujourd'hui confrontées à une grave crise de l'emploi. Près de la moitié des ouvriers travaillant sur les exploitations agricoles américaines et une proportion importante de ceux qui travaillent dans les usines agroalimentaires – la plupart sont d'origine latino-américaine – seraient en situation irrégulière sur le territoire des États-Unis. La chasse aux immigrés clandestins actuellement pratiquée par l'Administration fédérale pose problème aux agriculteurs, en particulier californiens, ainsi qu'aux industriels de la viande : fin 2006, plus de 1 200 étrangers travaillant sous de fausses identités dans différents abattoirs appartenant à la firme Swift ont été incarcérés. Il apparaît très difficile de les remplacer par des citoyens américains. Le Farm Bureau, principale organisation syndicale des agriculteurs américains, plaide en faveur de l'octroi de permis de travail temporaires et laisse entendre qu'un tiers de la production américaine de fruits et légumes pourrait être à terme délocalisée si rien n'est fait dans ce sens.

Tableau 2.4 – Seuils d'incorporation obligatoire de biocarburants aux États-unis (moi hl) de 2008 à 2022

	Biocarburant conventionnel (éthanol de maïs)	Éthanol cellulosique	Biodiesel	Total
2008	340	0	0	340
2009	397	0	19	416
2010	454	3	25	482
2011	476	4	30	510
2012	499	19	38	556
2013	522	38	38	598
2014	545	66	38	649
2015	567	114	38	719
2016	567	161	38	766
2017	567	208	38	813
2018	567	264	38	869
2019	567	321	38	926
2020	567	397	38	1002
2021	567	511	38	1116
2022	567	606	38	1211

Source : Agri Us Analyse, d'après Doane's Agricultural Report : l'Energy Independence and Security Act (EISA) : loi sur l'indépendance et la sécurité énergétiques des Etats-Unis, le 19 décembre 2007.

CHAPITRE 3

De nouveaux modèles agroalimentaires en Europe centrale et orientale

Marie-Claude MAUREL

Introduction

En moins de deux décennies, les trajectoires des agricultures autrefois collectivisées ont complètement divergé. Les systèmes agroalimentaires post-collectivistes se sont recomposés dans le cadre d'États indépendants et souverains[1]. Il en résulte une extrême diversité, tant du point de vue de la place de l'agriculture au sein des économies nationales, qu'à celui des structures organisationnelles. Pour les pays sortis du cadre géopolitique du bloc de l'Est, les choix de politique agricole se posent dans le cadre d'entités étatiques souveraines en même temps qu'ils s'inscrivent dans le contexte plus global de la libéralisation des échanges de produits agricoles et alimentaires. Deux facteurs doivent être simultanément pris en compte : la transition de système avec le passage de l'économie planifiée vers l'économie de marché qui entraîne une nécessaire restructuration des systèmes agroalimentaires, la dissolution des liens d'interdépendance établis au sein du CAEM[2] et l'intégration au sein de nouveaux rapports de force sur la scène internationale dans le cadre des négociations de l'OMC.

Bien que l'objectif d'autosuffisance alimentaire ne se pose plus dans les mêmes termes qu'autrefois dans le cadre des économies dites socialistes, l'agriculture demeure pour l'ensemble de ces pays, un secteur stratégique permettant de garantir la sécurité alimentaire et l'indépendance nationale. Produire pour nourrir ? La question ne se pose pas dans les mêmes termes pour les dix nouveaux États membres, intégrés dans l'Union européenne et pour ceux issus de la décomposition de l'ancienne Union soviétique où les restructurations tardent à porter leurs effets. De ce fait, il convient d'établir une distinction fondamentale entre les pays qui, à l'issue d'importantes transformations institutionnelles, ont rejoint l'Union européenne et

1. L'Union soviétique s'est décomposée en une quinzaine d'États indépendants, la Tchécoslovaquie s'est scindée en deux républiques tandis qu'en Europe du Sud-Est, l'éclatement de la Fédération yougoslave a donné naissance à des entités politiques de statut divers.
2. On fait référence aux interdépendances économiques imposées au sein du système soviétique et de manière plus large dans le cadre du CAEM, par l'application du principe de spécialisation en fonction de la division géographique du travail. Ainsi, des producteurs de fruits et de légumes, comme la Hongrie et la Bulgarie, approvisionnaient les marchés des grandes villes soviétiques tandis que les pays baltes fournissaient au reste de l'Union des produits laitiers et de la viande.

sont partie prenante de la Politique agricole commune et les autres, restés à l'écart de l'intégration européenne. Les premiers inscrivent leurs échanges agroalimentaires dans le contexte communautaire européen tandis que les seconds participent, sans aucun dispositif de protection, d'une économie mondialisée. Pour tous, cependant, la question de leur approvisionnement alimentaire s'inscrit désormais dans le contexte de la mondialisation des échanges économiques.

Pour aborder cet ensemble de questions, on partira du bilan de transitions dont les modalités s'avèrent diverses et les objectifs inégalement achevés. Quels que soient les résultats atteints, les sorties du collectivisme illustrent le poids des héritages agraires sur les choix stratégiques et les itinéraires de restructuration. Dans un second temps, l'analyse portera sur la diversité des formes structurelles qui en résulte et la part qu'y prennent les diverses catégories d'exploitations agricoles. On évoquera, enfin, les processus de recomposition des systèmes agroalimentaires et leurs effets sur la manière dont s'articulent les rapports entre production agricole et consommation alimentaire. Sans rompre avec les identités alimentaires propres à chaque société, les modèles de consommation ont sensiblement évolué à l'heure du marché planétaire de la pizza et du hamburger. Ce que bien manger veut dire ne se décline pas de la même manière pour les consommateurs qui ont rompu avec les pénuries alimentaires et pour ceux qui continuent à produire leurs vivres. Deux modes de production continuent à coexister, l'un est le produit de la pénétration sur un mode offensif de l'agro-industrie dans les circuits alimentaires, l'autre est l'héritage de secteurs vivriers ayant de longue date assuré la sécurité des ménages ruraux. À présent condamnés au nom d'un impératif de compétitivité, ces modes de production de type paysan témoignent d'une capacité de résilience qui n'a peut-être pas dit son dernier mot.

1. Des transitions économiques dans le contexte d'une recomposition géopolitique

A. Conditions initiales et trajectoires de réforme : quelle approche conceptuelle ?

Les agricultures des pays étudiés dans ce chapitre partagent un point commun : l'expérience du collectivisme. Aussi est-il indispensable d'en donner une définition. Élément de base des systèmes économiques de type soviétique, l'agriculture collectivisée repose sur l'appropriation sociale de la terre et des moyens de production, l'organisation collective du travail et la généralisation d'un rapport de type salarial au sein de grandes exploitations, ainsi qu'un mode d'administration centralement planifiée réduisant l'autonomie de gestion des unités de production. Conçu dans les années trente en Union Soviétique, imposé au lendemain de la Seconde guerre mondiale aux démocraties populaires, le modèle collectiviste a revêtu des formes différenciées en fonction des « voies nationales » de socialisation de l'agriculture. Des variantes peuvent être distinguées en fonction du poids de l'héritage paysan antérieur, de la durée d'imposition du système, de l'importance respective des types d'exploitations collectives (fermes d'État, coopératives, lopins) et de leur degré relatif d'autonomie. Ces différenciations qui définissent les conditions initiales du passage à l'économie de marché ont à leur tour infléchi les stratégies de sortie du collectivisme agraire[1].

Au lendemain de la chute du communisme, dès 1989, en Europe centrale, après 1991, dans les anciennes républiques soviétiques, des réformes économiques ont été engagées avec plus ou moins de détermination. Dans le secteur de l'agriculture, elles visaient à introduire les mécanismes du marché (libération des prix et des échanges) et à rétablir des droits de propriété sur la terre et les moyens de production. Ces réformes ont entraîné un processus de recomposition des facteurs de production dont les modalités de mise en œuvre ont fait une large place aux stratégies des acteurs sociaux en lien avec le secteur agricole et agroalimentaire. À partir de ce moment-là, on ne peut plus parler de communauté de destins à propos des agricultures centre et est-européennes.

L'usage du terme de trajectoire s'est imposé pour exprimer la dimension temporelle des processus de transformation[2]. Ceux-ci peuvent être appréhendés selon deux visions concurrentes de la transformation postcommuniste, l'une mettant l'accent sur la disjonction entre le passé et le présent, l'autre sur le caractère évolutionnaire et organique de la transformation et sur la manière dont s'élabore une symbiose complexe entre éléments anciens et nouveaux. Une première thèse, celle de l'héritage communiste, a vu dans les vestiges de ce régime une entrave au développement de l'économie de marché. Les géographes n'ont pas manqué de stigmatiser de nombreux éléments de cet héritage, les formes d'organisation de la production, les paysages défigurés ou les dégâts écologiques entraînés par un système productiviste ; ils y ont vu des facteurs d'inertie, voire de blocage des réformes. Une seconde thèse dite évolutionnaire qui prend en compte les ressources provenant du communisme, insiste sur l'importance des pratiques, des comportements, des liens sociaux hérités de l'ancien système mais aussi des systèmes paysans précollectivistes. La géographie du système socialiste ne pouvait voir son empreinte s'effacer qu'au cours d'un processus complexe de décomposition des structures existantes et de recomposition de structures nouvelles. Or, ces mouvements qui procèdent de la recombinaison de l'ancien et du nouveau progressent selon des temporalités asynchrones. Les géographes qui se sont penchés sur la transformation post-collectiviste ont mis en évidence l'émergence de formes sociales de production hybrides se caractérisant par leur aspect composite, combinant héritage et création[3]. Ils ont montré aussi, en ce qui concerne la mutation des structures agraires, le rôle de la matrice spatiale, notamment la maille de la grande exploitation d'hier qui a favorisé le passage vers des formes de concentration foncière de type sociétaire[4].

---

1. L'accent a généralement été mis sur le poids de l'héritage collectiviste, qualifié de « conditions initiales ». Les variantes nationales du modèle collectiviste, l'inégale importance de l'agriculture dans l'emploi et le PIB, à la veille du changement de système, la place des échanges agroalimentaires, constituaient autant de facteurs de différenciation qui ont incontestablement joué mais qui sont loin de tout pouvoir expliquer des bifurcations qui ont suivi.
2. En géographie, l'analyse du changement structurel se pose en termes spécifiques par rapport aux autres sciences sociales. L'approche en termes de dépendance du chemin (paradigme de la *path dependence*) convient *a priori* à l'analyse du changement spatial en ce qu'il remodèle des formes héritées.
3. Maurel M.-C., *La transition post collectiviste Mutations agraires en Europe centrale*, Paris, L'Harmattan, 1994, 366 p.
4. Rey V. (coord.), *Les nouvelles campagnes de l'Europe centre orientale*, Paris, CNRS éditions, 1996, 240 p.

B. Les chemins de sortie du collectivisme agraire

Les analyses des « chemins de sortie » du collectivisme, ont mis l'accent sur les choix de stratégie adoptés par chaque pays pour transformer l'ancien modèle. Ces choix ont été effectués dans un contexte économique difficile découlant du passage au marché (libération des prix, ouverture des marchés). Le changement du mode de régulation s'est traduit par une crise de récession agricole, d'ampleur et de durée inégale selon les pays (mévente sur le marché intérieur, perte des débouchés de l'ancien bloc socialiste) entraînant le recul sensible de la production, la crise financière du secteur avant que des efforts d'adaptation ne soient engagés et que des politiques de soutien et de protection ne soient adoptées.

1. Priorité aux privatisations en Europe centrale

La transformation des droits de propriété en agriculture a constitué la dimension proprement politique du processus de décollectivisation. Les gouvernements post-communistes ont privilégié le changement des droits de propriété comme moyen de déclencher les restructurations en les transférant à des opérateurs privés (coopératives, sociétés, individus) susceptibles de constituer des centres autonomes de décision et de gestion qui engageraient l'adaptation aux mécanismes du marché. S'il n'est pas utile de revenir sur les rapports de forces politiques qui ont présidé aux choix de stratégie, en revanche il convient de souligner quelques-unes de leurs implications[1].

La privatisation s'est appliquée aux terres et aux biens qui étaient mis en valeur par les exploitations du secteur socialisé (coopératives et fermes d'État en Europe centrale, kolkhozes et sovkhozes dans les États baltes) et a revêtu des modalités différentes dans chaque pays. Les politiques de privatisation ont généralement considéré séparément les secteurs coopératif et étatique[2]. La complexité des dispositifs adoptés tient au fait qu'ils ont dissocié le rétablissement des droits de propriété sur la terre (entendu au sens large, c'est-à-dire incluant les procédures de restitution, compensation, ré-appropriation)[3] de l'attribution des droits de propriété sur les biens non fonciers (sous la forme de parts de capital mais aussi de biens matériels en cas de retrait des coopératives par leurs membres).

Il est possible de distinguer des types de trajectoires selon les modalités prises par le rétablissement des droits de propriété sur la terre : distribution des terres aux ménages agricoles et ruraux (Albanie, Roumanie), restitution aux anciens propriétaires (Tchécoslovaquie), compensation versée sous formes de bons (cas hongrois). Dans la pratique, les trajectoires de décollectivisation varient selon les héritages

1. Derrière les objectifs politiques affichés, se réclamant en proportion variable selon les approches nationales du principe de justice réparatrice ou/et du principe de justice distributive (ou principe d'équité), la réalité des opérations d'évaluation puis de calcul des parts de propriété a procédé de rapports de force infiniment moins transparents.
2. En fonction de l'histoire des réformes agraires, des nationalisations et des collectivisations, propre à chaque pays, l'ancien secteur des fermes d'État a fait l'objet de procédures de privatisation distinctes du secteur collectif, à l'exception de la Lituanie où le même dispositif s'est appliqué aux kolkhozes et aux sovkhozes. La transformation des biens du secteur d'État, confiée à des institutions relevant du contrôle direct de l'État s'est généralement avérée plus lente que celle des biens collectifs, opérée à un niveau décentralisé (l'exploitation ou le district). Elle a pu prendre du retard comme en Slovaquie et en Pologne (pour des raisons différentes) ou donner naissance à un nouveau type d'entreprise publique.
3. Outre les procédures de restitution des terres aux anciens propriétaires (ou de compensation en Hongrie), les dispositifs législatifs ont pu faire place à l'attribution de lopins aux travailleurs agricoles (Hongrie) et aux ménages ruraux (Lituanie).

structurels régionaux, comme l'exemple de la Roumanie en témoigne[1]. En fonction des traits organisationnels hérités, B. von Hirchschausen distingue les « bastions de l'agriculture paysanne » des espaces marqués par l'agriculture d'État tandis que le « retour paysan » s'opère de manière nuancée là où l'emprise coopérative était dominante.

Tableau 3.1 – Exemples de stratégies de privatisation des terres et des biens

	République tchèque	**Hongrie**	**Lituanie**	**Pologne**
RÉFORME FONCIÈRE				
Terres collectives	Restitution	Compensation, distribution	Restitution, distribution aux ménages (3 ha)	Propriété des membres
Terres des fermes d'État	Restitution	Compensation, vente		Vente ou location
PRIVATISATION DES BIENS NON FONCIERS DES COOPÉRATIVES	Restauration des droits de propriété des ayants-droit			
	Restitution (sur demande) Distribution des parts de capital (membres actifs, anciens membres, retraités, anciens propriétaires fonciers)	Retrait du matériel (sur demande) Distribution des parts de capital (membres actifs, anciens membres, retraités, anciens membres et leurs héritiers)	Retrait du matériel (sur demande) Distribution des parts de capital (membres actifs, retraités)	Revalorisation des parts de capital (membres actifs, retraités)
PRIVATISATION DES BIENS NON FONCIERS DES FERMES D'ÉTAT				
Institutions responsables	Fonds foncier	Agence de la Propriété d'État	Services de la réforme agraire (Ministère de l'agriculture)	Agence de la propriété du trésor public
Méthodes de privatisation	Location Vente directe	Entreprise publique vente	Comme pour les coopératives	Administration, location, vente

Source : établi par l'auteur.

L'application de procédures de privatisation distinctes pour les terres et pour les biens non fonciers a eu pour effet de découpler les droits de propriété de deux facteurs de production essentiels, la terre et le capital, et dans une très large mesure de les dissocier du facteur travail. En conséquence, droits de propriété (détenus par les propriétaires fonciers et les porteurs de parts de capital) et droits d'usage (confiés à des structures d'exploitation de statut divers) ne concordent pas. Les opérations de

---

1. La trajectoire roumaine a été minutieusement décrite par B. von Hirchschausen.

privatisation ont concerné un grand nombre d'acteurs sociaux aux intérêts bien différenciés, anciens propriétaires et leurs descendants, membres et employés des structures collectives, retraités et actifs, qui ont participé à la redistribution des terres et au partage des biens collectifs à des titres divers et selon des modalités de calcul encadrées par la loi.

Ces stratégies de privatisation se sont traduites par une situation inédite d'extrême dispersion des droits de propriété entre les mains de très nombreux propriétaires, en grande partie extérieurs au monde agricole, et de ce fait peu susceptibles d'un engagement actif. Cette distribution éclatée des droits de propriété risquait de freiner les restructurations attendues. Pour préserver l'appareil productif (et limiter les risques de démantèlement des biens agricoles que d'autres pays ont éprouvé), les législateurs ont prévu des procédures de transformation du statut des anciennes exploitations collectives sur un modèle coopératif ou associatif réformé. Ces choix de stratégie ont donné naissance aux coopératives post-collectivistes (ou aux « associations agricoles » en Lituanie ou en Roumanie) qui ont pris la succession des anciennes structures. Tout indiquait cependant que ces formes sociales de production de nature hybride auraient un caractère transitoire[1]. Les restructurations nécessaires impliquaient une relative concentration du pouvoir de décision (et donc du contrôle des droits de propriété) dans les mains de quelques opérateurs, processus à l'origine de la recomposition du capital des exploitations successeurs (qualifié de « deuxième vague de transformation »). Ajoutons que les restructurations ont été accompagnées d'une véritable mutation des rapports sociaux au sein de l'agriculture post-collectiviste. Si les travailleurs les moins qualifiés ont généralement été exclus de la prise de décision et ont fait les frais des licenciements, les gestionnaires et les spécialistes ont mis à profit leurs compétences et leurs réseaux pour contrôler le partage et la conversion des biens collectifs au sein des exploitations successeurs. Ils ont pu, le cas échéant, anticiper les difficultés de ces structures néocollectivistes et décider d'installer leur propre entreprise. Selon des voies diverses et sous des formes variées, ils ont procédé à une véritable captation du patrimoine collectif accumulé et figurent parmi le groupe des gagnants de la transformation post-collectiviste.

2. Les trajectoires russe et ukrainienne : un semblant de décollectivisation ?

Tout autre a été le chemin de sortie de modèle soviétique, là où la rupture avec l'organisation en kolkhozes et sovkhozes qui a prévalu durant plus de soixante ans s'est heurtée aux résistances d'un monde agricole profondément ancré dans des logiques collectivistes. Rappelons que la collectivisation radicale des années trente, « véritable guerre contre les paysans », avait été imposée à une paysannerie russe présentant des formes d'organisation sociales originales, caractérisées par un système communautaire de répartition des lots de terre (*nadel*), attribuées aux foyers paysans par la communauté villageoise (le *mir*). En dépit de multiples tentatives de réforme[2], marquées du sceau du volontarisme, l'expérience soviétique avait fait largement faillite. Mise au rang des dogmes du régime communiste, « la supériorité

---

1. Voir à ce propos Maurel M.-C., « Temps de décollectivisation » et « La recomposition post-collectiviste des agricultures hongroise et tchèque », *Revue d'Etudes comparatives Est-Ouest*, n° 3, 1995, pp. 5 -15. et pp. 53-89.
2. On peut citer la reconstruction agricole de l'après-guerre (1946-1952), les campagnes de restructuration des exploitations collectives (sous Khrouchtchev), l'intégration agro-industrielle et la spécialisation des années 1970, enfin les tentatives de réforme de Gorbatchev (1985-1991).

de la grande exploitation »[1], à l'origine d'une forme spécifique de promotion de l'agro-industrie, a montré ses limites.

Dès l'effondrement du régime communiste, la réforme agraire est à l'ordre du jour en Russie et dans les États indépendants. Son lancement s'est fait dans la plus évidente improvisation, en voulant s'inspirer du modèle utopique de la ferme indépendante, dans des campagnes où la propriété privée soulève incompréhension et méfiance. On a pu parler de « semblant de décollectivisation » au sujet des lois adoptées par la Fédération de Russie sur la réforme foncière et sur l'exploitation « paysanne » (ou indépendante), en novembre 1990. La transformation juridique des kolkhozes et des sovkhozes qui impose, à partir du 1er janvier 1993, leur réenregistrement et le partage des terres et des biens sous forme de parts de propriété remises aux salariés reste sans effet. De pure forme, les tentatives de changement ne touchent ni le mode de gestion ni le fonctionnement interne. « Ces exploitations entrent donc dans le monde de l'économie marchande sans adopter les règles de fonctionnement capitalistes »[2]. Les transformations se heurtent à l'inertie structurelle des liens sociaux du collectivisme agraire et d'un mode de fonctionnement fondé sur le réseau des proches. Ces réformes s'accompagnent d'une complète dérégulation des circuits économiques qui aggrave la crise de production agricole. L'arrivée de Vladimir Poutine au pouvoir introduit un nouveau tournant de la politique agraire avec l'adoption du Code foncier, en 2001, puis de la loi réglementant les ventes de terres agricoles, en juillet 2002, avec des dispositions qui ouvrent la voie de l'accaparement des biens fonciers par de nouveaux opérateurs. Un groupe d'investisseurs se recrutant parmi les oligarques de l'agro-industrie s'intéresse aux anciennes exploitations collectives pour les intégrer au sein de puissantes filières de production (produits laitiers, céréales, oléagineux). Sous la forme d'*agroholdings*, un nouveau processus de concentration foncière se développe au sein de l'agriculture russe.

L'Ukraine a pris un retard considérable pour décollectiviser son agriculture et l'adapter aux exigences de l'économie de marché. Bien que la propriété privée ait été autorisée la restructuration s'est trouvée bloquée durant les années 1990 par la distribution de la terre et des parts de propriété sous forme de certificats sans valeur opérationnelle, en l'absence de délimitation des parcelles de terre. Le démantèlement des sovkhozes et des kolkhozes a attendu l'adoption d'un décret présidentiel en 1999 et du code foncier en 2001. La liquidation de ces exploitations a pris la forme d'un partage de la terre entre les ayants-droit, au nombre de 6,7 millions, et de l'attribution de parts de propriété concernant les biens non fonciers. Fin 2003, la moitié des nouveaux propriétaires avaient reçu leurs titres de propriété. La superficie attribuée atteignait en moyenne 4,5 hectares. Les nouveaux propriétaires pouvaient soit l'exploiter de manière indépendante, soit la louer aux associations agricoles privées qui ont pris la succession des anciennes exploitations collectives. Un moratoire interdisait la vente des terres jusqu'en 2007. Toutefois, le manque de transparence dans la distribution des biens non fonciers (machines, équipements) rend très difficile l'installation des exploitants indépendants. Le manque de services et les difficultés d'accès au crédit achèvent d'entraver ce processus.

1. En 1990, la dimension moyenne de l'exploitation collective atteint 8 000 ha.
2. Eckert D., *Le monde russe*, Paris, Hachette Supérieur, collection « Carré géographie », 2007, p. 120.

C. Diversité des formes sociales post-collectivistes

Plutôt que de retenir des catégories qui varient selon les pays, il est préférable de raisonner en termes de formes sociales de production, portées par des logiques d'acteurs sociaux aux aptitudes, aux intérêts et aux moyens d'action différenciés. Ces stratégies éclairent la filiation des formes sociales de production repérables dans les agricultures post-collectivistes ainsi que les mécanismes de reproduction et d'adaptation.

Comment se positionnent-elles par rapport aux formes antérieures, en quoi témoignent-elles d'une sorte de continuité ou à l'inverse d'une rupture par rapport à celles-ci ? On propose une typologie des formes sociales de production fondée sur quelques critères simples : la taille ou la dimension économique, l'orientation de la production (marchande ou non marchande), le statut juridique et la structure de propriété, le mode de gestion, le recours au salariat agricole. Chaque forme sociale de production se définit par un mode d'articulation spécifique des trois facteurs de production fondamentaux en agriculture : la terre, le travail et le capital.

1. Les nouvelles coopératives de propriétaires

Sous la forme juridique de coopératives de propriétaires (République tchèque, Slovaquie, Hongrie) ou d'associations agricoles (Roumanie[1], Lituanie), les anciennes exploitations collectives ont opéré une conversion de type néocollectiviste. Moyennant une contraction de leur superficie et une réduction de leurs moyens matériels et humains, elles ont pris le relais des anciennes structures. Elles se caractérisent par le caractère hybride et composite de la propriété. Les modalités de partage des terres et des actifs non fonciers (sous la forme de parts) ont conduit à un émiettement relatif de la propriété foncière et du capital entre un grand nombre de propriétaires et de porteurs de parts, et à la dissociation de fait entre propriété et gestion. L'articulation des facteurs de production, terre, travail, capital met en relation (et parfois en compétition) des groupes sociaux aux intérêts très divers (propriétaires extérieurs, retraités, salariés, gestionnaires, etc..). Sous l'effet de l'endettement de ces exploitations et pour rechercher la stabilité financière, une recomposition du capital s'opère à l'initiative du groupe des gestionnaires capables de mettre en œuvre des stratégies d'appropriation-contrôle. Ces structures de type hybride et transitoire sont progressivement converties en diverses formes juridiques (*corporate farms*).

2. Les grandes entreprises sociétaires (business companies)

Elles sont issues de la privatisation des fermes d'État, d'une part, de la conversion de coopératives, d'autre part. Dans le cas des anciennes fermes d'État, les terres sont louées aux institutions *ad hoc* mises en place par l'État (Agences, Fonds foncier, etc..). Elles ont souvent été privatisées à l'initiative et au profit des anciens cadres dirigeants (le groupe des spécialistes). Fonctionnant sous une forme sociétaire (société par actions, société à responsabilité limitée), elles emploient des salariés (en nombre plus réduit qu'au sein des coopératives) et produisent exclusivement pour le marché. Leur objectif principal est de réaliser un profit, ce qui implique qu'elles puissent rémunérer le capital investi, la main-d'œuvre salariée et assurer le

1. En Roumanie, il s'agit d'exploitations qui se trouvent sous l'administration d'une association à capital divers et auxquelles les paysans confient leurs terres pour les mettre en culture.

versement de la rente foncière. Jusqu'à présent, le montant de la rente foncière versée aux petits propriétaires fonciers ou aux institutions gestionnaires des terres demeurées propriété de l'État et au statut non encore identifié (Slovaquie, Lituanie) est demeuré faible. La lenteur des procédures de restitution et d'enregistrement des droits, le faible pouvoir de négociation de centaines de milliers de petits propriétaires ont ralenti la formation d'un marché foncier. Il en ira autrement lorsqu'après une période transitoire, dans les nouveaux États membres, les terres pourront être achetées par des citoyens européens (douze ans à partir de 2004 en Pologne, sept ans dans les autres pays). La compétitivité de ce type d'entreprise dépend en partie de l'évolution du marché foncier. La prise de contrôle des exploitations (ou associations agricoles) par le capital de sociétés d'investissement, en Russie et en Ukraine, constitue un cas de figure spécifique.

3. Les entreprises publiques

Elles sont directement héritées d'anciennes fermes d'État sur lesquelles l'État a gardé le contrôle, soit pour préserver la maîtrise d'une branche particulière de production (production de semences ou sélection génétique dans le cas d'anciens combinats), soit faute d'autres possibilités. Placées sous le contrôle ou l'administration des Agences de la propriété d'État (Pologne, Hongrie), elles ont recours à une main-d'œuvre salariée (travailleurs et gestionnaires) et cherchent à fonctionner dans une logique capitaliste. Leur place en termes de structures est devenue mineure. La Biélorussie où les anciennes exploitations collectives sont pérennisées par la grâce d'un dictateur, lui-même ancien dirigeant de kolkhoze, constitue un cas tout à fait exceptionnel.

4. La réapparition polymorphe de l'agriculture familiale

Elle revêt plusieurs formes qui se distinguent par les dimensions, la logique de fonctionnement, le degré d'orientation de la production vers le marché. Les exploitations les plus petites sont de nature comparable aux anciens lopins auxiliaires attribués aux travailleurs agricoles pour leur usage propre. Les politiques de redistribution des terres ont pu permettre d'agrandir ces lopins (les « trois hectares » attribués aux ménages ruraux en Lituanie, par exemple). La Russie a connu un développement sans précédent de ces exploitations auxiliaires ou lopins. La superficie qu'elles mettent en culture est passée de 3,9 millions d'hectares en 1990 à 18,5 millions en 2005 (données officielles probablement sous-estimées).

La grande masse de l'agriculture paysanne est constituée d'exploitations de subsistance ou de semi-subsistance qui survivent dans des conditions de grande précarité et, dans un pays comme la Pologne, grâce aux revenus provenant des transferts sociaux (retraites, allocations sociales diverses).

Les exploitations de plus grande dimension tentent soit de renouer avec une logique familiale, fondée sur une articulation étroite entre le capital, le travail et la famille, soit d'opter pour une logique d'entreprise. Seule une minorité de ces exploitations indépendantes apparaît en situation d'accumulation foncière et de modernisation. Beaucoup d'entre elles éprouvent de réelles difficultés pour accéder au crédit, bénéficier d'une assistance technique adéquate et écouler leur production sur le marché.

Les conditions de reproduction des diverses formes sociales de production post-collectivistes (accès au crédit, formation professionnelle, réseaux d'encadrement technique, formes d'intégration au marché, etc.), leur mode d'organisation professionnelle (associations, syndicats agricoles) et leur représentation politique (partis paysans) apparaissent bien différenciés. Selon les pays, ces formes sociales sont présentes en proportion variable et leur poids relatif est en constante évolution. Si le paysage agraire (parcellaire remembré, vastes bâtiments, parfois à l'état de ruines) conserve la marque du système collectiviste, les logiques qui sous-tendent les structures de production ont profondément évolué du fait de l'intégration à l'économie de marché (à l'exception des exploitations de subsistance).

Sous des formes et à des degrés divers, les agricultures post-collectivistes sont marquées par une forte dualité des structures, une constante de l'histoire agraire de l'Europe centrale et orientale.

2. La re-différenciation des agricultures en Europe centrale et orientale

A. Avancement des réformes et déconcentration des structures, des critères typologiques

Au début des années 2000, un rapport de la BERD[1] sélectionnant quelques indicateurs du degré d'avancement des réformes du secteur agricole dans les pays post-communistes (prix et marché, réforme foncière, industrie agroalimentaire, financement, institutions), distinguait un premier groupe de pays dans lesquels les réformes étaient avancées, un deuxième se situant à un niveau intermédiaire et un dernier pour lequel celles-ci étaient à peine engagées. Le premier était composé de la Slovénie, de la République tchèque, de l'Estonie, de la Hongrie, de la Lettonie, de la Slovaquie, de la Pologne et de la Lituanie, de la Bulgarie, c'est-à-dire de pays devenus membres de l'Union européenne. À un niveau intermédiaire, se trouvaient la Roumanie, la Croatie, la Russie, l'Ukraine, le Kazakhstan tandis que la Biélorussie, la Serbie ou encore l'Ouzbékistan figuraient parmi les moins avancés. S'il convient de souligner le lien existant entre les réformes économiques en général et les transformations du secteur agricole et agroalimentaire, en revanche, l'état d'avancement de ces réformes ne préjuge ni des types de structures ni de leurs performances.

Pour évaluer ces dernières, il faut recourir à d'autres indicateurs, la part relative de l'emploi agricole, celle du secteur agricole dans la contribution au PIB, et considérer leur évolution sur la période. Ces données indiquent une forte réduction du rôle économique de l'agriculture, les valeurs prises par la part relative du PIB agricole se situant généralement en dessous de 5 % pour les pays entrés dans l'Union européenne en 2004, tandis que la Bulgarie et la Roumanie, devenues membres en 2007, se situent au dessus. Il en est de même pour les Balkans occidentaux et les pays ex-soviétiques, à l'exception notoire de la Russie et du Kazakhstan où la contribution de l'agriculture est faible.

1. EBRD, *Agriculture and Rural Transition*, Part II, Transition Report 2002, p. 75-108.

Tableau 3.2 – Importance relative du secteur agricole (1)

Pays	Valeur ajoutée par l'agriculture au PIB en % (2)	Emploi agricole en % de l'emploi total
EUROPE CENTRALE, ORIENTALE ET DU SUD-EST		
Bulgarie	9	8,1 (3)
République tchèque	3	3,8
Estonie	3	5,0
Hongrie	4	4,8
Lettonie	4	11,2
Lituanie	5	12,4
Pologne	5	15,8
Roumanie	11	30,6
Slovaquie	4	4,4
Slovénie	2	9,6
Bosnie-Herzégovine	10	4
Croatie	7	7
Macédoine	13	10
Serbie-Monténégro	18,6	17
CEI		
Fédération de Russie	5	9
Biélorussie	9	11
Moldavie	21	20
Ukraine	9	13
Kazakhstan	6	16
Ouzbékistan	26	25

Sources : Banque mondiale, 2006.
Eurostat, 2006, pour les pays membres de l'Union européenne.
FAO, 2004 (pour les pays non-membres de l'Union européenne).

(1) Selon les sources et les modes de calcul des chiffres sensiblement différents sont publiées : l'important est de retenir la hiérarchie des différents chiffres pour une source donnée.
(2) Le PIB peut être considéré comme la somme des valeurs ajoutées des différentes branches de l'économie.
(3) Nettement plus selon d'autres sources.

L'évolution de l'emploi agricole apparaît contrastée. Si la réduction est sensible, dans le cas de la République Tchèque (3,8 %), de la Hongrie (4,8 %), de la Slovaquie (4,4 %) ou encore de l'Estonie (5 %), en revanche, la décroissance de l'emploi agricole est plus lente en Lettonie (11,2 %), en Lituanie (12,4 %) et en Pologne (15,8 %). Il demeure à un niveau record en Roumanie (30,6 %), tandis que la Slovénie (9,6 %) et la Bulgarie (8,1 %) se situent en position intermédiaire. Si l'on rapporte l'emploi agricole à la contribution du secteur au PIB, on constate que ces valeurs relatives tendent au rapprochement dans le cas des agricultures tchèques, hongroises, slovaques, traduisant une amélioration nette de leur productivité, tandis que le décrochage est patent dans les cas polonais, lituanien et surtout roumain, pays dans lesquels l'agriculture continue à jouer le rôle de « filet de sécurité » au plan social. Avec un temps de retard, la plupart des agricultures d'Europe centrale se sont engagées dans une évolution structurelle qui tend à réduire le suremploi agricole. Cette transformation clé de la modernisation et de l'accroissement de la productivité, est toutefois inégalement avancée. La surcharge en main-d'œuvre demeure le handicap majeur de la restructuration du secteur agricole pour certains nouveaux États membres de l'Union européenne (Pologne, Lituanie, Roumanie).

En ce qui concerne les Balkans occidentaux et les pays de la CEI, ces mêmes indicateurs témoignent d'une transformation moins avancée mais ils doivent être interprétés avec prudence compte tenu du sous-enregistrement du travail agricole et des faiblesses de l'appareil statistique. À l'exception de la Croatie qui a le statut de pays candidat, les indicateurs font état du poids élevé du secteur agricole dans des économies encore en transition.

D'autres indicateurs de structures concernent le statut juridique et la taille des exploitations. Les changements du mode d'appropriation résultant du rétablissement des droits de propriété, la transformation des anciennes structures collectives en nouveaux types juridiques (coopératives, sociétés, exploitations individuelles), puis les restructurations qui ont suivi, ont rendu les catégories peu opératoires. Le statut juridique éclaire imparfaitement la structure du capital ainsi que le mode de gestion des exploitations. Les définitions retenues par les organismes statistiques varient d'un pays à l'autre, l'enregistrement des unités de production est peu fiable, notamment concernant les micro-exploitations individuelles (lopins) qui ne sont pas systématiquement prises en compte. Les raisons tiennent aux divers éléments liés au statut de l'exploitant agricole (régime fiscal, cotisations sociales, droits à la retraite, etc..) qui diffèrent selon les pays. Or, les micro-exploitations peuvent concerner des centaines de milliers de ménages et occuper une part relative de la surface agricole utile non négligeable. C'est le cas en Russie, mais aussi en Ukraine et en Biélorussie. La diversité structurelle résulte donc de l'évolution de l'emploi agricole et du degré de déconcentration structurelle des exploitations. En conséquence, une typologie reposant sur ces divers critères peut servir de cadre analytique. La comparaison s'appuie sur les données statistiques homogènes dont on dispose à présent dans le cas des nouveaux États membres de l'Union européenne. Les informations restent plus incertaines en ce qui concerne l'Europe orientale et la Russie.

B. Des agricultures industrielles à dominante de macro-exploitations sociétaires

Au lendemain de la décollectivisation, ces agricultures se caractérisent par des structures concentrées, avec une dominante de grandes exploitations (plus de 100 ha), dans lesquelles le niveau de l'emploi agricole, après un fort délestage imposé par les restructurations, est en contraction (inférieur à 5 %). Cette situation concerne en tout premier lieu la République tchèque, mais également l'Estonie, la Slovaquie, la Hongrie.

1. De grandes structures en République tchèque

En République tchèque, la transformation s'est opérée par la restitution des biens confisqués par le pouvoir communiste après février 1948, par la restructuration des coopératives et par la privatisation des fermes d'État. Née de l'application d'un dispositif législatif complexe, la restructuration a laissé pendantes, bien des questions et a suscité des conflits d'intérêt entre les diverses catégories d'acteurs sociaux impliqués dans le processus de transformation, notamment à propos du contrôle sur le capital des exploitations privatisées.

L'agriculture tchèque a connu une reconstitution limitée de l'exploitation de type familial. Au début de la décennie 1990, les restitutions des terres aux anciens propriétaires auraient pu favoriser l'installation d'exploitants indépendants. Au départ, celle-ci a été encouragée par la politique de soutien à l'investissement, mais après 1994, le processus de développement s'est ralenti. Plusieurs facteurs expliquent que l'exploitation familiale marchande ne soit pas devenue le modèle dominant. La couche sociale susceptible de porter un tel projet était relativement étroite. Les travailleurs des exploitations collectives (souvent sans droits à la restitution foncière et discriminés par les critères d'attribution des parts de capital) n'étaient guère intéressés. Les nouveaux exploitants se sont recrutés parmi les descendants des anciens propriétaires et le groupe des spécialistes (ingénieurs, agronomes, etc.). Dans la deuxième moitié des années 1990, les néocoopératives ont traversé une deuxième vague de transformations consistant à changer de statut afin de procéder à une recomposition du capital. Le nombre des coopératives n'a cessé de diminuer au profit des formes sociétaires.

La privatisation des anciennes fermes d'État a donné majoritairement naissance à des entreprises en société, plus rarement à des exploitations en responsabilité personnelle. Au départ, les terres et les biens ont été loués par les repreneurs auprès du Fonds foncier d'État. Depuis 1999, l'État a engagé la privatisation des terres détenues par le Fonds foncier (environ 500 000 ha), mais leur mise en vente est lente.

Selon l'origine des biens, il est possible de distinguer schématiquement trois catégories de structures : les exploitations issues de la transformation des anciennes coopératives dont l'assise foncière a régressé, les exploitations formées sur la base des restitutions (environ 50 000 exploitations en responsabilité personnelle se sont établies sur environ un cinquième de la superficie agricole), les exploitations issues de la privatisation des anciennes fermes d'État. Les structures mises en place au lendemain de la transformation des coopératives et de la privatisation des fermes d'État ont relativement peu évolué.

Tableau 3.3 – Structures des exploitations de plus d'une UDE* (2005)

	Exploitations ayant au moins une UDE						
	Nombre d'exploitations (x1000)	**Main-d'œuvre permanente (1 000 UTA)**	**Main-d'œuvre permanente par exploitation (UTA)**	**Main-d'œuvre familiale (%)**	**SAU (1 000 ha)**	**SAU par exploitation (ha)**	**Cheptel total (1 000 UGB)**
Estonie	13	28	2,1	52,6	763	57,0	306
Hongrie	155	229	1,5	59,9	4 045	26,0	2 104
Lettonie	44	81	1,8	80,2	1 301	29,0	412
Lituanie	128	152	1,2	82,2	2 338	18,2	1 122
Pologne	1 082	1 727	1,6	93,1	13 132	12,1	10 147
République tchèque	26	142	5,4	20,0	3 520	133,4	2 047
Slovaquie	12	66	5,2	15,6	1 840	142,7	739
Slovénie	60	82	1,4	90,8	448	7,4	505
Bulgarie	118	246	2,1	68,2	2 487	21,1	871
Roumanie	1 236	1 355	1,1	87,1	10 337	8,4	4 932
Union européenne (15)	4 899	5 640			120 739	24,6	110 014
Union européenne (27)	7 815	9 782			161 105	20,6	133 492

Source : Eurostat, Agriculture, Main Statistics, 2005-2006, 2007.
***UDE** : Unité de dimension européenne (une UDE correspond à une MBS (marge brute standard) équivalente à 1 200 euros).

Tableau 3.4 – Nombre des entités actives en agriculture selon la forme légale en République tchèque

Types d'entités	Nombre d'entités			En %		
	2000	**2003**	**2005**	**2000**	**2003**	**2005**
Personnes physiques	**51 473**	**51 287**	**39 419**	**95,0**	**94,8**	**93,3**
Personnes morales dont :	**2 685**	**2 784**	**2 833**	**5,0**	**5,1**	**6,7**
– Entreprises	1 859	2 069	2 154	3,4	3,8	5,0
– SARL	1 264	1 400	1 493	2,3	2,6	3,5
– S. A	559	627	622	1,0	1,1	1,4
– Coopératives	741	631	584	1,4	1,2	1,4
– Autres	85	84	47	0,1	0,1	0,1
Total des entités actives	**54 158**	**54 071**	**42 252**	**100**	**100**	**100**

Sources : Agrocensus 2000, Structural Survey on Agriculture in 2003 and 2005.

Tableau 3.5 – Répartition de la SAU selon les types d'entités actives en République tchèque

Types d'entités	En % de la SAU			
	2002	**2003**	**2004**	**2005**
Personnes physiques	27,0	27,4	27,5	29,3
Personnes morales dont :	73,0	72,6	72,5	70,7
– Entreprises	44,8	44,0	44,8	45,9
– Coopératives	27,2	26,3	25,3	23,9
Total des entités actives	100	100	100	100

Source : CSO-Agricultural Register.

La structure par taille des exploitations agricoles présente un caractère dual. Un grand nombre de petites entreprises détient de faibles superficies (70 % du nombre cultivent 2,3 % de la superficie), tandis que les plus grandes entreprises (2 % du nombre total) en concentrent la plus grande part (60 % de la SAU).

Une première catégorie compte 39 419 entités détenues par des « personnes physiques » (93,3 % du nombre), parmi elles figurent des exploitations en responsabilité personnelle officiellement enregistrées et d'autres, plus nombreuses, qui ne le sont pas. Prises ensemble, elles cultivent 1 million d'hectares soit 29,3 % de la SAU, ce qui donne une taille moyenne de l'ordre de 26 ha. Plus de la moitié a des superficies inférieures à la dizaine d'hectares, mais elles cultivent moins de 2 % de la SAU. Les plus grandes de ces exploitations en responsabilité personnelle louent leurs terres (63,6 % de la SAU cultivée est en location).

Une deuxième catégorie (2 833 entités du type « personne morale ») est formée d'entreprises agricoles de statuts juridiques divers (70,7 % de la SAU). Les entreprises de type sociétaire, au nombre de 2154, cultivent 45,9 % de la superficie tandis que les coopératives, au nombre de 584 unités, exploitent moins du quart de la SAU. Dans les deux cas, il s'agit de grandes exploitations de plusieurs centaines d'ha dont l'essentiel de la superficie est en location (96 % de la SAU). Parmi elles, 136 entreprises (62 sociétés et 52 coopératives) ont une taille supérieure à 3 000 ha.

Si la décollectivisation de l'agriculture tchèque est une question réglée, des problèmes persistent. Les agriculteurs tchèques ont tenté de s'ajuster aux nouvelles relations de prix imposées par le marché et ont amélioré la productivité du travail mais leur efficacité économique doit encore progresser. La pénétration du capital étranger qui est notamment le fait d'agriculteurs hollandais, renforce la compétition entre les agriculteurs, notamment en ce qui concerne la location de terres. Le développement du marché foncier s'avère insuffisant en dépit de la vente des terres par l'État et de mesures d'aide à l'emprunt pour l'achat de terres. Plus de 9/10e des terres cultivées sont en location, auprès d'une majorité de petits propriétaires privés résidant en ville. Cette situation peut être à terme un facteur de vulnérabilité.

2. Une trajectoire néocollectiviste en Slovaquie

Au lendemain de l'indépendance, en 1992, la Slovaquie a emprunté une voie différente de la République tchèque, en optant pour une politique plus conservatrice et plus interventionniste. Défendant une rhétorique plaidant pour la sécurité alimentaire, la stabilité économique, le maintien de revenus agricoles suffisants, le maintien de l'activité agricole dans les régions de montagne et la protection des milieux, le gouvernement de Vladimir Mečiar a mis en œuvre une politique de soutien du secteur agricole. Elle a eu pour effet d'infléchir la trajectoire slovaque en faveur du

Tableau 3.6 – Répartition des exploitations agricoles par statut

Types	Nombre d'unités		Superficie agricole (ha)		Taille moyenne		En % de la superficie	
	2001	2003	2001	2003	2001	2003	2001	2003
Fermes d'État	6	5	17 105	16 917	2 851	3 383	0,81	0,81
Coopératives	715	637	1 131 428	1 018 085	1 582	1 598	53,77	48,86
Entreprises en société	722	837	723 438	779 359	1 002	931	34,38	37,41
Autres personnes morales	79	65	17 498	9 103	221	140	0,83	0,44
Personnes Morales (total)	1 522	1 544	1 889 469	1 823 464	1 241	1 181	89,80	87,52
Personnes physiques	5 473	6 124	214 562	260 049	39	42	10,20	12,48
Exploitations sans terre	515	541	x	x	x	x	x	x
Total	7 510	8 209	2 104 031	2 083 513	301	272	100	100

Sources : Structural Farm Census 2001, Structural Farm Survey, 2003, Green Report, 2005.

maintien d'une concentration structurelle des terres et du capital d'exploitation dans les mains de groupes d'intérêt issus de l'ancienne élite dirigeante. Afin de préserver le niveau d'organisation du secteur agricole, une nouvelle loi de transformation des coopératives, adoptée en 1995, a eu pour objectif de permettre la stabilisation du capital au sein des coopératives transformées favorisant de fait leur survie. Un temps différée, la privatisation des fermes d'État a été lancée en 1996-1997 et la mise en vente des biens s'est opérée au profit de leurs anciens cadres dirigeants.

Les grandes exploitations de type coopératif et sociétaire occupent une place dominante dans l'agriculture slovaque. Privée de soutien politique, l'agriculture familiale a peu progressé. L'extrême morcellement de la propriété foncière, le retard pris pour identifier les titres de propriété foncière et rénover les cadastres, l'insuffisance du capital de départ ont freiné l'implantation de ce type d'agriculture. On observe cependant l'accroissement de la part des superficies agricoles en usage individuel (un peu plus de 10 % des terres). Sur les 67 686 exploitations individuelles recensées en 2001, 48,5 % ont moins d'un demi-hectare et 93,7 % n'atteignent pas cinq hectares. L'exploitation individuelle de type marchand, par opposition aux lopins de subsistance, n'en constitue qu'une minorité. Ce groupe, distinct de celui des usagers de lopins tournés vers l'autoconsommation (4 %), est en progression (avec une augmentation de 21 % de la superficie détenue et de 11 % du nombre). Toutefois, le faible développement du modèle de l'exploitation individuelle reste la marque spécifique de l'agriculture slovaque. Issue de la transformation des anciennes structures collectives, la grande exploitation de type sociétaire est restée le modèle dominant. Les exploitations de plus de 500 ha occupent plus de 85 % de la SAU.

Cette spécificité structurelle éclaire les médiocres performances de l'agriculture slovaque. La production agricole stagne aux environs de 60 % du niveau antérieur à la transition. Les rendements de la production animale comme des cultures restent bas relativement aux standards européens (respectivement 70 % et 40 % du niveau moyen européen) et sont inférieurs à ceux des pays voisins. L'insuffisante productivité du travail est responsable du faible niveau de profitabilité de l'activité. Un processus lent et incomplet de restructuration, le maintien d'un degré élevé de concentration de la terre et du capital au bénéfice de grandes exploitations inefficaces, les entraves apportées au développement des exploitations familiales sont responsables du manque de compétitivité de l'agriculture slovaque.

3. La marque du dualisme agraire en Hongrie

La trajectoire hongroise se différencie des deux précédentes par un dualisme plus marqué et un déclin accéléré de la forme coopérative au profit des formes d'exploitation de type sociétaire. Comme dans les pays voisins, la décollectivisation a été accomplie sans qu'une conception claire et cohérente de la politique agricole soit définie. Si certains partis politiques vantaient les mérites de la petite et moyenne exploitation, d'autres défendaient les structures collectivistes et ne souhaitaient pas les démanteler pour préserver le potentiel de production. Le retour des terres à leurs anciens propriétaires a suivi la voie originale des compensations (sous formes de bons d'une valeur correspondant à celle du bien confisqué). Une fraction des terres des anciennes exploitations collectives a été mise en vente aux enchères et acquises par les porteurs des bons de compensation. Par ailleurs, une partie importante des terres était restée propriété des membres des coopératives qui ont pu les retirer des structures collectives ou les louer. Enfin, dans une intention d'équité sociale, des parcelles de terre ont été distribuées aux employés des exploitations collectives qui n'en possédaient pas. À l'issue de la procédure de transformation des anciennes coopératives, le capital non foncier devait être réparti, sous formes de parts de propriété, aux ayants droit (membres actifs, anciens membres et leurs héritiers, employés). Relativement égalitaire dans ses intentions, la privatisation a bénéficié à ceux qui étaient en mesure de mettre en œuvre des stratégies actives d'appropriation et de valorisation de ces biens. La décollectivisation s'est soldée par un ample processus de fragmentation de la propriété de la terre entre un grand nombre de propriétaires fonciers et par la dissociation de la propriété du sol et de son usage. Un demi-million de personnes ont reçu plus de deux millions d'hectare en un peu moins de cinq ans. La réaffectation des droits de propriété a créé les conditions d'une mutation des structures d'exploitation donnant naissance à de nouvelles formes sociales de production. La restructuration s'est traduite par une inversion du rapport existant entre la part relative des petites exploitations paysannes et celle des grandes exploitations (coopératives et sociétés). L'écrasante domination du secteur coopératif (62 % des terres en 1989) et du secteur étatique (26 %) a laissé place à un partage plus équilibré entre les exploitations indépendantes qui utilisent 49 % des superficies, et les exploitations en société (30 % en 2000) et les coopératives (15 %). Ces catégories recouvrent une grande diversité de formes quant à la taille, au statut de la main-d'œuvre, à l'orientation de l'activité productive.

Transformées en coopératives de propriétaires, les anciennes exploitations collectives ont entrepris de s'ajuster aux nouvelles règles de l'économie de marché, en réduisant leurs coûts de production (diminution des investissements, délestage des excédents de travailleurs, etc.). Leur nombre et leur superficie n'ont cessé de décliner. En 2000, 959 coopératives exploitaient 17,9 % de la SAU (9,9 % en 2002). Dans les premières années de la décennie 2000, le processus de recomposition du capital s'est accéléré favorisant la conversion des coopératives en sociétés de divers types juridiques.

De statut et de taille divers, les entreprises en société et les exploitations en partenariat exploitent 26,1 % de la SAU. L'ensemble du secteur sociétaire (y compris les coopératives), constitué de 8 382 unités, représente 59,5 % de la superficie.

Les exploitations individuelles au nombre de 958 534, mettent en culture 59,4 % de la SAU. Parmi elles, on compte un très grand nombre de petites exploitations puisque 90,4 % ont moins de 5 ha et détiennent 22,5 % des superficies en exploitation individuelle. Tous les exploitants individuels ne sont pas officiellement enregistrés. Ceux qui le sont, destinent une partie de leur production au marché. Sur l'ensemble des producteurs privés, 60 % produisent pour leurs propres besoins, 30 % vendent seulement une partie de leur production. Le nombre des producteurs marchands demeure faible (moins du dixième). Il s'agit principalement des exploitations de plus de dix hectares. Faute de capital et en raison des difficultés d'accès au crédit bancaire, ils ne sont pas tous appelés à devenir compétitifs. L'agriculture individuelle mobilise un travail familial qui n'est pas comptabilisé. Une moitié des exploitants sont des retraités. L'évolution récente est caractérisée par un processus rapide de disparition de ces petites exploitations individuelles, tout particulièrement celles qui ont moins de un hectare. En revanche, la catégorie des exploitations de taille moyenne s'est étoffée et joue un rôle pionnier dans le développement d'une agriculture familiale.

Tableau 3.7 – Nombre et superficie des entreprises agricoles en Hongrie (en 2000)

Catégories de taille	Nombre d'entreprises		Superficie		Taille moyenne
	Nombre	%	Hectares	%	Hectares
Exploitations individuelles					
Moins de 10 ha	908 595	97,79	890 590	34,07	0,98
10-50 ha	42846	4,47	916 730	35,07	21,40
50-100 ha	4 601	0,48	324 920	12,43	70,62
100-300 ha	2 205	0,23	360 209	13,78	163,36
300 ha et plus	287	0,03	121 551	4,65	423,52
Total	958 534	100,0	2 614 000	100,0	2,73
Entreprises sociétaires					
10 ha et plus	1 065	12,71	3 067	0,08	2,88
10-50 ha	1 771	21,71	40640	1,06	22,95
50-100 ha	809	9,65	45 625	1,19	56,40
100-300 ha	1 635	19,51	232 724	6,07	142,34
300 ha et plus	3 102	37,01	3 511 944	91,60	1 132,15
Total	8 382	100,0	3 834 000	100,0	457,41

Source : Office statistique de Hongrie KSH, Agrárgazdasági információk, 2002, 5, p. 31.

Tous types d'exploitations confondus, les unités de production de taille supérieure à 50 ha concentrent 71,3 % de la SAU ; celles supérieures à 100 ha en détiennent 61,9 %. Par rapport aux pays voisins, l'agriculture hongroise apparaît plus diversifiée dans ses structures tant du point de vue des formes sociales que des dimensions. Si la bipolarisation demeure largement présente, elle n'a pas fait obstacle à l'émergence de structures de dimension moyenne sous forme d'exploitations familiales. Environ 20 000 exploitations forment le noyau d'une agriculture familiale marchande. Les profils structurels diffèrent selon les régions.

C. Agricultures familiales en voie de modernisation

Il s'agit d'agricultures à structures faiblement concentrées et charge d'actifs agricoles encore importante. En Pologne domine une agriculture familiale de type paysan supportant une nombreuse charge en main-d'œuvre (chômage caché), en Lituanie une agriculture familiale s'est reconstituée durant la décennie 90. Deux secteurs d'importance inégale y coexistent : une petite agriculture de subsistance sans avenir, une agriculture marchande en voie de consolidation.

1. La diversité structurelle de l'agriculture polonaise

Par rapport aux pays voisins, la Pologne faisait quasiment figure d'exception en 1989. Le secteur étatique (18,5 % de la SAU) et le secteur coopératif (3,7 % de la

SAU) y étaient d'importance mineure par rapport à un secteur privé, composé de petites exploitations individuelles détenant 76,2 % de la superficie agricole. Si la Pologne a pu faire l'économie d'une décollectivisation de grande ampleur, des changements sont intervenus en termes de propriété et d'usage des terres. Dans les années 1992-1995, les fermes d'État ont été liquidées et leurs terres transférées à une Agence de la Propriété agricole du Trésor Public, en charge de la gestion de ce patrimoine foncier. L'Agence a eu tendance à privilégier les formes sociétaires pour l'attribution des terres en location ou pour la mise en vente.

Tableau 3.8 – Les exploitations agricoles en Pologne (2005)

Type d'exploitation	Explitation en 000	Structure en %	SAU en 000 ha	Structure de la SAU en %
Exploitations agricoles dont :	2 733,4	100	15 906,0	100
Sans production agricole	260,6	10,3		
< 1 ha	946,7	34,6	378,4	2,4
> 1 ha	1 786,7	65,4	15 527,6	97,6
Exploitations > 1 ha dont	1 786,7	100	15 527,6	100
1-5 ha	1 023,3	57,8	2 533,8	16,3
5-20 ha	633,5	35,5	6 127,5	39,5
20-50 ha	99,2	5,6	2 857,0	18,4
50 ha et plus	21,5	1,2	6 163,0	39,9

Source : « Le registre des statisques annuellles de l'agriculture et des zones rurales en 2006 ».

À l'ancienne opposition entre secteur socialisé (fermes d'État et coopératives de production agricole) et secteur individuel, s'est substitué le clivage entre une agriculture de type sociétaire (de statut privé) en majorité formée de grandes exploitations et de coopératives de production agricole (2,0 % de la SAU), et une agriculture familiale essentiellement composée de petites et moyennes exploitations.

Devenue largement majoritaire, l'agriculture familiale ne constitue pas un tout. Une nouvelle forme de dualité structurelle la traverse. Une agriculture marchande fonctionnant dans un modèle de type entreprise ou entreprise familiale, engagée dans des stratégies d'accumulation foncière ou en attente de pouvoir le faire, constitue le pôle moderniste. Dans leur grande majorité, ces exploitants cherchent à élargir leur assise foncière mais n'y parviennent que difficilement. L'insuffisante fluidité du marché foncier constitue une entrave à leur développement. La consolidation de cette agriculture professionnelle impliquerait une capacité d'accumulation que la faible rentabilité des productions agricoles n'autorise pas et demanderait une politique d'aide à l'investissement plus active. La mutation moderniste sur un modèle marchand est donc un processus hautement sélectif.

Une agriculture de semi-subsistance, en voie de marginalisation sur le plan économique, forme le gros des bataillons de l'agriculture familiale (69 % du nombre des exploitations individuelles et 46 % de la force de travail agricole). Il s'agit d'exploitations de type paysan, sur de petites surfaces, aux mains d'agriculteurs souvent âgés. Retirés du marché, ces chefs d'exploitation se vivent comme des paysans ou des « quasi-paysans » mais en réalité tirent l'essentiel de leurs revenus d'autres sources que de l'activité agricole (notamment des revenus sociaux). Ayant réduit leur volume de production, simplifié leur système de culture, abandonné la production animale, ces exploitants sont-ils encore des agriculteurs ? Si certaines de ces exploitations ont commencé à réduire leur assise foncière, en louant, voire en vendant quelques parcelles, une autre partie conserve son patrimoine foncier, bloquant ainsi toute possibilité d'agrandissement pour les autres exploitations. Cette relative inertie structurelle est l'un des facteurs de la situation de blocage. La réalisation d'un modèle familial marchand est limitée par la survie, largement assistée, d'une majorité de petites exploitations vivrières. Jouant le rôle de « filet de sûreté », une agriculture à fonction sociale maintient à la terre un excédent de bras et diffère la restructuration attendue. Appréhendé dans ses diverses dimensions structurelle, sociétale et culturelle, le repli paysan apparaît l'axe majeur de la transformation postcommuniste dans les campagnes polonaises[1].

La dualité structurelle de l'agriculture polonaise s'accompagne d'une dualité géographique inscrite dans les distributions spatiales des structures de production. Produit des héritages agraires de longue durée, cette différenciation apparaît à présent plus marquée qu'elle ne l'était à la fin de la période socialiste (cf. figure 3.1). Les données de structure doivent tenir compte du nombre et de la répartition des exploitations. L'existence d'une masse de petites exploitations agricoles (moins de cinq hectares) dans le sud-est et le centre-est du pays apparaît le fait majeur. Sur les territoires de cinq voïvodies (Petite Pologne, Sainte-Croix, Basses Carpates, Lublin, Silésie), couvrant à peine 28 % de la SAU détenue par l'agriculture familiale polonaise, se trouvent concentrées plus de 860 000 exploitations individuelles, soit 46 % de leur nombre total. À partir de ce pôle de forte densité de la petite agriculture paysanne, les valeurs décroissent en direction du nord et de l'ouest, pour atteindre leur minimum sur les marges occidentales et septentrionales (Poméranie occidentale, Poméranie, Warmie-Mazurie). Cette répartition spatiale traduit un double effet de structure : la taille des exploitations et la charge humaine de l'agriculture paysanne. Au morcellement des exploitations de la partie méridionale, s'opposent les structures plus concentrées des territoires septentrionaux (Mazurie, Poméranie) et occidentaux (Lubusz, Basse Silésie), tandis que les exploitations moyennes sont représentatives des régions de l'ouest (Grande Pologne, Kujavie-Poméranie) et à un moindre degré du centre (Mazovie, voïvodie de Łodz). Prépondérance de la petite exploitation et forte emprise de l'agriculture paysanne vont de pair.

La destination de la production agricole, orientée soit principalement vers l'autoconsommation, soit principalement vers le marché introduit un clivage géographique fondamental. L'agriculture marchande est largement développée dans la partie centrale du territoire polonais depuis la Grande Pologne, à l'ouest, jusqu'à la Podlasie, en passant par la Kujavie-Poméranie et le nord de la Mazovie (plus de la moitié, et souvent plus des deux tiers des exploitations sont principalement marchandes). À l'inverse, la part relative des exploitations familiales de subsistance ou de semi-subsistance dépasse 60 % du nombre des exploitations dans tout le quart

1. Maurel Marie-Claude, Halamska Maria, Lamarche Hugues, *Le repli paysan. Trajectoires de l'après-communisme en Pologne*, Paris, L'Harmattan, 2003, 252 p.

sud-est du pays, en Petite Pologne et dans les Basses Carpates. Fait plus surprenant, l'agriculture marchande est faiblement développée dans les territoires occidentaux et septentrionaux, de la Basse Silésie à la Poméranie, là où dominaient les fermes d'État.

Les types régionaux d'espaces agricoles se différencient par l'importance relative de l'agriculture, en terme d'occupation du sol et d'emploi et par l'opposition entre une agriculture marchande et professionnelle et une agriculture post-paysanne en voie de marginalisation (cf. figure 3.1).

Figure 3.1 – Les types d'espaces agricoles en Pologne

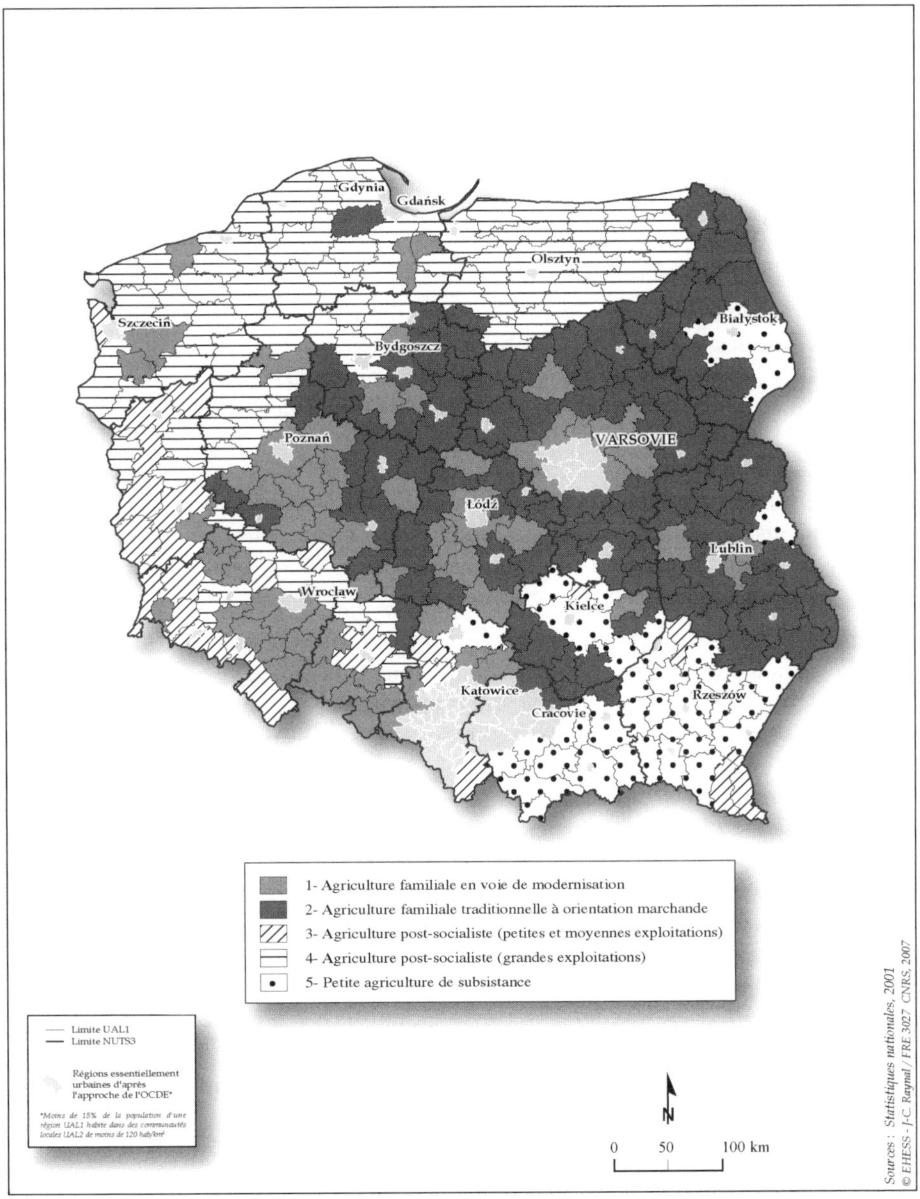

2. Les espaces de l'agriculture familiale

L'agriculture familiale présente deux visages : l'un traditionnel, l'autre plus moderne. L'agriculture familiale traditionnelle à orientation marchande se développe sur la base de structures d'exploitation de taille moyenne d'une dizaine d'hectares. La charge en main-d'œuvre reste élevée, atteignant plus de 15 actifs aux 100 ha et l'emploi agricole fournit plus de la moitié des emplois (56 %). Ce type s'étend très largement dans un vaste domaine central et oriental, de la région de Kalisz, en Grande Pologne, jusqu'en Podlasie et dans la voïvodie de Lublin, et couvre la majeure partie des régions de Łodz de la Mazovie, de manière plus limitée le sud de la région de Sainte-Croix.

L'agriculture familiale en voie de modernisation se développe dans des structures d'exploitation comparables mais dans des conditions de mise en valeur plus favorables. Ce sous-type se distingue du précédent par un moindre suremploi agricole se traduisant par une plus faible charge humaine à l'hectare (11 actifs agricoles/ 100 ha). L'orientation marchande y est prépondérante (58 % des exploitations). Il s'agit des « bons » espaces agricoles de Grande Pologne et de Basse Silésie, dans des campagnes où une diversification relative des activités, à proximité de grandes villes (Poznań et Wrocław), a permis d'engager un processus de délestage de l'agriculture.

3. Le domaine de l'agriculture post-socialiste

Les territoires septentrionaux et occidentaux de la Pologne ont été le domaine d'élection des grandes fermes d'État établies au lendemain de l'expulsion des populations allemandes et de la nationalisation de leurs biens. Démantelées après 1990, les grandes fermes d'État ont donné naissance à deux types de structures, de grandes exploitations, de forme sociétaire ou individuelle, souvent dans les mains des anciens dirigeants et des exploitations familiales qui ont cherché à s'agrandir en prenant des terres en location. La restructuration s'est traduite par le licenciement massif des anciens salariés agricoles restés sur place. Deux sous-types peuvent être distingués :

– En dépit de bonnes structures (une taille moyenne d'exploitation de 17 ha), d'une faible charge d'actifs agricoles (cinq actifs pour 100 ha), les territoires septentrionaux (Poméranie occidentale, Mazurie et quelques districts de Grande Pologne et de Kujavie) se caractérisent par une orientation marchande peu affirmée, à peine plus de la moitié des exploitations individuelles produisant principalement pour le marché.

– Dans les territoires occidentaux qui ont connu la même forme d'agriculture socialiste mais qui sont moins doués pour la mise en valeur agricole (la couverture forestière y est largement étendue), les exploitants n'ont pas eu la même opportunité d'agrandir leurs exploitations (moins d'une dizaine d'hectares, en moyenne) et de devenir des producteurs marchands. La place de l'emploi agricole est faible (14 % des actifs) et la charge en main-d'œuvre limitée (6,5 actifs pour 100 ha). Ce type intéresse la voïvodie de Lubusz, le massif des Sudètes en Basse Silésie, les districts montagneux de Zywiec, en Silésie, d'Ustrzyki Dolne et de Lesko, dans les Carpates.

4. Les espaces de la petite agriculture de subsistance

Ils se caractérisent par de faibles superficies d'exploitations (une taille moyenne inférieure à 5 ha), une surcharge de main-d'œuvre agricole (plus de vingt actifs pour 100 ha de SAU). Moins du quart des exploitations produisent pour le marché. Ce type concerne la Petite Pologne, les Basses Carpates et la partie centrale de la région de Sainte-Croix. Dans ces régions rurales densément peuplées, le régime communiste avait encouragé le développement du phénomène des ouvriers paysans travaillant dans les usines des centres industriels proches. La pluriactivité a longtemps assuré une relative prospérité aux ménages d'ouvriers paysans. À présent privés de possibilités d'emploi par les restructurations industrielles, ils se replient sur une agriculture vivrière sans perspective d'avenir. Les districts de Białystok et de Hajnówka (forêt de Białowieza), en Podlasie, présentent un profil un peu différent, marqué par un retrait de l'activité agricole, lié à un fort vieillissement des petits exploitants individuels.

5. La conversion structurelle de l'agriculture lituanienne

En Lituanie, les changements intervenus dans l'agriculture s'apparentent à une véritable conversion structurelle qui s'est traduite par un ample mouvement de déconcentration foncière et de transfert des moyens de production au bénéfice des opérateurs privés. Le processus de restitution foncière concerne 3,5 millions d'ha et 730 319 demandes. Des lopins (dans la limite de trois hectares) ont été attribués en usufruit aux ménages ruraux. La privatisation a donné naissance à une pluralité de formes sociales de production dont le nombre et les caractéristiques sont en évolution constante. Trois grands types d'exploitations agricoles ont pris la succession du modèle collectiviste : les associations agricoles formées après la privatisation des kolkhozes et des sovkhozes, les exploitations familiales en majorité issues de la restitution foncière et les lopins hérités des exploitations auxiliaires de l'époque soviétique, agrandis par la distribution de 3 hectares aux ménages ruraux.

Au début du processus de décollectivisation, les associations agricoles étaient la forme de production dominante, tant du point de vue de la superficie exploitée que de la main-d'œuvre employée. En 1991, 1 269 kolkhozes et sovkhozes ont été transformés en 4 279 associations agricoles et en 576 sociétés à responsabilité limitée et sociétés par actions. Par la suite, leur nombre a diminué au profit des nouvelles exploitations individuelles. En 2003, on ne comptait que 561 associations et entreprises agricoles employant 25 503 personnes. Leur contribution à la production agricole a reculé : les entreprises agricoles produisent 18 % de la production végétale, 11 % du lait, mais 46 % de la production de viande et 78 % des œufs, en raison de la contribution de quelques grandes entreprises spécialisées dans la production de porcs et de volailles.

La Lituanie est retournée vers le modèle de l'agriculture familiale déjà développé pendant l'entre-deux-guerres lorsque le pays était indépendant. Le recensement agricole de 2003 dénombre 271 501 des exploitations familiales dont la taille atteint un hectare et plus, ainsi que 362 657 petites exploitations qui possèdent moins d'un hectare de terres agricoles. Plus des quatre cinquièmes des exploitations familiales ont moins de dix hectares. Les quatre cinquièmes de la production agricole du pays sont désormais fournis par des exploitations familiales (y compris les exploitations des ménages ruraux). Trois groupes d'exploitations familiales peuvent être distingués en fonction des logiques économiques qui les sous-tendent : des exploitations orientées vers la production marchande, des exploitations de type paysan dont le système de production est diversifié mais qui sont peu tournées vers le marché et des exploitations à caractère essentiellement vivrier. Composée de retraités et de personnes sans emploi, cette dernière couche sociale est fortement paupérisée.

D. Agricultures duales en situation d'impasse

Si le dualisme agraire est un trait spécifique des agricultures post-collectivistes, il peut revêtir des formes de bipolarisation extrêmes comme dans le cas de l'agriculture roumaine marquée par un retour de l'agriculture paysanne et en Russie où la petite production agricole sur lopins a connu une forte expansion depuis une décennie et demie.

1. Les paradoxes de l'agriculture paysanne roumaine[1]

L'agriculture roumaine se caractérise par un grand nombre d'agriculteurs, 4 millions de ménages vivent grâce à une production de subsistance et mettent en culture 15 millions d'ha. Cette forte charge paysanne est source de difficultés. Elle découle de l'itinéraire singulier d'une décollectivisation qui a pris la forme d'un démantèlement de l'appareil de production des coopératives, à l'initiative de travailleurs agricoles qui ont voulu rompre radicalement avec un collectivisme qui avait revêtu des formes extrêmes. Organisé en trois secteurs, le système agricole roumain juxtaposait des entreprises d'État (14 % des terres), des coopératives (60 %) et un secteur privé résiduel de petites exploitations paysannes, principalement représenté dans les montagnes (15 % des terres). Issues des nationalisations et des confiscations de l'immédiat après-guerre, les grandes fermes d'État bénéficiaient des meilleurs équipements techniques et obtenaient d'assez bons résultats économiques, tandis que les coopératives qui regroupaient les terres des paysans collectivisés durant les années 1950-1960, ne disposaient pas d'un aussi bon niveau de modernisation, les tracteurs restant le monopole de stations de machines appartenant à l'État.

La décollectivisation s'est opérée brutalement sur la base d'un décret, en janvier 1990, généralisant l'usage par les coopérateurs d'un lopin d'un demi-hectare puis, en février 1991, d'une loi de dissolution des coopératives permettant aux propriétaires de faire-valoir leurs droits sur les terres. Celles-ci pouvaient être cultivées de manière indépendante ou bien en commun dans le cadre de « sociétés agricoles » de statuts variés. Ces dispositions qui ne concernaient toutefois que le seul secteur coopératif (les entreprises d'État n'ayant été privatisées que bien plus tard) ont abouti à la généralisation d'une agriculture paysanne cultivant plus de la moitié des terres tandis que les sociétés agricoles demeuraient une forme minoritaire. Ce « retour paysan » est responsable d'une fragmentation foncière et d'un archaïsme technique que symbolisent l'emploi de la traction chevaline et le travail manuel. En 2002, 4,5 millions d'exploitations agricoles d'une superficie moyenne de 1,8 ha mobilisaient près de 40 % des actifs.

À l'échelle régionale et locale, les situations sont fortement différenciées en fonction des situations de départ mais aussi des itinéraires empruntés par les acteurs locaux qui ont entrepris de recomposer selon des modalités très variables, terre, capital et travail. Entre les sociétés agricoles de type néocoopératif et les petites exploitations individuelles, des groupements familiaux (qui sont des formes associatives informelles) assurent un mode d'organisation intermédiaire. La géographie de la décollectivisation qui s'organise selon la trilogie montagnes-collines-plaines

1. Outre la thèse de Von Hirschhausen B., *Les nouvelles campagnes roumaines. Paradoxes d'un « retour » paysan*, Paris, Belin, 1997, la meilleure source sur le sujet est Rey V., *Atlas de la Roumanie*, Paris, La Documentation française, 2007.

s'explique par l'histoire du peuplement et des structures sociales de chacun de ces milieux. Elle peut être schématiquement décrite. Un premier type agraire concerne les « bastions de l'agriculture paysanne » dans les Carpates du Nord et du Sud-ouest. Les petites exploitations individuelles y dominent. Un deuxième type agraire, qualifié d'intermédiaire, s'étend sur les piémonts et collines. La dissolution des coopératives y a donné naissance à une réelle diversité structurelle en fonction des modes de reconquête paysanne et de leur emprise. Enfin, les « bastions de l'agriculture socialiste », où dominaient autrefois les fermes d'État s'individualisent par une forte présence des sociétés agricoles nouvelles souvent gérées sur un mode capitaliste. Ce troisième type prend son extension dans les plaines (Dobroudja, Baragan, Banat). Une lecture plus fine au niveau communal décline ces grands types en une palette de situations plus nuancées, ainsi que l'illustrent les cartes de l'Atlas de Roumanie.

2. Les cas russe et ukrainien : agrobusiness et productions vivrières

L'évolution de l'agriculture russe est paradoxale, les exploitations privatisées ne fonctionnent pas comme on l'attendrait. Non seulement la petite agriculture sur lopin continue à exister mais elle a enregistré un développement considérable, en fournissant plus de la moitié du produit agricole alors qu'elle n'occupe que moins de 10 % de la SAU (contre moins de 2 % en 1990). La grande exploitation demeure la forme dominante contrôlant 71,9 % des superficies mais elle ne contribue que pour environ 40 % à la production agricole. Les fermes indépendantes (ou paysannes), dont le nombre plafonne, restent une forme d'exploitation marginale.

D'un district à l'autre et d'une région à l'autre, la situation des grandes exploitations est extrêmement disparate mais d'une manière générale les différences intrarégionales sont plus fortes que les différences interrégionales. Les grandes exploitations ont enregistré un important mouvement de décapitalisation durant la décennie 1990, réduisant l'utilisation d'intrants (engrais, produits chimiques) et ne parvenant pas à renouveler un parc de tracteurs et d'engins mécaniques vieilli et usé. La situation de crise s'est traduite par la régression des productions végétales (chute des rendements et réduction des superficies cultivées) et le déclin des activités d'élevage (notamment du cheptel bovin). Une partie de ces exploitations ne parvient pas à verser des salaires aux travailleurs qui doivent se contenter de rémunérations en nature. Toutefois, ces dernières années, un grand nombre d'exploitations déficitaires, manquant de main-d'œuvre, se sont modernisées et sont devenues rentables, en particulier dans les régions les plus propices du point de vue agro-climatique (régions de Saratov, de Krasnodar, de Rostov). Les grandes exploitations maintiennent leur position dominante dans le secteur des grandes cultures (80 % des céréales, 88 % des betteraves à sucre, 72 % du tournesol), en partie destinées à l'exportation.

Les micro-exploitations sur lopin ont vu leur superficie passer de 3,9 millions d'ha à 18,5 millions d'ha en 2005, une superficie probablement sous-évaluée, à laquelle il convient d'ajouter les terres (essentiellement des pâturages) mises à disposition des petits producteurs par les exploitations collectives et les collectivités locales. Ces entreprises auxiliaires (pour reprendre l'expression en usage sous le régime soviétique), tournées vers l'autoconsommation, sont considérées comme des entreprises à but non lucratif et par conséquent leurs revenus ne sont pas imposables. Pourtant ce secteur de l'agriculture sur lopin fournit les quatre cinquièmes des légumes, les neuf dixièmes des pommes de terre, la moitié de la viande de boucherie et volaille. Les résultats de ces petites exploitations s'expliquent par leur situation de symbiose avec les grandes exploitations sous formes de prestations en nature versées à leurs travailleurs et de prêts de matériel agricole. Nombre de paysans sont dans un statut mixte d'exploitant indépendant et de travailleur agricole. Les secteurs proches des grandes villes s'en sortent en général mieux que les régions périphériques, mais ce n'est pas vrai pour toutes les catégories d'exploitation. Si dans les campagnes les plus reculées, elles permettent d'assurer la survie des ménages ruraux, près des grands centres urbains ces exploitations s'orientent principalement vers le marché. Les secteurs proches des grandes villes s'en sortent en général mieux que les régions périphériques. Ce secteur informel, de composition très hétérogène, fonctionne en marge des circuits monétaires, il ne peut bénéficier des crédits ou de l'encadrement technique que la politique officielle s'efforce de mettre en place[1].

Les structures agricoles de l'Ukraine sont également très hétérogènes. De six à sept millions de ménages disposent d'un lopin de terre sur lesquels ils cultivent des légumes, un peu de céréales et élèvent quelques têtes de bétail principalement pour l'auto consommation familiale. Environ 43 000 exploitations familiales de 50 à 60 hectares, en moyenne, éprouvent de grandes difficultés pour accéder aux équipements et services techniques, et aux circuits de vente. Elles ne bénéficient pas du soutien de la politique officielle. Autour de 20 000 grandes exploitations, héritières des kolkhozes, revêtent la forme de sociétés (50 %), de coopératives (30 %) et d'exploitations individuelles (20 %). Parmi elles, on trouve de très grandes entreprises de type extensif, purement capitalistiques, de plusieurs dizaines de milliers d'hectares. Une partie de ces grandes exploitations a conclu des accords avec des sociétés d'investissement qui leur assurent une expertise commerciale et du capital circulant. L'entrée des groupes d'investisseurs dans le secteur agricole impose la recherche du profit et d'une gestion plus efficace mais se traduit par la réduction de l'emploi agricole et l'abandon des branches d'activité non profitable tel l'élevage. Elles sont entièrement dédiées aux cultures mécanisées (céréales, tournesol).

3. Un fort potentiel de production encore partiellement inexploité

A. En Europe centrale, un meilleur ajustement aux données du milieu naturel

L'agriculture reste le mode d'occupation dominant des territoires ruraux des nouveaux États membres qui représentent avec 102 millions d'habitants un peu plus du cinquième de la population de l'Union européenne à 27. Plus de la moitié des superficies sont dévolues à l'occupation agricole. Avec 52,4 millions d'hectares de superficie agricole (SAU), les dix nouveaux États membres disposent d'un potentiel considérable représentant 28,8 % des terres mises en valeur dans l'Union européenne à 27. Mais ils ne délivrent que 15,1 % de la production agricole de l'Union européenne à 27. C'est dire que les nouveaux États membres souffrent d'un retard de

1. Promu au rang de priorité nationale, le projet de « Développement de l'agro-industrie », financé par le budget fédéral depuis 2006, comporte trois volets : le secteur de l'élevage, les petites entreprises et les coopératives rurales, la formation des cadres.

productivité de la mise en valeur de leur potentiel agricole. Au regard de leur important potentiel de terres agricoles, les dix nouveaux États membres ne sont que de médiocres contributeurs à la production européenne. Pris ensemble, ils ne livrent que le cinquième environ des productions de blé, de lait, de volailles, ainsi que de houblon alors qu'ils contribuent plus massivement aux productions d'oléagineux, de maïs (le tiers) et à la production de pommes de terre (28 %).

Le plus important d'entre eux est la Pologne qui avec 15,9 millions d'hectares dispose de 8,8 % de la SAU de l'Union européenne à 27. Mais l'agriculture polonaise peine à intensifier sa production et ne parvient à livrer que 5,3 % de la production agricole de l'Union européenne, ne se hissant dans les meilleurs rangs que pour les productions de seigle (41 %), d'avoine (38,7 %), et de manière plus modeste, pour les livraisons de betteraves à sucre (12,1 %), d'œufs (10,8 %) de pommes de terre (8,8 %) de porcs (8,2 %).

La Roumanie qui détient 7,7 % de la SAU ne fournit que 3,8 % de la production de l'Union européenne. Le maïs (13,8 %) et les œufs (10,4 %), les oléagineux (7 %) sont les principaux points forts.

La Hongrie avec seulement 3,2 % de la SAU contribue pour 2 %, en s'orientant vers la production de maïs (12,3 % de la production de l'Union européenne), des oléagineux (6,4 %) et des volailles (3,7 %). Dans l'ensemble de ces pays, les productions de légumes et de fruits frais restent très en deçà des potentialités, reflétant davantage le poids de régimes alimentaires qui traditionnellement faisaient une large place à la pomme de terre, au gruau, à la viande de porc, aux graisses animales à la table paysanne.

L'intensité de l'occupation agricole du sol, exprimée par la part relative de la SAU, varie sensiblement d'un pays à l'autre et d'une région à l'autre. Elle apparaît largement dépendante des grands traits de l'organisation du relief et des conditions agroclimatiques. L'agriculture de la période socialiste n'avait que relativement peu tenu compte des potentialités naturelles pour orienter la mise en valeur. En dépit de la mise en œuvre de politiques d'intensification et de spécialisation, les systèmes productifs étaient demeurés géographiquement peu différenciés, se bornant à décliner les variantes d'une agriculture amplement fondée sur une polyculture associée à l'élevage. Dans une proportion variable selon les pays, les unités du secteur socialiste étaient orientées vers des productions de masse se prêtant à la mécanisation (céréales, plantes industrielles et fourragères) ainsi que des productions animales de type industriel (sous forme de complexes géants), tandis que les lopins du secteur individuel étaient consacrés aux cultures plus exigeantes en travail (fruits, légumes, volailles, lapins, etc.). L'introduction des mécanismes du marché qui s'est traduite par la libération des prix des produits agricoles et des intrants industriels, l'abandon des politiques de soutien aux exploitations situées en zone défavorisée (en Tchécoslovaquie), ont défini un nouveau contexte socio-économique. Dans la nouvelle logique du marché, il est devenu clair que les efforts d'adaptation passaient aussi par une meilleure prise en compte des potentialités de l'environnement physique. De quelle manière les agriculteurs ont-ils cherché à intégrer les données du milieu naturel dans leur effort d'adaptation ? Ils ont été conduits à rechercher une meilleure adéquation entre leur capacité productive (en termes de surface, de disponibilité en travail et en capital) et le potentiel local (aptitudes du milieu naturel, situation par rapport au marché, présence ou non d'organismes de collecte, etc.). Ces choix sont d'autant plus complexes à mettre en œuvre qu'ils peuvent être remis en cause par des évolutions brutales et imprévues du marché, ou encore par le durcissement des relations avec le secteur agroalimentaire d'aval. C'est l'échelle des grands types de régions agricoles qui est ici privilégiée pour décrire les modalités de la transformation des systèmes de production.

Des changements significatifs du mode d'utilisation des sols ont accompagné les transformations structurelles : abandon des formes d'intensification les plus préjudiciables à l'environnement et recherche d'une meilleure adaptation des systèmes de production aux conditions naturelles (en particulier dans les zones défavorisées de montagne), simplification des systèmes de production et spécialisation en fonction du marché. Il en découle une plus forte différenciation de l'espace agricole. Celle-ci peut s'opérer à l'échelle de bassins spécialisés (production céréalière, arboricole et maraîchère, production laitière, élevage porcin), ou à celle des terroirs lorsqu'ils se prêtent au développement d'une agriculture de qualité, comme dans le cas des vignobles hongrois et bulgares qui cherchent à développer des appellations et des productions typées.

L'extensification des systèmes d'utilisation des sols a revêtu diverses modalités. La diminution des rendements, liée à la réduction de l'usage des engrais et des produits phytosanitaires, et l'extension des terres laissées en friche, sont le signe de situations de crise. De telles évolutions ont été observées dans plusieurs régions, notamment en Pologne et en Lituanie. Elles peuvent soit traduire des difficultés temporaires d'adaptation, soit indiquer une reconversion radicale du mode de production[1]. L'extensification peut procéder d'un choix raisonné de valorisation des aptitudes spécifiques à certains milieux naturels. C'est le cas de la réduction des superficies arables au profit des surfaces en herbe, dans les régions où le relief et les sols de médiocre qualité se prêtent davantage à une orientation vers l'élevage valorisant prairies et pâturages (hauts plateaux, moyenne montagne). Dans les régions de déprise agricole, le reboisement de terres les moins fertiles, autrefois cultivées, peut faire l'objet de mesures concertées de reforestation (dans la région des collines, à l'est de la Lituanie).

À l'opposé, en certains lieux, une tendance à l'intensification du mode d'utilisation du sol se manifeste. L'exploitation des terres arables par une agriculture recherchant la productivité réactive le rôle de la rente naturelle. Celle-ci privilégie les plaines et les bassins, dotés de sols fertiles développés sur des lœss et des limons, propices à la grande culture céréalière (cf. chapitre 2). Toutefois, les aptitudes naturelles n'offrent pas de garanties suffisantes au développement des systèmes les plus productifs. D'autres facteurs, tout aussi essentiels, tels que, par exemple, la desserte par les réseaux d'organisation commerciale, doivent être réunis.

B. Une nouvelle géographie agricole

Ces tendances opposées se déclinent différemment selon les pays, en fonction de l'ampleur des recompositions structurelles. Trois catégories de systèmes de production définies par l'orientation productive et le degré d'intensification expriment les grands contrastes observables au lendemain de la transformation. Des formes de spécialisation et d'intensification se dessinent à l'échelle de bassins plus ou moins étendus tandis que d'autres ensembles régionaux continuent à pratiquer des

1. Diverses initiatives encouragent la conversion à l'agriculture biologique. Outre la maîtrise des savoir-faire techniques, cette orientation suppose la mise en place de circuits de distribution pour accéder à de nouveaux marchés.

systèmes à base de polyculture. Une troisième catégorie d'espaces se caractérise par une large place laissée à la couverture forestière.

1. Les grands bassins agricoles

D'étendue spatiale plus ou moins grande, ils sont présents dans chacun des pays concernés. Développés dans les régions de plaines, les bassins de grandes cultures bénéficient généralement d'une rente naturelle élevée (des sols fertiles avec présence de lœss ou de placages alluviaux fins). Ils se prêtent au développement d'une céréaliculture intensive (blé, maïs) qui peut être associée avec les cultures d'oléagineux (colza, tournesol) et de betteraves à sucre.

En République tchèque, au cœur de la Bohême centrale, le bassin agricole du Polabi, est le type même du bon pays agricole, offrant des terres limoneuses, sous un climat continental à étés chauds. Les cultures de blé, betteraves à sucre, plantes fourragères et houblon obtiennent là leurs meilleurs rendements. Un élevage bovin et porcin est présent mais les densités animales sont moins élevées que dans d'autres régions du pays. En Moravie, le sillon de la Morava (bassin d'Olomouc-Přerov et le bassin de Brno, dans sa partie inférieure) bénéficie de conditions favorables sans présenter un degré de spécialisation et d'intensivité aussi élevé.

En Hongrie, les zones de grandes cultures concernent la Petite plaine (Kisalföld), autour de Győr et Sopron, le Mezőföld et les terrasses du Danube sur la rive droite du fleuve, et la Grande Plaine (Alföld) dans son ensemble, à l'exception des interfluves sableux de la Petite Coumanie, entre Danube et Tisza et du Nyírség, à l'extrême est du pays, deux secteurs d'interfluves sableux et hydromorphes. Ces bassins jouissent d'aménités naturelles importantes (terrasses alluviales et bassins sédimentaires limoneux, constitués de sols bruns ou de type tchernozem, développés à partir de lœss) et bénéficient, en outre, d'un contexte économique favorable lié à la proximité de métropoles ou à l'insertion dans des régions relativement développées. Ils forment les bastions productifs de l'agriculture hongroise.

En Pologne, les systèmes de grande culture se développent dans la grande plaine centrale et en basse Silésie. Les conditions naturelles sont plus favorables en Kujavie et en Grande Pologne, où les terres relativement fertiles portent des cultures de céréales et de betteraves à sucre, associées à l'élevage, principalement de porcs, qu'en Mazurie et en Podlachie dont les performances agricoles sont moins bonnes. Dans le tiers méridional du pays, les régions de Wrocław et d'Opole bénéficient d'une bonne couverture de lœss se prêtant à une agriculture intensive à base de blé, de betterave à sucre, de cultures fourragères et industrielles et d'élevage associé.

Les bassins d'élevage intensif constituent un deuxième sous-type qui diffère du précédent par la place accordée aux productions animales. En Hongrie, l'élevage bovin intensif se concentre dans quelques pôles de la Grande Plaine, près de Debrecen. Il caractérise plus encore la Petite Plaine, dans le bassin inférieur de la Rába, au contact avec les marchés urbains de Budapest, de Győr et de l'axe urbanisé du Danube. C'est d'ailleurs dans cette même Petite Plaine que l'on relève une forte concentration d'élevages avicoles et porcins en amont du Coude du Danube, entre Komárom et Tatabánya, sur les pentes occidentales des collines de Vértes et de Gerecse : c'est la région du Bársonyos, en relation immédiate avec le marché de Budapest et les entreprises agroalimentaires locales. Dans le nord-est de la Pologne, un vaste bassin d'élevage laitier s'est récemment formé, à l'initiative de grandes firmes multinationales qui ont implanté une industrie de transformation du lait et mis en place des réseaux de collecte. Il s'étend sur la partie orientale de la Mazovie et une grande partie de la Podlasie. Les densités de vaches laitières y dépassent la trentaine de têtes pour 100 ha de SAU. D'origine plus traditionnelle, l'élevage porcin intensif (sous forme d'ateliers industriels) concerne l'ensemble de la plaine de Kujavie-Grande Pologne. Dans tous ces pays, il est significatif que les bassins spécialisés dans les cultures et/ou dans l'élevage présentent les plus faibles superficies de terres en friche et en jachère du pays (moins de 5 % de la SAU).

D'autres pôles spécialisés, d'ampleur plus limitée, concernent des zones de vergers. En Pologne, ce sont les districts de Grójec et de Skierniewice en Mazovie, de Sandomierz et de Nowy Sqcz, au pied des Carpates. Un cordon de cultures maraîchères accompagne la vallée de la Vistule, depuis Cracovie, en amont, jusqu'aux basses terres du delta, en aval. La production hongroise de fruits et légumes se concentre traditionnellement dans le Nyírség, plus précisément dans la région de Szabolcs-Szatmár-Bereg, spécialisée dans les pommiers et les cerisiers, ou dans le Hajdúság, avec la production de melons et de paprika. Après une profonde crise structurelle et une production divisée par trois pour les fruits dans les années 1995-2000, ce secteur a repris sa croissance et renforce sa spécialisation au profit des produits les plus rentables.

2. La trame de fond des systèmes de polyculture élevage

Très étendues, les régions de polyculture associée à l'élevage forment la trame de fond de l'espace agricole, héritée de la période socialiste. Elles se caractérisent par une importance relativement élevée des terres arables consacrées à la palette d'assolement classique combinant céréales, plantes oléagineuses, sarclées et fourragères. La nature des cultures céréalières introduit une différenciation traditionnelle entre les sols frais et acides, dédiés au seigle, (plateau de Łodz, Mazovie) et les terres plus fertiles, destinées au blé. En Hongrie, le seigle est cultivé sur les sols sableux de Bács-Kiskun et du Nyírség. Traditionnellement, les élevages porcin et bovin mais aussi avicole et ovin sont associés à cette polyculture. À un niveau plus fin, la différenciation des zones de polyculture-élevage procède d'autres facteurs qui tiennent aux performances techniques et économiques obtenues dans le cadre de structures d'exploitation très diverses à l'échelle de chacun des pays.

3. Les espaces d'agro-sylviculture

Leur extension reflète les données du milieu qui rendent compte du maintien d'une couverture forestière plus ou moins importante selon les pays[1]. Deux types peuvent être distingués : les milieux montagnards se prêtant à une mise en valeur agro-sylvo-pastorale, les milieux de plaine et de collines en raison de la présence de dépôts morainiques et de lacs. Au premier type, appartiennent les massifs montagneux du quadrilatère de Bohême, les chaînes des Carpates, au sud de la Pologne et en Slovaquie, les petits massifs de la dorsale hongroise. Au second, les espaces collinaires de Poméranie, de Mazurie et de l'est de la Lituanie, où l'imbrication des lacs, des clairières et des forêts est le trait dominant des paysages. Les politiques de restitution des forêts aux anciens propriétaires, qui peuvent être des collectivités locales comme des personnes privées, ont rétabli une situation de morcellement peu favo-

1. Les superficies forestières représentent 19,0 % de la superficie de la Hongrie ; 28,4 % de la Pologne ; 40,8 % de la Slovaquie ; 33,5 % de la République tchèque ; 31,2 % de la Lituanie.

rable à une gestion concertée de ces ressources. Dans un pays comme la Pologne, les conditions agronomiques de la mise en valeur sont bien différenciées. Elles sont classées comme « extrêmement défavorables » dans les zones de relief élevé (massifs montagneux de la bordure méridionale Massif de Sainte-Croix et hauteurs de Częstochowa, en Haute Silésie). En plaine, la médiocrité de sols à caractère podzolique, les difficultés d'écoulement des eaux de surface et la présence de lacs peuvent localement réduire les aptitudes à la mise en valeur (au nord, en Poméranie et en Mazurie, à l'est, en Podlachie, à l'ouest, dans les terres de Lubusz). La couverture forestière qui occupe un cinquième de la superficie du pays est particulièrement étendue dans les territoires occidentaux et septentrionaux, ainsi qu'au sud, dans les régions montagneuses des Carpates, du Massif de Sainte-Croix. Dans certaines communes, la forêt peut couvrir plus de la moitié des superficies. Si dans les territoires repeuplés après 1945, cette forêt est restée propriété de l'État qui est en charge de son entretien, ailleurs, la gestion des forêts est morcelée entre un grand nombre de petits propriétaires privés.

C. En Russie et en Ukraine, des terres à remettre en culture ?

Il convient de souligner l'importance considérable du potentiel agricole en termes de superficie des pays de la CEI. La Russie détient 124,5 millions d'hectares de terres arables et de cultures permanentes, l'Ukraine 33,5 millions et la Biélorussie 21. Ce potentiel reste soumis à des conditions d'exploitation difficiles en raison des aléas climatiques (variabilité interannuelle des précipitations) mais également du fait de la dégradation de la fertilité des sols. Des programmes de bonification, d'irrigation et de lutte contre l'érosion ont été adoptés par la Russie afin de maintenir en l'état 6,2 millions d'hectares et d'en réhabiliter 1,5 million, à l'horizon 2010.

En Russie, le processus de spécialisation régionale s'inscrit dans un contexte général de rétraction de l'espace mis en culture et d'aggravation des disparités spatiales. La crise agricole a eu pour effet de renforcer la concentration de la production de céréales au profit des grandes zones productrices, des terres noires de la région de Rostov aux rives de la Volga, en incluant les territoires de Krasnodar et de Stavropol. Dans le Nord de la Russie d'Europe, le recul des labours et des cultures céréalières (seigle) a entraîné une diminution de l'élevage porcin. La généralisation de la petite agriculture vivrière s'est accompagnée d'une dispersion de la culture des pommes de terre.

De nouvelles régions d'agriculture intensive et spécialisée se sont formées, en particulier à proximité des grandes métropoles. La grande région de Moscou devenue en valeur la 4e région productrice du pays. La production de légumes en plein champ, dans le cadre de grandes exploitations regroupées par des holdings s'y développe afin d'approvisionner le marché de la capitale.

En Ukraine, les retards et les difficultés de la restructuration, l'arrêt des investissements de la part de l'État ont eu un impact considérable sur les conditions de la mise en valeur. La réduction des intrants a eu pour conséquence la chute des rendements tandis que l'obsolescence des machines et des équipements de stockage se répercutaient sur les récoltes. L'ensemble de la production agricole du pays a enregistré un recul prononcé, de l'ordre de 50 %, au cours de la décennie 1990. La productivité agricole par unité de travail s'est également détériorée, ce qui explique au final les performances catastrophiques de l'agriculture ukrainienne. Malgré l'exceptionnelle fertilité des terres noires (*tchernozem*), les pratiques modifiant les rotations de culture ou supprimant les jachères et diminuant les fertilisants ont eu des effets négatifs sur la qualité des sols. La forte variabilité interannuelle des conditions climatiques, marquée par de sévères gelées susceptibles de détruire les semis d'hiver (en 2003) ou de graves sécheresses estivales (2007), se traduit par d'importantes fluctuations des récoltes. Le blé d'hiver est cultivé dans tout le pays mais les régions du centre et du centre sud sont les principales zones productrices. L'orge pour la production de malt concerne plus particulièrement la région orientale. Il en est de même du maïs cultivé dans l'est et le sud. Le tournesol, principal oléagineux, se concentre dans ces mêmes régions tandis que la betterave à sucre dont la superficie a diminué de moitié de 1994 à 2004, est produite dans le centre et l'ouest. En dépit du fabuleux potentiel qu'elle détient, l'Ukraine n'est pas encore le grand producteur qu'elle pourrait devenir au niveau mondial, même si elle exporte à nouveau des céréales.

4. Recomposition des systèmes agroalimentaires

A. La dynamique d'intégration des nouveaux États membres

L'agriculture a constitué l'un des enjeux les plus sensibles de l'adhésion des pays d'Europe centrale et orientale, compte tenu de l'importance de ce secteur dans leur économie. Si l'Union européenne à 15 comptait moins de 6 millions d'exploitations agricoles, l'Union européenne à 27 en compte désormais 14 millions dont plus de la moitié se trouve dans trois pays, la Pologne, la Roumanie et la Bulgarie qui ne produisent que moins de 10 % de la production agricole totale. La poursuite de la restructuration de l'agriculture dans ces nouveaux États membres fait partie des objectifs dans les années à venir.

L'adaptation du cadre législatif et la mise en place des institutions ont constitué le principal défi pour les pays candidats. Au début des années 2000, l'accès aux fonds de pré-accession (sous la forme du programme SAPARD) a permis d'établir les institutions nécessaires à l'intégration et d'accélérer la modernisation du secteur agroalimentaire. Sur la période 2000-2006, l'aide de pré-adhésion accordée par le programme SAPARD a bénéficié d'un budget de 520 millions d'euros par an. Chaque pays a utilisé les fonds qui lui étaient attribués en fonction de ses priorités (infrastructure rurale, investissement dans le secteur agricole, aménagement foncier et rénovation des villages). Les négociations concernant le chapitre agricole ont été particulièrement difficiles. La question du montant des paiements directs, celle du choix de la période de référence pour la fixation des quotas, ou encore du cofinancement des mesures agricoles et rurales ont fait l'objet de controverses. La reprise de l'acquis communautaire en matière agricole comporte un grand nombre de règles contraignantes dont l'application s'impose désormais aux nouveaux pays membres. Elles concernent la mise en place d'un organisme payeur, d'un système intégré de gestion et de contrôle, la capacité à mettre en œuvre les aides directes en agriculture et les mesures de développement rural. La PAC contribue à assurer un revenu minimum aux agriculteurs par l'intermédiaire du régime de paiement unique à la surface (RPUS) qui est un système de paiements directs plus simple que le droit à paiement unique (DPU) appliqué dans l'Union européenne des 15. Ces primes dépendent de la surface cultivable de chaque exploitation. En outre, chaque pays applique un régime de paiements directs nationaux complémentaires comme cela est autorisé par l'acte d'adhésion. Dans le cadre des programmes de développement rural, les agriculteurs des zones défavorisées bénéficient de primes spéciales. D'autres mesures sont destinées à soutenir la restructuration du secteur par l'aide aux investissements de modernisation et le transfert d'exploitations vers de plus jeunes agriculteurs (en particulier en Pologne).

L'intégration dans la PAC s'est traduite par un accroissement significatif du soutien à l'agriculture. En dépit d'une inégalité de traitement[1], les agricultures des nouveaux États membres semblent avoir tiré parti de l'application de la PAC : accroissement des revenus agricoles permettant la recapitalisation, relance de la production et stabilisation des marchés des céréales, betteraves à sucre, viande bovine et lait. Cependant, à moyen terme, l'aide attribuée ne leur a pas permis de rattraper leur retard structurel et d'assurer leur compétitivité. En outre, les aides communautaires ont eu des impacts structurels qui ont renforcé le clivage entre les grandes exploitations marchandes et les exploitations de semi-subsistance.

B. Les faiblesses de l'intermédiation

Dans la plupart des NEM, les intégrations horizontales et verticales sont limitées. Durant la transformation de système, les mécanismes de coordination des marchés par l'État et les systèmes d'intégration verticale ont été démantelés, cédant la place à une structure atomisée du secteur agricole. Le lien entre l'offre éclatée des producteurs et la demande du secteur agroalimentaire d'aval, en situation d'oligopole, n'est pas assuré de manière optimale par des marchés qui fonctionnent mal. Les industries alimentaires révèlent des retards persistants dans les secteurs d'amont et de réels progrès dans les secteurs d'aval (deuxième transformation et grande distribution). La pénétration des investissements directs étrangers, représentés par les grandes firmes multinationales, a été le moteur de cet essor. Il a été accompagné par un basculement des modèles de consommation alimentaire, de la situation antérieure de pénurie à l'alignement sur les standards du modèle occidental.

Il en résulte que les producteurs agricoles sont dans un rapport défavorable avec les firmes de transformation agroalimentaire et celles de la grande distribution. L'organisation de structures coopératives et de groupements de producteurs se heurte aux réticences d'exploitants qui assimilent ces formes d'organisation économique aux anciennes structures collectivistes (en particulier en Pologne). Dans ce contexte comment assurer la mise en compétitivité du secteur agricole en assurant un revenu raisonnable pour la population qui en vit ?

L'intermédiation des intérêts économiques des producteurs agricoles est dans les mains de nouvelles structures, apparues au lendemain de la transformation, telles que les chambres d'agriculture conçues sur le modèle institutionnel occidental, les organisations professionnelles agricoles qui représentent des groupes professionnels distincts (grandes exploitations sociétaires, agriculteurs privés ou indépendants). Dans certains pays, comme en Pologne, des partis politiques se partagent la repré-

1. Les aides directes n'atteindront que progressivement la parité avec le montant des aides directes versées aux agriculteurs de l'UE à 15. Les aides directes des NEM, ainsi que leurs quotas laitiers et sucriers, ont été calculés sur la base des productions à la fin des années 1990 (qui ne constitue pas une période de référence favorable) et étaient donc en 2007 deux à trois fois inférieures par hectare à celles de l'UE à 15. Elles n'atteindront des niveaux comparables qu'en 2013 (cf. chapitre 2).

sentation des couches sociales paysannes. Ces porte-parole du monde paysan adoptent un mode d'intervention revendicatif davantage qu'ils ne jouent un rôle de proposition en vue d'une politique de modernisation. De manière générale, l'intégration européenne a suscité un mélange de peurs et d'espoirs pour les agriculteurs des nouveaux États membres.

Au sein de l'Union européenne, les élargissements de 2004 et de 2007 aux Nouveaux États membres n'ont pas provoqué de bouleversement : les échanges entre l'Est et l'Ouest avaient été progressivement libérés par les accords d'association à partir de 1994. Au début des années 1990, les marchés de ces pays ont été envahis par les produits alimentaires de l'Union européenne et la plupart sont devenus importateurs nets. À présent, dans leur ensemble, les NEM importent plus qu'ils n'exportent de produits agricoles et alimentaires et ce sont les anciens pays membres qui en profitent principalement avec un solde positif de 1,8 milliard d'euros (moyenne 1999-2006). Les NEM sont exportateurs nets de produits agricoles bruts, céréales en tête, tandis qu'ils sont déficitaires pour les productions de viande, lait, fruits et légumes.

Tableau 3.9 – Échanges agroalimentaires (2005)

Pays	Exportations agricoles en millions de dollars	Exportations agricoles en % du total des exportations	Importations agricoles en millions de dollars	Importations agricoles en % du total des exportations	Solde des échanges agricoles en billions de dollars
Bulgarie	1 303	10,7	997,6	5,8	+305,4
Rep. tchèque	3 420	3,7	4 600	5,6	-1 180
Estonie	390,7	5,0	718,6	8,3	-327,9
Hongrie	4 070	6,5	2 760	3,8	+1 310
Lettonie	493,6	7,8	948,1	11,3	-454,5
Lituanie	1 379	10,7	1 246	8,2	+133
Pologne	8 697,6	8,9	6 789,1	6,1	+1 908,5
Roumanie	877,2	3,2	2 560	6,5	-1 682,8
Rep. Slovaque	1 380	3,6	2 210	5,4	-830
Slovénie	657,3	3,3	1 390	6,4	-732,7
Russie	3 480	1,1	15600	12,8	-12 120
Ukraine	4 400	10,4	2 300	5,8	+2 100
Biélorussie	1 076,4	7,8	1 449,5	8,8	-373,1
Kazakhstan	719,5	5,6	851,7	7,4	-132,2

Source : www.eastagri.org

Mais il convient de distinguer les pays agro-importateurs nets tels la République tchèque, l'Estonie, la Lettonie, et de manière plus préoccupante la Roumanie (le secteur agricole fournit 12.2 % du PIB et mobilise 32.6 % de la main-d'œuvre), de ceux qui dégagent un solde agroalimentaire positif et qui ne sont qu'au nombre de trois, Pologne, Hongrie, Bulgarie. Traditionnellement exportatrice nette de produits agricoles et agroalimentaires, la Hongrie a vu la part de ces produits se réduire dans son commerce extérieur, passant de 25 % des exportations à 6,5 % en 2005 et le solde de sa balance agroalimentaire décroître de manière continue depuis 2000. Les exportations concernent avant tout les céréales (maïs, blé), les aliments pour le bétail, la viande de porc, les fruits et légumes transformés. Pour sa part, la Pologne est parvenue à affirmer sa vocation exportatrice. Les produits agricoles et alimentaires représentent 8,9 % des exportations tandis qu'ils ne contribuent que pour 6,1 % aux importations. Si la restructuration de son secteur agricole se poursuit, la Pologne peut espérer se ranger durablement au rang des puissances agricoles de l'Union européenne. La Bulgarie reste un modeste agro-exportateur, spécialisé dans le tabac, les céréales et le vin.

Le positionnement de la Russie et de l'Ukraine sur le marché mondial

La participation des pays de la CEI aux échanges agroalimentaires mondiaux s'effectue sur de tout autres bases. Parmi les anciennes républiques soviétiques, l'Ukraine est la seule à figurer comme agro-exportateur net. En dépit de son potentiel la Russie n'est pas parvenue à dégager durablement des excédents exportables. Ce pays présente une balance des échanges agroalimentaires gravement déficitaire. Si la Russie parvient à exporter des céréales[1] (blé et orge principalement), elle est contrainte d'importer du sucre, de la viande de porc, des volailles, des produits laitiers et du tabac. Le secteur agroalimentaire attire de plus en plus d'investissements russes et étrangers (Danone, Bonduelle). L'autosuffisance du pays en produits alimentaires et l'accroissement du potentiel d'exportation demeurent cependant des objectifs hors de portée.

En Ukraine, la privatisation engagée à partir de 1999 a permis à certaines productions de progresser et de se positionner sur les marchés mondiaux. Parmi les exportations de produits agricoles qui représentent 10,4 % de l'ensemble des exportations, figurent en bonne place l'huile de tournesol, le blé et l'orge pour la production de malt. Mais le pays importe du sucre brut, des produits transformés et du tabac. L'Union européenne absorbe 20 % des exportations agroalimentaires du pays la plus grande partie allant vers les nouveaux États membres en situation de voisinage. Bien qu'en théorie favorisés par le Système généralisé de préférences, les échanges de l'Ukraine avec l'Union européenne se heurtent à divers obstacles, en particulier la question du respect des normes sanitaires européennes. Les difficultés tiennent au mauvais état des installations du secteur de la transformation et imposeraient d'importants investissements pour les moderniser.

C. Produire et consommer : un nouveau rapport au bien manger

Dans l'ensemble des pays sortis du communisme, de nouveaux modes de consommation alimentaire se développent. Ils tendent à réduire l'importance des pratiques traditionnelles qui faisaient auparavant une large part à l'autoapprovisionnement, en particulier en milieu rural et de manière plus limitée en ville. Ces changements de

1. La Russie est en mesure de dégager un excédent annuel d'environ 10 millions de tonnes de céréales pour l'exportation. Les principales régions sont les territoires de Krasnodar, Stavropol et Rostov, dans le sud de la Russie.

pratiques et de modes de consommation, induits par la transformation de la production et de la distribution dans le contexte de la diffusion de l'économie de marché, ont une influence dans les domaines économique et social. La mutation des modèles alimentaires a des répercussions sur les politiques publiques en matière d'alimentation et de nutrition et peut avoir des effets sur les identités qui résulteraient de l'affaiblissement des régulations socioculturelles.

L'économie de pénurie rendait traditionnellement l'approvisionnement des consommateurs en produits alimentaires difficile et le système tentait de les pallier en mettant en place des circuits d'approvisionnement spécifiques (au sein des entreprises) tandis que les ménages faisaient jouer les solidarités entre la ville et la campagne. L'auto-approvisionnement en produits frais (fruits, légumes, œufs, volailles), à partir de la petite agriculture développée sur les lopins et dans le cadre des jardins ouvriers, a joué à plein pendant tout le régime socialiste. Les habitudes héritées de cette époque tendent à s'estomper dans la plupart de ces pays. Elles ne persistent que là où les ménages sont pénalisés par de faibles revenus, principalement dans les économies rurales les moins diversifiées. Le clivage urbain/rural reste à cet égard pertinent. L'agriculture de semi-subsistance maintient des positions fortes en Lituanie, dans la Pologne orientale, dans le Nord-Est de la Hongrie et concerne la plus grande partie des campagnes roumaines. L'économie du potager persiste en Biélorussie où le système collectiviste perdure ainsi qu'en Russie où l'on parle d'agriculture urbaine familiale pour distinguer cette activité des formes professionnelles intensives (serres, élevages industriels). La rationalité économique de ce secteur non marchand est différente de la logique de l'économie de marché.

L'ouverture aux échanges extérieurs, le développement de la grande distribution, la progression récente des revenus des ménages ont fait surgir de nouvelles consommations. De la nourriture préparée à la maison (souvent à partir des produits du lopin) aux aliments industriels achetés au supermarché, c'est tout un rapport au temps, à l'argent et à la nourriture qui s'est transformé, contribuant à redéfinir la place des femmes, les formes de convivialité, mais aussi les identités nationales. On peut évoquer les effets de ces changements dans le cas tchèque. Pour les Tchèques, la tradition du bien manger associe le cochon que l'on tue l'hiver venu, la maison où les femmes confectionnent plats et gâteaux, la bière qui arrose largement le tout... La nourriture appartient à la sphère privée, restée à l'écart des aléas de la vie publique. L'Union européenne avec ses normes sanitaires strictes est perçue comme susceptible de faire peser un risque sur l'identité des cuisines nationales. Pour autant, en Europe centrale, les formes de convivialité des tavernes de bière ou des celliers où l'on déguste le vin entre amis ont encore de belles heures. Il n'en reste pas moins que partout, et à commencer par les métropoles, les régimes alimentaires se transforment et s'uniformisent inexorablement sous l'effet de la globalisation diffusée par les enseignes de la grande distribution (Auchan, Bila, Tesco, Carrefour). La visite de fin de semaine au supermarché, situé en périphérie des grandes métropoles, est devenue un nouveau rite auquel sacrifient des millions de consommateurs avec d'autant moins de retenue qu'il s'agit d'une conquête sociale du postcommunisme.

Conclusion

La grille générale de lecture adoptée a mis en évidence l'extrême diversité des structures et des économies agroalimentaires des pays sortis du système collectiviste, il y a moins d'une vingtaine d'années. En dépit de progrès substantiels, les agricultures de ces pays restent marquées par une moindre intensité des systèmes productifs et une plus faible productivité du travail. Le maintien d'un fort dualisme des structures agraires a freiné l'émergence d'exploitations familiales modernes et marchandes de type ouest européen, tandis que l'agriculture de semi-subsistance continue à jouer un rôle social majeur. Les dix nouveaux États membres importent plus qu'ils n'exportent et ce sont les anciens pays membres de l'Union européenne qui en profitent. Plus à l'Est, seule l'Ukraine figure parmi les pays exportateurs nets mais la réalisation de son potentiel productif reste entravée par les héritages structurels du collectivisme.

Cependant, sous l'effet de l'ouverture économique, une transformation des formes de consommation marquée par un alignement sur les modèles de production de masse d'aliments industriels est en train de s'opérer qui est susceptible de poser en termes radicalement nouveaux le délicat équilibre entre s*ecurity* et *safety* alimentaire. Les importantes réserves de terres agricoles de l'est du continent européen pourront-elles à l'avenir contribuer à le réaliser ?

CHAPITRE 4

Les systèmes agroalimentaires des pays du Sud

Jean-Louis CHALÉARD

Les pays du Sud constituent un vaste ensemble où l'agriculture tient une place de première importance dans l'économie et la société. Elle y occupe fréquemment plus de 50 % de la population active (53 % en moyenne en 2004 selon la FAO) et sa contribution au produit national brut est plus importante que dans les pays développés : souvent entre 15 et 25 %, voire beaucoup plus, contre moins de 5 % dans la plupart des pays industrialisés.

Pourtant, ces pays sont les plus mal nourris de la planète. Les campagnes connaissent souvent des problèmes alimentaires graves et les villes sont le siège « d'émeutes de la faim » récurrentes qui ont pris une grande ampleur début 2008. Il s'agit là, incontestablement, d'un des signes du « sous-développement » ou du « mal-développement » qui caractérisent ces pays.

Certes, cet ensemble est loin d'être homogène puisqu'on y trouve les pays les plus pauvres du monde (comme le Tchad ou le Niger en Afrique) et des pays dits « émergents » qui connaissent des taux de croissance élevés et une situation bien meilleure, que ce soit le Brésil, grand agro-exportateur mondial, ou la Chine. Pour autant, l'ensemble des pays « du Sud » est marqué par les problèmes de pauvreté et de sous-alimentation. Et même dans les pays les plus dynamiques, la grande masse des agriculteurs connaît de fortes difficultés.

Dans ces pays, l'agriculture se trouve confrontée à de multiples enjeux. Elle doit à la fois nourrir une population en croissance rapide, une population urbaine qui augmente plus vite que celle des campagnes, et fournir les devises dont les États ont besoin par l'exportation de denrées vers les pays du Nord développés.

Les politiques agricoles, comme celles de l'ensemble du monde, ont été marquées par des phases différentes qui ont eu de fortes conséquences sur la production. Des années 1920-1930 ou depuis la fin de la Seconde Guerre mondiale selon les cas jusqu'aux années 1970, le monde rural a été marqué par une vigoureuse intervention des États qui ont cherché à promouvoir la production alimentaire nationale, au prix d'un encadrement serré et de protections. Depuis les années 1980-1990, l'ouverture libérale dans le cadre de la mondialisation a profondément modifié ces politiques et entraîné des changements notables dans les systèmes productifs.

Les dernières décennies ont été caractérisées par une forte augmentation des productions. Cependant celle-ci est loin d'être homogène. Alors que quelques régions connaissent un essor considérable d'autres stagnent voire régressent ou, à l'écart des courants d'échange, s'enlisent dans leur isolement. Par ailleurs, si l'essor des villes ouvre de nouveaux marchés aux agricultures locales, les petits exploitants qui constituent la majorité des producteurs ont du mal à survivre dans un contexte fortement concurrentiel. Et l'essor des productions à destination des pays Nord ne résout pas les problèmes de la faim toujours aigus.

Après avoir vu ces grandes questions qui se posent plus ou moins à l'ensemble des pays du Sud, nous aborderons deux cas plus précisément : l'Afrique subsaharienne et l'Amérique andine. Laissant de côté les grands pays producteurs (vus dans les chapitres 5 et 6), ces exemples seront l'occasion d'approfondir les questions à propos de grands ensembles géographiques marqués par la pauvreté et les difficultés des petites paysanneries, et de percevoir quelques-unes des multiples nuances ou différences qui existent au sein du vaste ensemble des pays dits « du Sud ».

1. Faiblesses et dynamismes des systèmes agroalimentaires dans les pays du Sud

Dans les pays du Sud, le principal problème est de produire en quantité suffisante des aliments pour une population en croissance rapide. Parallèlement, l'explosion urbaine fait que les producteurs doivent nourrir un nombre de plus en plus élevé de non-producteurs. Or, les excédents, compte tenu de la faible productivité du travail, sont réduits.

Il convient de préciser d'abord ce bilan, avant de voir les évolutions et les efforts pour résoudre les problèmes. De ce point de vue, on distinguera les politiques mises en œuvre pour améliorer la production, lancées souvent il y a plusieurs décennies, de l'évolution actuelle. Enfin, on essaiera de voir, dans un contexte qui privilégie les grandes exploitations « modernes », les solutions trouvées par les petits producteurs qui constituent la grande masse de la population de ces pays.

A. La difficulté à nourrir les populations

1. Une production alimentaire encore insuffisante

Dans les pays du Sud, malgré un fort pourcentage de population agricole, le bilan est décevant et l'un des principaux problèmes est de nourrir une population en croissance rapide. Le pourcentage de personnes souffrant de la sous-alimentation est élevé (tableau 4.1). Certes, il diminue globalement, en raison des progrès réalisés en Asie et en Amérique latine. Mais la situation ne s'est guère améliorée depuis les années 1960 en Afrique subsaharienne.

Par ailleurs, si le pourcentage de malnutris diminue, leur effectif baisse beaucoup plus lentement en raison de la croissance démographique rapide : il y aurait encore 830 millions de malnutris dans les pays en développement au début des années 2000 selon la FAO, et les effectifs auraient même augmenté depuis 1990. La situation s'est fortement améliorée en Asie du Sud et de l'Est des années 1960 aux années 1990, pour ensuite progresser beaucoup moins vite. Elle a empiré en Afrique subsaharienne depuis quarante ans et s'aggrave en Afrique du Nord et au Proche-Orient depuis les années 1980. L'amélioration temporaire de la situation en Afrique du Nord et au Proche-Orient à partir des années 1960-1970 puis sa détérioration récente montrent que les succès peuvent être fragiles.

Tableau 4.1 – La sous-alimentation dans les pays en développement

Années	1969-1971		1990-1992		2002-2004 (préliminaire)	
En % de la population totale et en millions de personnes	%	Nombre	%	Nombre	%	Nombre
Monde					14	861,6
Monde en développement	37	960,7	20	823,1	17	830,0
Asie et Pacifique	41	769,9	20	569,7	16	527,2
Amérique latine et Caraïbes	20	55,1	13	59,4	10	52,1
Proche-Orient et Afrique du Nord	24	42,8	8	25,0	9	37,3
Afrique subsaharienne	36	92,8	35	169,0	33	213,4

Sources : FAO, 2008.

Dans l'ensemble, les famines sont liées aux guerres et à des accidents climatiques graves (inondations, sécheresses) plus qu'à des problèmes structurels de production agricole. En Afrique, la Somalie ou le sud du Soudan sont affectés par des guerres ; le Sahel connaît de façon récurrente des sécheresses. Mais ce sont surtout la sous-alimentation, liée à une nourriture insuffisante en quantité, et la malnutrition, liée à des régimes alimentaires déséquilibrés, souvent pauvres en protéines et insuffisamment variés, qui touchent les populations. Ces phénomènes chroniques sont d'autant plus graves qu'ils sont moins spectaculaires que les grandes crises alimentaires et qu'ils provoquent moins une aide massive des pays du Nord. Des maladies affectent les populations touchées (avitaminoses, kwashiorkor...) et provoquent des malformations chez les nouveaux-nés dont les conséquences sont dramatiques.

Ces difficultés touchent en priorité les habitants des campagnes (les trois quarts des pauvres en état de sous-alimentation chronique selon la FAO), mais affectent aussi les couches urbaines les plus misérables. Les causes de cette situation sont multiples et ne concernent pas seulement l'état des productions : la pauvreté, la difficulté d'accès aux populations en détresse, l'insuffisance des infrastructures de transport pour autoriser les échanges entre régions sont aussi à prendre en compte.

2. Une hausse limitée de la production alimentaire

La production alimentaire a fortement augmenté dans les pays du Sud. Sur la période 1961-2006, d'après la FAO, l'augmentation de la production est de 62 % pour les céréales et de 50 % pour les tubercules (figure 4.1). Toutefois, cette hausse est inférieure à celle de la population. La figure 4.2 montre que la production de racines et tubercules par habitant a crû jusqu'en 1973 pour ensuite décroître lentement. La production de céréales qui augmente jusqu'en 1990 connaît depuis une chute brutale.

Figure 4.1 – Évolutions des productions de céréales et de racines et tubercules dans les pays en développement depuis le début des années 1960

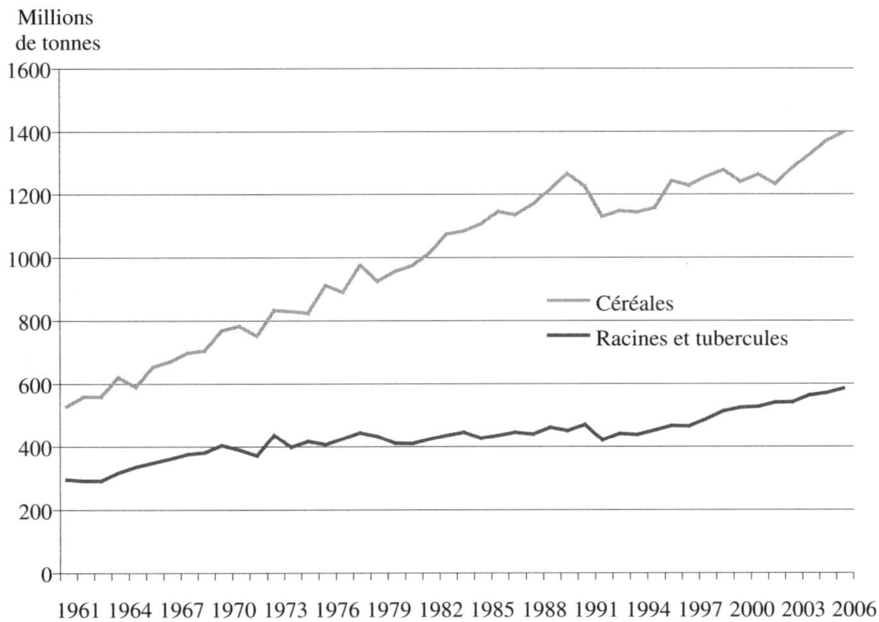

Source : FAO, 2006.

Figure 4.2 – Évolutions des productions de céréales et de racines et tubercules par tête d'habitant dans les pays en développement depuis le début des années 1960

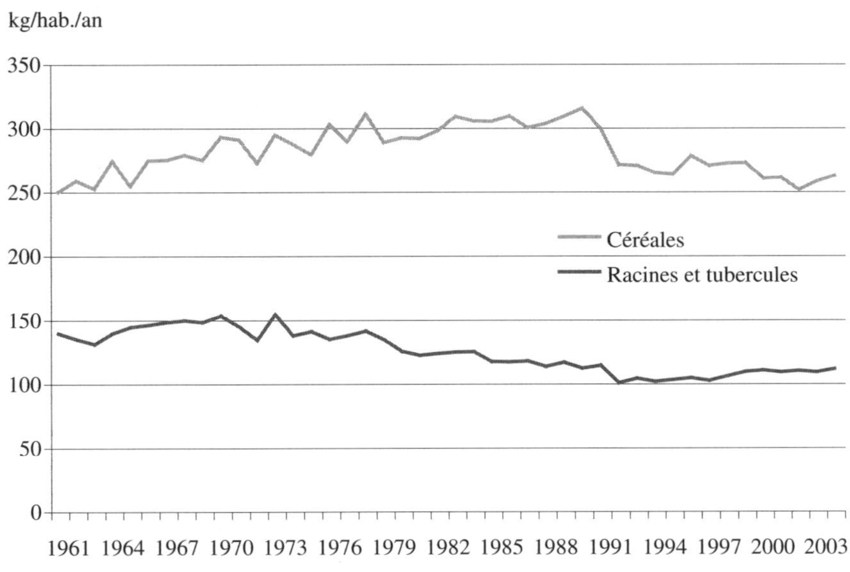

Source : FAO, 2006.

Par ailleurs, il faut tenir compte de fortes disparités à l'intérieur du groupe des pays « en développement ». L'Indonésie a doublé sa production de céréales par habitant depuis 1960, alors que le Bangladesh l'a vue baisser de 8 %. La production de nourriture par habitant de la République démocratique du Congo (ex-Zaïre) a baissé de moitié depuis 1990.

Si les situations les plus critiques s'expliquent souvent par des raisons particulières locales, comme les troubles politiques en République démocratique du Congo qui ont désorganisé l'économie, la faiblesse globale de la croissance témoigne des difficultés de l'agriculture vivrière dans beaucoup de pays. Elle révèle aussi un certain nombre de problèmes liés à l'histoire et aux structures agraires de ces pays.

3. Une masse de petites exploitations et une structure duale

Contrairement à une idée répandue, la population rurale des pays du Sud a augmenté fortement depuis plusieurs décennies. Si l'exode rural est souvent important et si la croissance urbaine est accélérée, les campagnes ne se dépeuplent pas, en raison de forts taux de croissance naturelle qui font plus que compenser les départs et en raison également de la complexité des mouvements entre villes et campagnes, faits souvent d'allers-retours multiples. Certes, en Amérique latine, on commence à observer une diminution de la population rurale (comme au Mexique ou au Brésil) liée à une accélération de l'exode rural combinée au ralentissement de la croissance démographique. Par ailleurs, surtout en Asie, une part élevée de la population des campagnes vit d'activités non-agricoles, notamment dans l'industrie rurale. Toutefois, dans une majorité de pays, la population agricole augmente encore.

Cette croissance se traduit par une forte pression sur la terre. D'après la FAO, la population agricole par hectare a augmenté au cours des quatre dernières décennies, passant de 2,5 personnes/ha en 1969-1971 à 2,8 en 2001-2003 (tableau 4.2). Cette proportion tend à se stabiliser depuis les années 1980 en raison de l'ouverture de fronts pionniers ; mais en Inde, monde « plein », les densités ont continué d'augmenter, de même en Afrique subsaharienne en raison de la croissance démographique rapide. Les superficies cultivées par agriculteur sont ainsi beaucoup plus réduites que dans les pays développés (tableau 4.3).

Tableau 4.2 – Densité de population agricole par hectare de terres arables et de cultures permanentes

Groupes de pays	1969-1971	1990-1992	2001-2003
MONDE			1,7
PAYS EN DÉVELOPPEMENT	2,5	2,8	2,8
Asie Orientale	6,2	6,2	5,4
Océanie	4,1	4,4	4,9
Asie Sud Orientale	2,7	2,7	2,7
Asie du Sud (Inde principalement)	2,5	3,2	3,6
Amérique Centrale	1,7	1,7	1,6
Caraïbes	1,8	1,4	1,3
Amérique du Sud	0,9	0,6	0,5

Groupes de pays	1969-1971	1990-1992	2001-2003
Proche-Orient	0,9	1,0	1,0
Afrique du Nord	1,8	1,7	1,6
Afrique Centrale	1,5	2,0	2,3
Afrique Orientale	2,0	3,1	3,4
Afrique Australe	1,6	2,3	2,6
Afrique Occidentale	1,2	1,4	1,4
PAYS DÉVELOPPÉES			0,1

Source : FAO, 2006.

Tableau 4.3 – Superficies cultivées par agriculteur dans le monde en 1998 (en hectares)

Continents et sous-continents	1998
Afrique au sud du Sahara	0,97
Amérique latine et monde caraïbe	3,50
Asie du Sud-Est	0,66
Monde chinois	0,27
Monde indien	0,60
Monde arabo-musulman	2,10
Océanie	19,9
Japon/Corée du sud	1,10
Amérique du Nord	64,7
Europe occidentale	10,5
Europe orientale	4,50
Ex-URSS	10,20
Monde	1,15

Sources : d'après FAO, 2000.

Ceci rend compte de la faiblesse de la taille moyenne des exploitations, souvent moins de 5 ha et même moins de 2 ha dans les régions densément habitées d'Asie, ainsi qu'une tendance dans les pays les plus peuplés à une réduction de la taille moyenne des unités de production.

Par ailleurs, dans les pays du Sud, les structures agraires sont souvent duales, opposant de grandes exploitations limitées en nombre, mais qui couvrent de vastes superficies, à une masse de petites exploitations inférieures souvent à 2 ha. Le cas est particulièrement net en Amérique latine où les immenses domaines (*latifundia, fazendas*), hérités de l'époque coloniale ou constitués depuis le XIXe siècle, pratiquant un élevage extensif, et les grandes plantations, produisant des denrées tropicales pour l'exportation, monopolisent une large part des surfaces agricoles utiles au détriment des petites exploitations.

Dans l'ensemble dominent donc de petites unités de production, souvent mal équipées. Les techniques sont essentiellement manuelles, ce qui ne signifie pas nécessairement des rendements par hectare bas, mais ce qui se traduit par une faible productivité du travail. Là où un exploitant nord-américain, australien ou beauceron produit en moyenne 1 000 t de céréales par an, le petit producteur du Sud ne fournit qu'une tonne. La faiblesse du capital technique et surtout des capacités de financement rendent difficiles l'amélioration de la production.

Pendant plusieurs décennies, les États sont intervenus pour aider les petits paysans, à la fois les plus nombreux, les plus fragiles et ceux dont on espérait que l'augmentation de la production permettrait une amélioration globale de la situation alimentaire du pays. Les situations sont plus contrastées aujourd'hui.

B. Des tentatives anciennes pour accroître les productions

1. L'État interventionniste : révolution verte et réformes agraires

La situation actuelle est encore marquée par une série de grandes réformes qui ont eu lieu principalement dans la seconde moitié du XXe siècle. Compte tenu des fortes inégalités foncières dans les campagnes, beaucoup de pays ont lancé des réformes agraires dont le but premier était de réduire ou d'éliminer les inégalités sociales dans le monde rural par une redistribution des terres. En même temps, la question de l'augmentation des productions agricoles était liée à la question foncière, dans la mesure où une amélioration des structures d'exploitation était nécessaire pour accroître les niveaux de production des agriculteurs. C'est pourquoi, la plupart des mesures promulguées par les gouvernements dans les pays du Sud ont eu plus ou moins ces deux objectifs associés (Dufumier, in Haubert, 1999, p. 45 et suivantes).

La première grande réforme agraire, à certains égards exemplaire, a eu lieu au Mexique, qui l'a inscrite dans sa constitution de 1917. Cette réforme crée l'*ejido*, qui désigne l'ensemble des terres prélevées sur les grands domaines et exploitées désormais par un groupe paysan. À côté de terres collectives, le terroir cultivé est divisé en parcelles individuelles et héréditaires, qui ne peuvent être vendues ou louées. Au total, entre 1915 et 1990, 101 millions d'ha ont été distribués profitant à 2,5 millions de paysans. De nombreux États latino-américains où les structures foncières sont particulièrement inégalitaires ont lancé des réformes, surtout à partir des années 1960, sous l'influence des États-Unis qui voulaient éviter la contagion révolutionnaire de Cuba où Fidel Castro prend le pouvoir en 1959[1].

En Asie du sud et orientale, des réformes d'ampleur variable ont également eu lieu. On y rencontre toute une palette de situations, de l'absence de véritables mesures (comme aux Philippines) à des transformations radicales, de type socialiste. Dans les États du Moyen-Orient des réformes limitèrent le métayage et une redistribution seulement partielle des terres eut lieu, comme en Égypte à partir de 1952, en Syrie ou en Irak, à partir de 1958. En Afrique subsaharienne, où les inégalités foncières étaient moins fortes, il y a eu peu de réformes. Elles ont touché surtout l'Afrique orientale et méridionale où la colonisation blanche avait donné naissance à de grandes exploitations.

1. Voir ci-dessous l'exemple des pays andins.

Le mouvement de réformes agraires ayant toujours eu des objectifs productifs à côté des objectifs sociaux et de redistribution des terres, beaucoup de redistributions foncières se sont accompagnées de la mise en place de structures d'encadrement des producteurs, de systèmes de crédit, de l'essor de l'irrigation, etc.

Mais beaucoup de ces réformes ont été étouffées dans l'œuf, comme au Brésil où le coup d'état militaire de 1965 a mis fin aux velléités de redistribution foncière. Dans de nombreux cas, les grands propriétaires ont contourné les lois limitant la propriété par des partages fictifs entre parents ou avec la complicité de prête-noms. Par ailleurs la réforme a surtout profité aux anciens employés et métayers des grands domaines, mais de nombreux petits exploitants loin des grands domaines n'ont pas été touchés. Enfin, même les bénéficiaires, sous la pression de la nécessité, détournent eux-mêmes la réforme : au Mexique, les *ejidos* pourtant inaliénables sont vendus, notamment près des villes où la spéculation foncière va bon train.

Depuis la fin des années 1980, on a assisté à un arrêt des réformes agraires voire à un retour en arrière. Les résultats de celles-ci sur le plan foncier sont souvent modestes. Globalement, elles ont permis cependant la limitation de la grande propriété improductive, l'apparition d'une « classe moyenne » d'exploitants dynamiques, bénéficiaires des redistributions et de l'encadrement agricole qui ont souvent constitué le fer de lance de la modernisation à partir des années 1960-1970. Paradoxalement, elles ont poussé les grands propriétaires à mettre en valeur leurs domaines et, de ce point de vue, elles ont joué un rôle important sur l'augmentation des productions.

Les réformes collectivistes qui ont eu lieu dans plusieurs pays ont été plus radicales : Cuba, Algérie et surtout Asie (Chine, Vietnam...). Elles ont été, comme ce fut le cas en Chine, jusqu'à la collectivisation des lots individuels. Mais depuis 1979 en Chine et depuis les années 1980 au Vietnam, on a assisté à une décollectivisation qui a entraîné l'apparition d'une classe de petits exploitants qui joue un grand rôle dans l'augmentation de la production à partir des années 1980. Comme dans le cas des réformes agraires des pays non-socialistes, l'émergence d'une catégorie de petits et moyens producteurs dynamiques a été un élément qui a permis les succès de la « révolution verte ».

La « révolution verte » est un mouvement d'augmentation de la production lié à l'adoption de semences sélectionnées de « variétés à haut rendement ». Ces dernières, pour donner leur maximum productif, doivent être accompagnées de toute une série d'améliorations techniques : apport d'engrais, emploi de pesticides (les plantes sont fragiles), utilisation de l'irrigation (les exigences en eau sont strictes) (cf. chapitre 1). Certaines innovations apparaissent dès les années 1950, mais c'est dans les années 1960, en Inde (cf. ci-dessous) que la révolution verte est lancée. Elle va être importante surtout en Asie où elle permet, dans des régions de hautes densités, d'accroître considérablement les rendements. En Indonésie, les rendements moyens en riz paddy passent de moins de 1,8 t/ha en 1966 à 4,8 t/ha en 2006 (d'après la FAO).

La révolution verte a permis d'améliorer la situation des campagnes dans beaucoup de pays, d'écarter dans certains cas le spectre des famines, particulièrement en Asie. Cependant, des reproches lui ont été faits. Elle porte surtout sur le blé et le riz, et donc ne profite guère aux producteurs de tubercules ou de légumineuses (haricots par exemple) nombreux dans les pays du Sud. Elle exige la mobilisation de ressources en eau importantes et est donc inadaptée aux agricultures pluviales et aux zones arides où l'irrigation est difficile. Elle profite surtout à ceux qui ont les moyens d'acquérir des intrants. Par ailleurs, elle provoque des dégâts écologiques notables : ainsi, l'utilisation massive d'engrais et de pesticides entraîne une pollution des eaux et des sols. Enfin, les gains de rendements ont été importants surtout dans les zones les plus accessibles et les plus réceptives dans les années 1970-1980. Aujourd'hui ils sont plus difficiles à obtenir et plus lents : dans presque tous les pays où la révolution verte a eu lieu, les hausses de production marquent le pas depuis les années 1990. Ainsi, en Indonésie, les 4 t. de riz paddy par hectare sont dépassées en 1988, mais depuis la hausse s'est ralentie : les progrès initiaux rapides dans l'île de Java, très peuplée et au centre du pays, marquent le pas, et dans les autres îles l'encadrement est plus difficile et plus coûteux à mettre en place.

Par ailleurs, si la croissance de la production est liée dans beaucoup de pays à l'augmentation des rendements par hectare, dans certains, comme l'Indonésie, elle vient aussi d'une extension notable des superficies cultivées.

2. L'extension des superficies cultivées : fronts pionniers encadrés et extensions « spontanées »

L'extension des superficies cultivées se fait sous deux formes : la mise en culture, au niveau local ou régional, des terres en jachère et des espaces laissés libres à la périphérie des finages ; la mise en valeur agricole d'espaces pionniers. Le premier mouvement est difficilement chiffrable, mais il est incontestablement important. Le second est particulièrement spectaculaire.

Les pays du Sud renferment actuellement les grandes zones pionnières à l'échelle de la planète, en raison de la co-existence de foyers de peuplement extrêmement denses et de zones vides ou peu peuplées : certaines montagnes d'Asie, vastes domaines de la forêt équatoriale, etc. P. Gourou a souligné le potentiel énorme du monde tropical : si, en Asie tropicale, environ le tiers des terres porte chaque année une récolte, le chiffre tombe à 6 % pour l'Afrique au sud du Sahara et à 4,5 % en Amérique tropicale (déserts et Andes exclus) (Gourou, 1982).

Les États ont poussé à la conquête de terres nouvelles, que ce soit pour délester les zones densément peuplées, pour éviter de faire une réforme agraire en donnant des terres réputées vierges aux paysans exclus du foncier, ou, parfois, pour des raisons politiques (contrôle d'espaces peu peuplés, de frontières récentes ou litigieuses, surveillance de minorités ethniques turbulentes, etc.). Les gouvernements ont vu aussi dans ces mouvements le moyen d'augmenter rapidement la production agricole en étendant les superficies, qu'il s'agisse de productions alimentaires pour nourrir paysans et citadins, ou de productions d'exportation pour renflouer les caisses de l'État par le jeu des taxes à l'exportation. Ainsi, ils ont créé des routes (transamazonienne au Brésil...) pour ouvrir les espaces vierges, mis en place des structures d'encadrement pour la colonisation agricole ou, au moins, laissé faire les colons.

Les États ont été fréquemment promoteurs de fronts pionniers qui sont alors planifiés. Dans ce cas, des organismes d'installation et d'encadrement des agriculteurs sont mis en place. Des lotissements sont créés où sont installés des colons sélectionnés. Les premières années, les colons sont aidés par la puissance publique, jusqu'à ce que les cultures fournissent les récoltes. Mais cette colonisation est fort coûteuse et les projets restent limités, comme c'est souvent le cas en Amérique latine ou en Afrique. En Asie du sud-est, ces mouvements ont pris plus d'ampleur et ont mieux réussi : la Malaisie est à cet égard exemplaire. Dans ce pays, de 1965 à 1991, plus de 300 aires de colonisation, reliées à des unités de transformation agro-industrielles, ont permis d'installer 100 000 familles sur 500 000 ha plantés en hévéa, palmier à huile, cocotier. Une nouvelle classe de petits exploitants, de 3-4 ha chacun, est née. Fortement encadrés et pratiquant une agriculture performante, ils fournissent les deux tiers de la production nationale de latex et le tiers de celle d'huile de palme (de Koninck, 1994).

Mais souvent, la colonisation officielle ou encadrée a été submergée par un flot de colons spontanés. Dans ce cas, le colon, qui ne reçoit aucune aide de l'État, mène souvent une vie très dure les premières années. Aux Philippines, l'île de Mindanao, restée longtemps peu peuplée, est un bon exemple de front pionnier largement spontané. Près de 2 millions de personnes venues des îles du Nord et profitant des routes créées auparavant se sont installées entre 1948 et 1980, produisant surtout du maïs. D'autres fronts pionniers de ce type, avec des nuances tenant aux conditions locales, se rencontrent dans d'autres pays d'Asie, comme la Thaïlande, en Afrique (sud-ouest de la Côte d'Ivoire, sud-ouest du Burkina Faso, etc.).

Mais la plupart des fonts pionniers mêlent différents types de colonisation, à la fois encadrée et spontanée, comme en Indonésie. En Amérique latine, ils juxtaposent ou associent en général colonisation encadrée et spontanée, grandes exploitations modernes et petits colons pauvres, voire projets agricoles et industriels.

Ces fronts pionniers sont l'objet de nombreuses critiques. Si on les juge à l'aune des objectifs, l'échec n'est pas patent. Ils ont souvent soulagé les zones surpeuplées (comme aux Philippines), ont permis de mieux contrôler l'espace et surtout favorisé l'accroissement des productions agricoles : si l'Indonésie et la Malaisie sont devenues de grands producteurs d'huile de palme par exemple, elles le doivent largement à l'extension des superficies cultivées sur front pionnier.

En revanche, les conséquences sociales et écologiques sont lourdes. Les fronts pionniers n'ont pas résolu la question agraire : aux Philippines, les structures foncières restent inégalitaires (près de la moitié des exploitants, souvent métayers, cultive moins de 2 ha) ; de même que dans la plupart des États d'Amérique latine. L'arrivée massive de colons sur des terres qui n'étaient pas vides provoque également des conflits avec les autochtones allant jusqu'à la formation de véritables guérillas (comme à Mindanao). L'extension des cultures entraîne une réduction des surfaces forestières. Selon la FAO, la forêt couvrait en 1970 les deux tiers de l'Asie du sud-est. En 1990, le chiffre était tombé à moins de la moitié (de Koninck, 1994). En Côte d'Ivoire, entre les années 1950 et les années 1990, la forêt de type équatorial a diminué des trois quarts. La mise en culture rapide et sans précaution, la monoculture répétée, sans jachère, conduisent parfois à de véritables catastrophes écologiques. Face aux problèmes soulevés ainsi que face à la montée des oppositions, les défrichements se sont fortement ralentis. Les États ont souvent arrêté leurs aides. Le mouvement, s'il continue, se fait aujourd'hui dans un autre contexte.

C. Des évolutions récentes qui profitent surtout aux grandes entreprises agro-exportatrices

1. Les politiques libérales et la mondialisation

Depuis les années 1980, un certain nombre de changements, la plupart liés à la mondialisation, ont affecté la croissance de la production agricole dans les pays du Sud.

L'amélioration des conditions de manutention et de stockage des produits, la réduction des temps de transport et la baisse des coûts ont permis l'essor des exportations de produits frais. L'augmentation du niveau de vie dans les pays du Nord et l'évolution des goûts ont fait apparaître de nouveaux marchés, notamment pour de nombreux fruits tropicaux autrefois peu consommés. Ces phénomènes ne sont pas en soit nouveaux : l'amélioration des conditions de transport comme l'augmentation du niveau de vie dans les pays du Nord s'inscrivent dans des évolutions de longue durée. Ils n'en jouent pas moins un rôle moteur dans l'expansion actuelle du commerce des produits agricoles.

L'élément principal est constitué par les politiques de libéralisation mises en place dans la plupart des pays du Sud. À partir des années 1970-1980, et suite à la crise économique et financière qui les affecte, les institutions financières internationales (FMI, Banque mondiale…) poussent les pays du Sud à libéraliser leurs économies, dans le cadre de « programmes d'ajustement structurel ». Dans le domaine agricole, ces mesures ont de nombreuses conséquences : démantèlement des sociétés d'État, arrêt des politiques de substitution aux importations de produits agricoles, limitation des subventions aux intrants (engrais, etc.), qui étaient très répandues. Les organismes d'assistance technique sont souvent supprimés. Les principales structures de commercialisation des produits d'exportation disparaissent. Certes, l'importance des réformes varie selon les États. Par exemple, l'Union indienne, en dépit d'un net infléchissement libéral à partir de 1991, continue à subventionner les intrants et à soutenir, indirectement, ses exportations (Dorin, Landy, 2002). Mais dans la plupart des pays, les politiques agricoles fondées sur un encadrement serré de la paysannerie disparaissent.

Les droits de douane subissent partout une forte réduction. Dans le même temps, au nom de la théorie des avantages comparatifs, la Banque mondiale et le FMI poussent les pays du Sud à produire les denrées pour lesquelles ils ont le plus d'aptitudes. Il s'agit d'exporter essentiellement vers les pays du Nord (États-Unis et Europe) des produits que ceux-ci ne produisent pas ou qu'ils ne produisent qu'à certains moments de l'année, grâce à des atouts climatiques : climats tropicaux, cycle des saisons inversé dans l'hémisphère sud permettant de ravitailler en hiver boréal les pays du Nord…

Ce libéralisme touche aussi les ressources et les structures mêmes de la production. Dans le domaine foncier, en Amérique latine, la plupart des États qui avaient promulgué des réformes agraires reviennent dessus. Au Mexique, la référence à la réforme agraire est retirée de la constitution en 1992. En Afrique, dans plusieurs pays, la mise en place de « codes fonciers » doit aboutir à la privatisation du sol dans des régions où la terre appartenait depuis longtemps de façon indivise aux groupes sociaux locaux. Cette évolution est censée permettre l'apparition d'une classe d'entrepreneurs agricoles qui doivent investir dans leurs exploitations pour produire des denrées commercialisées.

2. La forte croissance des productions d'exportation

L'évolution actuelle profite beaucoup plus aux productions d'exportation qu'aux productions vivrières dans les pays du Sud. Les superficies en céréales, qui avaient augmenté jusqu'à la fin des années 1980 passant de 481 millions d'ha en 1961 à 543 millions en 1988, ont régressé dans les années 1990 pour se stabiliser autour de 460 millions d'ha dans les années 2000 (466 millions d'ha en 2006, d'après la FAO).

En revanche, les superficies plus spécialement destinées aux cultures d'exportation ont fortement augmenté. C'est le cas des plantations fruitières qui sont passées de 14,7 à 60,3 millions d'ha entre 1960 et 2006.

Les indices de production de la FAO pour la période 1990-2006 sont bons. L'indice FAO de production agricole par personne pour les « pays en développement » passe de 92 en 1990 à 111 en 2006 (indice 100 : moyenne 1999-2001). La croissance est plus rapide dans les pays du Sud que dans ceux du Nord. Mais cette augmentation correspond à l'essor de produits d'exportation qui ne sont pas consommés en priorité par la population locale puisque, comme nous l'avons vu, la production des denrées alimentaires de base (céréales, tubercules) stagne. À cela s'ajoute le fait qu'une partie non négligeable de la production est destinée à l'industrie et ne va pas directement à l'alimentation : coton en Afrique ou au Brésil, caoutchouc en Asie du Sud-Est, canne à sucre pour l'éthanol au Brésil, etc.

Parmi les productions en hausse, certaines font l'objet d'un commerce international ancien. Il s'agit de produits « tropicaux » ou assimilés : café, cacao, etc. La croissance de la production s'est poursuivie depuis les années 1980 avec l'extension de superficies cultivées chez les anciens producteurs, l'apparition de nouveaux pays producteurs et l'amélioration des rendements. Ainsi le café a connu une augmentation de production d'environ 20 % durant la décennie 1990, liée à la hausse des tonnages récoltés en Amérique latine, première région productrice mondiale, et à l'apparition de nouveaux producteurs importants en Asie : Indonésie et Vietnam... La chute des cours de plusieurs matières premières agricoles, dans les années 1990 et au début des années 2000, contrairement à ce qui a pu se passer autrefois, comme lors de la crise des années 1930, n'entraîne pas une baisse de la production ou du commerce : les tonnages récoltés continuent d'augmenter, comme le montre l'exemple du café.

Le soja fait partie des cultures qui ont connu une croissance spectaculaire : les superficies ont doublé et la production a été multipliée par 2,4 depuis 1990 dans les pays en développement. Plusieurs pays latino-américains ont su devenir de grands producteurs de cette denrée et concurrencent avec succès les États-Unis. Il s'agit du Brésil, de l'Argentine et à un degré moindre de pays comme la Bolivie.

Si la plupart de ces évolutions poursuivent des mouvements anciens, la multiplication de nouveaux produits mis sur le marché mondial est plus originale. Ce sont en général des produits frais qui bénéficient des nouvelles conditions de transport et du marché international : légumes du Burkina Faso ou du Kenya, asperges du Pérou, etc. Ils sont d'une extrême variété, les conditions locales permettant de développer des « niches ». En général, ils bénéficient des conditions favorables qui permettent de diminuer les coûts de production : main-d'œuvre peu chère, foncier bon marché, etc.

Certains sont aussi cultivés dans les pays du Nord depuis longtemps, et les pays du Sud ne fournissent qu'une production d'appoint ; c'est le cas pour divers légumes pour lesquels des pays comme l'Espagne pour les melons, l'Espagne et les Pays-Bas pour les tomates, forts de leur organisation commerciale et de la proximité des marchés, restent les premiers exportateurs mondiaux. Les pays de l'hémisphère Sud profitent de leur cycle de saison inversé par rapport au Nord pour faire jeu égal parfois avec les pays industrialisés : ainsi le Chili, dont les ventes de raisin à l'étranger, en valeur, sont au niveau de celles des États-Unis et de l'Italie. Enfin, pour d'autres denrées, les pays producteurs du Sud bénéficient d'une rente de situation climatique. C'est le cas de la mangue, dont le commerce mondial a connu un grand essor ces dernières années. La consommation de ce fruit tropical dans les pays du Nord est relativement récente (de façon importante à partir des années 1980) et en croissance rapide : dans l'Union européenne par exemple, les importations ont crû de 16 % par an de 1986 à 2000 et le mouvement se poursuit actuellement (+ 13 % par an entre 2005 et 2007). Les principaux producteurs, Inde et Chine exportent peu. Des pays africains (Cameroun, Guinée, Afrique du Sud, etc.) et latino-américains (Brésil, Mexique, Pérou…) ont considérablement augmenté leur production.

3. De fortes inégalités géographiques

Les cultures qui se développent le font en partie par reconversion des terres anciennement mises en valeur, notamment là où les voies de commercialisation favorisent l'essor d'une agriculture exportatrice, mais le plus souvent par extension sur de nouvelles terres. Le soja au Brésil fournit un bon exemple (cf. chapitre 6). Dans tous les cas, les conditions naturelles sont favorables et les exploitants disposent d'espace pour une production mécanisée à grande échelle. Les fronts pionniers sont les lieux privilégiés de ces nouvelles productions. Les exploitants y bénéficient de sols « neufs » productifs, de terrains peu chers qui diminuent les coûts de production pourvu que des voies de communications soient construites pour assurer l'évacuation des produits. Par ailleurs, de nouvelles localisations privilégiées apparaissent, près des aéroports, afin d'évacuer rapidement les produits agricoles frais vers les marchés du Nord : c'est le cas pour les fruits ou les légumes.

La géographie des productions est extrêmement instable en raison de la rapidité des changements. Ainsi, le Costa Rica est devenu en peu de temps le principal exportateur mondial d'ananas (41 % des exportations mondiales en 2005) profitant des difficultés actuelles de la Côte d'Ivoire (qui connaît des troubles politiques intérieurs graves) et du lancement d'une nouvelle variété, *extra sweet,* au milieu des années 1990 par la société transnationale Del Monte (Chalmin, 2008, p. 347).

Dans l'ensemble, l'essor des productions d'exportation profite principalement à quelques pays producteurs qui peuvent fournir les pays du Nord en denrées tropicales et les concurrencer dans certains domaines. Le Brésil est ainsi un des grands gagnants de l'évolution actuelle (cf. *infra*). L'Asie du Sud-Est a su également développer de façon importante des productions tropicales depuis les années 1980 : la Malaisie a augmenté sa production d'huile de palme dont elle est le premier producteur mondial, l'Indonésie est bien placée pour le café, le cacao, l'huile de palme, etc.

Cependant, cette évolution ne se fait pas au profit de tous les pays ni de toutes les régions. Une grande partie de l'Afrique par exemple tire peu avantage de ce mouvement parce que les conditions de production ne sont pas bonnes : c'est le cas de la Centrafrique, pauvre, enclavée, confrontée aux troubles des États voisins et à sa propre instabilité politique ; la plupart des récoltes y ont baissé ces dernières années. Beaucoup de régions anciennement productrices de café ou de cacao sont confrontées au vieillissement des vergers et à la chute des cours. La remise en question des accords privilégiés entre l'Union européenne et certains producteurs de sucre (comme Maurice) remet en cause une des productions qui fit leur richesse.

Par ailleurs, dans les pays qui voient leur production augmenter, tous les agriculteurs n'en profitent pas également.

4. Le poids des grands exploitants et de l'agro-industrie

Les grandes unités de production bénéficient de capacités d'investissement qui autorisent la mise en valeur de vastes superficies. En outre, elles profitent parfois de passe-droit auprès des autorités, ce qui leur facilite l'appropriation de domaines étendus. La forte hausse de la production de soja en Amérique latine est ainsi le fait de grandes exploitations mécanisées et qui utilisent des intrants coûteux : semences sélectionnées (dont des semences OGM), engrais, etc. La mise en valeur de nouvelles terres se fait souvent au détriment des petits exploitants : en Amazonie brésilienne les petits producteurs qui ne disposent pas de titres de propriété légaux sont chassés par les grands exploitants, qui accaparent les terres, parfois avec la complicité des autorités locales (cf. chapitre 6).

Les petits producteurs participent cependant au mouvement de hausse des exportations agricoles. Ils cultivent principalement des denrées anciennement développées, comme le café ou le cacao, qui demandent peu de capitaux et peuvent être conduites essentiellement par la main-d'œuvre familiale : 70 % de la récolte mondiale de café proviendrait d'exploitations de moins de 10 ha (selon la FAO). Ils participent aussi, à côté des grandes exploitations, à certaines productions nouvelles. Au Pérou, les petits exploitants se sont lancés dans la production de mangue. Ils ont cependant du mal à suivre les normes de qualité de plus en plus strictes imposées par les pays consommateurs et connaissent des difficultés de commercialisation (cf. *infra*).

La production de la plupart des denrées est dominée par les grandes sociétés agro-exportatrices qui possèdent des terres, produisent en grande quantité et contrôlent le commerce international.

De plus en plus, les petits ou moyens exploitants travaillent sous contrat avec des grandes firmes agro-exportatrices qui préfèrent laisser une partie de la production entre les mains des agriculteurs afin de s'assurer un volant de sécurité en fonction des aléas du marché international. Au Mexique, une partie de la récolte de melon destinée aux consommateurs des États-Unis est ainsi le fait de petits producteurs qui reprennent les parcelles (aux sols souvent appauvris) des grandes firmes agro-exportatrices nord-américaines qui contrôlent le marché (Léonard, 1995). De même, une partie de la production de banane en Amérique centrale a été laissée par les grandes firmes aux mains d'exploitants petits et moyens, celles-ci préférant se concentrer sur le conditionnement et la commercialisation beaucoup plus rentables que la production.

Les grandes sociétés ont de longue date un rôle essentiel dans certains secteurs. Le cas de la banane est un des plus connus. Les firmes nord-américaines comme Dole, Chiquita (qui provient d'United Brands, elle-même héritière de la célèbre United Fruit Company), etc., contrôlent largement la production en Amérique centrale depuis longtemps. Actuellement, ces grandes compagnies multiplient leurs participations dans le monde entier ce qui leur permet d'accéder à de nouveaux marchés et de jouer sur la concurrence des régions entre elles. En Côte d'Ivoire, la production de banane, qui était le fait de grands exploitants européens ou ivoiriens et de nombreux petits producteurs dans les années 1960-1970, est passée en partie entre leurs mains. Elles ont racheté les sociétés locales et augmenté leur production alors que les petits exploitants étaient un peu plus marginalisés à chaque crise : la seule SCB (en partie contrôlée par Dole) réalise 55% de la production ivoirienne, devant Chiquita.

La libéralisation favorise aussi les grandes firmes du commerce international. En Côte d'Ivoire, la privatisation de la filière cacao et le remplacement de la Caistab (organisme qui contrôlait la commercialisation du café-cacao) par une bourse des valeurs en 1999 a permis aux grands groupes internationaux (comme Cargill ou Archer Daniels Midlands) de s'imposer dans l'exportation du cacao ivoirien.

Les grandes sociétés pèsent sur les négociations internationales. Les grands groupes qui dominent le marché de la banane ont ainsi mené une vaste offensive dans le cadre de l'OMC contre l'Union européenne. Celle-ci protégeait ses producteurs dans ses propres territoires (Antilles, Canaries...) et dans ses anciennes colonies (pays ACP de la convention de Lomé), grâce à des quotas de production et d'exportation mieux rémunérés. Jugeant ce système discriminatoire, les grands groupes, soutenus pas le gouvernement des États-Unis ont déclenché la « guerre de la banane » devant l'OMC en 1993. Après plusieurs années de lutte et de litiges, l'Union européenne a dû céder en 2001 et ouvrir plus largement ses portes.

D. De nouveaux marchés pour les petits producteurs?

1. Croissance urbaine et ravitaillement des villes

Souvent en difficulté face aux grands groupes et aux grandes exploitations sur les marchés internationaux, les petits producteurs trouvent cependant de nouveaux débouchés dans l'essor des marchés nationaux, liés à la formidable croissance urbaine qu'ont connue les pays en développement depuis quelques décennies.

Avec l'urbanisation, les habitudes alimentaires changent. Toutefois, une partie importante des citadins, faite de migrants, continue de consommer des produits de sa région d'origine. Par ailleurs, à la différence des marchés extérieurs, les marchés intérieurs paraissent mieux connus et parfois plus accessibles par les petits producteurs : les ruraux ont des parents en ville, ils peuvent connaître les prix et l'état de la demande, etc.

Les productions fournies sont celles de l'agriculture locale ce qui ne demande pas de profonds changements techniques. La plupart des petits exploitants font des cultures pour l'autoconsommation et vendent une partie de leur récolte pour approvisionner les villes. Parfois, ces cultures ont pris une telle importance qu'elles concurrencent les productions d'exportation à proximité des centres urbains. Cette évolution profite aussi à l'élevage. L'urbanisation va de pair actuellement avec une augmentation de la consommation de produits animaux. Autour des villes des élevages industriels (notamment de volailles) se créent, mais des petits producteurs en profitent pour développer des élevages de basse-cour ou pour le lait.

Lorsque les prix sont rémunérateurs, les grandes entreprises se lancent aussi dans le ravitaillement des villes. Ainsi, les producteurs de fruits ou d'oléagineux pour le marché intérieur sont parfois de grandes entreprises, notamment en Amérique latine et en Asie du Sud-Est.

Ces marchés restent cependant limités par la faiblesse du pouvoir d'achat des populations locales : dans la plupart des cas, les cultures d'exportation sont plus rémunératrices que celles destinées au marché national. Par ailleurs, la production des petits exploitants subit la concurrence des importations souvent à bas prix, car les producteurs du Nord bénéficient de la haute productivité de leur agriculture et d'aides multiples. Enfin, les agricultures les moins compétitives (ou les moins protégées) des pays du Sud subissent la concurrence d'autres pays du Sud : ainsi, les importations de riz des États-Unis, mais aussi d'Asie du Sud-Est ruinent l'agriculture vivrière d'Afrique de l'Ouest (cf. *infra*).

2. Les nouveaux « créneaux » de l'agriculture mondialisée

Avec le retrait de l'État, les producteurs doivent chercher des moyens pour faire face aux acheteurs et s'organiser en vue d'une maîtrise et/ou d'une régulation des marchés. Les institutions internationales sont d'ailleurs favorables à ce genre d'initiative.

Souvent sous l'influence des ONG, les petits producteurs s'associent pour vendre leurs produits. Les groupements permettent d'obtenir de meilleurs prix, de répondre aux exigences des sociétés agro-exportatrices qui réclament de grandes quantités, voire de se défendre contre les multinationales. En Équateur, le groupement des paysans a facilité l'essor de la production de brocolis au sud de Quito. En Guinée-Conakry, l'association des producteurs de pomme de terre du Fouta Djalon a permis de lutter contre les importations à des prix de dumping en provenance des Pays-Bas et d'imposer la production locale sur le marché national (Moustiers, Chaléard, *Le plaideur*, 2002).

Parallèlement aux groupements de producteurs se développent des filières d'agriculture biologique et de commerce équitable. Ces filières permettent de vendre les denrées d'exportation à des prix supérieurs aux cours mondiaux. Les produits « écologiques » supposent un accroissement du travail (utilisation d'engrais vert, désherbages manuels à la place des herbicides, etc.), mais ils ne demandent pas l'utilisation d'intrants coûteux et sont donc plutôt bien adaptés aux conditions de l'agriculture paysanne et d'exploitants sans grandes ressources financières. Le commerce équitable permet d'accroître les prix au producteur. Ces marchés sont toutefois encore limités : le commerce équitable représente seulement 1 % du commerce mondial ; mais il progresse en Europe et en Amérique du nord : par exemple, le chiffre d'affaire de Max Havelaard (principal label de commerce équitable en Europe) a doublé en France en 2004.

Les produits du commerce équitable sont de plus en plus variés : banane, mangue… Ce commerce devient important pour certains produits comme le café dont le prix d'achat au producteur influe peu sur le prix de détail, relativement élevé, et pour lequel la « qualité » joue un rôle important depuis longtemps. En Europe, les grandes enseignes de distribution ont d'ailleurs de plus en plus leurs propres marques de commerce équitable afin de s'assurer une part de ce nouveau marché (cf. chapitre 1).

3. Stratégies de survie et essor des cultures illicites

Dans l'incapacité de vivre de la seule agriculture, les exploitants utilisent de plus en plus des stratégies complexes qui associent des ressources tirées de l'agriculture et d'autres venant de métiers urbains ou de migrations lointaines.

Les revenus des migrants en ville et plus souvent à l'étranger permettent de financer des infrastructures nécessaires à la vie courante ou d'améliorer les conditions de l'agriculture : ainsi, les émigrés de la vallée du fleuve Sénégal dont les envois d'Europe permettent de financer des puits, de créer de petits périmètres irrigués. Parfois on assiste à de véritables réussites, comme, en Algérie, l'essor de l'agriculture maraîchère irriguée près de Sétif, financée par les fonds des émigrés

(Côte, 1996). Mais le plus souvent l'argent versé permet surtout à ceux qui sont restés sur place de survivre, comme dans les Andes boliviennes (Cortes, 2000).

La crise des petites exploitations agricoles qui cumulent plusieurs problèmes dont la faible productivité du travail, la baisse des cours mondiaux des denrées tropicales et la difficulté à écouler certaines productions se traduit par la diffusion rapide des cultures illicites : pavot en Asie du Sud et du Sud-Est, et depuis peu en Amérique latine, coca en Amérique andine, cannabis surtout au Mexique et en Afrique... Ces cultures fournissent des revenus par hectare sans commune mesure avec les autres cultures commerciales : ainsi, au Maroc, la culture du cannabis rapportait, en 2001, 12 à 46 fois plus à l'hectare que la culture du blé ou du maïs (Labrousse, Romero, 2001). Les revenus tirés de ces cultures sont difficiles à connaître. Actuellement, le trafic des stupéfiants représenterait environ 8 % de la valeur des échanges mondiaux (les plaçant juste après le pétrole...). Ils permettent à des régions entières de survivre, comme c'est le cas dans le Rif, au Maroc, où plus de 100 000 ha sont cultivés. Cet essor est permis aussi par une série de conditions générales qui dépassent le cadre de l'agriculture : autant que la crise de l'agriculture, la faiblesse des moyens de contrôle des gouvernements en place, la corruption fréquente des membres de l'appareil d'État, l'existence de paradis fiscaux permettant de blanchir l'argent sale et une demande en hausse dans les villes des pays industrialisés se conjuguent pour rendre compte de cette explosion. La proximité des marchés du Nord explique pour une part la réussite de ces productions au Mexique et au Maroc. En Afghanistan, c'est la faiblesse des cultures commerciales disponibles et l'état de guerre qui expliquent le retour de la culture du pavot à grande échelle, alors qu'il avait été un temps éradiqué par les Talibans. Les tentatives pour limiter les productions paraissent dérisoires, comme c'est le cas dans les pays andins (cf. *infra*).

Conclusion

Du point de vue alimentaire, un des paradoxes de la situation des pays du Sud est la forte croissance des productions agricoles depuis plusieurs décennies, et son accélération même, alors qu'une grande partie de la population y est sous-alimentée. Les causes de cette situation sont multiples : la demande des pays du Nord pour certains produits alors qu'ils concurrencent le Sud pour d'autres et les politiques agricoles favorables aux cultures d'exportation jouent un grand rôle.

Les tentatives de réformes sociales et d'augmentation des productions avant les années 1980-1990 n'ont pas réussi à résoudre la question de la terre là où elle se posait et la révolution verte a montré des limites.

Dans la phase actuelle de mondialisation, l'évolution tend à accroître les écarts entre ceux qui tirent profit des nouvelles conditions de la production et les laissés pour compte. Des territoires paraissent particulièrement dynamiques : grands fronts pionniers, régions proches des ports ou des marchés urbains, etc., alors que d'autres connaissent une situation difficile : zones enclavées, vieilles régions productrices de denrées en crise. Surtout, la situation profite aux grands exploitants et aux grandes sociétés agro-industrielles au détriment des petits producteurs qui ont du mal à faire face à la concurrence nationale et internationale.

2. Crises et mutations des systèmes agroalimentaires en Afrique subsaharienne

L'agriculture joue un rôle particulièrement important en Afrique subsaharienne : environ 70 % de la population vit de l'activité agricole qui demeure la première en termes de population active dans la majorité des États.

Cette agriculture présente beaucoup de points communs avec celles des autres pays du Sud : par son importance dans l'activité des populations, par la faiblesse des moyens techniques d'une grande masse de petits producteurs, par les perturbations apportées par la colonisation… Aujourd'hui, comme dans beaucoup de régions du Sud, elle subit la concurrence des agricultures des pays riches qui ont une productivité bien supérieure en raison de leur forte mécanisation et des subventions qu'elles reçoivent de leurs gouvernements.

Mais l'agriculture d'Afrique subsaharienne présente aussi une forte originalité. Le poids des petites paysanneries, qui assurent l'essentiel des productions agricoles, est plus marqué que dans d'autres parties du monde en développement. Si les contrastes de densité rurale sont souvent importants, l'Afrique reste globalement un continent de faibles densités de population ce qui l'oppose en partie à l'Asie tropicale.

Le principal caractère de l'agriculture est peut-être celui d'un bilan apparemment désastreux, avec son cortège de pauvreté rurale, de sous-alimentation récurrente, de récoltes irrégulières. Doit-on relier cette situation aux caractères généraux des systèmes de production? Ne faut-il pas nuancer une vision trop unilatérale, souvent passée au filtre déformant des médias?

Le poids des petites paysanneries et les particularités de l'histoire coloniale rendent compte des formes et de l'importance de l'agriculture d'exportation au sein des systèmes agraires locaux. Ces cultures destinées aux marchés internationaux sont-elles la cause des problèmes de l'agriculture africaine comme cela a pu être affirmé ou ne faut-il pas y voir la preuve du dynamisme des petits producteurs?

En fait, au-delà du bilan actuel, le monde agricole africain paraît marqué par des mutations profondes, dans un contexte de « crises » multiformes, dont il convient de préciser les grands traits.

A. Une agriculture paysanne en difficulté

1. Un bilan décevant

Dans l'ensemble, l'Afrique subsaharienne est la partie du monde qui connaît la situation la plus catastrophique. On y relève le plus fort pourcentage de personnes souffrant de la faim (cf. chapitre 1). Il faut au minimum 2200-2300 calories/hab./jour pour vivre. Or, dans beaucoup de pays d'Afrique, le niveau est inférieur. Rares sont ceux qui sont nettement au-dessus comme l'Afrique du Sud.

Cette sous-alimentation est signe des difficultés de l'agriculture à suivre la croissance de la population. La production par habitant de céréales a régressé de plus de 20 % depuis le début des années 1960 (tableau 4.4). La production de racines et tubercules a enrayé son déclin depuis la décennie 1990, mais reste inférieure à son niveau de 1961-1962.

Tableau 4.4 – Évolution de la production moyenne annuelle par habitant de céréales et de racines et tubercules en Afrique subsaharienne

En kg par habitant et par an	Moyenne 1961-1962	Moyenne 1990-1991	Moyenne 2003-2004
Céréales	176	148	137
Racines et tubercules	39	31	33

Sources : À partir des données de la FAO.

La situation est toutefois à nuancer fortement. D'abord, les statistiques sont très approximatives en Afrique et oublient souvent des pans entiers de la production agricole ou du rôle de l'économie de cueillette dans l'Afrique équatoriale forestière. Par ailleurs, si la situation par individu ne s'est pas améliorée, il convient de souligner que la production a souvent réussi à suivre des taux de croissance démographiques extrêmement élevés sur plus de 40 ans : la population africaine a augmenté de 1,9 % par an en moyenne de 1961 à 2004. Enfin, derrière des situations catastrophiques, liées souvent à des crises politiques graves (R.D. du Congo, Zimbabwe), certains pays ont connu une croissance significative de leur production agricole (Burkina Faso) (tableau 4.5).

Tableau 4.5 – Indice de production alimentaire par personne dans quelques pays d'Afrique (indice 100 : moyenne 1999-2001)

Nom du pays	1969-1971	2002-2004
Afrique du Sud	115	104
Burkina Faso	80	106
Rép. Dém. du Congo	168	90
Côte d'Ivoire	88	96
Zimbabwe	149	84

Sources : FAO, 2006.

2. Des petits exploitants familiaux aux techniques manuelles

La production agricole en Afrique se réalise pour sa grande majorité, dans le cadre de petites exploitations familiales que la famille soit restreinte (ménage) ou élargie (lignage). En général et de plus en plus, l'exploitation réunit le chef de famille, sa ou ses épouses, quelquefois des parents et les enfants. La grande masse des exploitations fait de deux à cinq hectares. On trouve de moins en moins des exploitations réunissant l'ensemble d'une famille étendue de vingt à trente personnes et qui peuvent dépasser les quinze ha.

Dans tous les cas, il y a une forte relation entre le nombre d'actifs et la superficie cultivée, car les techniques sont manuelles. Les outils sont limités : presque partout la houe sert à retourner la terre ; la machette est un instrument quasi universel. Cela ne veut pas dire que chaque société n'a pas su élaborer ses outils propres adaptés au milieu : les formes de houes sont multiples ; dans les régions sahelo-soudaniennes, l'iler est efficace pour travailler les sols légers, etc.

Dans ce contexte, le rôle de la mobilisation de la main-d'œuvre est fondamental ; d'où le poids des anciens, qui ont plusieurs épouses et ont su garder près d'eux une descendance nombreuse ; d'où l'utilité des travaux collectifs, qui permettent de faire des économies d'échelle au moment des grands travaux (défrichements, etc.).

Les agricultures africaines présentent un certain nombre de particularités ou de traits dominants. Ce sont encore des agricultures sur brûlis ou héritières de celles-ci. Le feu permet de brûler les herbes de la savane ou la forêt pour créer le champ. Il est utilisé par les éleveurs en saison sèche pour favoriser la repousse de l'herbe et améliorer les pâturages. La cendre enrichit les sols.

L'agriculture africaine est essentiellement pluviale. Les récoltes sont soumises aux aléas du climat. Les pluies rythment la vie agricole, déterminent l'éventail des plantes cultivées, conditionnent le niveau des récoltes. La maîtrise de l'eau est ponctuelle : il existe des polders aménagés le long des côtes du Sénégal au Liberia ; Madagascar est le siège d'une riziculture inondée ou irriguée ancienne ; l'agriculture des oasis sahariennes repose sur l'irrigation, etc.

Les éleveurs n'ont pas un niveau technique élevé non plus. On n'utilise pas par exemple de chien de berger, d'animaux de selle facilitant le suivi des troupeaux, etc. Les relations agriculture-élevage sont réduites, non seulement en Afrique équatoriale où l'élevage du gros bétail est limité par les maladies (comme la trypanosomiase), mais également dans les zones sahelo-soudaniennes où les troupeaux sont nombreux.

Aussi, les rendements comme la productivité sont-ils faibles et les surplus limités.

3. De l'absence de propriété individuelle dans les sociétés africaines à la « marchandisation » de la terre

La propriété est rarement individuelle en Afrique. Dans beaucoup de sociétés, la terre est objet de culte. Elle appartient à la communauté formée des ancêtres, des vivants et des descendants. Les chefs de terre la gèrent au nom du groupe : pour répartir les terres entre famille, décider du début des travaux, etc. Parfois, les chefs de terre délèguent aux chefs de lignage ces droits, chaque lignage ayant son propre domaine. Ce système, relativement égalitaire, a sans doute évité à l'Afrique noire un problème foncier comparable à celui qui existe en Amérique latine, à l'exception de certaines régions d'Afrique orientale et australe.

Il va de pair en général avec des agricultures extensives, où la maîtrise du milieu naturel est faible, où les jachères sont longues. Dès que les densités de populations augmentent, comme dans certaines montagnes ou à Madagascar, dans les zones de riziculture, on voit apparaître des formes de tenure foncière plus individualisées du foncier.

En outre, ce droit a connu de fortes évolutions. Sous la colonisation sont apparues des formes d'appropriation : les colonisateurs se sont réservé des terres, en ont concédé à des planteurs européens, etc. La donne en a, en partie, été modifiée : dans des pays d'Afrique de l'est comme le Kenya et l'Ouganda, des formes de propriété individuelle se sont répandues. En outre, à l'indépendance, les États, soucieux de contrôler la terre ont souvent pris des mesures de « nationalisation du sol », ne laissant, comme au Sénégal avec la loi de 1964, que la jouissance aux paysans. Enfin, l'essor de l'agriculture commerciale a entraîné une valorisation du sol, qui a conduit, dans certains cas, les chefs coutumiers à monnayer des terres.

Le statut de la terre est ainsi aujourd'hui souvent ambigu, ce qu'Étienne Le Roy appelle « une marchandisation imparfaite de la terre » (Le Roy, in Blanc-Pamard et Cambrezy, 1995). La terre n'est pas vraiment appropriée, mais il y a juxtaposition de trois droits : le droit coutumier, le droit individuel européen et la nationalisation par l'État de tout ou partie des terres. Cette situation crée un climat d'incertitude foncière, peu favorable au progrès agricole, car il ne pousse pas à investir.

B. L'association fréquente de productions vivrières et de productions d'exportation

1. L'Afrique des « greniers » et l'Afrique des « paniers »

Les sociétés africaines pratiquent des cultures vivrières depuis très longtemps. Les plantes peuvent être d'origine africaine : certaines variétés de mils, d'igname, voire de riz (*Oryza glaberrima*). Mais l'Afrique a beaucoup reçu et adopté : la banane plantain d'Asie, le manioc, le maïs d'Amérique, etc. Ces plantes sont intégrées dans des systèmes complexes qui associent différentes productions, souvent autour d'une principale : mil ou igname par exemple, des plantes secondaires (piments, aubergines, etc.) cultivées dans les mêmes champs ou dans des jardins à part.

Dans la mesure où ces agricultures sont majoritairement pluviales, leur répartition est largement liée aux climats et, dans un monde chaud, aux totaux et à la répartition des pluies (figure 4.3 : Les principales cultures vivrières en Afrique subsaharienne).

En Afrique tropicale, à une saison des pluies, les plantes principales sont en général les céréales, mil ou sorgho dans les parties les plus sèches, sorgho et maïs dans les régions plus humides. Le calendrier agricole est rythmé par le régime des précipitations : les travaux débutent juste avant les premières pluies (pluies d'été) et se terminent en début de saison sèche. Il faut conserver les récoltes dans des greniers. Les céréales seront consommées durant la saison sèche et lors de la saison humide suivante.

Dans ces régions, l'élevage est important et le fait de peuples pasteurs qui nomadisent entre le Sahel et les zones plus humides. Les relations de ces derniers avec les paysans sont complexes. Tantôt les uns et les autres s'opposent parce que les terres de pâtures se réduisent devant l'avancée des cultures ou que les troupeaux dévastent des récoltes. Mais de nombreux contrats sont aussi noués pour la fumure des champs, l'échange de produits alimentaires, etc. Enfin, l'évolution des pasteurs vers des activités mixtes d'élevage et d'agriculture, l'essor de la traction attelée chez les paysans tend à réduire, pour une part, les différences.

À l'Afrique des « greniers » s'oppose celle des « paniers » aux climats chauds et humides toute l'année, permettant des cultures et des récoltes continues. Les femmes peuvent aller régulièrement aux champs et ramener dans leurs paniers la quantité de produits nécessaires à l'alimentation quotidienne de la famille. Cette Afrique est celle aussi des « tubercules » ou des « féculents » (associés parfois au maïs) : les plantes principales sont l'igname, le manioc, la banane plantain.

Bien sûr, dans le détail, ces grandes aires calquées sur le climat sont susceptibles d'interprétations multiples par les sociétés : dans un domaine, domine tantôt une culture tantôt une autre, privilégiée par la société locale ; la riziculture s'est développée dans certaines parties de l'Afrique occidentale et à Madagascar, etc.

Mais si les cultures vivrières jouent un grand rôle, peu de sociétés se limitent aujourd'hui à ces productions. À côté se sont développées des cultures commerciales d'exportation qui fournissent les revenus.

Figure 4.3 – Les principales cultures vivrières en Afrique subsaharienne

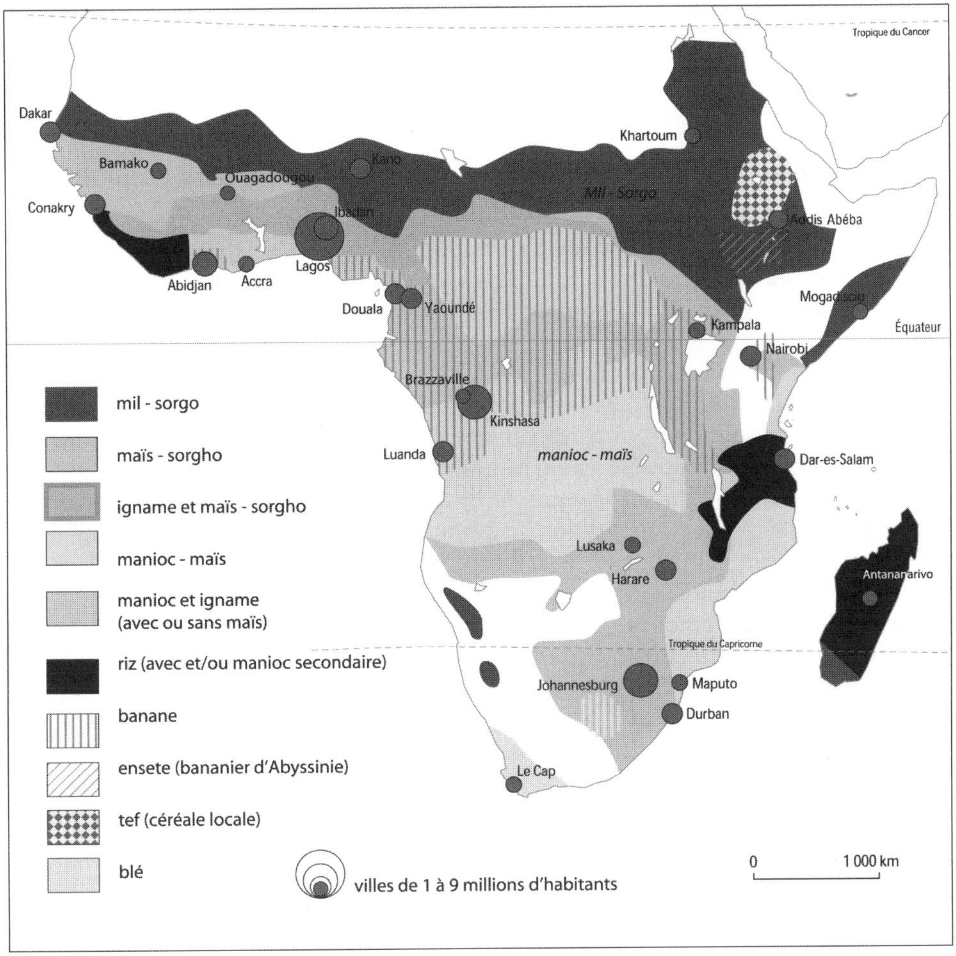

2. L'essor de l'agriculture d'exportation

L'agriculture commerciale existait avant la colonisation et l'Afrique n'a jamais ignoré l'échange. Mais, pendant longtemps, les formes d'agriculture commerciale sont restées réduites ou ponctuelles : production de clou de girofle dans le sultanat de Zanzibar en Afrique de l'est, essor du cacao au XIXe siècle le long des côtes du golfe de Guinée, etc.

C'est avec la colonisation que l'agriculture commerciale se généralise, à partir de la fin du XIXe siècle et au XXe siècle. Les cultures sont développées pour les besoins des métropoles : il s'agit de plantes « tropicales » destinées à des pays tempérés (arachide, café, cacao, etc.). Ces cultures, imposées dans un premier temps (et alors largement refusées par les populations locales), se développent sous la nécessité de payer l'impôt à l'administration coloniale et avec l'apparition de nouveaux besoins liée à l'arrivée des produits manufacturés d'Europe. Les cultures sont conduites aussi par de grands exploitants européens. Les colonisateurs favorisent ces cultures : ainsi, des efforts de recherche nombreux sont faits pour améliorer les plants et pour les diffuser.

Après les indépendances, les nouveaux États, loin de bloquer cette évolution, la poursuivent et l'accentuent même, car ils comptent sur les revenus tirés des exportations pour financer leur budget. Ils encouragent ces cultures auprès des petits producteurs ; ils créent des sociétés de développement pour les promouvoir : c'est le cas, par exemple, pour le palmier à huile dans beaucoup de pays du golfe de Guinée. Ceci contribue à rendre les situations plus complexes.

3. Concurrence et complémentarité des cultures

La majorité des producteurs sont des petits exploitants qui associent des cultures vivrières pour se nourrir et des cultures commerciales qui fournissent les revenus[1]. Ces cultures peuvent être associées sur les mêmes parcelles ou entrer en rotation les unes avec les autres. Dans les régions de climat tropical, les cultures d'exportation, en général annuelles (arachide, coton…), alternent avec les cultures vivrières sur les mêmes parcelles. En zone équatoriale, ce sont des petites plantations arbustives (de café, cacao, palmier à huile…) qui sont développées et les cultures vivrières leur sont soit associées, soit sont cultivées sur des parcelles à part. L'introduction des cultures d'exportation n'entraîne pas nécessairement des changements techniques importants. Les femmes qui, à l'exception des gros travaux réservés aux hommes, s'occupaient de la production vivrière continuent. Les hommes qui souvent se consacraient à la chasse et à la guerre se tournent vers les cultures d'exportation.

À côté se développent des grandes exploitations modernes qui utilisent des techniques totalement différentes et qui sont importantes dans des secteurs de cultures fruitières délicates, où les petites exploitations peuvent avoir des difficultés techniques ou d'investissement (banane douce par exemple) ou qui nécessitent une transformation industrielle sur place (canne à sucre, hévéa…). Les paysages et les techniques sont radicalement différents de ceux de l'agriculture villageoise : blocs de monoculture, techniques mécanisées, fort investissement financier, etc. Sauf dans certaines parties de l'Afrique orientale et australe, où les exploitations européennes ont eu et ont parfois encore une grande importance (Zimbabwe, Afrique du Sud…), ces grandes exploitations restent d'importance secondaire.

Toutefois, on a reproché aux cultures d'exportation de concurrencer les cultures vivrières et d'être responsable des famines au Sahel. La concurrence est double : pour l'espace et dans le temps. Les terres occupées par les cultures d'exportation le sont parfois au détriment des cultures vivrières. Par ailleurs, dans les régions de climat tropical, il y a une lourde surcharge de travail durant la saison agricole, courte, ce qui empêche les paysans de s'occuper correctement des cultures nourricières.

Dans certains cas, les paysans sacrifient les cultures vivrières au profit des cultures d'exportation. Déjà, sous la colonisation, les Diola de Casamance, au Sénégal, délaissaient leurs rizières pour faire de l'arachide (Cormier-Salem, 1992). À partir du milieu des années 1980, en Guinée-Bissau, on a observé que les paysans abandonnaient leurs rizières pour se consacrer à la production d'anacarde dont les

1. Pour plus de précisions sur cette question voir Chaléard in Lesourd, 2003.

cours étaient élevés : avec l'argent, ils achetaient du riz importé à bas prix. Dans ce cas, les stratégies paysannes avaient aussi des objectifs fonciers : il s'agissait d'empêcher la mainmise de la bourgeoisie urbaine sur les terres, en plantant des anacardiers sur les terres villageoises.

Mais les situations sont complexes et variables selon les régions et dans beaucoup de cas, les complémentarités sont fortes entre les deux types de cultures (Chaléard, 1998). Dans la zone soudanienne, en Afrique occidentale et centrale, l'essor – encadré par des sociétés de développement – de la culture du coton s'est accompagnée de celui du maïs qui entre en alternance avec lui dans les rotations. C'est particulièrement vrai dans le sud du Mali et du Burkina Faso, où le maïs succède en général à une sole cotonnière. La céréale obtient de bons rendements en deuxième année de culture grâce à l'effet rémanent de l'engrais mis sur la sole cotonnière de première année, une bonne complémentarité agronomique des deux plantes et… parce qu'une partie de l'engrais accordé aux agriculteurs pour le coton est détournée sur la sole de maïs. Les deux cultures alternent sur les mêmes parcelles.

En zone forestière, de climat chaud et humide, l'extension de l'économie de plantation depuis près d'un siècle a largement reposé sur l'association de différentes cultures. Ainsi, dans le sud de la Côte d'Ivoire, les producteurs associent des cultures vivrières aux jeunes plantations de café ou de cacao. La première année, après le défrichement de la forêt, le producteur plante sur la nouvelle parcelle des espèces vivrières variées (banane plantain, igname, taro, maïs, etc.) et des pieds de café ou de cacaoyer. Les premières, notamment la banane plantain qui sert d'ombre aux jeunes cacaoyers, disparaissent au cours des années, tandis que les cacaoyers grandissent. Ce système, très performant, permet de nourrir la famille de l'exploitant, de vendre des produits vivriers avant que les cacaoyers n'entrent en production et d'étendre les plantations grâce à des défrichements renouvelés chaque année.

Les limites de ce système tiennent à la disparition des forêts qui entraînent une baisse des défrichements. Lorsque ces derniers diminuent, les planteurs pratiquent des cultures vivrières dans les jachères en marge des plantations, dans les bas-fonds impropres aux cacaoyers ou se mettent à cultiver des cultures vivrières dans les plantations.

4. L'essor du « vivrier marchand » et ses limites

Depuis trois ou quatre décennies, on assiste à l'essor du « vivrier marchand » pour nourrir les villes. Celui-ci se développe en raison de la formidable croissance démographique qu'a connue l'Afrique occidentale et qui multiplie les débouchés pour les productions locales, la consommation urbaine restant largement à base de produits nationaux (Chaléard, 1996). Elle bénéficie aussi de l'essor des voies de communications qui ouvrent les grandes villes aux produits de l'intérieur : ainsi en Guinée Conakry, le goudronnage de la route qui relie la capitale au sud-est du pays a permis l'essor des ventes de riz local et l'extension de la riziculture de bas-fond (Moustier, Chaléard, Leplaideur, 2002). L'efficience des réseaux marchands locaux mais aussi la capacité d'innovation des artisans, surtout des femmes, joue également un rôle important. Ainsi, l'essor du manioc en ville est lié à sa transformation par des fabricantes, en attiéké en Côte d'Ivoire, en gari au Togo ou au Bénin[1].

---

1. L'attiéké et la gari sont des sortes de semoules de manioc qui diffèrent par leur mode de préparation.

L'essor de ce vivrier pour les villes modifie la nature des relations cultures vivrières – cultures d'exportation, puisqu'une nouvelle concurrence par rapport aux marchés, apparaît. Ce n'est plus seulement pour nourrir le groupe familial que sont produites les cultures vivrières, mais aussi, parfois, parce qu'elles sont plus rémunératrices que les cultures d'exportation. Ces dernières, au moins jusqu'à une date récente, bénéficiaient cependant de deux atouts : la garantie d'achat de la production et un prix minimum fixé en début de campagne, réduisant les risques pour le paysan. C'est pourquoi, le vivrier marchand se développe soit dans le sillage des cultures d'exportation (cacao ou coton par exemple) ou, en priorité, là où l'écoulement est assuré et les prix suffisamment rémunérateurs : près des villes ou le long des grands axes de circulation.

Une partie de la production commercialisée provient des associations entre cultures d'exportation et cultures vivrières : les ventes sont alors particulièrement fortes près des grands axes de communication et peuvent assurer, dans certains cas, des revenus équivalents ou supérieurs à ceux des cultures d'exportation. Dans de nombreuses régions, bien reliées aux villes ou proches d'elles, l'agriculture vivrière prend le relais de l'agriculture d'exportation en crise ou absente. C'est le cas dans le nord-est de la Côte d'Ivoire par exemple où a été développée la production d'igname précoce pour Abidjan dans une région où n'existait pas de culture d'exportation. De même, avec la banane plantain développée depuis longtemps dans le sud-ouest de l'Ouganda (Calas, in Chaléard, Dubresson, 1999).

Enfin, le vivrier marchand se développe autour et dans les agglomérations urbaines (Moustier et *al.*, 1999). Toutes les grandes métropoles sont entourées d'une ceinture de cultures ou de périmètres agricoles qui pénètrent jusqu'au cœur des cités. Les productions se développent dans les bas-fonds humides et non-constructibles, mais aussi en saison des pluies sur les parcelles non encore construites, voire sur les trottoirs. Cette agriculture est parfois uniquement destinée à l'autosubsistance. Plus souvent, elle est le fait de producteurs qui en retirent des gains substantiels. La chute des revenus et l'augmentation du chômage, qui ont frappé les agglomérations depuis les années 1980 et la mise en place de Programmes d'ajustement structurel, ont entraîné une multiplication des cultivateurs : marginaux de l'économie urbaine, pour qui il s'agit de l'unique source de revenu, ou salariés et fonctionnaires pour qui l'agriculture est un moyen de diversifier les ressources du ménage. Les cultures maraîchères, productions fragiles, qui fournissent une forte valeur à l'hectare, sont les plus répandues car elles valorisent le mieux une terre rare ; mais d'autres cultures, comme à Kampala, peuvent être développées. Dans certaines situations, comme près des villes du golfe de Guinée, les cultures vivrières, et singulièrement le manioc, ont remplacé le café et le cacao devenus moins rentables.

Né de la croissance urbaine, en partie activé par la crise urbaine et celle des cultures d'exportation, ce vivrier marchand ne saurait cependant résoudre tous les problèmes. Son essor est limité, entre autres, par les politiques des États qui ont favorisé les cultures d'exportation.

C. Des mutations dans un contexte de crise

Les agricultures africaines, contrairement à des idées parfois répandues, n'ont jamais été immobiles ; pour preuve, l'adoption de nombreuses plantes cultivées venues d'autres continents : banane plantain d'Asie, arachide, manioc, maïs d'Amérique, etc. Elles ont profondément évolué depuis quelques décennies. Mais cette évolution se fait actuellement dans un contexte de « crise » qui a au moins trois origines : l'effondrement des prix des matières premières agricoles jusqu'à une date récente, l'extension des superficies cultivées liée à l'explosion démographique, la faiblesse des États.

1. La dépendance à l'égard des cultures d'exportation et des marchés

Les cultures commerciales ont pris une importance considérable en Afrique et représentent une part élevée des recettes d'exportation dans de nombreux États. Dans beaucoup de pays, les denrées agricoles fournissent la moitié voire plus des recettes d'exportation. En Côte d'Ivoire, par exemple, les produits agricoles bruts ou transformés constituent plus de 50 % des exportations et le cacao à lui seul 35 à 40 % (37 % en 2000).

Le poids de ces productions dans l'économie est énorme si on tient compte des effets induits : les dépenses des planteurs permettent au commerce de vivre ; l'État tire une partie de ses revenus des recettes d'exportation, etc. On estime qu'une variation de 100 000 t de la récolte de cacao en Côte d'Ivoire fait varier de 1 % le PNB du pays.

Les cours de ces productions sont très variables. En Afrique francophone, des Caisses de stabilisation avaient été mises en place dès les indépendances (et parfois avant), pour garantir l'achat au producteur à un cours fixé en début de campagne. Le but était de réguler le prix au producteur. Mais ces caisses ont souvent eu un fonctionnement opaque, la part du prix mondial laissé au planteur était faible. Les institutions internationales ont poussé à leur démantèlement. Cela n'a guère amélioré la situation des producteurs qui se trouvent parfois confrontés à des variations fortes des prix et n'ont pas la capacité de jouer sur les cours internationaux. Par ailleurs, les prix ont eu tendance à baisser en valeur constante du milieu ou de la fin des années 1970, période de relativement hauts cours, jusqu'au début des années 2000, pour beaucoup de denrées (cf. chapitre 1). En 2000, les cours du cacao, en dollar constant représentaient moins de la moitié de ceux du début des années 1950 et à peine le quart de ceux de la période de hauts cours 1977-1979 (source : ICCO).

Les conséquences sont d'autant plus importantes que la plupart des États se sont lancés dans des politiques favorables aux exportations dès les indépendances pour certains ou à la suite des injonctions de la Banque mondiale, dans les années 1980, pour d'autres. Ils ont pour ce faire délaissé les cultures vivrières. Les importations de riz en Afrique subsaharienne ont été multipliées par 12 entre le début des années 1960 et le milieu des années 2000, passant d'environ 550 000 t en 1961-1963 à 6,8 millions de tonnes pour la période 2003-2005. L'Afrique de l'Ouest est ainsi devenue une grande zone d'importation de riz. Le riz, acheté peu cher sur le marché mondial, dans les années 1980 et 1990, était financé grâce aux exportations. Cette politique permettait à la fois de nourrir à bas prix les populations urbaines pauvres et de remplir les caisses de l'État par le jeu des taxes à l'importation. De plus, il favorisait un groupe d'importateurs parfois proches du pouvoir. Mais la hausse brutale des denrées de base depuis 2007 a provoqué une augmentation insupportable du coût de la vie dans beaucoup de villes africaines.

On pourrait penser que la hausse du prix des matières premières depuis 2006 profite aux producteurs. Mais en réalité les choses sont plus complexes : l'augmentation des coûts du pétrole entraîne une croissance du prix des intrants (engrais, pesticides…) en général importés et fabriqués à partir du pétrole qui grève les bénéfices des cultivateurs. Cette situation est donc moins positive qu'il n'y paraît, dans un contexte où la saturation foncière oblige à repenser les systèmes extensifs dominants.

2. « La terre est finie »

« La terre est finie » est une expression qu'on entend dans beaucoup de régions en Afrique occidentale. Elle renvoie à un phénomène fondamental actuel : la fin des espaces vacants à défricher. On passe d'un monde vide à un monde plein qui résulte de l'extension des terres cultivées. Cette dernière est elle-même liée à trois phénomènes.

Le premier facteur est la forte croissance de la population agricole et rurale. La population dans les campagnes a plus que doublé depuis les années 1960 à cause des très forts taux de croissance naturelle et en dépit de l'exode rural. L'extension des superficies cultivées a été une réponse à l'augmentation de la population et de ses besoins en nourriture. Ensuite, la forte extension des cultures commerciales a entraîné une augmentation des superficies cultivées. Enfin, il faut souligner la préférence des cultivateurs pour les techniques extensives qui à la fois rémunèrent mieux la productivité du travail dans le cadre de techniques manuelles et permettent d'étendre le contrôle sur la terre dans un contexte de forte insécurité foncière (Pélissier, 1995).

Le phénomène d'extension des cultures n'est pas nouveau. Il a été observé dès la colonisation. De nombreuses populations ont ainsi quitté leurs montagnes, où elles avaient élaboré des techniques savantes, mais qui demandaient beaucoup de labeur, pour étendre leurs cultures dans des plaines en utilisant des techniques plus sommaires.

L'extension actuelle se manifeste de différentes façons. Partout l'extension se fait à l'intérieur des finages par la conquête des périphéries, la diminution des temps de jachère. On observe une extension en tâche d'huile autour des zones denses par mise en valeur progressive des marges autrefois laissées vacantes, comme ce fut le cas autour du pays mossi au Burkina Faso. La conquête des fronts pionniers enfin est un phénomène ancien qui s'est accéléré depuis trois à quatre décennies. Si la conquête du Ferlo, dans l'est du Sénégal a commencé au début du XXe siècle, le sud-ouest ivoirien a été conquis à partir de 1970 par des Baoulés venant des zones denses du centre du pays, des gens du nord et des étrangers originaires du Burkina Faso et d'autres pays sahelo-soudaniens. Souvent les migrants appartiennent à des sociétés structurées, au sein d'États organisés avant la colonisation. Ils ont gardé leurs structures qui leur permettent de se lancer dans une conquête pionnière lointaine, où les réseaux sociaux jouent un grand rôle. Cependant, dans beaucoup de cas, les fronts pionniers sont aujourd'hui en voie de disparition : que ce soit dans le sud-ouest du Burkina ou en Côte d'Ivoire.

En Afrique de l'est, l'augmentation de population s'est faite dans un contexte de fortes inégalités foncières. Les réformes agraires qui ont été lancées n'ont pas vraiment résolu la question. En Éthiopie, la réforme des années 1980 a permis de faire disparaître le servage, mais elle n'a pas eu de succès au plan de la production. Dans d'autres pays, il s'est surtout agi de reprendre aux colons d'origine européenne les terres qu'ils occupaient. Au Kenya, où la colonisation blanche des hautes terres avait été importante, les grandes exploitations ont été rachetées par des citadins ou des groupes d'agriculteurs souvent d'origine Kikuyu. Mais une part importante des paysans reste sans terre. Au Zimbabwe, les fermiers blancs occupaient les meilleures terres. La réforme agraire a été longtemps retardée. La reprise tardive des terres aux exploitants blancs et leur redistribution aux soutiens du pouvoir se fait dans un climat d'instabilité et de violence, qui a abouti à une chute brutale des productions ces dernières années. Quant à l'Afrique du sud, sa réforme agraire, proclamée en 1994, n'a eu jusqu'à présent que peu d'effets.

L'extension des superficies cultivées et la surpopulation relative dans un contexte de techniques peu évoluées entraînent partout des conflits. Ceux-ci prennent des formes violentes lorsqu'ils se cumulent avec d'autres problèmes et que les politiciens les instrumentalisent. Au Kenya, certaines populations, comme les Kalenjin, se sentent exclus de la récupération des terres blanches, ce qui explique les mouvements du début 2008. Le blocage foncier, dans un contexte de très fortes densités de population, est sans doute un des facteurs de la guerre civile au Rwanda et du génocide. En Côte d'Ivoire, la question foncière est un des éléments de cristallisation de la guerre civile des années 2000.

L'amélioration des méthodes de culture, qui permet d'augmenter les productions, peut paraître une des voies pour atténuer ces problèmes.

3. La « modernisation » de l'agriculture paysanne

On observe en Afrique des mutations techniques réelles depuis plusieurs décennies. Mais elles sont lentes, diffuses et les résultats ne sont pas spectaculaires. Elles confirment en tout cas que les sociétés africaines ne sont pas immobiles. Les paysans acceptent les innovations dès qu'ils y trouvent intérêt.

La diffusion de nouvelles semences est sans doute le thème qui a le plus de succès, car il ne demande pas de changements importants des systèmes de cultures. Ainsi, dans les régions sahéliennes et sahelo-soudaniennes, la diffusion des variétés à cycle court permet de s'adapter à la réduction de la pluviométrie observée depuis les années 1960. Une variété d'igname à fort rendement, le *florido*, a connu un succès très rapide dans les années 1980 en Côte d'Ivoire. Actuellement, la variété de riz *nerica*, relativement résistante et qui donne de bons rendements est de plus en plus cultivée en Afrique occidentale.

En zone sahelo-soudanienne où l'élevage est possible, on assiste à la diffusion de nouveaux matériels agricoles et de la traction attelée. Celle-ci s'est faite surtout dans le cadre du développement de la culture du coton pour l'exportation. Mais les agriculteurs utilisent aussi houes, semoirs, charrues mécaniques sur les cultures vivrières. Par ailleurs, les paysans, sauf dans les régions très peuplées, ne mettent pas les changements techniques au profit de l'intensification. Les nouveaux matériels sont utilisés pour étendre les cultures car, tant qu'il reste des espaces vierges, l'extensif rapporte plus que l'intensif (Pélissier, 1995). Cette évolution peut entraîner des problèmes au sein de sociétés égalitaires : une minorité de gros exploitants qui possèdent des tracteurs (et sont souvent des notables à la tête d'une famille nombreuse) émerge d'un groupe de moyens cultivateurs qui ont un attelage et d'une masse de tout petits paysans (Tersiguel, 1998).

Quoi qu'il en soit, l'augmentation du matériel, de l'utilisation d'engrais, de produits de traitement se traduit dans les rendements : par exemple les rendements moyens de maïs ont augmenté de près de 70 % en moyenne pour l'Afrique entière, entre 1961-1962 et 2005-2006, passant de 11 à 18 q/ha (d'après la FAO). Les résultats sont donc certains, même si ces rendements restent faibles et les écarts importants : en 2005 et en 2006, Maurice dépasse les 7,5 t/ha alors que le Soudan est à 750 kg/ha. Quelques pays ont connu une baisse (comme le Zimbabwe ou le Rwanda), alors que d'autres voyaient leurs rendements fortement augmenter (en Côte d'Ivoire comme au Burkina Faso, ils ont plus que doublé entre le début des années 1960 et les années 2005-2006).

L'irrigation progresse lentement. Dès l'époque coloniale, il y a eu une volonté de l'étendre à partir des grands fleuves qui traversent ces pays. À cette époque, comme dans les premières décennies qui ont suivi les indépendances, on a lancé de vastes projets très coûteux. Ceux-ci ont donné des résultats décevants eu égard aux investissements financiers, que ce soit l'aménagement du delta intérieur du Niger, lancé dans les années 1930 et repris sans cesse depuis, la mise en valeur du delta du Sénégal à partir des années 1960-1970 ou les vastes opérations plus récentes de la dépression Niger-Bénoué au Nigeria. Les principes sont partout les mêmes : l'État installe des colons, censés faire une agriculture intensive et « moderne », avec des calendriers stricts, l'emploi d'intrants, etc. Les cultures, riz, coton ou canne à sucre doivent être commercialisées. Ces opérations se heurtent à des difficultés techniques (salinisation des sols...), qui augmentent les coûts de production. Les expropriations parfois (comme dans le périmètre de Rima-Sokoto au Nigeria) rendent difficile l'adhésion des populations locales. Les producteurs ne sont pas toujours bien choisis ni bien formés. Ils ont du mal à suivre les normes préconisées en dépit d'un encadrement très lourd. Dans presque tous les cas, les coûts de production sont très élevés. Ainsi, dans le delta du Sénégal, le riz produit au début des années 1990 revenait quatre à cinq fois plus cher que le riz importé à Dakar...

Aujourd'hui, les projets sont souvent plus petits. Ils s'appuient sur des ONG, des initiatives paysannes ou l'envoi d'argent par les émigrés : par exemple dans la vallée du Sénégal, on assiste développement du maraîchage de contre-saison qui repose sur une petite irrigation, avec des motopompes ; il permet aux populations de se nourrir et de vendre sur Saint-Louis ou Dakar une partie des récoltes. Ces projets se multiplient en Afrique.

Cette évolution des politiques d'irrigation s'inscrit dans un mouvement d'ensemble qui a vu évoluer la pensée sur le progrès dans les campagnes. Aujourd'hui, il s'agit de « développer autrement ». Les gros projets sectoriels centrés sur la promotion d'une culture des années 1960-1970 (« filière » arachide, « filière » palmier...) ou les « projets intégrés » qui cherchaient à améliorer la situation de régions rurales entières des années 1970-1980, ont été largement réduits. Trop coûteux, proposant un « paquet technique » importé souvent peu adapté aux besoins et aux capacités des paysans, ils ont été accusés d'enrichir surtout les experts, les sociétés d'encadrement nationales et étrangères, et des membres des appareils d'État. Dans le contexte de libéralisation actuelle, les grandes sociétés d'aménagement nationales, qui encadraient des cultures ou des programmes d'aménagement régionaux, ont souvent été supprimées ou privatisées. Pour faire face au retrait de l'État, on pousse les « associations paysannes », afin que les agriculteurs prennent leur destin en main. Il y a quelques réussites : dans plusieurs cas, au Mali, en Côte d'Ivoire, au Burkina Faso, les groupements de producteurs ont réussi à faire augmenter le prix du coton payé aux paysans. Mais les membres des associations sont encore peu formés ; celles-ci sont souvent tenues par des notables. Beaucoup d'opérations sont initiées par des ONG qui prennent la place laissée vacante par les États, mais qui sont parfois en rivalité et qui n'ont pas la capacité à coordonner un développement de grande ampleur, à l'échelle nationale.

Conclusion

Le bilan négatif de l'agriculture africaine doit donc être nuancé. La situation est certes peu brillante, mais les paysans africains ont réussi à faire face à une croissance démographique exceptionnelle.

Les difficultés viennent de plusieurs causes. La révolution verte fondée sur l'irrigation et les céréales n'est guère adaptée à des cultivateurs de tubercules en agriculture pluviale. Il y a eu beaucoup d'erreurs techniques dans les projets de développement et l'on a souvent proposé des modèles importés que les sociétés locales refusent.

Pour autant, l'agriculture africaine n'est pas immobile. Mais les changements se font souvent là où on ne les attend pas : essor des cultures vivrières marchandes, succès d'un artisanat agroalimentaire dynamique, diffusion de variétés qu'on ne pensait pas développer, usage non conforme aux désirs des experts de la traction attelée, etc. En fait, dans les propositions de l'encadrement, les agriculteurs retiennent ce qui les intéresse. Et les stratégies paysannes aujourd'hui se font dans un cadre beaucoup plus vaste que le village : front pionnier, ville, champs migratoires multiples d'où viennent une partie des ressources des familles.

Reste que dans le contexte mondial actuel, les petits producteurs africains ont du mal à se faire entendre. La difficulté à nourrir les populations, les tensions foncières sont les signes de problèmes qui dépassent le cadre de la simple agriculture et renvoient aux politiques de développement toutes entières.

3. Les systèmes agroalimentaires andins : ouverture et déséquilibres internes

Limitée ici aux quatre pays des Andes tropicales qui appartiennent actuellement à la Communauté Andine des Nations (Bolivie, Colombie, Équateur, Pérou), l'Amérique andine est une terre de contrastes. Le milieu rural y juxtapose, avec des nuances, des plaines côtières orientées de longue date vers les cultures commerciales, une haute montagne qui dépasse 6 000 m et où se sont épanouies de vieilles civilisations agraires, une vaste cuvette amazonienne peu peuplée (figure 4.4 : Localisation des pays andins).

Comme presque partout en Amérique latine, la majorité de la population vit en ville. Mais le poids des ruraux est loin d'être négligeable : ceux-ci représentent entre 23 % (Colombie) et 37 % (Équateur) de la population totale en 2004. Par ailleurs, cet ensemble connaît une forte hausse des productions agricoles, plus rapide que la moyenne mondiale (tableau 4.6). Mais les inégalités sont fortes entre les régions, les types d'exploitations, les denrées.

Figure 4.4 – Localisation des pays andins

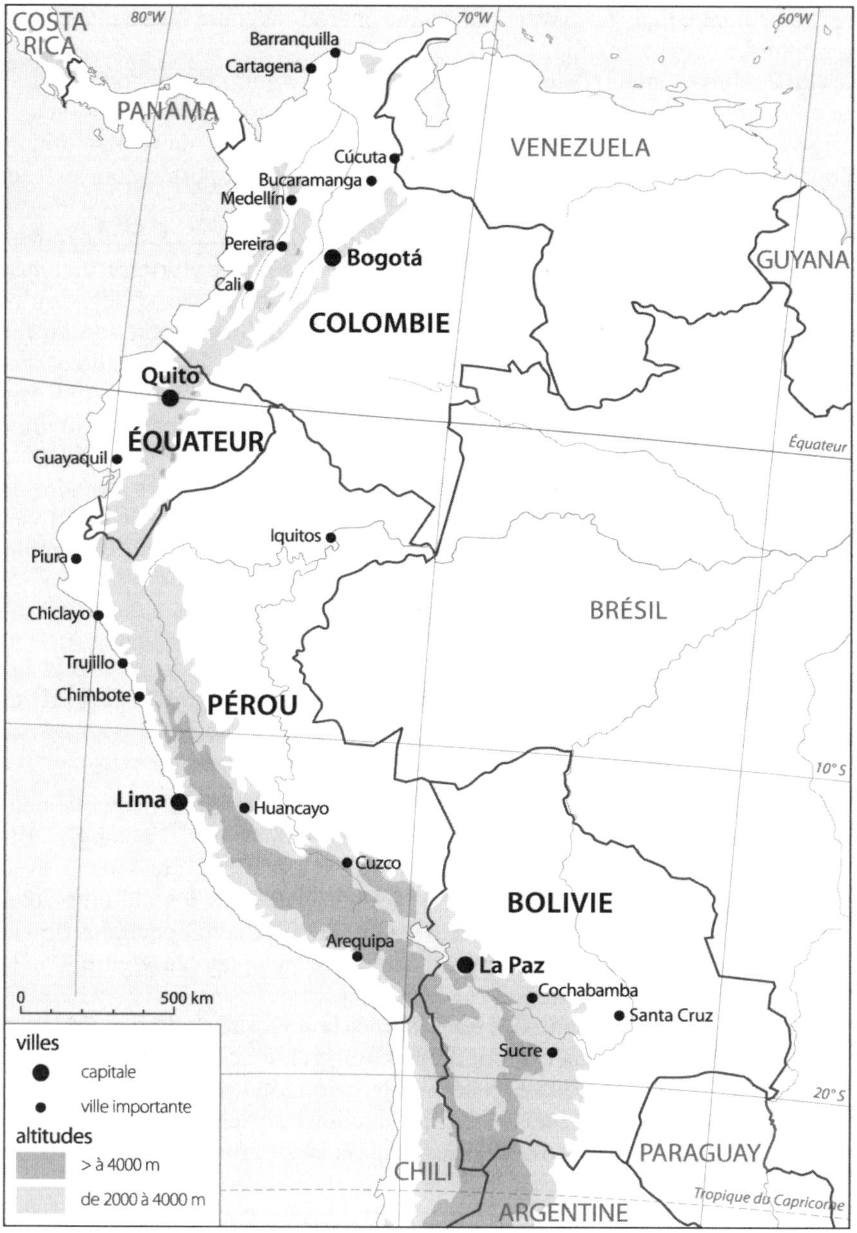

Tableau 4.6 – Indices de production agricole en Amérique andine

Indice 100 : moyenne 1999-2001	1990	1991	2005	2006
Bolivie	61,28	70,12	119,25	117,71
Colombie	87,12	89,51	113,8	112,36
Équateur	70,72	73,59	111,37	110,47
Pérou	57,67	59,79	125,77	125,19
Amérique Latine et Caraïbes	73,30	75,86	118,37	120,49
Monde	94,61	93,39	106,32	106,13

Sources : FAO, 2008.

À la suite de l'ouverture libérale récente, l'agriculture des pays andins a vu croître rapidement ses productions d'exportation. Mais cette évolution est d'abord le fait des grandes exploitations localisées dans des régions bien reliées au monde extérieur. Qu'en est-il des petits producteurs très nombreux et des zones enclavées? Par ailleurs, la croissance urbaine suscite une forte demande locale en denrées alimentaires. Dans un contexte de concurrence mondiale aiguisée, une agriculture paysanne orientée vers les marchés intérieurs, garante d'un revenu minimum pour la grande majorité des exploitants agricoles, peut-elle se développer?

Pour comprendre la dynamique actuelle comme les problèmes, dont certains sont récurrents, il convient de s'interroger d'abord sur le contexte général de la production agricole. Nous verrons ensuite la dynamique du secteur agro-exportateur avant de nous interroger sur le bilan alimentaire qui renvoie à de nombreuses questions touchant aux politiques agricoles et à l'avenir des petites exploitations[1].

A. Le contexte de la production andine

1. Milieux et sociétés : les civilisations agraires locales

L'agriculture andine est marquée par un milieu contraignant, mais qui offre des possibilités variées. Selon les régions, plus sèches ou plus humides, l'éventail des plantes cultivées diffère. Il y a un gradient sud-nord marqué : la côte péruvienne est aride sur sa plus grande partie (jusqu'au nord de Chiclayo), alors que les climats colombiens sont humides. Les Andes constituent une chaîne méridienne qui voit se succéder des étages très variés, du tropical chaud aux climats d'altitude froids. À l'est, la cuvette amazonienne offre un climat équatorial ou tropical humide sur sa plus grande partie. Les populations utilisent depuis longtemps l'étagement montagnard et les possibilités des différents milieux plus ou moins humides (figure 4.5 : localisation des productions végétales et animales en fonction de l'altitude et de l'humidité dans les Andes centrales).

1 Cette partie sur l'Amérique andine reprend certains éléments de textes écrits en commun avec Évelyne Mesclier, notamment : Chaléard, Mesclier, 2006.

Figure 4.5 – Localisation des productions végétales et animales en fonction de l'altitude et de l'humidité dans les Andes centrales

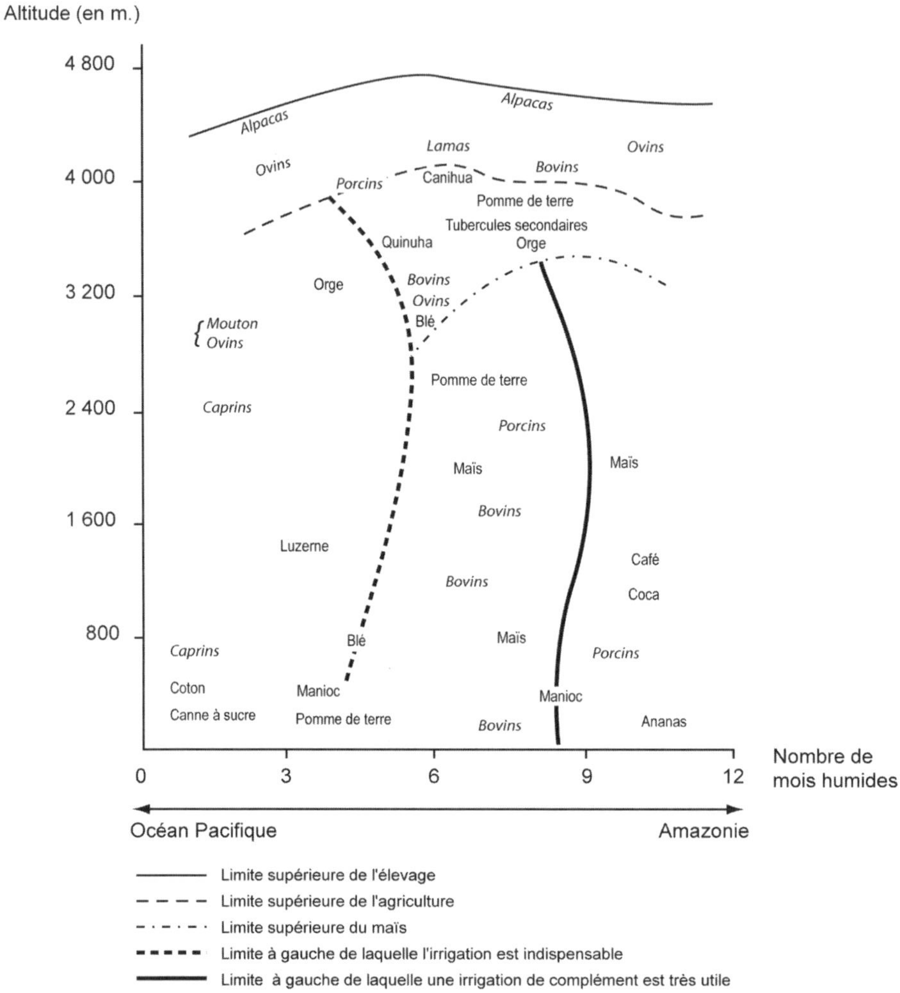

Source : D'après : Dollfus, in Morlon, 1992, p 25.

Les pays andins peuvent ainsi cultiver un large éventail d'espèces tempérées (blé…) et tropicales (café, cacao…). Mais les choix culturaux résultent aussi d'une longue histoire agraire.

Les Andes centrales constituent un des grands foyers de la révolution agricole néolithique (Mazoyer, Roudart, 1997, p. 68-69), lieu de domestication de tubercules (la pomme de terre, l'oca…), du quinoa (une céréale), du lupin, de camélidés (lama, alpaga), etc. Les sociétés locales ont su mettre au point des techniques perfectionnées pour gérer des systèmes écologiques complexes, où les variations altitudinales jouent un rôle important. Dans les Andes centrales, avant la conquête espagnole, une organisation en « archipel » permettait le contrôle simultané de plusieurs étages écologiques par un même groupe humain (J. Murra, 1975). Le nord des pays andins a été le lieu d'épanouissement d'un foyer agricole secondaire, où ont été domestiqués de nombreux fruits (papaye, ananas), la patate douce, etc. Sur la côte nord de l'actuel Pérou, dès les premiers siècles de notre ère, les sociétés littorales pré-incaïques ont développé des réseaux d'irrigation dont certains canaux sont encore utilisés. Dans la montagne, les systèmes de terrasses irriguées, l'agriculture sur billons ou en étangs temporaires, limitaient les effets des variations climatiques. Des instruments manuels, comme la *chaquitaccla*, sorte de pelle tranchante, restent efficaces encore aujourd'hui pour cultiver de nombreuses pentes en altitude (Morlon *et al.*, 1992).

La conquête espagnole apporta des changements, mais de manière très inégale, au sein des systèmes de productions indigènes. Les Espagnols ont introduit des plantes tempérées (comme le blé), des animaux (bovins, équidés...), qui permirent l'utilisation dans certains cas de la traction animale, des instruments nouveaux comme l'araire. Ils installèrent de grandes exploitations. Mais ils développèrent une agriculture productive essentiellement sur les côtes. Les techniques évoluèrent peu : l'agriculture paysanne resta largement manuelle, fondée sur les cultures ancestrales. En montagne, les structures agraires favorisèrent une attitude rentière de la part des grands propriétaires terriens lesquels, jusqu'à la fin du XIXe siècle, conservaient leurs exploitations plus pour des raisons de prestige et davantage pour maintenir leur pouvoir sur les populations que pour les gains réalisés. Les transformations techniques liées à la révolution industrielle ont surtout touché les grandes unités de production orientées vers les marchés extérieurs : ce sont elles qui se sont mécanisées. Au XIXe siècle et dans la première moitié du XXe siècle se développent de grandes exploitations orientées vers l'exportation de produits agricoles, comme les grandes plantations sucrières sur la côte péruvienne.

2. La question agraire

Pays de faibles densités de population (25 hab./km^2 en moyenne), où existent de vastes espaces qui ne sont pas cultivés en Amazonie, les pays andins connaissent, comme la plupart des pays d'Amérique latine, un grave problème foncier, la population rurale se concentrant dans la montagne et dans les plaines côtières. Les structures agraires sont marquées par un dualisme prononcé entre une masse de petits exploitants ou de ruraux sans terre et des grandes exploitations qui occupent souvent les meilleurs sols. Autant que de la conquête espagnole, la situation actuelle résulte des évolutions après les indépendances, au XIXe et au début du XXe siècles, qui ont vu se renforcer les grands domaines, et de changements récents caractérisés par une phase de réformes agraires et d'intervention de l'État jusqu'aux années 1980, puis une ouverture libérale.

L'Amérique andine a connu inégalement les réformes agraires. La Colombie n'a pas fait de véritable réforme et les structures restent très inégalitaires, entre une masse de petits producteurs qui fournissent une forte part des denrées agricoles et de grandes exploitations capitalistes minoritaires (Forero Álvarez, 1999). L'Équateur a vu se succéder plusieurs lois de réforme agraire entre 1962 et 1979, mais celles-ci ont été partielles et s'il y a eu des redistributions, les grands domaines n'ont pas disparu. La Bolivie a été un des premiers pays d'Amérique du Sud à lancer, dès 1953, une réforme agraire sur le modèle mexicain. Mais celle-ci fut inégalement appliquée selon les régions et selon les gouvernements. Dans les Andes, des terres furent attribuées aux paysans indigènes, mais les partages successifs ont abouti à la multiplication des toutes petites exploitations sur lesquelles il est difficile de vivre ; dans l'Oriente (l'Amazonie bolivienne) des terres ont été attribuées à de véritables entrepreneurs agricoles. Beaucoup de grands propriétaires ont échappé à la réforme. Si bien que dans les années 1980, 68,2 % des exploitations boliviennes font moins de 4 ha chacune et possèdent 1,4 % des terres cultivées du pays seulement, tandis que 0,2 % des exploitations font plus de 5 000 ha et possèdent 48,7 % des terres cultivées (Franqueville, 2000, p. 175).

La réforme agraire péruvienne de 1969 a été la plus importante, succédant à une première réforme timide en 1964. Entre 1969 et 1979, plus de 5,8 millions d'ha sont touchés : redistributions aux communautés indigènes rebaptisées « communautés paysannes », distribution aux paysans indépendants et surtout, plus de 5 millions d'ha affectés à différentes formes de coopératives et d'entreprises collectives (Chaléard, Mesclier, Huamantinco, 2008, p. 16). Cette réforme s'en prend aussi bien aux grandes exploitations latifundiaires archaïques dans la montagne qu'aux grandes exploitations agro-industrielles sur la côte.

Mais dès 1978, les membres des coopératives commencent à démanteler les formes collectives d'exploitation. En 1980, une loi autorise la privatisation et la division d'entreprises issues de la réforme agraire. Le processus de privatisation est lié pour partie à l'insatisfaction des travailleurs des coopératives qui souhaitaient avoir leur propre exploitation. Les résultats agricoles n'étaient certes pas totalement satisfaisants, mais pour des raisons dont certaines étaient indépendantes de la réforme elle-même : ainsi, les anciens propriétaires, prévoyant les expropriations n'avaient pas investi dans leurs entreprises ; par ailleurs, les prix agricoles étaient artificiellement bas pour permettre au gouvernement de dégager des surplus pour financer l'industrialisation, ce qui pénalisa toute l'agriculture…

Dans les années 1990, le gouvernement péruvien, dans un cadre néolibéral, édicte une série de lois qui permettent la privatisation des coopératives et autorisent, sous certaines conditions, la vente des terres des communautés paysannes. On assiste à la reconstitution de grandes exploitations privées, sous diverses formes sur la côte, là où l'agriculture d'exportation peut se développer dans les conditions les plus favorables.

Ainsi, dans tous les cas, existent encore aujourd'hui des grands domaines et des petites exploitations. Toutefois les grands domaines ont souvent abandonné les formes les plus archaïques de mise en valeur de l'espace pour se lancer dans des cultures à forte rentabilité et en utilisant des techniques performantes.

Sur un autre plan, les réformes agraires ont contribué à la constitution d'un groupe majoritaire (en nombre) de petites exploitations. La croissance démographique qui a accentué la pression sur la terre dans les zones peuplées, notamment en montagne, contribue, par le jeu des héritages, à la parcellisation des unités de production. Les États ont cherché à diffuser de nouvelles technologies de la « révolution verte » pour maintenir ou améliorer la productivité de leur agriculture. Ainsi, au Pérou, la présence des techniciens de l'État, dans le cadre des expériences coopératives ou dans celui du soutien aux dynamiques des « communautés paysannes », les subventions accordées aux producteurs pour l'achat des intrants, les efforts des ONG et de la coopération internationale, ont contribué à la diffusion de nouvelles semences, de l'utilisation des engrais et des pesticides. En Colombie, alors même que la réforme agraire n'a été que timide, les programmes d'aide de l'État ont également joué un grand rôle dans le changement technique, en particulier dans les régions de *minifundio* (Forero Álvarez, 1999, p. 212).

Ce soutien n'a pas amené de profonds bouleversements dans les techniques, comparables à ceux qui peuvent être observés en Asie du Sud-Est (Auroi, 1998). Les petits agriculteurs ont souvent hésité à prendre le risque de s'endetter, malgré des systèmes de crédit favorables, pour améliorer leurs rendements ou pour se lancer dans des productions commerciales. Toutefois, on observe une diffusion lente des technologies nouvelles, de la consommation d'engrais (Chaléard, Mesclier, 2006). Les rendements progressent pour quelques cultures de base. Ainsi, entre 1961 et 2006, les rendements moyens de maïs ont progressé de plus de 40 %, même s'il faut observer des inégalités (en Équateur les rendements diminuent alors qu'ils progressent dans les trois autres États andins, d'après la FAO). Mais l'évolution néolibérale des années 1990, en réduisant ou en faisant disparaître les aides de l'État, ne favorise pas les progrès techniques chez les petits paysans.

3. L'ouverture libérale récente

L'Amérique andine participe fortement au mouvement de libéralisation récente[1]. Des mesures ont été prises comme la réduction des droits de douane et la libéralisation des prix, la libéralisation des flux de capitaux et des investissements étrangers. Ces mesures se sont accélérées dans les années 1990 : ainsi, en Équateur, à partir du plan de stabilisation de 1992, même s'il y avait déjà eu des politiques d'ajustement précédemment, ou encore au Pérou, où l'année 1990 marque un tournant. Plus récemment, la tendance est à la signature d'accords bilatéraux, particulièrement avec les États-Unis. Les pays andins producteurs de drogue (Bolivie, Colombie, Équateur et Pérou) bénéficient d'un accord favorisant leurs exportations légales vers les États-Unis, à partir de 1991 avec l'ATPA (Andean Trade Preferences Act) puis avec sa prolongation, l'ATPDEA (Andean Trade Promotion and Drug Eradication Act), signée en 2002. Ils perdent cet avantage le 31 décembre 2006 : le traité de libre commerce avec les États-Unis est censé remplacer à terme cet accord, ce qui suscite des inquiétudes chez les producteurs qui craignent la concurrence des produits agricoles américains subventionnés.

En effet, parallèlement à l'ouverture sur l'extérieur, le lancement de programmes libéraux dans les années 1980-1990 entraîne la disparition de la plupart des structures d'aide aux producteurs. Ainsi, au Pérou, qui se lance dans une politique libérale dans les années 1990 (Dollfus, Bourliaud, 1997), des institutions comme la Banque Agraire, qui octroyait des prêts à des taux d'intérêt faibles voire nuls, sont supprimées. L'assistance technique qui était assurée par les agences de la Banque Agraire n'est que partiellement remplacée par de nouveaux programmes comme le Pronamachs[2].

Les petits producteurs se trouvent ainsi sans appui à un moment où les frontières s'ouvrent. Mais les gouvernements espèrent en tirer des avantages sur le plan des cultures d'exportation.

1. Pour une étude de ce mouvement à l'échelle de l'Amérique latine, cf. Mesclier (2006).
2. *Programa Nacional de Manejo de Cuencas Hidrográficas y Conservación de Suelos* (Programme national d'aménagement de bassins hydrographiques et de conservation des sols).

B. Les opportunités de l'agriculture d'exportation

1. L'essor des productions d'exportation

L'Amérique andine est une région ancienne de productions agricoles d'exportation : à la fin du XIXe et au début du XXe siècles, l'Équateur est le premier producteur mondial de cacao ; la côte péruvienne est le siège de grandes exploitations sucrières et de coton au début du XXe siècle, etc. L'ouverture libérale actuelle relance les secteurs d'exportation, mais pas forcément de la même manière ni sur les mêmes créneaux qu'autrefois. En outre, au-delà de grandes tendances communes et d'un dynamisme général, chaque État connaît des évolutions propres.

Les vieux produits du commerce international restent inégalement importants. Le coton péruvien a perdu de son poids. Le sucre qui était un grand produit d'exportation est en partie destiné aux marchés nationaux. La Colombie reste un très grand producteur, en dépit d'une stagnation depuis trois ans, avec une production qui a été multipliée par 7,5 entre 1961 et 2004. Le Pérou a une production irrégulière qui reste inférieure à celle des années 1960. Dans ce pays, ce secteur connaît d'ailleurs des difficultés et espère en partie une relance de l'essor des agrocarburants.

Le café est un des produits agricoles d'exportation les plus importants. Les pays andins constituent une grande zone de production de café arabica qui pousse sur les terres tropicales d'altitude. La Colombie est le troisième producteur mondial, derrière le Brésil et au niveau du Vietnam. Le Pérou, et à un degré moindre l'Équateur et la Bolivie, sont également des producteurs notables (tableau 4.7).

Tableau 4.7 – Production de café en 2006 et en 2007 (milliers de sacs de 60 kg)

Pays	Production 2006	Production 2007	Rang mondial 2007
Brésil	42 512	33 740	1
Colombie	12 789	12 400	3
Pérou	4 250	3 190	8
Équateur	1 172	950	17
Bolivie	152	135	

Source : OIC (www.ico.org)

En dépit de la forte baisse des cours mondiaux à la fin des années 1990 et jusqu'en 2002, la production augmente. L'exemple du Pérou est significatif. Au-delà de fortes variations interannuelles, les tonnages récoltés s'accroissent rapidement dans les années 1990 et 2000, doublant en moins de quinze ans. La hausse globale est moins liée à une intensification qu'à la conquête de nouvelles terres. De nombreux paysans de la montagne migrent sur le piémont andin et vont y établir des plantations car les conditions de production sont favorables. Le défrichement de forêts permet de diminuer les risques de maladie tout en autorisant des rendements nettement plus élevés que dans les vieilles régions productrices, les premières années. Alors que dans les anciennes régions caféières, aux vergers vieillis, les rendements sont bas, de l'ordre de 500 kg/ha, ils dépassent 1 000 kg/ha sur le versant amazonien[1].

Les autres produits d'exportation sont moins répandus que le café et importants seulement dans un ou deux pays. C'est le cas du cacao, localisé sur des terres plus chaudes et plus humides que celles où prospère le café arabica. La production est élevée surtout en Équateur, qui se situe au 7e rang mondial. La banane, dont la culture s'étend sur les terres basses, de climat chaud et humide, est un produit notable en Équateur, premier exportateur mondial, et en Colombie. L'Équateur a vu sa production augmenter depuis 10 ans et cherche des débouchés en Europe. Avec la Colombie, il a fait partie des pays qui en février 2005 ont contesté avec succès la décision de l'Union européenne d'imposer des droits de douane élevés en remplacement de quotas (Chalmin, 2006). Le soja, qui fut longtemps peu cultivé dans les pays andins, connaît une forte croissance depuis les années 1980 dans l'Oriente bolivien, sur le modèle du Brésil et de l'Argentine. Le mode de développement est ici très différent de celui de cultures comme le café ou le cacao. Il est le fait de très grandes exploitations modernes, qui ont obtenu des terres qu'elles ont récemment défrichées en Amazonie bolivienne.

À côté de ces produits de base, les pays andins ont su se placer dans des « niches » dont l'apparition est liée à l'amélioration des conditions de transport et la baisse des coûts, qui ont permis l'essor des exportations de produits frais (cf. ci-dessus, première partie).

Ces produits sont très variés. Des fruits, comme la mangue au Pérou, connaissent une croissance extrêmement rapide (Chaléard, Mesclier, 2004). La production s'est d'abord développée dans les années 1980 dans l'extrême nord du pays (région de Piura). Ensuite, elle a gagné progressivement des secteurs plus au sud (Chiclayo…). Sur la côte, elle bénéficie d'excellentes conditions. Une forte partie de la production est fournie en janvier-février, à une période où les gros producteurs américains (Mexique, Brésil) et africains fournissent peu le marché mondial. Les agriculteurs ont donc joué sur une rente de situation naturelle pour s'insérer sur un créneau « libre » du commerce international.

Les légumes constituent aussi un secteur dynamique. Parmi les cultures dont l'essor est spectaculaire, on peut citer l'asperge, dont le Pérou, qui n'en consomme pratiquement pas, est devenu le premier producteur et exportateur mondial : les exportations sont passées de 10 000 t en 1993 à 80 000 t en 2005, d'après la FAO ! La culture est développée sur la côte où les conditions permettent une production échelonnée dans l'année et menée pour produire aux meilleurs moments en fonction de la demande sur les marchés, notamment les États-Unis. L'asperge, exportée fraîche, congelée ou en conserve est ainsi devenue le second produit agricole d'exportation du Pérou, après le café.

Mangues et asperges ne sont que des exemples de productions qui se diversifient de plus en plus. Il s'agit soit de fruits tropicaux exportés dans les pays du Nord car ceux-ci ne les fournissent pas (la mangue, l'avocat, etc.), soit de produits tempérés, fruits ou légumes, les pays andins jouant sur les coûts de productions peu élevés et sur le fait qu'ils peuvent fournir ces denrées à des périodes particulières de l'année (asperges, artichauts, etc.).

Enfin, on pourrait ranger aussi dans ces catégories nouvelles des produits « andins » qui bénéficient de l'engouement des consommateurs des pays du Nord

1 Il s'agit de rendements de café vert décortiqué.

pour les produits dits « typiques ». Ainsi, le quinoa, céréale andine, connaît une forte augmentation de ses exportations, particulièrement depuis la Bolivie. Ce type de production est intéressant parce qu'il fournit des revenus dans des zones de montagnes qui ont souvent du mal à développer des cultures d'exportation.

En effet, celles-ci s'étendent de façon préférentielle dans quelques types de régions dynamiques : les plaines côtières, près des ports (au Pérou, en Équateur, en Colombie), dans les bassins et sur les plateaux des Andes, près des grandes villes qui bénéficient de la présence d'un aéroport pour les exportations en frais (autour de Bogotá ou de Quito) et sur les fronts pionniers amazoniens.

2. Le poids croissant de l'agrobusiness

Une forte partie de la production des nouvelles cultures d'exportation est le fait de grandes exploitations. D'une façon générale, les petits producteurs ont du mal à suivre les itinéraires techniques indispensables à une récolte abondante et de qualité. Les grands exploitants se placent mieux sur les marchés parce qu'ils répondent plus facilement aux exigences des pays consommateurs, ils connaissent mieux les circuits de commercialisation, ils sont plus aptes à réagir aux évolutions de la demande et des techniques de façon rapide.

L'exemple de la mangue au Pérou est significatif. Les petits exploitants se sont lancés dans cette culture, mais ils ont du mal à suivre les normes de qualité de plus en plus strictes imposées par les pays consommateurs, car le respect de ces normes demande des soins minutieux, une grande compétence technique et surtout des moyens qu'ils ne possèdent pas. En outre, la rentabilité de la mangue est supérieure dans les grandes exploitations à ce qu'elle est dans les petites. Les revenus dépendent non seulement des quantités produites mais aussi de la part exportée qui peut être fort variable. En effet, les conditions imposées par les principaux pays consommateurs, États-Unis et Union européenne, sont très rigoureuses. Les fruits, qui sont surtout exportés frais, doivent être exempts d'attaques de la mouche du fruit, de maladies cryptogamiques (comme l'anthracnose qui joue sur l'aspect du produit) et n'avoir subi aucun dommage lors de la récolte et du conditionnement (Chaléard, Mesclier, 2004). Tout fruit de qualité insuffisante est refusé à l'exportation et vendu sur le marché intérieur à des prix très inférieurs à ceux du marché mondial : ainsi, entre 2002 et 2004, la caisse de 20 kg de fruits se vend entre 4,20 et 6 euros pour le marché d'exportation mais seulement 1,20 à 2,70 euros pour le marché national. La part destinée à l'exportation est supérieure chez les grands producteurs, car ceux-ci ont plus de facilité pour surveiller leur plantation et acheter des produits de traitement que les petits exploitants, qui souvent ne traitent pas faute de moyens.

Les conditions de commercialisation sont aussi plus favorables aux grands producteurs (Mesclier, Chaléard, 2006). Les grandes sociétés exportatrices préfèrent traiter avec les gros exploitants qui fournissent des quantités élevées, permettant de réaliser des économies d'échelle dans la collecte et le transport, et qui assurent plus facilement une qualité régulière. Par ailleurs, les sociétés agro-exportatrices cherchent à produire elles-mêmes une partie de leur production pour assurer une haute qualité à l'exportation vers des marchés de plus en plus exigeants. À l'inverse, beaucoup de petits agriculteurs connaissent des difficultés : ils n'arrivent pas à assurer une qualité suffisante, dépendent du bon vouloir des acheteurs qui fixent les prix pour leur récolte. Certains, qui empruntent pour conduire leurs cultures, peinent à rembourser et doivent céder leurs terres aux intermédiaires ou aux gros producteurs.

L'évolution récente, avec l'édiction de nouvelles normes de la part des pays consommateurs (dans le cadre de l'EurepGAP en Europe, par exemple[1]) ou la venue sur place de contrôleurs des grandes chaînes de supermarchés du Nord, défavorise ces petits producteurs qui ne peuvent suivre les exigences sanitaires et techniques imposées.

Le cas de la banane d'Équateur met aussi en évidence les difficultés des catégories d'exploitants qui ne maîtrisent pas les circuits de commercialisation. Dans ce pays, contrairement à beaucoup de pays latino-américains, la production de banane est le fait de petits et moyens planteurs. Mais ceux-ci dépendent en partie de grandes sociétés qui commercialisent la récolte : Dole et surtout la compagnie Bananera Noboa, qui appartient à un ancien candidat à la présidence de la république. Il y a de nombreux conflits entre les compagnies et les petits producteurs qui leur reprochent de ne pas acheter assez cher leurs bananes et qui répercutent ces faibles prix sur les ouvriers agricoles, en limitant les salaires, ce qui provoque des mouvements sociaux.

Les paysans restent majoritaires également dans les cultures dont les techniques sont assez simples et où il n'y a pas d'économies d'échelle : c'est le cas pour le café par exemple ou pour le cacao. Mais ils dominent en général dans les secteurs les moins rémunérateurs. La rentabilité brute du café est très inférieure par exemple à celle de la mangue : dans le nord du Pérou, alors que le premier fournit environ 1 000 euros/ha les bonnes années, la mangue fournit le double dans les petites exploitations et bien plus dans les grandes (Chaléard, Mesclier, 2004).

Ainsi, une grande partie des paysans des pays andins se trouve marginalisée pour différentes raisons : rémunération trop faible de certaines cultures d'exportation (comme le café), difficulté à suivre les normes du marché ou à résister à la concurrence des grandes exploitations, sans compter que dans de nombreuses parties des Andes, les villages sont enclavés, les routes sont insuffisantes et ne permettent pas l'évacuation des produits dans de bonnes conditions.

3. Des solutions pour les paysans dans la mondialisation ?

À l'échelle du marché mondial des produits alimentaires, les petits producteurs andins, comme la plupart de leurs homologues du Sud, ont des opportunités, variables selon les cas.

La filière biologique et le commerce équitable ont pris une relativement grande importance, développée, en général, grâce à des ONG. Le café est un des produits importants de ce commerce car, compte tenu des prix au consommateur, une forte élévation du prix au producteur se traduit par une faible différence pour l'acheteur final. Ainsi, le triplement ou le doublement des prix observés dans le nord du Pérou entre 2002 et 2005 se traduit par une hausse d'environ 10 % des prix au consommateur en France (Chaléard, Mesclier, 2006). D'autres filières se développent, comme dans le cas de la banane en Équateur. Mais ce commerce ne représente qu'une faible partie des ventes car le marché est encore réduit.

Sur un autre plan, la migration est une réponse fréquente des paysanneries en proie à des difficultés, particulièrement dans les zones de montagne. Une partie des membres de la famille migre en ville, dans les pays voisins (par exemple les Boli-

1. L'EurepGAP a été créé en 1997 à l'initiative de la grande distribution. L'objectif était de définir des exigences et des procédures pour le développement de « bonnes pratiques » agricoles : contrôle sanitaire des produits et des techniques de production, normes concernant les conditions de travail des employés, etc.

viens en Argentine) ou dans les pays du Nord, particulièrement aux États-Unis. Cette migration donne des ressources aux membres de la famille restés sur place. Ainsi, les uns partent, pour que les autres restent (Cortes, 2000). Dans certaines zones caféières en crise, comme dans le nord du Pérou, les producteurs ont profité des revenus tirés du café à des époques de hauts cours pour acheter des maisons en ville ou envoyer leurs enfants à l'université. Les relations avec les parents en ville leur permettent de survivre alors que leurs revenus agricoles ont fortement baissé.

Mais une des caractéristiques de l'Amérique andine est l'importance de la culture de coca. Le cocaïer est un arbuste originaire de la région. Les feuilles sont consommées depuis longtemps par les populations locales. La production a connu une grande extension au XXe siècle et surtout depuis les années 1960 avec l'essor dans les pays du Nord de la demande de cocaïne, élaborée à partir des feuilles et de produits chimiques (Office Général des Drogues, 1997), et avec les difficultés des petits exploitants liées à la baisse des cours mondiaux des principales denrées agricoles.

Les grandes zones de production correspondent aux vallées chaudes du versant amazonien des Andes de Bolivie et du Pérou, où de nombreux migrants viennent s'installer dans les années 1970-1980 : Haut Huallaga (Pérou), Chaparé (Bolivie)… Mais depuis les années 1990 on assiste à un recul de la production dans ces vallées, pour différentes raisons : champignon (*Fusarium oxyporum*) qui attaque le cocaïer et lutte contre le Sentier Lumineux qui était installé dans le Haut-Huallaga au Pérou ; programme d'éradication de la culture, soutenu par les États-Unis, au Pérou et surtout en Bolivie où a été lancé le programme « zéro coca ». La culture atteignait 130 000 ha au Pérou en 1992, 44 000 ha en Bolivie en 1990. Elle serait tombée à 34 000 ha au Pérou et 20 000 ha en Bolivie en 2000. En revanche la Colombie a connu une forte expansion, passant de 40 000 ha à 160 000 ha en dix ans. Mais les chiffres sont mal connus et il semble qu'au Pérou et en Bolivie la production actuellement se disperse en Amazonie. Les superficies seraient ainsi remontées à 48 000 ha en 2005 au Pérou, alors qu'elles auraient diminué à 86 000 ha en Colombie à la même date[1]. Il s'agit d'une production fortement rémunératrice pour les agriculteurs, même s'ils ne touchent qu'une part minime du prix final de la drogue vendue sur les marchés urbains du Nord.

Par ailleurs, on assiste à une diversification avec l'apparition du pavot, dont l'écologie est différente et qui pousse plus haut en altitude. Cette culture s'est étendue à partir des années 1990 quand les cours de la coca ont baissé ; en outre, le pavot pousse dans des régions moins accessibles, où il est donc moins repérable et moins facile à éradiquer. La production s'est particulièrement développée en Colombie.

Les tentatives pour limiter les productions illicites paraissent à certains égards dérisoires : les programmes de lutte proposés par les États-Unis heurtent les populations par la violence des moyens mis en œuvre (intervention de l'armée, destruction des cultures à l'aide de produits chimiques dangereux pour la santé, etc.) et provoquent des manifestations de producteurs : elles expliquent pour une part le succès d'Evo Morales à la présidence de la république en Bolivie. Elles ne permettent pas de remplacer des productions très rentables par d'autres mal rémunérées, comme le café…

1. Sources : United Nations Office on Drugs and Crime : UNODC 2006a, UNODC 2006b.

C. Marchés nationaux et cultures vivrières

1. Production et consommation alimentaire

Si la production agricole globale des pays andins augmente rapidement, il convient d'être nuancé en ce qui concerne les denrées alimentaires de base, car les indices généraux sont tirés par les performances de l'agriculture d'exportation.

La production de céréales a fortement progressé (tableau 4.8). Dans l'ensemble, la croissance est supérieure à la moyenne mondiale et équivalente ou supérieure à la moyenne latino-américaine, mais avec de grandes inégalités : la Colombie a connu une progression moins rapide que ses voisins. Par ailleurs, cette évolution globale cache des disparités selon les cultures. La production de blé a dans l'ensemble reculé, sauf en Bolivie où elle est en hausse, en raison de l'expansion des grandes exploitations dans l'Oriente. Le maïs a vu sa production doubler (Colombie) et jusqu'à quintupler (Équateur) depuis les années 1960. Mais c'est surtout le riz qui a connu une vive croissance des tonnages récoltés, particulièrement dans les plaines côtières où ont été étendus de grands périmètres irrigués, que ce soit dans les zones arides (nord du Pérou) ou plus humides (comme dans la plaine côtière équatorienne). Il est ainsi devenu la principale céréale produite en Colombie, en Équateur et au Pérou devant le maïs, ce dernier ne gardant sa primauté qu'en Bolivie, et alors que partout les céréales andines ont aujourd'hui un rôle marginal dans l'alimentation.

Tableau 4.8 – Évolution des productions de céréales et de racines et tubercules dans les pays andins (1960-2006)

	Céréales			Racines et tubercules		
Productions en millions de tonnes	Prod. moy. 1961-1962	Prod. moy 2005-2006	% 1961-1962/ 2005-2006	Prod. moy 1961-1962	Prod. moy 2005-2006	% 1961-1962/ 2005-2006
Bolivie	415	1 731	+317 %	718	1 234	+72 %
Colombie	1 547	4 238	+174 %	1 547	4 206	+172 %
Équateur	518	2 321	+348 %	537	453	-16 %
Pérou	1 100	4 002	+264 %	1 881	4 731	+151 %
Amérique Latine et Caraïbes	47853	153 487	+221 %	33233	57048	+72 %
Monde	906 037	2 244 685	+148 %	452 188	731 312	+62 %

Sources : FAO, 2008.

La consommation de tubercules est importante dans les pays andins. Mais l'évolution de la production est inégale. Si la croissance est forte au Pérou et en Colombie, en revanche on observe un déclin de la production en Équateur. Des problèmes agronomiques (maladies…) peuvent rendre compte de cette baisse. Mais cette dernière souligne aussi la fragilité de certains secteurs agricoles, car les tubercules sont avant tout le fait de petits producteurs dans la montagne andine.

Par ailleurs, cette évolution se fait dans un contexte de relativement forte croissance démographique. La population des pays andins a augmenté à un rythme supérieur à 2 % par an ces dernières décennies, en dépit d'un ralentissement récent (les taux actuels oscillent entre + 1,5 et + 1,9 % par an).

Tableau 4.9 – Évolution de la production de céréales et de racines et tubercules par habitant de 1961 à 2004

	Céréales			Racines et tubercules		
En kg/hab./an	1961-1962	1990-1991	2003-2004	1961-1962	1990-1991	2003-2004
Bolivie	120	125	155	207	168	136
Colombie	88	117	110	88	122	92
Équateur	112	136	184	116	48	38
Pérou	106	80	134	181	98	164

Sources : FAO, 2006.

La production de tubercule par habitant a stagné ou régressé avec des évolutions variables selon les pays : elle baisse de façon continue en Équateur et en Bolivie, alors que la chute est récente en Colombie et que ces dernières années on assiste à une nouvelle croissance au Pérou. La production de céréales par habitant a connu une croissance générale. Les évolutions variables selon les États sont en partie à relier aux conditions locales. Ainsi, la crise politique et socio-économique du début des années 1990 au Pérou explique pour une part la situation catastrophique de ce pays ces années-là. Par ailleurs, les résultats des céréales meilleurs que ceux des tubercules correspondent à l'augmentation de la consommation humaine de céréales et de viande, notamment de volailles (nourries avec du maïs...). Cette évolution peut elle-même être mise en relation avec l'urbanisation.

Les villes ont vu leur population croître rapidement dans tous les pays andins depuis plusieurs décennies. Cela se traduit par des taux d'urbanisation élevés (de 63 % en Équateur à 77 % en Colombie en 2004) et l'existence d'agglomérations de plusieurs millions d'habitants comme Bogotá, Lima, La Paz, etc. Cette évolution entraîne des modifications sensibles de la consommation alimentaire, car cette dernière n'est pas exactement la même en ville et à la campagne. À La Paz, la plus grande partie de la consommation est constituée de céréales et de dérivés qui apportent plus de la moitié des calories (pain et riz surtout : 41,9 %). On consomme beaucoup plus de produits industrialisés ou transformés qu'à la campagne : huiles industrielles, pâtes, etc. (Franqueville, 2000, p. 218-219).

Toutefois, les produits nationaux sont également consommés en ville, particulièrement par les migrants issus des régions rurales. Dans les cités péruviennes, la consommation de produits « andins » (pomme de terre, tubercules locaux comme l'oca, l'olluco, etc.) reste importante, en raison de la présence d'une forte population immigrée qui a gardé des habitudes alimentaires de ses régions d'origine (Smith, Trivelli, 2001). À La Paz, la population consomme aussi beaucoup de tubercules, du quinoa, etc. Dans ce contexte, une grande partie de la production et du ravitaillement des villes provient de l'agriculture paysanne.

2. Maintien et mutations de la production vivrière paysanne

Dans les pays andins, la plupart des agriculteurs associent au sein de l'exploitation des cultures vivrières, pour se nourrir, aux cultures d'exportation, qui procurent des revenus, selon un système assez classique d'agriculture paysanne. Tous les paysans achètent actuellement de la nourriture, en quantité variable : pour combler un déficit momentané ou pour diversifier l'alimentation. L'évolution des exploitations vers la prédominance d'une ou deux cultures destinées aux marchés accentue ce phénomène.

L'importance des cultures vivrières dans les systèmes de production est très variable. Dans certains secteurs, l'agriculture est essentiellement vivrière et les revenus viennent de ces cultures (qui sont alors aussi commerciales) ou d'autres ressources (artisanat, émigration...). Dans les secteurs où l'agriculture d'exportation est ancienne et bien installée, les cultures vivrières tiennent souvent une place secondaire. Elles peuvent être menées en culture pure ou associées aux cultures d'exportation. Dans les zones de caféiculture, les agriculteurs associent le bananier, qui sert de plante d'ombrage, aux caféiers ; ils ont en outre souvent, à côté de leur parcelle de café, une ou des parcelles de maïs. Les petits producteurs de mangue associent parfois le maïs voire le manioc aux arbres fruitiers dans leurs vergers.

Dans certains secteurs, des producteurs peuvent se spécialiser dans des cultures pour les villes : c'est le cas dans les périmètres rizicoles de la côte péruvienne, dans le nord du pays. Dans les montagnes, on assiste dans certains cas à l'essor d'un élevage laitier et la fabrication de fromage pour les villes.

Ainsi, la plus grande partie de l'alimentation est fournie par le pays : en 1994-1996, en Équateur, 85 % des besoins alimentaires proviennent des productions nationales (Peltre-Wurtz, 2004, p. 31-33). Mais cette production évolue. Pour se maintenir face à la concurrence étrangère, elle est faite dans les secteurs les plus faciles d'accès et où peut se développer une agriculture dans le cadre d'exploitations rentables. Ainsi, toujours en Équateur, l'agriculture qui ravitaille les villes progresse dans la plaine côtière, au détriment de régions de montagne d'accès moins facile, où dominent encore les petites exploitations et où l'agriculture vivrière connaît des difficultés. Cela explique en partie le recul de la culture de pomme de terre dont le maximum de production est atteint en 1971 avec 98,5 milliers de tonnes, contre 60,6 en 2005 (d'après la FAO) et la croissance d'autres productions comme le riz.

C'est aussi le signe d'une double concurrence de l'agriculture paysanne : de la part des grandes exploitations nationales d'une part et des importations en provenance de l'étranger d'autre part.

3. Le poids de la concurrence

Dans l'ensemble la production vivrière souffre de l'absence d'aides de l'État. En outre, les importations de céréales ou de produits transformés (comme les pâtes), qui arrivent souvent à bas prix dans les ports, concurrencent la production locale. En Bolivie, dans les années 1980-1990, l'importance de l'aide alimentaire apportée par l'USAID ou des ONG de diverses origines a freiné l'essor de la production alimentaire locale ou l'a pervertie. Dans ce pays, les « fonds de contrepartie », tirés par le gouvernement de la vente de l'aide en blé, ont profité essentiellement aux meuniers et aux grands producteurs de blé et de soja de l'Oriente, alors que les petits producteurs perdaient le marché national (Franqueville, 2000, p. 235).

L'évolution actuelle se traduit dans tous les pays par une croissance des importations alimentaires. L'exemple du Pérou est significatif (tableau 4.10) : les importations de blé et de maïs ont considérablement augmenté durant les années 1990-2000 pour répondre à la croissance de la consommation et parce que les produits importés sont moins chers que les produits locaux. Les importations n'ont diminué que pour quelques produits dont le riz : celui-ci bénéficie d'achat du PRONAA (organisme de lutte contre la pauvreté et la malnutrition qui organise des distributions de produits de base) et surtout d'une « taxe » à l'importation (une « frange de prix » variable en fonction des cours mondiaux, de l'ordre de 15 %). Ces « aides » ont permis le maintien d'une production nationale rémunératrice pour les agriculteurs.

Tableau 4.10 – Évolution des importations de céréales de base au Pérou de 1990 à 2005

(En tonnes)	1990	2000	2005
Blé	605 851	1 285 416	1 468 840
Maïs	479 388	859 196	1 314 930
Riz usiné	239 071	66 400	125 280

Sources : FAO, 2006.

On pourrait faire des observations du même ordre pour les autres pays avec des nuances : ainsi, partout les achats de blé ou de farine de blé (pour la Bolivie) ont beaucoup augmenté dans les années 1990 (tableau 4.11). La réduction récente des importations en Bolivie est liée à la forte croissance depuis 2004 de la production dans l'Oriente, fait de grands producteurs aux techniques performantes plus que des petits paysans. Les importations de maïs ont connu une forte croissance en Équateur et en Colombie, en relation avec la demande pour les élevages de volailles. On pourrait remarquer de même l'essor des importations de tourteaux de soja (pour l'élevage) ou de produits laitiers transformés, plus ou moins important selon les pays. L'ensemble de ces évolutions va dans le même sens. On a là des effets des politiques d'ouverture des marchés intérieurs et de l'évolution de la consommation urbaine.

Tableau 4.11 – Évolution des importations de blé de trois États andins de 1990 à 2005

(En tonnes)	1990	2000	2005
Équateur	369 793	414 106	466 730
Colombie	737 144	1 088 330	1 261 870
Bolivie (1)	168 330 (46 165)	244 054 (146 252)	124 200 (22 400)

(1) Blé (farine de blé et pâte pour boulangerie)
Sources : FAO, 2006.

Conclusion

À certains égards, les évolutions des pays andins sont significatives des transformations de la consommation alimentaire et des mutations des agricultures des pays en développement.

Ces pays ont profité des opportunités offertes par l'ouverture néolibérale dans le cadre de la mondialisation actuelle. Ils ont su à la fois développer certaines de leurs anciennes productions et profiter de nouveaux marchés. Mais l'ouverture a créé ou accentué des déséquilibres sociaux et géographiques importants. Certaines régions réussissent mieux que d'autres : Oriente bolivien, domaine des grandes exploitations de blé ou de soja, côte péruvienne où se développent de nouvelles cultures, bassins intramontagnards qui bénéficient de la proximité d'un aéroport pour produire pour les marchés du Nord, etc.

La multiplication des liens avec les villes, la recherche de nouveaux créneaux (comme l'agriculture « bio » et le commerce équitable), l'apparition de groupements de producteurs pour défendre leurs intérêts sont les signes du dynamisme des petits agriculteurs. Mais leur situation reste fragile face aux grandes exploitations hautement productives et aux importations en provenance des pays du Nord.

L'approvisionnement des marchés nationaux n'est pas délaissé, mais les agriculteurs andins doivent subir la concurrence des importations venant des pays étrangers, notamment des États-Unis, dont la production est subventionnée (cf. chapitre 2). En outre, les petits exploitants subissent aussi la concurrence des grandes unités agro-industrielles de leurs propres pays. Les régions de montagne, où se concentre une forte partie de la population rurale, connaissent une situation difficile et dans certains cas un déclin marqué. Le délaissement des terrasses anciennes dans des secteurs de la montagne bolivienne, la permanence de la production illicite de coca, sont des signes d'un malaise profond des paysanneries locales.

Les pays du Sud se sont opposés à ceux du Nord à Cancun, en 2003, afin que ces derniers abandonnent les aides qu'ils fournissent à leurs agriculteurs. Les négociations du cycle de Doha à Genève en juillet 2008 ont en partie achoppé sur cette question. La revendication des pays du Sud repose sur une volonté d'organisation plus équitable du commerce international des denrées agricoles, afin que leurs agriculteurs ne soient plus pénalisés. Mais elle va dans le sens d'une libéralisation accrue et favorise surtout les grands exploitants du Sud, capables de lutter à armes égales avec leurs homologues du Nord. Elle ne peut résoudre la totalité des problèmes des petits producteurs qui constituent pourtant la grande masse des ruraux dans les pays andins comme dans l'ensemble des pays en développement.

CHAPITRE 5

Nourrir 2,5 milliards de personnes, plus et mieux : les défis de l'Inde et de la Chine

Frédéric LANDY

« Earth provides enough to satisfy every man's need,
but not every man's greed. »[1] (Gandhi)

La flambée des cours mondiaux des produits alimentaires à partir de 2006 a tourné les regards vers l'Inde et la Chine. Selon les médias et de nombreux experts, la croissance économique de ces deux « pays émergents » si peuplés y est source d'une augmentation du pouvoir d'achat qui accroîtrait la consommation de viande et de lait, se révélant alors un facteur important d'inflation mondiale en raison notamment des besoins croissants en produits fourragers[2]. Les paroles du Mahatma Gandhi citées en exergue prendraient toute leur valeur. De fait (tableau 5.1), les deux pays comptent à eux deux pour 15 % des importations agricoles mondiales ; représentant 38 % de la population et 55 % des agriculteurs de la planète, ils ne disposent que de 21 % des terres arables… Aux yeux de l'opinion internationale, la question alimentaire en Inde et en Chine est donc une question d'échelle mondiale. On est passé d'une peur malthusienne fondée sur la transition démographique (forte croissance de la population asiatique) à une autre fondée sur la transition alimentaire (forte croissance de la consommation par tête). D'où une première problématique : est-il vrai que le changement de régime alimentaire est à ce point brutal ? La Chine est-elle tant importatrice de grains ? L'Inde est-elle si consommatrice de viande ?

D'autre part, il convient d'aborder une problématique intérieure, puisque la question alimentaire en Inde et en Chine correspond bien sûr à une question présente à l'esprit de tous leurs gouvernements depuis des siècles : comment nourrir une telle masse de population ? Les réponses ne sont pas identiques, ni dans le temps ni dans l'espace, mais certains points communs apparaissent dans les politiques alimentaires des deux pays, et ce, alors même que le problème porte moins désormais sur le taux de croissance démographique (+0,8 % par an en Chine, +1,6 % en Inde) que sur les masses de population en présence : c'est encore l'équivalent de la population de l'Australie qui s'ajoute chaque année à la population indienne.

---

1. « La terre produit assez pour satisfaire les besoins de chaque homme, mais non ses appétits ».
2. Parmi bien des exemples, prenons les propos de George W. Bush qui suscitèrent d'âpres commentaires en Inde : « Il y a 350 millions de personnes en Inde qui sont considérées comme "classes moyennes". C'est plus que l'Amérique. Leurs classes moyennes sont plus importantes que toute notre population. Et quand vous commencez à vous enrichir, vous commencez à exiger une meilleure nutrition et une meilleure alimentation, et cela fait augmenter la demande, et cela fait monter les prix » (*Times of India*, 3 mai 2008).

Tableau 5.1 – Quelques indicateurs

2004	Population agricole (mil lions)	Terres arables 2000 (M. ha)	Terres irri-guées 2003 (Mha)	Production céréales (M. t)	Production viande (M. t)	Exportations agricoles (M. $)	Part des exportations agricoles dans exportations totales	Importations agricoles (M. $)	Part des imports agricoles dans importations totales	Part de la Population nationale sous-nutrie
Chine	849 (33 %)	137 (10 %)	55 (20 %)	413 (18 %)	74 (28 %)	20,8 (3 %)	2,0 %	41,7 (7 %)	4,2 %	12%
Inde	560 (22 %)	161 (12 %)	56 (20 %)	232 (10 %)	6 (2 %)	7,1 (1%)	9,8 %	5,1 (8 %)	5,4 %	20 %
Monde	2 600 (100 %)	1 398 (100 %)	277 (100%)	2 270 (100 %)	260 (100%)	604,3 (100%)	7,0%	634,5 (100%)	7,0 %	14 %

NB. Terres arables = hors cultures permanentes.
Source : FAO, 2007.

Nous partirons de la situation actuelle de l'Inde et de la Chine en matière de consommation, et de leur place dans la « transition alimentaire ». Le cas de l'Inde, très atypique, oblige à poser plusieurs questions sur ce modèle. Une seconde partie sera consacrée aux politiques alimentaires suivies : elles furent très volontaristes, mais le bilan en termes de sécurité alimentaire demeure réservé pour l'Inde – beaucoup moins pour la Chine malgré ses à-coups politiques. Les supports de la production alimentaire (la terre et l'agriculture) sont analysés ensuite, en soulignant la forte productivité et la diversification économique des campagnes chinoises : les deux pays semblent en proie aux mêmes interrogations concernant « l'après révolution verte ». Après une rapide description de l'extrémité de la filière agroalimentaire – la commercialisation – nous terminerons par une typologie des espaces de ce que l'on pourrait appeler « l'émergence alimentaire » – la situation alimentaire propre aux pays émergents, fort spécifique[1].

1. La transition alimentaire : le « retard » indien par rapport à la Chine

On connaît le modèle de la « transition alimentaire » : au cours du processus de développement d'un pays, la population passe d'une alimentation fondée sur les céréales (source de calories peu onéreuses) à une alimentation plus diversifiée et riche en viandes, produits laitiers, fruits et légumes. Cette transition se fait en deux phases : la première passe par une augmentation de la ration en céréales (quand les consommateurs ont les moyens de manger à leur faim), la seconde se traduisant par une baisse de cette ration au profit de calories plus chères. Où en sont nos deux pays ?

La comparaison est fort difficile étant donné l'hétérogénéité des statistiques. C'est ainsi que la Chine inclut, pour ses statistiques de consommation rurale, les tubercules et le soja mais rarement les protéagineux dans la catégorie des « grains alimentaires », au contraire de l'Inde – qui elle, prend en compte le riz déjà usiné et non le paddy juste récolté comme en Chine… Par ailleurs, on peut douter de la validité des chiffres publiés. C'est particulièrement net en Chine, où, selon les estimations de Claude Aubert (2008), la consommation de porc annoncée par le National Bureau of Statistics of China est supérieure d'un tiers à la réalité, et la production d'œufs sans doute la moitié du chiffre officiel… « En ce qui concerne les grains, si les surfaces ensemencées sont assurément sous-évaluées, il semble que les rendements observés soient volontairement exagérés par les équipes du Bureau des Statistiques pour prendre en compte les sous-estimations et obtenir des chiffres de production fiables » (Aubert, 2008, p. 7). Autant dire que certains chiffres du tableau 5.1 sont à prendre avec des pincettes…

1. Mes remerciements à Claude Aubert (INRA) pour m'avoir communiqué publications et informations sur le sujet chinois.

Pour l'Inde, les statistiques les plus récentes de la National Statistical Survey Organisation (NSSO)[1] ne donnent pas les quantités de viande consommées, mais seulement leur valeur en roupies. On ne peut guère obtenir le chiffre en divisant la disponibilité nationale de viande par le nombre d'habitants, étant donné les doutes sur la validité de la première statistique : l'interdiction dans de nombreux États de l'Union indienne de l'abattage des bovins, en raison du caractère sacré de la vache, et la prohibition de l'exportation de viande bovine – mais non de buffle ! – sont la source de nombreuses fraudes. Par ailleurs beaucoup d'individus cachent leur consommation de bœuf (une viande très bon marché mais que selon les canons hindous seuls les intouchables[2] devraient manger).

D'autre part, les statistiques ne sont plus adaptées aux nouveaux modes de consommation : c'est ainsi que l'estimation des repas à l'extérieur du domicile est très déficiente dans les deux pays – alors qu'elle représente sans doute entre un quart et la moitié de la viande consommée par les citadins chinois. Elle n'est pas comptabilisée par la NSSO[3]. La sous-estimation de la consommation indienne provient aussi de ce que la consommation du ménage est divisée par le nombre de membres de la famille pour obtenir une estimation par personne, sans prendre en compte l'âge des membres. Tout ceci n'est sans doute pas compensé par le facteur suivant, qui fait surestimer la consommation de viande : en Inde, « un kilo de mouton » signifie souvent un kilo de viande de chèvre richement dotée en tendons, nerfs, abats et os que le consommateur va consciencieusement mâcher, broyer puis avaler ; autant de mets d'habitude rejetés par le consommateur européen, ce qui fait que moins de têtes de bétail (ou du moins, moins de kilos de carcasse, car les animaux indiens sont souvent chétifs) sont nécessaires en Inde pour produire une même quantité de viande servie au consommateur. La viande chinoise est d'un peu meilleure qualité. On le voit, ce que les chercheurs français du CIRAD ont appelé les « styles alimentaires » (les pratiques de transformation et de consommation des produits alimentaires) jouent un rôle non négligeable (Bricas, 2006). « L'analyse de ce que les gens mangent importe autant que celle de la façon dont ils s'organisent pour le faire »[4].

1. Cette sorte d'INSEE fait des enquêtes régulières sur des échantillons de presque 40 000 ménages.
2. Les castes intouchables (environ 18 % de la population indienne), désormais appelées Dalits (« opprimés ») ou « castes répertoriées », sont considérées par les hautes castes orthodoxes comme impures et « polluantes ». Elles peuvent donc consommer de la viande d'animaux « sacrés » (la vache) ou au contraire impurs comme elles (le porc).
3. La NSSO regroupe sous la rubrique fourre-tout « boissons et snacks » bien des aliments solides pouvant contenir des céréales (plus rarement de la viande), ainsi que tous les repas pris à l'extérieur. Or, cette rubrique compte désormais en 2004-2005 pour 15 % du budget alimentaire des citadins et 8 % des ruraux.
4. http://www.fao.org/DOCREP/003/X6984F/x6984f04.htm. Que la grande majorité des Indiens et des Chinois ignorent l'usage de la fourchette au profit respectivement des doigts et des baguettes fait partie aussi des « styles alimentaires ».

A. La Chine en pleine transition alimentaire

Tableau 5.2 – Rations chinoises en « grains » 1985-2005

	Population rurale		Population urbaine	
kg/an/personne	1985	2005	1985	2005
paddy	136	113	115	80
blé	73	69	65	50
Maïs et autres céréales	35	22	6	4
tubercules	12	3	15	16
Protéagineux (tofu...)	2	3	8	8
total	258	210	209	158

Source : Aubert (2008), d'après NBSC révisé.

Un même mot chinois, *liangshi*, signifie « nourriture » et « grain » – de même que dans beaucoup de langues indiennes « manger » se dit « manger du riz ». Nos deux peuples sont et demeurent des céréalivores. Le tableau ci-dessus est cependant éloquent. En Chine la ration rurale de « grains alimentaires » a chuté moins rapidement et plus tardivement que la ration urbaine, mais la baisse atteint quand même 20 % sur vingt ans. Le blé résista longtemps, en raison de sa substitution aux céréales secondaires et aux pommes de terre dans le Nord. En chiffres globaux et non plus par tête, la consommation humaine rurale de grains a chuté de 31 % entre 1993 et 2005, en raison de l'évolution de la ration individuelle mais aussi de l'émigration vers la ville. La consommation urbaine de grains a, elle, augmenté dans le même temps de 71 %, la baisse des rations individuelles en céréales étant plus que compensée par l'urbanisation. Au total, la consommation alimentaire directe de grains, qui était de 262 millions de tonnes en 1985, a d'abord augmenté dans le cadre de la première phase de la transition alimentaire pour atteindre 291 millions en 1993, puis est descendue à 246 millions en 2005 à mesure que la Chine progressait dans cette transition.

Ceci s'est fait au profit de la consommation carnée. Même si Aubert (2008) réduit de 25 % les chiffres officiels par ses propres calculs, il arrive à 44 kg de viande par personne et par an (dont 27 kg de porc). C'est encore deux fois moins que la consommation européenne, mais 12 fois plus que vers 1960 – année de crise il est vrai ! En 2005, sur 465 millions de tonnes de grains alimentaires disponibles après import-export, la consommation humaine en utilisait 53 % et la consommation animale 34 % (Aubert, 2008)[1]. Officiellement, pas moins de 72 % du maïs sert à l'alimentation animale[2]...

Les protéines (et les calories) sont donc fournies de plus en plus par la viande et de moins en moins par les céréales. Les produits laitiers entrent encore peu en

1. Le reste alla à l'industrie et au stockage.
2. 20 % du maïs va à la production industrielle de sucre, amidon et éthanol ; et moins de 1 % à la consommation humaine – les 7 % restant étant des pertes ou des semences (USDA, 2007b).

compte, car les Chinois n'ont pas de tradition de forte consommation, au contraire des Indiens.

B. En Inde, une transition alimentaire mal engagée

Tableau 5.3 – Rations indiennes en « grains » (1987-2006)

	Population rurale		Population urbaine	
kg/an/personne	1987-1988	2005-2006	1987-1988	1987-1988
Paddy[a]	124	109	96	87
Blé	54	52	52	54
Autres céréales	n.d.	12	n.d.	5
Substituts aux céréales (excl. pomme de terre)	n.d.	0,5	n.d.	0,4
Protéagineux (gram)	9	0,5	10	0,6
Total	186	174	159	147

a. On a converti la statistique de riz décortiqué selon le taux officiel de 1 kg de riz=0,66 kg de paddy.

Source : d'après NSSO.
NB. En Inde, les tubercules ne sont pas comptés comme « grain », mais leur consommation est de toute façon marginale.

La baisse de la consommation directe de grains par tête est bien moins forte qu'en Chine (–6 % chez les ruraux, –8 % chez les citadins). Le tas de riz sur la feuille de bananier qui sert d'assiette aux Tamouls de la côte, ou l'empilement de galettes de blé dans le nord de l'Inde, demeurent la règle des repas. Croissance démographique oblige, les besoins nationaux augmentent globalement, selon nos estimations de 23 % à la campagne (alors qu'ils baissaient en Chine) et de 58 % à la ville.

Le léger déclin de la consommation par tête touche l'Inde en son ensemble, ce qui fait que les différences inter-régionales demeurent (carte 1). Opposant grossièrement les deux moitiés sud-ouest et nord-est du territoire, la carte de la consommation céréalière ressemble fortement au négatif de la carte de l'urbanisation : plus un État est urbanisé, moins on y mange de céréales. Rien de bien étonnant. Plus remarquable est que ceci vaut également pour la population des campagnes : les ménages ruraux des États les plus urbanisés (Tamil Nadu, Maharashtra, Gujarat…) sont « contaminés » par les modes de vie citadins[1].

Au final, la consommation de grains des Indiens se trouve inférieure à celle des Chinois. L'Inde est-elle donc en avance sur son voisin dans la transition alimentaire ? Assurément non : en 1972-73, viandes, œufs et poissons représentaient 5 % du budget alimentaire des citadins et 3 % de celui des ruraux. En 2004-2005, les chiffres étaient de 6 % dans les deux cas. Avec 4,3 kg par an, dont 1,8 kg de volaille

1. L'exception du Kerala, peu urbanisé officiellement et pourtant peu consommateur de céréales, s'explique par la sous-estimation de son urbanisation (en raison de la définition officielle trop restrictive de la « ville »), ainsi que par sa forte consommation traditionnelle de manioc.

Carte 1 – La consommation indienne de céréales par mois et par personne

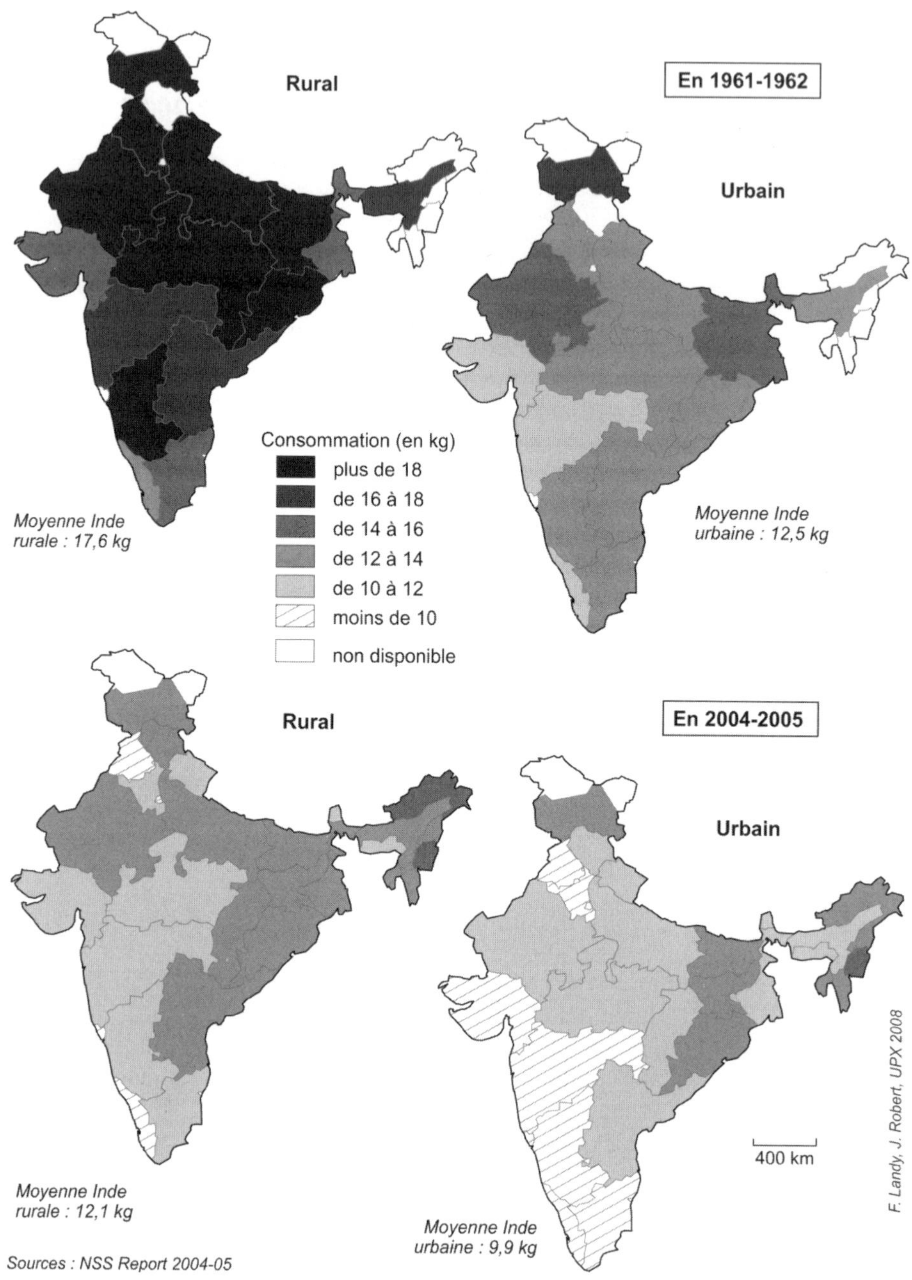

et 1,6 kg de « bœuf » (ceci incluant la viande de buffle)… et toujours moins de deux œufs par mois (USDA, 2007a). On est loin d'une forte croissance[1]. Et c'est à peu

1. Les repas consommés hors de la maison sont cependant exclus des statistiques.

près dix fois moins que ce que mangent les Chinois. En 2004-2005, 42 % des Indiens déclaraient ne pas avoir mangé de viande pendant les 30 derniers jours. Cette importance du végétarisme doit être considérée sous deux aspects : d'une part comme l'impact du prix de la viande (un kilo de poulet peut coûter deux salaires de journalier agricole) ; d'autre part comme la conséquence de facteurs culturels.

Car en Inde encore davantage qu'ailleurs, l'alimentation est affaire de culture. Pour les Hindous, la nourriture est un important facteur potentiel de pollution rituelle, ce qui fait que toutes sortes de structures et de pratiques concernent ou traversent l'alimentation. Selon les canons brahmaniques, la société de castes est hiérarchisée selon des degrés de « pureté », et il importe donc de ne pas accepter de nourriture de caste inférieure à la sienne (la nourriture bouillie est à ce titre encore plus fragile à la « pollution » que la nourriture frite). C'est ainsi qu'un des principaux problèmes rencontrés par le programme de repas scolaires gratuits, généralisé officiellement à toute l'Inde à partir de 2001, est qu'il prétend mêler des enfants de castes différentes autour de mêmes assiettes (en feuilles tressées bien souvent), consommant une même nourriture préparée parfois par un cuisinier de basse caste. Notons aussi qu'il existe, et pas seulement chez les hautes castes, un certain « puritanisme » à l'égard de l'alcool, souvent associé à la consommation de viande, qui contraste avec la Chine (laquelle est premier producteur mondial de bière).

La viande de bœuf est trois fois moins chère que celle de chèvre et deux fois moins que celle de volaille, mais les tabous religieux en limitent théoriquement la consommation aux non-hindous et aux castes intouchables – soit tout de même plus de 35 % de la population. Les 13 % de musulmans se refusent au porc, tout comme la grande majorité des hindous. C'est donc la viande de volaille qui se trouve la plus consommée car la plus « neutre » culturellement. D'autres facteurs culturels sont les savoirs médicaux fondés sur la théorie des trois humeurs (*tridosha*) : elle considère la viande (ou les épices) comme des aliments « chauds », donnant notamment la diarrhée – qu'il ne faut pas consommer outre mesure, même si on parvient à les équilibrer avec des aliments « froids » comme le riz ou les produits laitiers. Autant de règles (point toujours respectées il est vrai) qui canalisent, sinon limitent la consommation de viande.

Graphique 5.1 – Les sources de protéines dans l'alimentation indienne

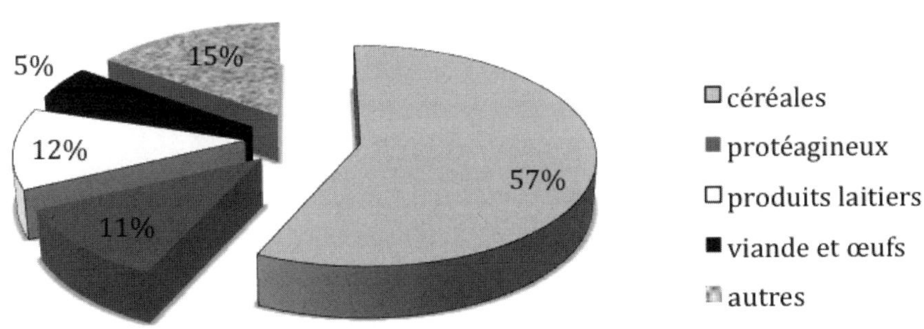

Source : USDA, 2007a, d'après NSSO.

Au total (graphique 1), la part de la viande, du poisson et des œufs dans la ration de protéines n'atteint pas 5 % (un peu plus si l'on prend en compte les repas à l'extérieur). Celle des produits laitiers est deux fois plus importante, même si la consommation moyenne de lait demeure inférieure à la moyenne mondiale (245 par jour en 2006-2007)[1]. De fait, s'il existe une corrélation inverse entre la consommation de produits laitiers et la consommation de céréales (ce qui suit le modèle de la transition alimentaire), il en existe une autre, tout aussi inverse, entre la consommation de produits laitiers et celle de viande-poisson-œuf. Tout se passe comme si, en termes de protéines, il fallait choisir entre les sources, sans pouvoir les cumuler. Le processus classique de la transition alimentaire (augmentation de la consommation de viande *et* de lait) n'est pas suivi.

Une analyse en termes sociaux nous apporte-t-elle des éléments d'explication ? Les enquêtes NSSO donnent des informations décomposées pour douze types de ménages classés en fonction de leur budget total. Regroupées en dix déciles, ces catégories ont le profil de consommation suivant en ce qui concerne la population rurale.

Graphique 5.2 – Les budgets alimentaires par décile (population rurale)

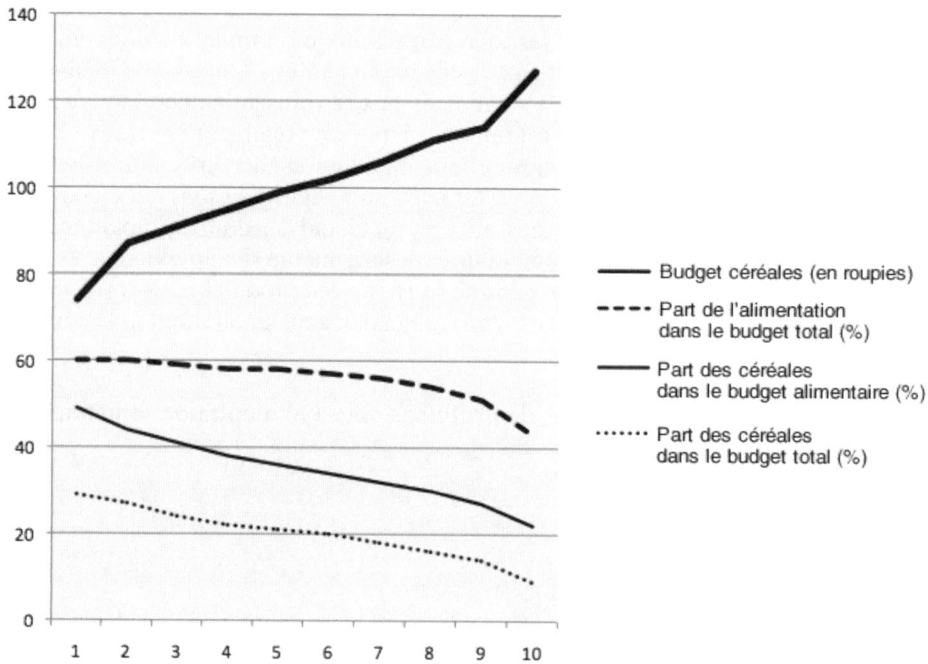

Source : d'après NSSO 2004-2005.

1. Les Indiens consomment beaucoup de lait dans leur thé ou café, ainsi que dans leurs patisseries (très onéreuses cependant). Le yaourt, mais aussi le « beurre clarifié » (*ghi*) chargé de valeur religieuse, sont d'autres éléments importants de leur alimentation.

La consommation de céréales en valeur absolue est corrélée à la richesse, tandis que la part des céréales en pourcentage est, elle, inversement corrélée à celle-ci.[1] Le second point correspond à la seconde phase de la transition alimentaire, tandis que le premier montre que l'Inde n'est cependant pas sortie de la première phase ! La part de l'alimentation dans le budget global demeure importante pour une grande partie de la population.

Nous n'avons pas représenté le graphique pour la population urbaine car il est semblable, même si décalé vers le bas, étant donné la moindre dépendance envers les céréales. La seule différence notable est que la consommation brute de céréales décline après le cinquième décile (10,3 kg par mois) jusqu'à 9,3 kg, ce qui suit la loi de Bennett[2] et confirme l'avance des villes sur les campagnes dans la transition alimentaire.

C. La transition alimentaire, un modèle ethnocentrique ?

Le cas indien ne correspond que très imparfaitement au modèle de la transition alimentaire. Au début des années 1960, la consommation individuelle de viande était identique dans les deux pays, avec moins de 4 kg par an : celle des Chinois est désormais dix fois supérieure à celle des Indiens. Or, les Indiens mangent toujours moins de grains alimentaires que les Chinois : à la campagne, la ration indienne est 83 % de celle des Chinois, et 93 % en ville. Et ce, même si les Indiens consomment cinq fois plus de produits laitiers. Au total, les apports caloriques chinois sont bien supérieurs à ceux des Indiens. La FAO donne pour 2002 une ration quotidienne de 2 950 calories en Chine contre 2 450 en Inde. Même si Aubert (2005a) estime plus probable que la ration chinoise tourne autour de 2 700 calories, la ration indienne, à supposer qu'elle soit estimée plus justement, connaît un rapide déclin qui maintient le différentiel avec le voisin chinois : seulement 2040 calories en 2004-2005, contre 2 660 en 1999-2000. On se rapproche dangereusement du seuil de subsistance défini par la FAO à 1810 pour l'Asie du Sud… En termes nutritionnels, plus qualitatifs, la disponibilité en protides décline alors même qu'elle était déjà faible (57 grammes par jour en 2004-2005, à la ville comme à la campagne) – seuls les lipides augmentent légèrement[3].

Pour résumer, le problème indien est déclinable en deux temps :

1. la consommation en céréales ne compense pas le « retard » de la consommation carnée par rapport à la Chine, puisqu'elle demeure très inférieure à celle de la Chine malgré un certain rattrapage ;
2. comme cette consommation en céréales baisse plus vite que n'augmente la consommation de viande ou de lait, le total calorique par personne, déjà assez faible, est en baisse. Dans les années 1970-85, remarquons-le, la baisse de consommation

---

1. La consommation des plus riches est cependant surévaluée en raison de la comptabilité dans la consommation individuelle par la NSSO des repas servis à domicile aux invités et aux domestiques.
2. La loi de Bennett affirme que la hausse du revenu fait passer à une alimentation plus coûteuse aux dépens des céréales ou des tubercules.
3. La consommation d'huiles est en forte croissance selon la FAO (von Braun, 2007), mais les chiffres sont contredits par les enquêtes de la NSSO. Quoi qu'il en soit, les graisses ne peuvent compenser les difficultés de la situation, d'autant que l'Inde dépend d'importations d'huile de palme fort coûteuses.

de céréales était « logiquement » compensée par la hausse de la consommation d'autres produits alimentaires, ce qui augmentait le total calorique par personne (Kundu, Srivastava, 2007). Ce n'est plus le cas aujourd'hui : du même coup, les États les plus riches ont une plus forte proportion de ménages caloriquement déficitaires que les États pauvres !

Seuls les 5 % les plus misérables de la population mangent un peu plus de céréales que dix ans plus tôt (9,7 kg par mois). Tous les autres ont baissé leur consommation. Tout se passe comme si tous les Indiens, quel que soit leur pouvoir d'achat, changeaient de modèle alimentaire dans des proportions comparables aux dépens des céréales : y a-t-il donc « contamination » des types alimentaires des ménages pauvres par ceux des riches ? Cela est étonnant étant donné la vitesse relativement lente de l'urbanisation (30 % de la population en ville) et de la « modernisation ». Ou bien faut-il souligner le rôle des migrants, de la télévision, de toute cette circulation des modèles et des cultures qui viendraient modifier les comportements beaucoup plus rapidement que ce que montrent les statistiques du recensement ? Quoi qu'il en soit, on est fort loin du modèle théorique de la transition alimentaire : la consommation de céréales baisse déjà, mais la consommation de viande ou de légumes et fruits n'augmente pas proportionnellement en compensation. Au final, on a beau savoir qu'un modèle correspond rarement à la réalité, on peut se demander si celui de la « transition alimentaire » n'est pas en réalité la transcription d'une vision téléologique à sens unique, comparable en cela à la notion de « développement ». De même qu'il n'est pas sûr que la trajectoire de la Chine ou du Burkina Faso trouve un jour les rails de l'histoire socio-économique et politique de « l'Occident », de même peut-on s'interroger : tout le monde doit-il finir par manger comme un Français voire comme un Nord-Américain ?

L'Inde et la Chine n'ont-elles pas la puissance culturelle, et désormais économique et géopolitique, pour suivre leur voie, y compris du point de vue des styles alimentaires ? Avec leur masse démographique, leur croissance économique, leur forte identité et leur *soft power*, ce que l'on pourrait appeler la « densité culturelle » de l'Inde et de la Chine conduit sans doute à des modèles d'un nouvel ordre – à inventer *d'autres* transitions alimentaires.

2. Politiques et sécurités alimentaires

La politique alimentaire est l'ensemble des politiques menées par un État dans au moins trois domaines (Padilla, 1996) : l'agriculture, la commercialisation, et la consommation des produits alimentaires (on pourrait ensuite élargir à bien d'autres secteurs, étant donné qu'une politique de limitation des naissances ou de logement social a des répercussions sur le statut alimentaire).

A. Des politiques très volontaristes

Le « dilemme alimentaire »

Les deux pays ont mené une politique de sécurité alimentaire fondée sur ce que l'on appelle aujourd'hui la « souveraineté alimentaire » : être autonome, ne pas dépendre d'importations céréalières en particulier, était une preuve essentielle de cette souveraineté politique que les deux pays, colonisés plus ou moins officiellement jusqu'en 1945 (pour la Chine) et 1947 (pour l'Inde), tenaient à montrer au monde. Il s'agissait de se constituer un bouclier contre « l'arme alimentaire » dont disposent en particulier les États-Unis, un pays avec lequel les relations de l'Inde et de la Chine n'ont jamais été très fraternelles. Importer en catastrophe 10 millions de tonnes de blé américain en 1965 quand on s'oppose à la guerre du Vietnam ne fut pas aisé pour l'Inde. Et quand la Chine refusa en 1996 des importations de blé « sous prétexte de » moisissure, les États-Unis accusèrent Pékin d'arrière-pensées protectionnistes et politiques (Boland, 2000). En Inde, la colonisation britannique s'est terminée par la grande famine du Bengale, qui en 1943 tua directement ou indirectement 3 à 4 millions de personnes ; surtout, les gouvernements de « la plus grande démocratie du monde » ne pouvaient se permettre ni le maintien d'importations trop lourdes, ni des crises alimentaires, faute de perdre les suffrages des électeurs. Le cas chinois est bien différent, étant donné que les quelque 30 millions de morts du Grand Bond en avant (1958-1961) n'ont pas empêché Mao de garder le pouvoir, et que le gouvernement choisit assez tôt de favoriser les consommateurs urbains aux dépens des ruraux.

Ce que l'on appelle « le dilemme alimentaire » est en effet le propre de bien des gouvernants : que vaut-il mieux faire, favoriser les consommateurs avec des prix alimentaires bas, quitte à dépendre d'importations bon marché comme c'était le cas jusqu'en 2006 ? Ou bien favoriser les producteurs, en fermant les frontières pour leur garantir des prix agricoles élevés ? Dans un cas, on s'assure la paix sociale, au moins dans les villes. Dans l'autre, on joue le long terme en privilégiant la souveraineté alimentaire. Le débat est rendu d'autant plus complexe qu'il ne peut être réduit à une alternative : campagnes contre villes, ni même agriculteurs contre autres actifs : bien des ruraux ne sont pas agriculteurs (surtout en Chine) et la grande majorité des agriculteurs (dans les deux pays) exploitent de trop petites superficies pour pouvoir être autosuffisants et ne pas acheter davantage qu'ils ne vendent (Landy, 1999).

L'Inde indépendante a choisi la seconde solution. Son histoire est marquée par un protectionnisme général visant à protéger l'agriculture (tout comme l'industrie) de la concurrence internationale[1], mais aussi des fluctuations de prix. Il ne perd de sa puissance qu'à partir de 1991 (plan d'ajustement structurel) et 1995 (création de l'OMC, dont l'Inde signe l'acte de naissance). En 2007, les droits de douane agricoles s'élèvent à 38 %. C'est encore trop, selon les pays du groupe de Cairns. Pourtant l'entrée d'importations cotonnières à des tarifs inférieurs aux plafonds autorisés par l'OMC a entraîné des vagues de suicides de paysans endettés, qui produisent à perte pour peu que l'usurier exige ses traites, que la mousson soit mauvaise ou que le vendeur de pesticides ait trafiqué ses produits.

Le vent de libéralisme mondial a touché l'Inde. La libéralisation du crédit a permis aux banques publiques de se désengager du secteur rural, laissant les petits agriculteurs aux prises avec des prêteurs à 5 ou 6 % par mois. Les subventions aux engrais non azotés ont été très réduites. Mais le rôle de l'État demeure important : l'urée (engrais azoté) demeure très subventionnée. L'État reste par exemple libre d'interdire les exportations (celles de riz non-basmati l'ont été en 2007). En raison

1. Une exception fut la période 1956-65, quand l'Inde choisit les importations de blé bon marché des Etats-Unis aux dépens de ses propres céréaliers.

de l'inflation les marchés à terme (*futures*) ont été interdits dès 2007 pour le blé et le riz, et en 2008 pour tous les produits agricoles ; ils n'avaient pourtant été péniblement créés qu'à la toute fin des années 1990. Les sociétés d'État, comme la *State Trading Corporation of India* (STC), conservent un rôle important dans le commerce international de produits agricoles et d'intrants. Rappelons enfin que selon la Constitution, les aspects agricoles ne sont pas des compétences fédérales mais celles des 28 États de l'Union : ceux-ci ne se privent pas de légiférer, constituant parfois de véritables frontières intérieures caractérisées par des différentiels de prix, de taxes et de subventions : les exemples les plus caricaturaux de la segmentation du marché indien sont sans doute la prohibition de l'alcool prévalant au Gujarat, ainsi que la contrebande de vaches vers les États autorisant leur abattage.

La Chine continue à protéger ses agriculteurs, même depuis son entrée à l'OMC en 2001. Les quotas tarifaires (à l'intérieur desquels les droits d'importation ne sont que de 1 %) ont été fixés très bas, alors qu'au-delà de ces quotas les droits sont de 65 % : les tarifs agricoles demeurent à 16 % en 2004 (Aubert 2005b). Comme en Inde, l'État demeure très puissant pour réguler le commerce international (Gulati, Fan éd., 2007) : c'est lui qui décide des quantités de grains exportables (*export quotas*) pour l'année – même si ces quotas ne sont pas toujours respectés. Les sociétés étrangères peuvent acheter directement sur le marché chinois, mais pour les grains et l'huile, les transactions passent normalement par la *China National Cereals, Oils and Foodstuffs Import & Export Corporation* (COFCO). Cette compagnie commerciale (très diversifiée avec des agences provinciales désormais en concurrence, des succursales pour la transformation des grains et huiles, des services financiers) est théoriquement indépendante, mais en fait contrôlée par le Ministère du Commerce.

Les quatre piliers de la révolution verte

De toute façon, libéralisation ou pas, l'essentiel est fait, pourrait-on dire : les deux agricultures ont connu une protection suffisamment longue pour atteindre un niveau de productivité garant d'une forte production, grâce à une politique qui s'est traduite, dans les années 1960-70, par la « révolution verte » : une brutale hausse des rendements céréaliers par hectare (pour le blé encore plus que pour le riz) permise par une intensification des pratiques agricoles.

On connaît les piliers de la révolution verte (Dorin, Landy, 2002 ; Landy, 2006). Les investissements publics ont joué un rôle essentiel, avec trois secteurs clés. *Les semences améliorées* furent créées dans des instituts de recherche publics internationaux puis, à partir de 1965 pour le blé, rapidement adaptées aux conditions indiennes. (La Chine est entrée à partir de 1972 dans ces circuits internationaux). Elles constituaient, en 1996, 93 % des superficies indiennes en blé. Les hybrides de riz ont même un temps ensemencé plus de la moitié des surfaces en paddy chinois – pour régresser légèrement ensuite, alors qu'ils sont très peu diffusés en Inde. Les *engrais chimiques* voient en Inde leur consommation passer de 5 à 75 kg/ha en trente ans : leur production comme leur consommation y sont fortement subventionnées par l'État. La Chine a également subventionné le prix des engrais, mais ceux-ci étaient souvent de mauvaise qualité, dans le cadre d'une économie très administrée. Dans les années 1980, un couplage des livraisons de grains à l'État contre des engrais vendus à prix préférentiels a été plus ou moins appliqué, pour disparaître ensuite (Gulati, Fan éd., 2007).

Quant à l'*irrigation,* on continue la politique de grands barrages, mais c'est l'essor des puits et des forages individuels qui est la marque de la révolution verte en la matière, grâce à des programmes de crédit et des subventions (l'électricité des pompes indiennes est actuellement gratuite au Tamil Nadu et au Punjab). En Inde, l'irrigation souterraine représente en 2004 60 % des superficies irriguées, contre 27 % aux canaux et le reste notamment aux *tanks* (étangs villageois). En Chine, 60 % des terres cultivées du pays sont au nord, pour seulement 20 % des eaux de surface : les forages ont permis de déplacer le centre de gravité agricole du pays vers le nord. L'irrigation est utile tant pour augmenter les rendements d'une culture (qui ne doit plus compter seulement sur des pluies souvent erratiques) que pour permettre deux cultures (voire trois) par an, en offrant de l'eau en saison sèche. On comprend qu'en Inde les rendements du blé aient doublé en vingt ans (+ 30 % pour le riz entre 1960 et 1980). Les progrès furent plus chaotiques en Chine en raison des troubles politiques.

À ces trois piliers concernant les intrants s'en ajoute un quatrième, plus institutionnel : l'assurance de débouchés pour les agriculteurs, incitation à investir plus pour produire plus. Ceci ne vaut que pour l'Inde : l'État s'y charge à partir de 1965, en créant la *Food Corporation of India*, d'acheter du grain ou de la canne à sucre afin de soutenir les cours dans les régions excédentaires (avant tout Punjab et Haryana pour les blé et riz, et Andhra Pradesh pour le riz) (carte 2). Ceci viendra grossir des stocks publics de sécurité, distribués à prix subventionné dans les régions déficitaires (dans les villes, mais aussi de plus en plus dans les campagnes pauvres, toute l'Inde étant aujourd'hui théoriquement quadrillée). Ce *Public Distribution System* (PDS) vient remplacer celui qui préexistait à la révolution verte, et qui était

Carte 2 – Les principales régions indiennes excédentaires en grains

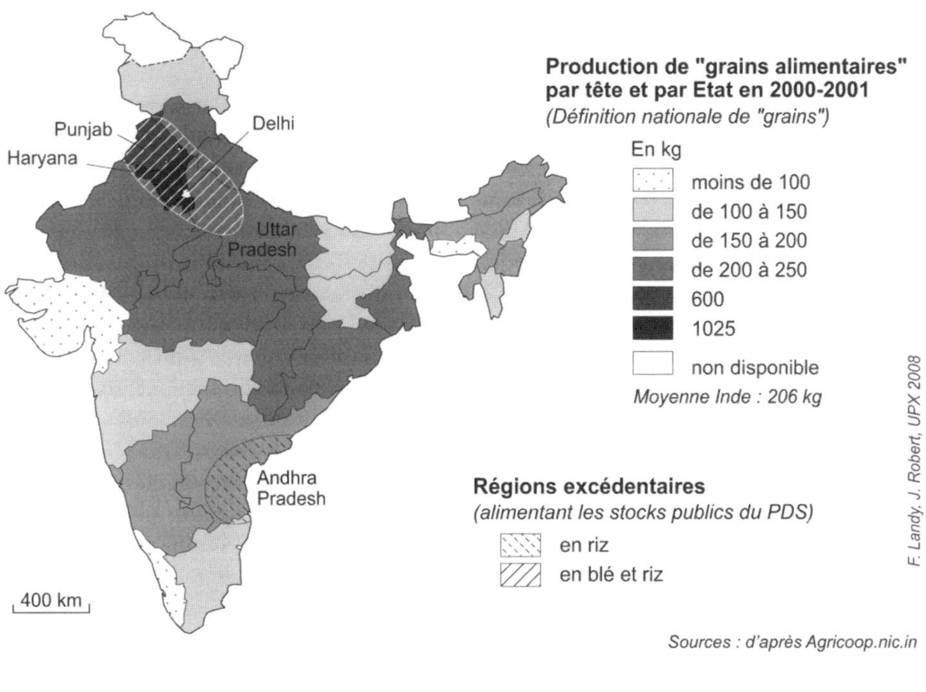

Sources : d'après Agricoop.nic.in

approvisionné par des ventes forcées à bas prix et par des importations. Des livrets d'alimentation (*ration cards*) sont progressivement attribués à théoriquement tous les ménages, afin de s'approvisionner dans les boutiques du PDS. Depuis 2002, les ménages sous le seuil de pauvreté peuvent acheter jusqu'à 35 kg par mois, ce qui théoriquement couvre la moitié des besoins en céréales d'une famille de 5 personnes (Landy, 2006).

Les ventes forcées, on les trouva plus longtemps en Chine, où les prélèvements obligatoires ont pu donner lieu à de véritables exactions. Avec la fin du « double rail », où des livraisons obligatoires à l'État coexistaient avec le marché libre, le système est désormais entièrement libéralisé depuis 2004 (Gulati, Fan éd., 2007). Mais l'État continue d'intervenir pour soutenir les cours (il existe des prix planchers) ou constituer des stocks. Ceux-ci demeurent secrets : début 2008, pour le maïs les stocks publics étaient estimés par le Département américain à l'Agriculture à 37 millions de tonnes, localisés dans le Nord. Pour exporter vers le Sud, les provinces concernées jouissaient de subventions, mais celles-ci ont été arrêtées en 2007. Les stocks de blé étaient estimés à 40 millions de tonnes et ceux de riz décortiqué à 38. Quant aux stocks paysans, ils auraient été de 100 millions de tonnes !

En Inde, jusqu'en 2002 les agriculteurs devaient théoriquement vendre leurs productions sur des « marchés réglementés », aux enchères organisées par l'administration afin de limiter les fraudes (en fait ce monopole n'était guère respecté, et de toute façon de nombreux intermédiaires, sur les marchés mêmes, prélevaient leur dîme). Depuis lors, les États ont légiféré pour libéraliser ce commerce de gros, et désormais les multinationales indiennes (ITC) ou étrangères (Cargill) peuvent concurrencer victorieusement New Delhi dans ses achats – ce qui explique que depuis 2005 les stocks fédéraux soient très réduits, conduisant à de coûteuses importations de blé. Le contraste est grand avec la fin du XXe siècle, quand la *Food Corporation of India* devait stocker en plein air une partie de ses grains (65 millions de tonnes en 2001 !), et que l'Inde devait subventionner ses exportations tant ses produits étaient périmés et de mauvaise qualité. De tels tonnages sont certes très faibles par rapport à la Chine, d'autant que le stockage à la ferme est peu courant (signe que les prix agricoles sont relativement plus élevés en Inde, ou que les agriculteurs sont trop pauvres pour pouvoir thésauriser ?). Le scandale provenait de ce que les subventions du PDS à la consommation pour les ménages pauvres étaient inférieures à celles qui étaient consenties à l'exportation.

Le système alimentaire de l'Inde (subvention à la production par les prix d'intervention, subvention à la consommation, coût du transport et du stockage) coûte l'équivalent de 1 % du PIB. C'est peu étant donné ses ambitions tant productivistes que sociales. Le système correspond également à une représentation hindoue de l'espace national et contribue ainsi à l'aménagement du territoire et à l'unité de la fédération (Landy, 2006). Mais il est terni par des fraudes massives (le tiers des céréales, le quart du sucre et la moitié des huiles disparaissent du réseau public subventionné pour être vendus sur le marché libre). En moyenne, le PDS ne représente guère plus de 10 % des achats de blé et de riz des ménages, et même les ménages sous le seuil de pauvreté n'y achètent qu'un kilo de grain par mois et par personne, car bien des familles n'ont pas le livret d'alimentation : celui-ci est pourtant gratuit théoriquement mais accessible seulement contre bakchich en bien des lieux, et difficilement disponible pour les habitants des bidonvilles illégaux. Bien des boutiques du PDS fonctionnent mal ou point du tout, avec des gérants souvent corrompus, et bien des zones enclavées ne sont pas desservies par le réseau.

La politique alimentaire de l'Inde est donc une réussite en matière agricole mais non en matière alimentaire. On peut comprendre alors la remarque de Drèze et Sen (1989) pour qui en quatre décennies la malnutrition indienne a tué autant sinon plus que les famines de la Chine : le caractère endémique de cette malnutrition, dont les médias rendent rarement compte, est aussi meurtrier que les crises engendrées par les troubles de l'histoire politique chinoise. L'Inde connaît encore des morts de faim ! L'absence d'à-coups politiques en Inde, qui contraste avec les poussées idéologiques en Chine, peut être aussi interprétée comme un certain conservatisme, qui masque sous une rhétorique longtemps volontariste (référence à Gandhi) une absence d'engagement effectif. C'est là une forte nuance à apporter aux idées d'Amartya Sen (1981), qui, en dénonçant la fiction des facteurs naturels et climatiques pour expliquer les crises alimentaires, mit en lumière les facteurs politiques en liant étroitement démocratie et absence de famine : or, il demeure bien des morts de faim dans la démocratie indienne (Banik, 2007). Sen n'a pas tort pour autant. Encore faudrait-il distinguer démocratie formelle et démocratie réelle. Des élections régulières sont assurées, avec un taux de participation maximale chez les populations pauvres ; mais ceci n'empêche pas le maintien de la misère et l'exploitation de l'homme par l'homme dans bien des poches de pauvreté, y compris dans les grandes villes.

En Inde comme en Chine, le budget de l'agriculture est en baisse relative depuis au moins deux décennies (Étienne, 2007a). Ce n'est que récemment qu'un virage semble être pris. En Inde, c'est par exemple le *Bharat Nirman*, un vaste programme d'infrastructures rurales (eau, routes, électricité…) lancé en 2005. La même année était voté le National Rural Employment Guarantee Programme qui, développant les vieux programmes « Nourriture contre travail », garantit cent jours de travail par an à toute famille rurale dans des chantiers publics. En Chine, ce sont les récentes subventions directes à l'agriculture qui, quoique d'un montant assez symbolique et lancées à l'origine dans seulement quelques provinces, témoignent d'une prise de conscience. Les grosses importations de blé de 2003 (10 millions de tonnes) ont été un signal d'alarme. Pour limiter les effets intérieurs de l'inflation des prix alimentaires et pétroliers, à la suppression de la taxe sur la production agricole (totale en 2006) sont venues s'ajouter des subventions pour l'achat de matériel agricole, de carburants et d'engrais chimiques, de semences, ainsi que la suppression de la TVA sur les semences et les engrais. Des subventions directes du gouvernement central s'élèvent à 18 $ par ha en moyenne, soit 10 $ par exploitation (2006).

Les subventions aux intrants demeurent abondantes en Inde, même si la libéralisation les a réduites quelque peu. L'OMC n'a pas exigé leur réduction drastique, car les deux agricultures sont globalement taxées : en effet, les prix agricoles sont en général inférieurs aux cours mondiaux – ils l'étaient déjà avant la flambée des prix de 2006 – ce qui fait plus que compenser les subventions aux intrants. Vu le faible pouvoir d'achat de nombreux consommateurs, les gouvernements ne peuvent autoriser des prix alimentaires intérieurs trop élevés. Dès lors, en Chine « les paysans [ajustent] leurs apports de travail dans l'agriculture en fonction du coût d'opportunité de la main-d'œuvre : en fonction d'une part des revenus agricoles attendus [quand les prix d'une culture sont bas, on y investit peu de travail] et d'autre part des opportunités d'emploi non agricoles » qui les poussent éventuellement à émigrer temporairement (Aubert et Li, 2002, p. 56). Il n'existe donc pas de « surplus de main-d'œuvre agricole » dans l'absolu, mais un perpétuel ajustement dépendant notamment du décalage des revenus entre citadins et ruraux, qui accélère l'émigration.

La seconde forme de taxation, en Chine, est fiscale. Le contraste en cela est fort avec l'Inde, où les agriculteurs sont exemptés d'impôts sur le revenu (sauf pour les plantations) et paient une taxe foncière très réduite. En 2001 en Chine, les taxes agricoles et para-agricoles versées au village, au canton ou au district auraient atteint selon Aubert, près de 13 % du revenu monétaire paysan. Dans les villages, « souvent, le pouvoir est double : le chef du village et le représentant du Parti. Cela ne signifie pas que la part qui leur revient des taxes est partagée entre eux, mais que cette part est payée deux fois », écrivait P. Gentelle en 1999 (p. 104). La disparition totale en 2004 des quotas de grains, à verser obligatoirement à l'État à des prix peu élevés, allégea cependant la charge fiscale des agriculteurs. Depuis, de nombreux impôts ont aussi été abolis, mais du coup les collectivités territoriales se trouvent en proie à de graves problèmes budgétaires et les services publics (éducation) se trouvent renchéris ou privatisés pour compenser la baisse des recettes fiscales. C'est le revers de la médaille des pouvoirs non négligeables accordés par la décentralisation chinoise aux « comités de village » : ils ont besoin de prélever des impôts pour pouvoir les concrétiser – alors que les *panchayats* indiens, ayant moins d'autonomie, sont aussi moins dépendants de la ressource fiscale (Mohanty et al., 2007)[1].

D'une façon générale, en Chine, la bureaucratie locale tend à pressurer l'économie paysanne autant que ces commerçants privés qui ont profité de la libéralisation. En Inde, l'administration locale a un impact beaucoup plus positif étant donné que c'est par elle que passent les programmes de développement et que son autonomie fiscale est très réduite. L'ennemi des paysans représente plutôt les élites de la société paysanne même, ces grands propriétaires-usuriers-minotiers-marchands d'engrais-frères du député local qui utilisent leur entregent pour tisser une toile d'araignée ne laissant guère de liberté aux petits agriculteurs.

Dès lors, on peut se demander pourquoi la Chine n'a qu'un taux d'urbanisation de 40 %. Pourquoi l'exode rural n'a-t-il pas été plus brutal ? En ce qui concerne les facteurs positifs, on retrouve tout comme en Inde l'attachement à une agriculture intensive gourmande en main-d'œuvre, la révolution verte et l'essor de l'irrigation venant procurer du travail rural (les paysans indiens qui quittent leur village le font pour l'essentiel pour d'autres villages – irrigués). Contrairement à l'Inde, la diversification économique des campagnes, dynamisée par la création des « entreprises de bourg et de canton », a permis un exode agricole sans qu'il y ait à proprement parler d'exode rural : 130 millions de personnes y sont employés (mais les effectifs stagnent depuis le boom de 1985-95) (Aubert, 2005b). Il existe aussi de nombreux facteurs négatifs expliquant la relative faiblesse des migrations campagnes-villes. Contrairement à l'Inde (et aux discours officiels maoïstes), les politiques en faveur des campagnes ont été minimes : la Chine est bien un exemple de « parti pris urbain », d'*urban bias*. Le « dilemme alimentaire » a clairement été tranché en faveur des consommateurs citadins. Le cas le plus marquant est celui du *hukou*, cette carte de résidence qui distingue les actifs agricoles des non agricoles. Les seconds (en gros, les citadins) ont droit à toutes sortes d'avantages sociaux (santé, éducation,

1. Les conseils municipaux indiens (*panchayat*), élus au suffrage universel direct, ont bénéficié de pouvoirs accrus depuis la décentralisation de 1993. Les comités de village chinois ont été créés en 1998, mais les candidats sont souvent sélectionnés par le Bureau local du Parti communiste.

etc.). Et jusqu'à la fin des années 1990, ils jouissaient d'une alimentation subventionnée en ville – comparable à celle accessible officiellement à tous les Indiens par le PDS. Le système s'est certes libéralisé : la transformation d'un *hukou* rural en urbain est désormais possible (mais non aisée), et la migration vers la ville est autorisée avec un *hukou* rural à certaines conditions. Il n'empêche : il y a là bien des freins à la mobilité qui n'existent pas en Inde.

Là-bas, en effet, l'État a choisi une approche plus positive, non pas en interdisant l'immigration en ville, mais en tentant d'encourager l'enracinement rural avec des programmes de développement, tel que l'Integrated Rural Development Programme lancé à partir de 1978. Inconvénient : ces programmes ont des résultats très mitigés. Il faut dire aussi que le « parti-pris rural » de l'Inde avait limité les investissements publics et privés en ville, laissant notamment l'essentiel de la charge du logement à l'État, et poussant à l'établissement de plafonds à la propriété foncière privée, au blocage de loyers, à la préemption de terrain par la puissance publique, ce qui a complètement sclérosé l'aménagement urbain. Le résultat est que, contrairement à la Chine qui connaît fort peu de bidonvilles, 24 % de la population des villes millionnaires de l'Inde vivait en habitat précaire (*slum*) en 2001 – et beaucoup n'avaient même pas droit au PDS en raison de l'illégalité de leur logement ou d'exactions multiples.

Un dernier facteur de rétention rurale en Chine est sans doute la fragilité de la tenure foncière, nous y reviendrons. Le paysan n'étant pas sûr de pouvoir conserver sa terre hésite à partir, ou du moins garde des liens étroits avec celui qui la cultive en son absence. En revanche, les révolutions chinoises ont brisé bien des structures sociales qui s'expriment encore en Inde, facilitant dès lors les stratégies individuelles et la mobilité sociale et spatiale : c'est ainsi qu'on peut expliquer l'importance de la « population flottante » chinoise oscillant entre campagne et ville (200 millions ?), peut-être dix fois supérieure à son équivalent en Inde. En Inde, on émigre quasi exclusivement selon des filières et des modalités strictement délimitées par son origine sociale, sa caste, son sexe, son lieu d'habitation.

B. Sécurité alimentaire et boucs émissaires

Le terme de « sécurité alimentaire », passablement galvaudé, a au moins trois sens. Le premier (*food safety* en anglais) correspond à la sécurité sanitaire des aliments, souci des consommateurs des pays riches avant tout. Le second (*food security*) est la satisfaction des besoins nutritionnels de chaque individu, dans l'espace et dans le temps, en tenant compte de son âge, son sexe, son emploi, etc., mais aussi de sa culture (Landy, 2006). Le troisième est lié au concept de « souveraineté alimentaire », et se rapporte à l'échelle nationale, impliquant qu'un pays ne dépende d'importations alimentaires que si celles-ci n'entraînent pas d'excessive dépendance économique ou (géo)politique.

La première acception, celle des besoins qualitatifs, n'est véritablement le propre que des consommateurs aisés de Chine et d'Inde – même si tout le monde essaie bien sûr de consommer et de cuisiner des aliments sains dans la mesure du possible.

La sécurité alimentaire dans sa seconde acception, celle des besoins quantitatifs, n'est nullement atteinte en Inde, et à peine en Chine. En 2004-2005, l'alimentation constitue encore 51 % du budget des ménages indiens. Les progrès sont nets mais demeurent insuffisants. Bien des régions et des groupes sociaux sont seulement dans la première phase de la transition alimentaire – voire encore totalement à l'extérieur.

La situation nutritionnelle est mauvaise, et celle des enfants et des femmes est la pire : 48 % des enfants de moins de trois ans souffrent de sous-nutrition (1999) ; 55 % des Indiennes sont anémiées et 36 % sont sous-nutries. Les carences en vitamines et micronutriments sont générales. Si même les ménages pauvres consomment moins de céréales alors que celles-ci représentent des calories bon marché, c'est le signe d'une crise alimentaire. L'autosuffisance céréalière nationale n'est pas seulement fille de la révolution verte et des progrès agricoles ; elle a été engendrée aussi par le maintien de la sous-nutrition. « Plus les riches sont riches, moins ils mangent de céréales. Plus les ventres des pauvres sont vides et plus les entrepôts sont pleins » (Landy, 2006, p. 34).

Lorsqu'au début du XXIe siècle l'Inde se mit à subventionner ses exportations au lieu de renforcer les distributions du PDS, une partie de la « société civile » (avant tout des ONG) porta plainte contre l'État, au nom du « droit à la vie » garanti par la Constitution. La Cour Suprême trancha en 2001 en faveur des militants, mais les résultats ne furent pas à la hauteur des espérances. On a bien là un des problèmes de l'Inde : une formidable démocratie sur le papier, mais d'énormes problèmes de mise en œuvre des législations.

Le cas chinois est moins délicat en matière de sécurité alimentaire puisque dès la fin des années 1990, moins de 10 % de la population connaissait des problèmes de nourriture (Étienne *et al.*, 1998). L'alimentation ne représentait en 2006 que 26 % du revenu disponible des citadins, contre 43 % en Inde.

La troisième acception de « sécurité alimentaire », proche de souveraineté alimentaire, peut être abordée de façon plus optimiste. Les deux pays ont acquis ce que l'on appelle « l'autosuffisance céréalière » et sont bon an mal an des exportateurs nets de céréales, sans parler de produits tropicaux comme les épices ou le thé. Tout à fait comme la Politique Agricole Commune européenne, dont elle est à peu près contemporaine, la révolution verte asiatique (le cas indonésien est très comparable) a permis l'autosuffisance céréalière. L'Inde importait 10 millions de tonnes de blé en 1965, elle devient exportatrice nette de blé et riz dès 1977. En Chine, les importations céréalières demeurèrent importantes jusqu'à la décollectivisation, mais

Graphique 5.3 – Production et utilisation des grains alimentaires en Chine, 1985-2005

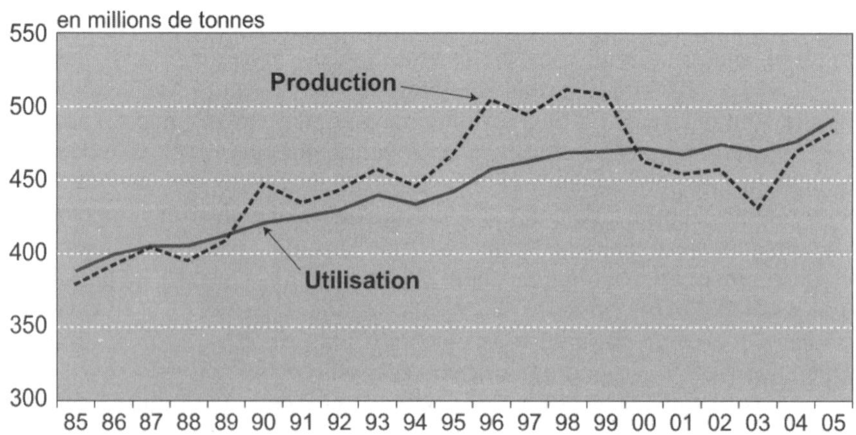

Source : Aubert, 2008 *F. Landy, J. Robert, UPX 2008*

ont été souvent absentes ensuite· La balance commerciale des autres produits alimentaires est certes moins favorable (lourds déficits de soja pour la Chine, d'huiles pour l'Inde), mais les ressources des deux pays et leur puissance géopolitique en devenir leur permettent d'importer sans mettre à mal leur souveraineté.

Le graphique ci-dessus témoigne de l'acquisition de la « sécurité alimentaire » par la Chine à partir de la fin des années 1980, au moins en termes de grains et à l'échelle nationale. À la fin du XXe siècle, les surplus par rapport aux besoins pouvaient dépasser 30 millions de tonnes chaque année. Une situation terminée désormais, vu les déficits récents qui obligèrent à des importations (celles de soja, chroniques depuis une décennie, atteignirent 30 millions de tonnes en 2007 !). Il reste que le ratio production/ utilisations des grains dépasse toujours 95 % (sauf en 2002 où il atteignit 92 %), ce qui est remarquable étant donné que dans le même temps la disponibilité de viande par tête a plus que doublé en vingt ans. Au déficit actuel en soja pourrait certes s'ajouter rapidement une production insuffisante en maïs. Étant donné sa main-d'œuvre encore abondante, la Chine préfère importer des cultures fourragères plutôt que de la viande (Kuhn, 2007). Mais, sauf cataclysme sur le marché mondial de maïs, des importations pourraient être assurées facilement par la Chine au vu de ses ressources financières. « Le défi de l'agriculture chinoise ces deux dernières décennies était non seulement de fournir suffisamment de nourriture à une population qui augmentait, mais aussi d'assurer la transition vers un régime alimentaire orienté vers la viande. Ce défi a été gagné et la sécurité alimentaire a été préservée » (Aubert, 2008, p. 26).

Graphique 5.4 – L'acquisition indienne de l'autosuffisance céréalière (1951-2006)

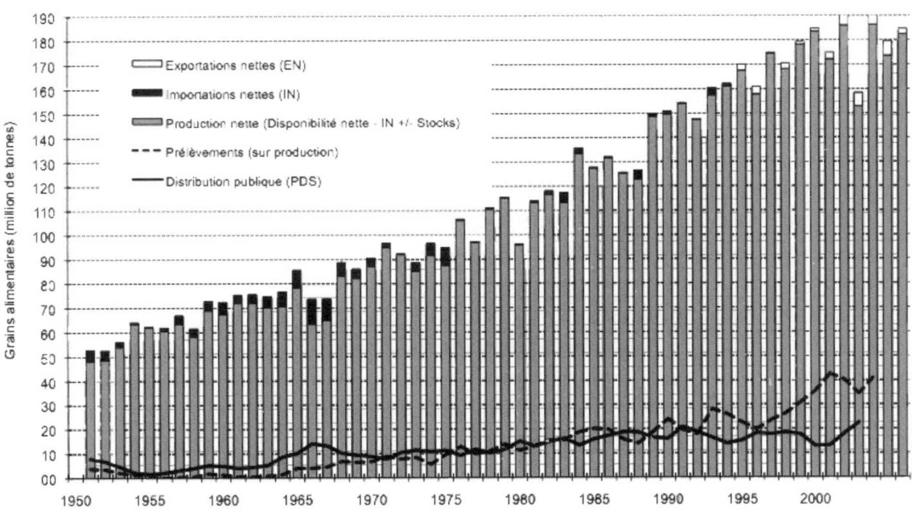

Source : Dorin, Landy, 2002 actualisé.

Le cas indien est encore plus positif en matière de céréales. Depuis la fin des années 1990 jusqu'en 2005, l'Inde exportait couramment 5 ou 6 millions de tonnes de grains. Pourtant, la production de grains alimentaires indienne n'est que de l'ordre de 250 millions de tonnes, contre le double en Chine. La quantité de grains disponible par habitant est donc moindre en Inde, qui se trouve cependant autosuffisante : preuve que les besoins fourragers sont bien moindres en Inde, en raison de la faible consommation de viande ; mais preuve aussi que les estomacs ne sont pas convenablement nourris.

	Total	Paddy	Blé	Maïs	Autres grains
Inde 2004-2005	257	133	73	14	37
Chine 2005	484	181	97	139	67

Sources : Aubert, 2008 (d'après China Statistical Yearbook) et indiastat.com.
NB. On a comptabilisé la production indienne « à la chinoise ».

Accusons le maintien de la pauvreté, qui empêche la croissance du pouvoir d'achat. « Nourrir les hommes », ce n'est pas seulement leur offrir la disponibilité physique de nourriture, c'est aussi leur permettre de l'acquérir. Or, ce qu'Amartya Sen (1981) appelle les *entitlements* (pouvoir d'accès) demeurent très faibles en Inde en raison de la pauvreté. Accusons aussi l'inflation des prix intérieurs céréaliers depuis le début des années 1990 – alors que jusqu'ici ils étaient en baisse en termes réels : les responsables en sont la faible croissance de la production de céréales, moins rapide que la croissance de la population ; mais aussi les achats de l'État pour constituer les stocks du PDS, qui ont un effet inflationniste. Au total, cette situation préoccupante peut être résumée par trois paramètres :

– moins de disponibilités par tête, étant donné que la production céréalière augmente moins vite que celle de la population : la production de grain par tête a baissé de 10 % en vingt ans ;
– mais moins de céréales consommées par tête ;
– et au final une balance commerciale céréalière excédentaire.

Qu'est-ce qui est cause, qu'est-ce qui est conséquence ? Les exportations sont-elles la conséquence de la faible consommation intérieure créatrice de surplus ? Ou à l'inverse, n'est-ce pas les exportations qui sont responsables de la baisse de la consommation de grains, même chez les pauvres, puisqu'elles réduisent les disponibilités et ont donc un effet inflationniste ? Chauds sont les débats politiques à ce sujet dans la démocratie indienne, entre vieux intellectuels marxistes et jeunes loups libéraux…

On est loin, quoi qu'il en soit, de la vision colportée par les médias occidentaux de deux pays alimentant par leur demande l'inflation mondiale des prix alimentaires. Le discours dominant est largement erroné, même si sur le long terme la situation est préoccupante. Malgré les prophètes de malheur, fort nombreux à son égard depuis Lester Brown (1995), y compris en Chine (Boland, 2000), cette dernière n'est pas devenue l'importateur de céréales à outrance attendu, tout en demeurant exportatrice nette de viande. En 2007 elle exporta encore 5 millions de tonnes de maïs, 3 millions de blé et un million de riz. De même, si l'Inde fut importatrice nette de blé en 2006 et 2007 pour la première fois depuis 1997, est-ce la peine de crier au loup ? L'Inde n'en importera pas en 2008, et a continué ces dernières années d'être exportatrice de riz. Les difficultés indiennes viennent d'une libéralisation du commerce de gros (l'État renonçant à garder le monopole des achats pour constituer des stocks publics), au moins autant que d'une crise des disponibilités. Assurément, la tendance sur le long terme n'est pas rassurante, et les deux pays pèseront peut-être un jour négativement sur les marchés mondiaux céréaliers. Mais cela même n'est pas certain, vu les gains de disponibilité potentiels qui existent – dans un contexte où, rappelons-le, la croissance démographique de la Chine n'est guère plus supérieure à celle de la France. Il faut dégager l'Inde et la Chine de toute responsabilité majeure dans l'inflation des prix alimentaires depuis 2005. Les considérer comme coupables permet d'oublier d'autres facteurs tels que la production d'agrocarburants[1], la spéculation et la libéralisation des marchés. On peut et on doit se demander qui a intérêt à traiter la Chine et l'Inde en boucs émissaires.

3. La terre et l'agriculture

A. La terre : 3 actifs par hectare cultivé en Chine, 1,5 en Inde

Une agriculture de l'émiettement

Sur les 9,6 millions de km^2 de la Chine populaire, seuls 100 millions d'hectares (10 %) sont cultivés, et 155 millions d'hectares sont récoltés (en tenant compte des multiples récoltes par an permis sur les 54 % de la surface cultivée qui se trouvent irrigués). L'Inde est trois fois plus petite que la Chine (3,2 millions de km^2), mais elle dispose d'un milieu naturel plus clément : la moitié du territoire chinois reçoit moins de 400 mm (un dixième en Inde) et un quart est à plus de 3 000 m d'altitude. Enfin, l'occupation de l'espace en Inde est moins sélective : Élisée Reclus qualifiait d'« agriculture imparfaite » l'agriculture han qui négligeait trop à son goût les pentes, les pâturages et l'élevage. Tout ceci donne à l'Inde une superficie cultivée supérieure à celle de la Chine : 140 millions d'ha (2003-2004), soit 44 % du territoire, et à 39 % irrigués – soit 190 millions d'ha récoltés. La comparaison demeure difficile pourtant, notamment pour ce qui concerne les terres non irriguées : car les cultures pluviales ont des résultats bien différents en Chine (où elles se trouvent le plus souvent en zone tempérée) et en Inde (où la saison sèche tropicale est parfois fort longue). Il est donc fort risqué d'affirmer que l'Inde, pays peuplé de « seulement » 1,13 milliard d'habitants en 2008, est dans une situation un peu moins délicate que la Chine avec ses 1,32 milliards d'habitants : 0,17 ha récolté pour un Indien, contre 0,12 ha pour un Chinois…

La moitié Nord de la Chine est dans une situation globalement plus favorable que le sud vu ses plus faibles densités paysannes. Les provinces chinoises de la Grande Plaine du Nord ont 40 % de leur superficie cultivée, contre moins de 25 % pour le Sud accidenté, et 5 % pour l'Ouest (Larivière, Marchand, 1999). Mais la surface cultivée chinoise, autant qu'on peut en juger avec des statistiques extrêmement douteuses, diminue. « Les pertes dues à l'urbanisation et à l'industrialisation dans certaines régions ont compensé les gains en Mandchourie » (Étienne *et al.*, 1998, p. 14), tout comme ceux permis par l'extension des récoltes multiples.

1. Ce secteur demeure peu développé dans les deux pays en raison des priorités alimentaires. La production chinoise d'agro-éthanol s'élève à 8 millions de tonnes (2007-2008), pour moitié à partir de céréales (maïs avant tout) et pour moitié de tubercules (manioc, patate douce). L'Inde en produit deux fois moins, et exclusivement à partir de la molasse (résidu du raffinage du sucre de canne).

En Chine le nombre d'agriculteurs diminue désormais non seulement en pourcentage de la population active (41 % en 2004), mais aussi en millions de personnes. Ce n'est pas encore le cas en Inde où la population active demeurait agricole à 58 % au recensement de 2001, soit 234 millions de personnes, contre 148 millions vingt ans plus tôt : or, là aussi la surface exploitée tend désormais à se rétracter en raison de l'urbanisation et de pertes de sols (salinisation, etc.). Encore moins qu'en Chine, ce n'est pas de l'extension de la surface cultivée que viendra le salut. Les exploitations sont donc de plus en plus petites (1,3 ha en moyenne pour les 121 millions d'exploitations en 2000-2001).

Cette moyenne nationale est supérieure à celle de la Chine, mais les structures agraires sont beaucoup plus inégalitaires en Inde : d'une part, les exploitants de moins de 2 ha (82 % du total) ne cultivent que 39 % des surfaces, tandis que les exploitants de plus de 10 ha (1 % du total) se partagent 13 % des surfaces. D'autre part, nombreux sont les paysans sans terre (qui ne sont pas inclus dans la moyenne de 1,3 ha), ce qui contraste avec la quasi-absence officielle de prolétariat agricole en Chine. La propriété est un moyen d'obtenir du crédit et un statut social, points de départ d'une mobilité sociale et d'investissements pouvant développer cette diversification économique des campagnes qui manque cruellement à l'Inde. Celle-ci est en outre freinée par l'analphabétisme (41 % des ruraux en 2001), fléau devenu rare en Chine. Derrière tous ces chiffres, il convient enfin de voir des structures agraires souvent très inégalitaires : l'asservissement pour dettes demeure monnaie courante, les structures de caste se superposent aux structures de classes pour créer des situations d'exploitation (les « intouchables » sont aussi souvent des prolétaires), et la démocratie rurale, même quand elle est active, cède trop souvent au clientélisme et au communautarisme pour permettre des changements rapides.

Aux timides réformes agraires indiennes (2 % de la surface agricole redistribuée) s'opposent les flambées idéologiques chinoises : loi de 1950 accordant « la terre à celui qui la cultive », collectivisation en 1958 avec le lancement des « communes populaires », décollectivisation à partir de 1979 sur la base d'une répartition égalitaire de la terre entre tous les ménages agricoles (en général, un *mu* – un 15e d'hectare – par paysan marié). Voici une réforme agraire que n'a pas su faire l'Inde, et qui, si jamais le développement de l'éducation et de la santé peut faire oublier les méfaits du totalitarisme, a donné des bases relativement saines à un développement rural voire national. Le contraste est grand avec les écarts sociaux maintenus dans les campagnes indiennes : les guérillas « naxalites » qui détiennent désormais des cantons entiers dans une bande centrale de 15 États qui va du Bihar au Tamil Nadu s'affichent d'ailleurs « maoïstes »…

Bien sûr, la réalité agraire chinoise n'est pas idyllique. Il n'existe pas de propriété privée de la terre, du moins *de jure*. Officiellement, la terre rurale relève de la propriété éminente de la commune rurale, et les paysans se sont vus octroyer, dans le cadre du « système de responsabilité des ménages », que des baux d'en général trente ans – renouvelés depuis (Gulati, Fan éd., 2007). Ce quasi-fermage d'État oblige encore parfois à certains assolements collectifs, limite le crédit rural (pas d'hypothèque possible), et freine les investissements dans la terre, en particulier pour l'arboriculture, d'autant que les agriculteurs ont été instruits par l'Histoire de la grande instabilité et brutalité des politiques en la matière. Les redistributions de terre, en fonction théoriquement des besoins des familles, empêchent officiellement toute concentration foncière. Mais elles n'interdisent pas les conversions, quand des autorités municipales, légalement ou pas, réquisitionnent des terres pour les transformer en lucratifs terrains à bâtir[1].

Les structures foncières indiennes ressemblent généralement au modèle européen d'il y a quelques décennies – des exploitations familiales, avant tout en faire-valoir direct. Le processus dominant demeure celui de fragmentation des exploitations. La concentration des exploitations n'est visible que dans certaines régions développées, et se fait souvent de façon occulte puisqu'il existe des plafonds à la propriété foncière et que le faire-valoir indirect (fermage, métayage) est interdit dans de nombreux États afin d'empêcher des relations de semi-servage.

Une diversification non agricole plus avancée en Chine

Cette fragmentation pourrait être la preuve que les revenus non agricoles et l'émigration temporaire sont suffisants pour garder viables des micro-exploitations et maintenir au village les membres de la famille des émigrés. C'est le modèle du « partir pour rester » (Racine, 1994), où les revenus des migrants permettent le maintien de l'enracinement rural. Mais on peut y voir aussi, moins positivement, le fait que les revenus non agricoles, obtenus dans un secteur informel qui ne donne aucune sécurité, incitent à garder coûte que coûte une « base arrière » qui est l'exploitation agricole, si petite soit-elle, où l'on pourra revenir en cas de problème, et sur laquelle, vu l'absence de pension de retraite, il faudra bien de toute façon se retirer.

En Chine, on constate qu'il n'y a quasiment pas de paysans sans terre et que le niveau de misère rurale assez faible (12 % des ruraux gagnent moins d'un dollar par jour en parité de pouvoir d'achat – Aubert, 2005b). Et pourtant la population urbaine (40 %) grossit désormais rapidement ; presque un sixième de la population est « flottant ». En Inde, 13 % des agriculteurs sont sans terre, et 37 % des ruraux gagnent moins d'un dollar p.p.p. par jour. Et pourtant, encore 70 % de la population nationale est rurale. Et 73 % de ces ruraux étaient encore agriculteurs (exploitants ou ouvriers agricoles) en 2004-2005. Bref, les ruraux sont moins pauvres en Chine, mais émigrent plus vers la ville qu'en Inde.

L'Inde demeure donc plus agricole, ce dont témoigne aussi la part du secteur primaire dans le PIB (20 % en 2005-2006 contre 13 % en Chine en 2004). Ceci est à lier à des vitesses d'urbanisation différente. Mais intervient aussi une diversification économique au sein même des campagnes, très forte en Chine, qui a réduit la pression sur la terre agricole[2]. Quand on est ouvrier à mi-temps dans l'usine du bourg voisin, disposer de 0,5 ha (taille moyenne des exploitations en Chine) est suffisant pour joindre les deux bouts, ce qui n'est pas le cas quand on exploite 1,3 ha non irrigué (taille moyenne en Inde) sans revenu non agricole. Ce n'est qu'au Punjab (où 48 % des ruraux travaillent hors de l'agriculture) et dans certaines régions périurbaines qu'on rencontre en Inde des situations « à la chinoise ».

Dans le vocabulaire des agro-économistes, il faudrait donc parler presque systématiquement à propos des ménages agricoles chinois de « systèmes d'activités » plutôt que de simples « systèmes de production » : pour l'exploitant moyen chinois, le revenu net non agricole atteint désormais 54 % du revenu net total, même en

1. Les agriculteurs eux-mêmes peuvent aussi passer outre, surtout en situation périurbaine, et vendre illégalement leur terre à des promoteurs immobiliers ou leur maison à des citadins.
2. Que cette réduction de la pression agricole soit compensée par une forte pression sur la terre d'origine non agricole – extension urbaine, industrielle, etc. – est un autre problème.

Carte 3 – Les espaces de l'émergence agro-alimentaire chinoise

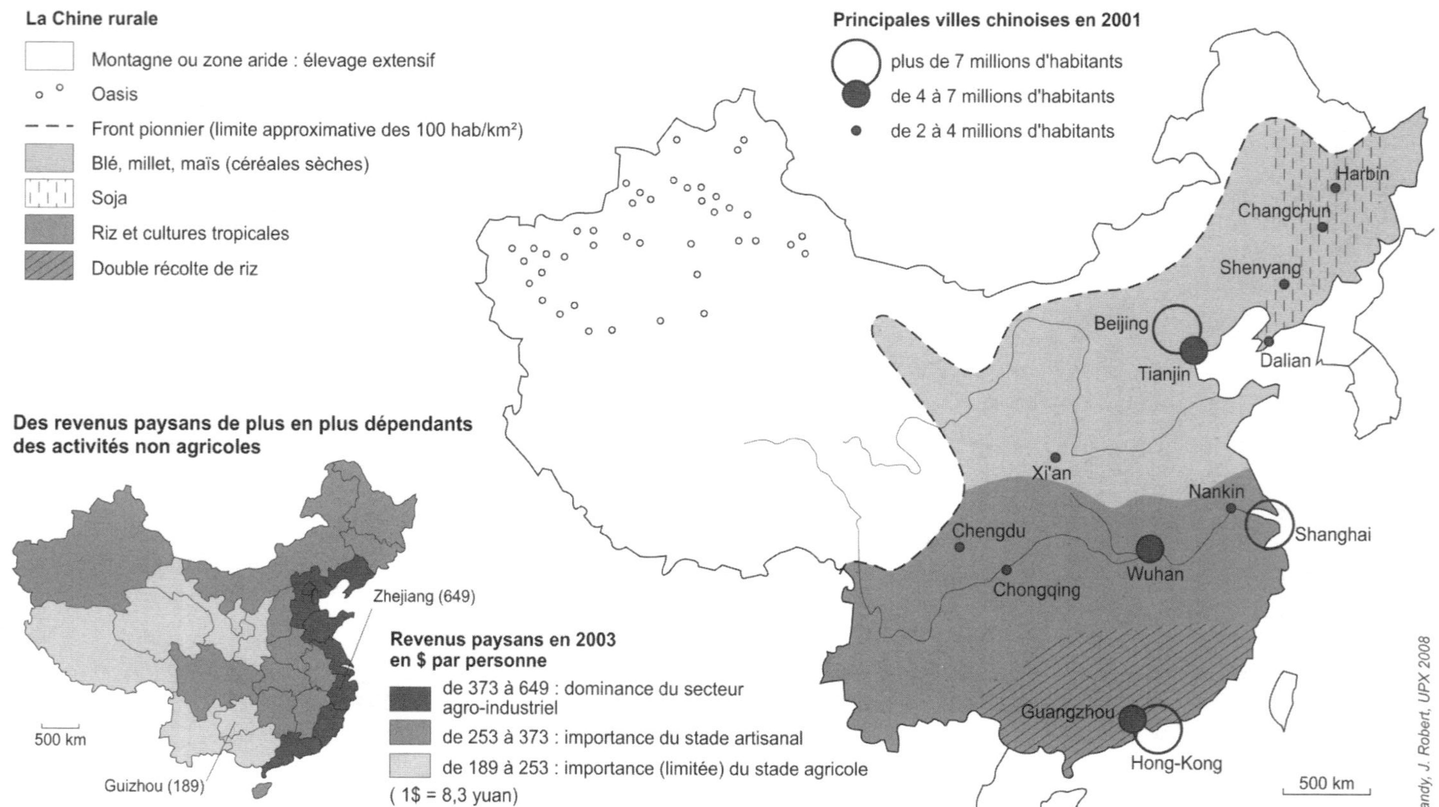

Sources : Aubert, 2005; Atlas de la Chine, *Autrement, 2007*

incluant l'autoconsommation (Aubert, 2005a). Les disparités régionales de revenu rural sont dès lors davantage liées aux conditions d'accès aux emplois non agricoles (et au niveau de leurs salaires) qu'aux différences de productivité agricole. C'est donc dans les provinces les plus urbanisées et industrialisées que les revenus ruraux sont les plus élevés : ils vont du simple au triple, entre la province enclavée du Guizhou et la province littorale du Zhejiang (carte 3). « Dans ces conditions, on pourrait dire, en simplifiant, que c'est l'économie paysanne des provinces de l'intérieur qui nourrit l'économie capitaliste des zones côtières exploitant la main-d'œuvre bon marché des migrants ruraux » (Aubert, 2005a, p. 506).

Il est faux de dire que le revenu des ruraux baisse en Chine – il est en croissance constante depuis 1978. Mais il est patent que cette croissante est beaucoup moins rapide que celle du revenu des citadins, lequel est désormais trois fois plus élevé que celui des ruraux – et encore, sans compter les avantages sociaux dont bénéficient les tenants d'un *hukou* non agricole ! En Inde, l'écart de revenu entre citadins et ruraux n'est que du simple au double (et se trouve largement gommé par le coût de la vie en ville). C'est un facteur de moindre importance qu'en Chine pour émigrer. Pourtant, 82 % des exploitations sont en 2001 inférieures à 2 ha non irrigués, qui est le seuil de superficie sans doute nécessaire à la reproduction de l'exploitation. Ce qui veut dire que tous ces ménages dépendent soit du salariat agricole, au village ou en émigration, soit (moins souvent) de revenus non agricoles, sur place ou plutôt en migration[1]. Un obstacle en matière de diversification des revenus est la précaire condition des femmes, qui pour des raisons socio-culturelles essentiellement (mais aussi à cause de leur faible niveau d'éducation, ce qui est lié) cherchent et trouvent plus rarement un travail non agricole que les hommes.

B. Les productions, de plus en plus animales

De fortes productivités, mais surtout en Chine

La Chine est premier producteur mondial de blé et de porcs (devant les États-Unis), de riz et de thé (devant l'Inde), de viande de mouton, et second producteur de maïs. L'Inde a un palmarès moins reluisant, mais est premier producteur mondial de lait et de protéagineux, et second pour le riz, la canne à sucre, et parfois le blé.

Assurément, sur de si vastes territoires il n'est pas difficile de produire beaucoup. Les pertes lors du transport ou du stockage relativisent aussi ces classements. Mais la productivité agricole est remarquable, du moins pour la Chine à propos de laquelle on a pu parler d'agriculture de « jardinage ». En 2007, les rendements chinois étaient de 43 q/ha pour le riz décortiqué (21 en Inde) et de 46 q pour le blé (27 en Inde). Dans les années 1930 déjà, les rendements chinois étaient le double de l'Inde pour le coton et le riz, et supérieurs d'un tiers pour le blé (Étienne, 2007a). Même si les chiffres officiels de la Chine sont sans doute surévalués, on a là la preuve de l'efficacité de ses traditions séculaires de gestion de l'eau et de la fertilité, renouvelées par les pratiques de la révolution verte et d'une artificialisation du milieu. Les Chinois auraient inventé le compost. À la récupération des déjections humaines et animales est venue s'ajouter une fertilisation chimique lourde : 290 kg d'éléments fertilisants/

1. Le secteur non agricole ne compte que pour 11 % du revenu des agriculteurs en 2003 – 17 % pour ceux cultivant moins de 0,4 ha (NCEUS, 2007).

ha récolté, contre 75 en 1979. L'irrigation souterraine a complété le développement de l'irrigation de surface, particulièrement dans le nord.

Pour l'Inde, les chiffres de fertilisation chimiques (91 kg/ha en 2001-2002) et d'irrigation sont moins flatteurs, même s'ils demeurent très au-delà de la moyenne des pays du Sud, et notamment de l'Afrique. L'utilisation de l'engrais humain traumatiserait tout agriculteur indien, craignant la « pollution » de ce qui sort du corps… De plus, les déjections animales sont souvent utilisées comme combustible (les bouses de vache, séchées en galette, brûlent lentement, sans odeur ni fumée), ce qui est dommageable à la reproduction de la fertilité des champs. Mais il faut prendre en compte que les climats tropicaux indiens réduisent l'efficacité de la fumure, au contraire des climats chinois, pour beaucoup « tempérés ». De plus, les cultivateurs indiens négligent moins les versants et les terres de plateau que les paysans han. Bien des pentes boisées en Chine seraient cultivées en Inde. Or, ce sont les terres les moins fertiles, bénéficiant de peu d'investissement : elles font « baisser la moyenne » indienne, en termes de productivité de la terre comme de quantités d'intrants par hectare. C'est ainsi que la moitié des rizières indiennes ne sont pas irriguées : soit qu'on compte sur l'inondation des terrasses horizontales par les seules pluies, soit qu'on sème carrément des variétés de riz « sec » (pluvial) sur des pentes ne permettant aucun stockage de l'eau.

Dans les deux pays ont fonctionné des « boucles de rétroaction positives » ou cercles vertueux : l'agriculture intensive a besoin de nombreux bras mais permet de nourrir de nombreuses bouches ; la productivité de la terre entraîne l'augmentation de la population qui entraîne l'augmentation de la productivité. On est loin des pratiques séculaires de l'Afrique subsaharienne qui favorisaient les hautes terres en négligeant les vallées (Brunel éd., 1986). Il était donc évident que la révolution verte pourrait se greffer bien plus facilement sur ces systèmes de cultures asiatiques que sur les africains.

De moins en moins des « civilisations du végétal »

Les rotations types sont, en Chine, deux cultures de riz dans le sud, une de blé d'hiver et une de maïs d'été dans le nord ; ces céréales (nourrissant l'homme ou l'animal) constituent en moyenne la moitié des surfaces récoltées. En Inde, leur part est supérieure : quasi monoculture de riz dans le sud irrigué, avec un peu de canne à sucre ; rotation blé d'hiver/riz ou maïs dans le nord ; sorgho, éleusine ou mils dans la péninsule dépourvue d'irrigation ; et toujours, en culture dérobée au moins, un peu de haricots et lentilles, et d'oléagineux.

Une part croissante de ces productions, surtout en Chine, est dévolue à l'alimentation animale. « Civilisations du végétal » ? Cette expression de P. Gourou pour qualifier (à propos de l'Indonésie) les sociétés rurales de l'Asie des moussons s'est toujours peu appliquée à l'Inde en raison de l'importance de l'élevage, et correspond de moins en moins à la Chine. Du point de vue de l'alimentation, les fortes densités de population devraient, c'est vrai, inciter à conserver une alimentation céréalière pour économiser l'espace (puisqu'il faut plusieurs calories végétales pour produire une calorie animale). Mais d'un point de vue économique, l'élevage est un moyen de valoriser une exploitation de taille réduite : l'Inde et surtout la Chine ont un avantage comparatif pour les cultures intensives en travail mais peu en terre. À l'époque de Gourou (1948), c'était l'aspect alimentaire qui primait. Désormais l'aspect économique prend le dessus.

En Chine, l'élevage représente 35 % du PIB agricole, et 25 % en Inde où il compte pour plus de 4 % du PIB total (2004-2005). L'Inde a le premier troupeau mondial de buffles (97 millions de têtes en 2003) et le second de bovins (185 millions) comme de chèvres. Le nombre des bovins tend à baisser (- 7 % entre 1987 et 2003) en raison de la lente mécanisation des travaux agricoles et de la traction, et ce malgré l'apparition de vaches laitières de race croisée[1]. Mais tous les autres animaux sont en croissance : + 13 % pour les caprins et +36 % pour les ovins malgré les contraintes d'espace, + 28 % pour les porcs malgré les interdits religieux, + 31 % pour les bufflesses grâce à l'essor de la commercialisation du lait, et surtout +78 pour les volailles – ce qui témoigne de l'augmentation de la consommation des œufs (+134 %) et de viande blanche, mais aussi qu'on partait de bien bas... Les statistiques concernant la viande de bœuf demeurent sujettes à caution, on l'a dit, en raison du caractère « sacré » de la vache. Selon la FAO, 25 % des 6 millions de tonnes de viande produites en 2004 étaient du bœuf – autant pour le buffle, et 28 % pour la volaille.

Les taux de croissance sont inférieurs en Chine, mais partent de bases de production supérieures. Aubert (2008), qui réduit de 25 % les statistiques officielles de production en se fondant sur les possibilités d'alimentation animale, obtient cependant pour 1985-2005 d'impressionnants taux de croissance annuelle de 4 % pour le porc (qui ne représente plus « que » les deux tiers de la production de viande), de 9 % pour la volaille, et de presque 12 % pour le bœuf et le mouton. On arrive au total à 57 millions de tonnes de viande en 2005 – soit dix fois la production officielle indienne !

Autre différence, l'importance traditionnelle de la production chinoise des pêches en eau douce : elle a doublé entre 1991 et 2003. Elle est très présente au Centre et au Sud, grâce à des systèmes raffinés d'intégration à l'agriculture (poissons de rizières, etc.) qui ont su se moderniser. L'Inde ignore en général de tels systèmes, à part quelque aquaculture dans les étangs communaux, mais s'est lancée dans la crevetticulture à la fin des années 1980 (littoral andhra), source de devises et de profits énorme mais risquée, souvent inaccessible aux paysans pauvres et très destructrice écologiquement.

Les Chinois n'appréciant guère les produits laitiers, leur élevage est beaucoup moins abondant en la matière que celui de l'Inde. Celle-ci est devenue première productrice mondiale de lait (presque 100 millions de tonnes par an – soit trois fois plus que la Chine – à 57 % du lait de bufflesse) grâce aux succès de la « révolution blanche » à partir de 1970, fondée sur le protectionnisme et le soutien à un réseau coopératif dense associant des éleveurs possédant parfois une seule bête. Elle exporte même de la poudre de lait – ceci alors que, rappelons-le, la consommation moyenne de lait demeure inférieure à la moyenne mondiale. Aujourd'hui encore, 12 millions d'agriculteurs groupés en plus de 100 000 coopératives villageoises produisent 16 % du lait commercialisé. Mais une certaine libéralisation du secteur, à partir de 2002, permet aux laiteries privées de s'installer sans tenir compte de la « carte laitière » (*milkshed areas*) qui protège les coopératives, et Nestlé commence à concurrencer victorieusement le producteur local et coopératif Amul... Il reste de

1. En 2003, 86 % des bovins sont encore de races locales rustiques (*2003 Livestock Census*, Min. of Agriculture).

toute façon beaucoup à faire en termes d'amélioration de la productivité, de soins vétérinaires, d'amélioration de la chaîne du froid ou de transformation du lait.

Autre goulot d'étranglement a priori : le fourrage, étant donné la priorité indienne accordée à la consommation humaine[1]. Aucun chiffre n'est disponible, mais on peut obtenir des indices de changement structurel profond dans le quasi-doublement de la production de maïs en quinze ans et dans le triplement de celle de soja – celui-ci étant réservé à l'alimentation animale. La consommation directe de maïs n'était que de 250 g par personne et par mois en 2004-2005, et se trouve même à la baisse en raison de la préférence des consommateurs qui en ont les moyens pour le riz et le blé. Mais le maïs représente plus de 50 % de l'alimentation des poulets, un élevage qui connaît actuellement des taux de croissance annuels de 15 %. Vu le caractère famélique de beaucoup d'animaux, on peut s'étonner que l'Inde exporte du maïs (jusqu'à 1 million de tonnes en 2004-2005). Elle exporte aussi des tourteaux de soja (3,4 millions de tonnes en 2006-2007) et de colza (0,9 million). On se trouve en fait dans une situation comparable à celle du blé ou du riz (ou du lait) : les excédents sont autant dus à des problèmes d'accessibilité économique (pouvoir d'achat) et physique (isolement de certains élevages) qu'à l'essor de la production. Nombre de paysans n'ont pas les moyens de nourrir leur bétail avec des aliments composés, et doivent se contenter des résidus de culture (encore faut-il qu'ils aient une terre) et des friches communales. Les exportations de tourteaux apportent des devises qui font oublier la pénurie d'aliments pour bétail… L'Inde est donc dans une position plus favorable que la Chine du seul point de vue financier de court terme ; sur le long terme, il lui faudra penser à nourrir ses bêtes autrement.

L'élevage indien est ubiquiste et intégré à l'agriculture au sein même des exploitations. Les seules spécificités régionales sont, outre les zones périurbaines gagnées par un certain élevage hors-sol, les zones subdésertiques chaudes (Rajasthan) ou froides (Ladakh) à pastoralisme extensif, et les collines et montagnes à transhumance. En Chine, les conditions naturelles plus difficiles font que de telles structures sont la règle et non l'exception sur la moitié du territoire. Pourtant, le gros de la production animale ne se fait pas dans les zones où l'élevage est spatialement le plus présent (ouest aride) mais bien dans la Chine orientale. À côté d'un gros bétail encore souvent nourri traditionnellement, comme animaux de trait, le porc est marqué par la modernisation avec une part de plus en plus forte des élevages périurbains, et une omniprésence renforcée dans le Sud et le Sud-Ouest.

Preuve de l'intégration de l'élevage au système agricole, le bétail chinois se trouve de plus en plus nourri avec des produits fourragers, en premier lieu du maïs qui représenterait 60 % de la consommation animale (le soja est également de plus en plus présent, tandis que les patates douces dominent dans les régions pauvres). La production de maïs est passée de 9 millions de tonnes en 1990-91 à 15 en 2006-2007. Si l'on estime à moins de 300 000 t les besoins humains, cela laisse une certaine marge de manœuvre pour les besoins fourragers actuels. Il n'en va pas de même pour le soja, dont la production passa de 3 à 9 millions mais demeure tout à fait insuffisante.

1. Seulement 5 % de la production céréalière indienne irait à la consommation animale (*High Level Committee*, 2002).

Graphique 5.5 – Utilisations du grain chinois 1985-2005

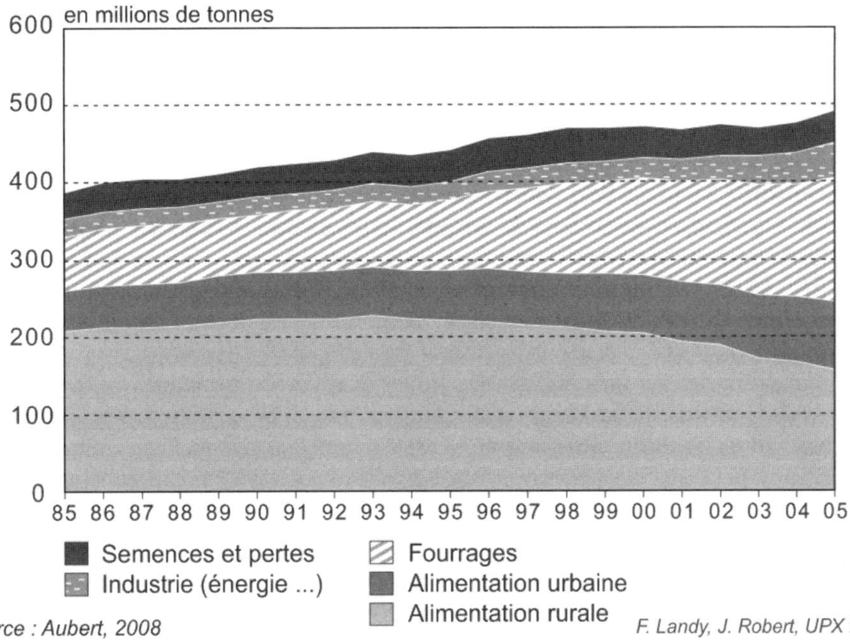

Source : Aubert, 2008

F. Landy, J. Robert, UPX 2008

La transition alimentaire chinoise est bien visible sur le graphique 5 ci-dessus, avec un changement clair dans les proportions des trois usages de toute production agricole : consommations humaine, animale, et énergétique – en anglais *food, feed, fuel*. L'alimentation animale augmente à mesure que la consommation humaine décline. Il est assez symptomatique que déjà 5 % du riz produit en Chine soit consommé par les animaux.

Quel avenir après la révolution verte ?

Il est de bon ton d'affirmer que les rendements agricoles ont tendance à plafonner en Inde (ce qui est juste) voire à baisser (ce qui est faux, sauf ponctuellement). Le seul exemple de l'Égypte, où sévit une misère rurale comparable à l'Inde mais où la productivité est bien supérieure grâce notamment à un excellent réseau d'irrigation et de drainage, montre que des gains de rendement sont encore possibles, et ce même dans un contexte de sous-développement. C'est notamment le cas dans l'Inde de l'Est, à fort potentiel. C'est moins le cas en Chine en raison de la productivité bien supérieure.

La croissance générale des deux économies fait que le coût d'opportunité du travail agricole augmente considérablement : bien des agriculteurs réduisent leur investissement en travail sur leur exploitation pour jouir d'un autre revenu ailleurs. Les modes de production intensifs en travail sont donc remis en cause, ce qui explique le passage à des cultures moins gourmandes en main-d'œuvre que le riz (plantations arborées), à la location ou à la vente de terre quand cela est possible ou permis, voire aux jachères. L'impact sur la sécurité alimentaire nationale demeure à évaluer. Pour l'heure, le Kerala dépend déjà des distributions du PDS fédéral pour son approvisionnement en riz, les cultures de plantation ayant pris la place de bien des rizières.

Le retour d'importants investissements dans les infrastructures (route, électricité, surtout en Inde) et le crédit agricole pourraient sans doute permettre une forte croissance. Dans les deux pays, les investissements publics dans l'agriculture ont reculé, mal compensés par la hausse des investissements privés qui concernent des montants moindres et des domaines différents. Les gouvernants ont longtemps eu « la tête ailleurs » : les services et les nouvelles technologies (pour l'Inde, mais aussi pour la Chine), l'industrie (pour la Chine, mais aussi pour l'Inde) font que « le bureau du monde » et « l'atelier du monde », comme on les appelle parfois non sans excès, fondent leurs prévisions de croissance et donc leurs choix budgétaires et d'investissement dans des secteurs non agricoles. Il y a de plus un désintérêt, voire un mépris croissant pour l'agriculture et une certaine vie rurale, d'autant plus frappant que jusqu'à peu ces deux pays étaient épargnés par « les lumières de la ville ». « On pouvait parler de puits tubés et d'urée avec les diplomates chinois dans les cocktails de Genève » (Étienne, 2007a) ; les ingénieurs indiens avaient tous un oncle ou un cousin agriculteur. Le temps en est fini désormais, et l'agriculture tend à devenir un secteur où l'on s'emploie faute de mieux, et d'où l'on cherche à sortir. On n'investit pas autant dans l'éducation d'un fils pour le voir reprendre tout bonnement l'exploitation familiale !

Or, tout en reconnaissant les mérites de la révolution verte qui, en évitant les famines, « a évité une révolution rouge », il faut bien en voir les limites. Tout comme la Politique Agricole Commune européenne, les critiques sont de trois ordres, économiques, sociales et écologiques.

1. Économiques : les critiques des politiques indiennes à propos de leur coût financier sont, on l'a vu, peu justifiées. Il reste que l'irrigation est dans un piètre état étant donné qu'on commence de nouveaux barrages avant d'avoir fini d'aménager les périmètres irrigués des précédents. L'argent manque, mais non la bureaucratie. Les oléagineux sont à la traîne malgré l'essor du soja et du tournesol, depuis l'abandon de la « révolution jaune » qui à la fin des années 1980 avait voulu protéger la production nationale. L'Inde, malgré sa faible consommation d'huile alimentaire par tête (11,5 kg par an contre 17 en Chine) doit importer 40 % de ses besoins. Les protéagineux sont dans une situation pire encore, alors même que pois ou lentilles assurent une part importante de l'apport en protéines des Indiens. D'une façon générale, il reste à l'Inde à nuancer la politique de priorité céréalière qui fut menée tous azimuts, et de suivre davantage l'exemple chinois d'adaptation aux conditions locales et de spécialisation régionale – tout en reconnaissant que les politiques ne peuvent pas tout, et qu'en Chine, dans l'explication des nouvelles dynamiques, « un rôle encore plus grand a été tenu par la hausse des niveaux de vie qui stimule une demande plus diversifiée » (Larivière, Marchand, 1999, p.220). La demande des villes indiennes suffira-t-elle à diversifier l'économie rurale, ou faudra-t-il attendre que se développent les classes moyennes dans les bourgs indiens, alors même qu'il y manque cruellement l'équivalent des « entreprises chinoises de village et de bourg » ?

2. Sociales : la révolution verte asiatique a été peu marquée par la mécanisation et les herbicides, en raison du bas prix de la main-d'œuvre. L'évolution n'est cependant pas niable, et les possibilités d'emploi agricole tendent à se réduire (même si les salaires horaires réels sont à la hausse), d'autant que comme on l'a dit des processus d'extensification tendent à remplacer la riziculture par d'autres productions, ou à réduire le nombre de cultures par an. L'essor des forages a réduit les disparités spatiales, en donnant accès à l'eau à des espaces qui ne disposaient pas de barrages ; mais il a augmenté les disparités sociales étant donné le coût de ces puits (malgré le crédit agricole subventionné) et le fait que la baisse des nappes souterraines oblige à surcreuser et à descendre plus bas les pompes électriques, ce qui n'est pas à la portée de tous les agriculteurs.

3. Écologiques : la Chine a moins de canaux que l'Inde, mais sans doute autant de forages (de plus en plus privés), et à ce titre les plaines du nord chinoises ressemblent aux plaines du nord-ouest indien ou au sud-est du Deccan. Équiper les pompes de compteur et faire payer des millions d'agriculteurs n'est pas une tâche facile, aussi les deux pays ne s'y emploient-ils que fort lentement. On rencontre donc le même problème de baisse des nappes d'eau souterraine par surexploitation – d'où les projets chinois de détournement de fleuves (Yangzi) au profit du nord[1]. En saison sèche, le Fleuve Jaune ou la Krishna peuvent ne plus atteindre la mer. Ce qui n'empêche pas d'autres régions de souffrir de salinisation (Punjab) en raison de remontée des nappes et de mauvais drainage. La lutte contre les inondations est plus aboutie en Chine en raison de la taille des fleuves ; en Inde elle peut apparaître encore timide, voire incohérente (cas du Bihar au débouché des rivières himalayennes). L'Inde ignore cependant le gros des tempêtes de sable de sa voisine.

L'Inde ne connaît de culture OGM que le coton[2] : les OGM représenteraient déjà les trois quarts des superficies cotonnières selon les estimations de l'ISAAA, en dépit des accusations par les écologistes indiens de dépendance envers « l'impérialisme américain » (Monsanto), de marge bénéficiaire négative sans irrigation, et même de mortalité d'animaux nourris des plantes. L'évaluation des surfaces est de toute façon impossible étant donné que nombre de ces cultures sont clandestines (une entreprise indienne vola des semences à Monsanto) et que les agriculteurs croisent les OGM avec des cotonniers « normaux » (hybrides). Les OGM indiens, avec 6,2 millions d'hectares, seraient presque le double des 3,8 millions de la Chine, où pourtant « 5,1 millions de petits agriculteurs » cultivent du coton Bt, contre 3,8 en Inde où les exploitations cotonnières sont un peu plus grandes (www.isaaa.org)[3]. La controverse des OGM ne saurait faire oublier que pour l'heure, la menace essentielle pour les deux agricultures reste l'importante perte en biodiversité des variétés de riz ou de blé, ou des espèces de céréales, qui disparaissent en raison de la tendance de la révolution verte à « mettre tous ses œufs dans le même panier » en misant sur quelques systèmes de culture aux dépens des autres. Le Système de Distribution Public indien a lui aussi joué un rôle néfaste en incitant les agriculteurs à ne produire que du riz et du blé (et de la canne à sucre), seules cultures achetées par l'État, et en concurrençant par ses redistributions les autres cultures locales. L'agriculture est de plus en plus soumise aux vents extérieurs.

1. L'Inde a aussi quelques projets de liaison – au profit du Sud cette fois – mais ils sont moins aboutis, de moindre ampleur, et plus critiqués.
2. Une aubergine OGM, créée par les instituts de recherche indiens, va sans doute bientôt être commercialisée.
3. La Chine cultive aussi en OGM des tomates, papayes, poivre doux, peupliers et pétunias... Elle se refuse encore à commercialiser du riz et du maïs transgéniques.

4. La commercialisation s'accélère

Dans les deux pays, mais surtout en Inde, c'est encore la priorité à l'autoconsommation qui domine dans une économie « paysanne » où, vérifiant les théories de Tchayanov, on n'évalue pas toujours la valeur de son temps de travail ni des intrants produits sur l'exploitation. (Autrement dit, on produit parfois à perte). La part de la production pour le marché n'est forte que dans les couronnes périurbaines, le long des axes routiers, dans les exploitations capitalistes qui se multiplient.

A. Les filières intérieures : lente intégration de l'Inde

L'essor des cultures non céréalières et fondamentalement commerciales est net surtout en Chine, dont les productions marquent une avance certaine sur l'Inde à l'exception du lait ou de certaines plantations tropicales (tableau 5).

Tableau 5.4 – Comparaison des productions non céréalières

(millions de tonnes)	Chine (2006)	Inde (2005-2006)
Légumes	550	80
Fruits	161	58
Viande dont poulet	50 15	4 2
Lait	32	100
Poisson (mer et eau douce)	51	6
Thé	0,94	0,83

Source : d'après Étienne, 2007a.

Certes, dans les deux pays, la chaîne de production (pesticides trouvés dans les fruits et légumes) et de commercialisation (mauvaises routes indiennes, réfrigération lacunaire) est déficiente. Les filières agroalimentaires restent pour la plupart à construire, surtout en Inde, deuxième producteur mondial de fruits et légumes mais dont seuls 2 % de la production seraient transformés (un chiffre certes contesté). « Industrie agro-alimentaire », en Inde, signifie encore pour l'essentiel, rizeries (pour décortiquer le paddy) et meuneries… De même, seuls 30 % de la consommation chinoise sont des aliments transformés, contre 80 % dans les pays développés. Pourtant les surfaces chinoises en légumes ont quadruplé en vingt ans, pour atteindre 12 % de la surface cultivée en 2004 (Aubert 2005b) – contre moins de 4 % en Inde. La Chine est devenue premier producteur et exportateur mondial de pommes. Les initiatives de l'administration locale (investissement agricole, mais aussi recherche de débouchés en aval, publicité, etc.) ne sont pas toujours bureaucratiques et portent souvent leurs fruits : la planification du gouvernement de district peut décider judicieusement de la spécialisation de certains villages, en prônant de créer ici un bassin de production laitier, là un bassin de tomates. L'administration indienne ignore en général toute approche intégrée, se contentant parfois de distribuer sans aucun suivi des semences ou des veaux aux paysans. Même la vogue de la microfinance n'y empêche pas que souvent les groupes d'entraide (*self-help groups*), à 80 % des femmes, sont formés autoritairement, et se lancent sans garantie de succès dans différentes activités.

En Chine, la fin de l'autarcie maoïste a augmenté le taux de commercialisation des exploitations (60 % de la production dès 1995). Mais cette tendance varie beaucoup selon les régions (avantage aux provinces orientales) et les catégories sociales (avantage aux gros exploitants, très liés notamment aux filières d'élevage)[1]. « Partout se creuse la disparité entre une petite minorité d'exploitants « riches » ou « de pointe » (sur lesquels comptent en fait beaucoup les autorités résignées au dualisme spatial et social de l'agriculture) et une majorité de paysans incapables d'investir, en autosuffisance instable, dans la pauvreté ou pour qui l'agriculture n'est qu'une activité à temps partiel » (Larivière, Marchand, 1999, p. 215).

Le constat peut désormais être étendu à l'Inde, au moins dans les campagnes développées. L'intégration verticale en devenir est source de disparités sociales, même si les avocats de l'agriculture sous contrat soulignent que bien des petits agriculteurs indiens peuvent y trouver le moyen d'augmenter leur productivité et leurs débouchés, tout en réduisant le nombre d'intermédiaires dans la filière (Joshi et al., 2007). Les disparités sont également spatiales, étant donné que les campagnes les plus reculées (celles-là même qui auraient le plus besoin de ces investissements) demeurent à l'écart. Seuls 400 000 ha sont officiellement sous contrat, avant tout aux Tamil Nadu et Punjab. Les firmes agroalimentaires nationales sont les premières à investir l'Inde (ITC pour le soja indien, Bharti, Tata Chemicals…) même si ce sont les multinationales qui créent le plus de controverses : PepsiCo au Punjab eut à assumer un rôle délicat de pionnier pour la production de tomates à jus, et Coca Cola au Kerala subit plusieurs procès car son usine d'embouteillage asséchait les nappes souterraines. Reste que les protestations de la « société civile » ne peuvent rien contre une tendance politique claire à attirer les capitaux, indiens ou étrangers : en mai 2008, l'État fédéral annonçait par exemple la création de 30 *mega-food parks* dans le cadre d'un partenariat public-privé. Chaîne du froid, abattoirs, usines de transformation laitières sont au programme.

Dans les deux pays, les filières publiques déclinent relativement. On a vu certes l'importance que gardent les stocks publics de grains en Chine, et le maintien de l'alimentation subventionnée par le PDS en Inde. En Chine, bien des sociétés publiques régionales ou locales gardent un grand dynamisme, qui n'a pas son correspondant en Inde où toujours, même aux temps du socialisant Nehru, l'économie mixte a été de rigueur. Mais les filières privées gagnent partout du terrain.

Cependant, si le commerce de détail non informel représente déjà 30 % de tout le commerce de détail chinois et seulement 3 % de l'indien, c'est parce que les gouvernements de l'Inde craignent d'augmenter le sous-emploi et le chômage parmi les vendeurs de rue et les micro-détaillants. De guerre lasse, Reliance Fresh a annoncé qu'elle ne vendrait pas de fruits et légumes dans ses grandes surfaces si cela engendrait trop d'émeutes. Le libéralisme est bien plus poussé dans la Chine « communiste »… La pression des classes sociales aisées de l'Inde, qui désormais

1. En 2004, 38% des porcs abattus en Chine provenaient d'élevages supérieurs à 50 têtes (Aubert, 2008). En Inde, seule l'aviculture atteint un certain niveau de concentration.

souhaitent tout à la fois des produits d'aspect attractif et des rues délivrées des vendeurs de quatre saisons pour mieux y faire circuler leur première automobile, pousse cependant à la disparition des protections du petit commerce. En Chine, la libéralisation de 2005 a permis à Wal-Mart puis Carrefour de s'installer. En Inde, les capitaux étrangers demeurent interdits dans le commerce de détail (seul l'allemand Metro a pu s'introduire par la bande), mais pour combien de mois encore ?

B. De complexes rapports à l'étranger

Dans les relations des deux pays avec l'étranger, les décalages culturels sont tels que chaque partie en présence doit fournir un gros effort d'adaptation. McDonald's en Inde ne propose aucun hamburger au bœuf, la mayonnaise y est garantie sans œuf pour attirer les végétariens, tandis qu'en Chine les nouilles sont au menu... En retour, les exportations de la Chine (ail, champignons) et de l'Inde doivent désormais suivre les réglementations sanitaires en vigueur : tout en criant au protectionnisme déguisé des pays riches (ce qui n'est pas toujours faux), les deux pays tentent non sans mal de supprimer les résidus de pesticides dans le thé (ou d'antibiotiques dans les crevettes indiennes), tout comme de calibrer leurs produits pour satisfaire le palais et les yeux des consommateurs occidentaux. Là encore, la Chine est en avance, malgré l'énormité de son marché intérieur à satisfaire : elle exportait 29 milliards de dollars de produits agricoles en 2005 quand l'Inde n'en exportait que 9...

Leurs systèmes productifs demeurent fondés sur la recherche de la productivité maximale, l'optimisation de la qualité étant rarement leurs forts. Pour que les consommateurs japonais puissent manger des légumes chinois selon leurs stricts critères sanitaires, les importateurs japonais ont dû fournir aux producteurs chinois semences, techniques de production, jusqu'au packaging (Pingali, 2004). Mais il ne s'agit pas là d'une extraversion promise à durer. L'essor des supermarchés et l'apparition de nouveaux consommateurs aisés font qu'il y a de plus en plus convergence entre les standards des filières d'exportation et ceux des filières intérieures du grand commerce.

Ce n'est que récemment que les deux pays ont mis en place des systèmes d'indication géographique. En Inde, la loi de 1999 empêche que se renouvelle le dépôt de brevets par des firmes américaines sur le riz basmati ou certains produits du margousier (*neem*). La loi de 2005 reconnaît les brevets sur les produits (et non plus seulement sur les procédés) dans les domaines agricoles et pharmaceutiques : l'Inde ne peut plus « pirater » les droits de propriété intellectuelle de l'étranger... mais à l'inverse elle protège du même coup ses propres productions. Quant à la Chine, elle connaît deux systèmes d'enregistrement des indications géographiques (depuis 2008) et un dépôt de marques protégées. Il n'est pas sûr qu'une telle superposition facilite le respect effectif des appellations dans un pays où l'on peut trouver affiché comme « raisin de Californie » ou « ginseng du Wisconsin » un produit cultivé localement...

Conseils aux exportateurs en Chine prodigués par le ministère américain de l'Agriculture (USDA, 2007b) :
« Il est dangereux d'affirmer des généralités sur la Chine. Les goûts varient beaucoup selon le lieu, et évoluent constamment (...). Dans un pays où les camions réfrigérés sont encore rares, il est difficile pour les supermarchés modernes d'égaler la fraîcheur (et le prix) des boutiques chinoises traditionnelles. Le manque de camions réfrigérés encourage également chaque région à développer ses propres industries pour le lait, la bière ou la viande, ce qui rend plus compliqué les achats en gros. Néanmoins, les consommateurs souhaitent expérimenter des goûts inédits, et il est difficile de prévoir le succès des produits sans étude sur le terrain. C'est ainsi que la pizza s'est révélée extrêmement populaire en dépit du mythe répandu que les Chinois n'aiment pas le fromage. Il faut prendre en compte les différences régionales : dans le Nord et Nord-Est, les plats sont salés ; dans l'Est (Shanghai), ils sont plus sucrés et les épices sont peu recherchées ; la Chine centrale est réputée pour sa nourriture pimentée ; et le Sud, pour ses fruits de mer et sa recherche d'exotisme (...). Mais d'une façon générale, les Chinois préfèrent la nourriture fraîche à la nourriture empaquetée et transformée ; beaucoup achètent le poisson ou la volaille vivants, en arrivant au restaurant. Ils préfèrent acheter de petits paquets, même si le coût en est supérieur. Pour les bonbons ou les céréales du petit-déjeuner, les consommateurs aiment voir le produit tel qu'il est : il vaut donc mieux mettre un papier transparent sur le paquet (...). »

5. « L'émergence alimentaire » et ses espaces

Dans « la grande compétition » (Étienne, 2007b) dont l'enjeu est crucial pour le XXIe siècle, il semble qu'à chaque fois la Chine ait un peu, ou beaucoup d'avance sur l'Inde : position dans la transition alimentaire, productivité agricole, développement des infrastructures agro-alimentaires... Le « retard » de l'Inde se traduit par le maintien de la pauvreté sur une plus vaste échelle, sans pour autant que les déséquilibres sociaux et écologiques soient beaucoup moins marqués. En termes spatiaux, on retrouve ce déséquilibre, pour l'équipement routier ou l'électrification des villages. Mais bien des points communs dans la nouvelle organisation de l'espace peuvent être signalés.

Ainsi, G. Étienne note trois types semblables de régions. D'une part les zones irriguées très productives, même si souvent très peuplées : bassin du Yangzi et plaines du Sud chinois, plaines du nord-ouest et du sud-est en Inde. D'autre part, des régions aux conditions naturelles très contraignantes : plateaux du Nord-Ouest, vallées du Centre et du Sud chinois ; plateaux de l'Inde péninsulaire. Enfin, des zones de pauvreté mais dont les potentiels sont évidents, comme les plaines du Nord et du Nord-Est chinois (de mieux en mieux équipées), ou celles de l'Assam-Bihar-Orissa – anciens greniers à riz de l'Empire britannique.

En Chine, le déclin relatif du riz et la croissance du blé et du maïs, le développement du front pionnier de Mandchourie, et la multiplication des forages pour l'irrigation ont déplacé le centre de gravité agricole du pays vers le nord et l'ouest (carte 4). Les zones à surplus sont le nord-est (du Heilongjiang au Liaoning) qui produit 42 % des surplus de grains, le centre-est dans la Plaine de Chine irriguée par le Yangzi et le Hoang He, le Sichuan oriental, mais aussi, pour des tonnages plus faibles, le lointain Xinjiang, le couloir d'oasis du Gansu ou l'ouest de la Mongolie (Yin *et al.*, 2006). Ce n'est plus le sud qui produit l'essentiel des surplus agricoles, ni le Sichuan, ce qui a de graves conséquences en termes de besoins en eau dans un nord au climat plus sec et instable. Les flux dominants de produits alimentaires ont

Carte 4 – Les principales régions chinoises excédentaires en grains

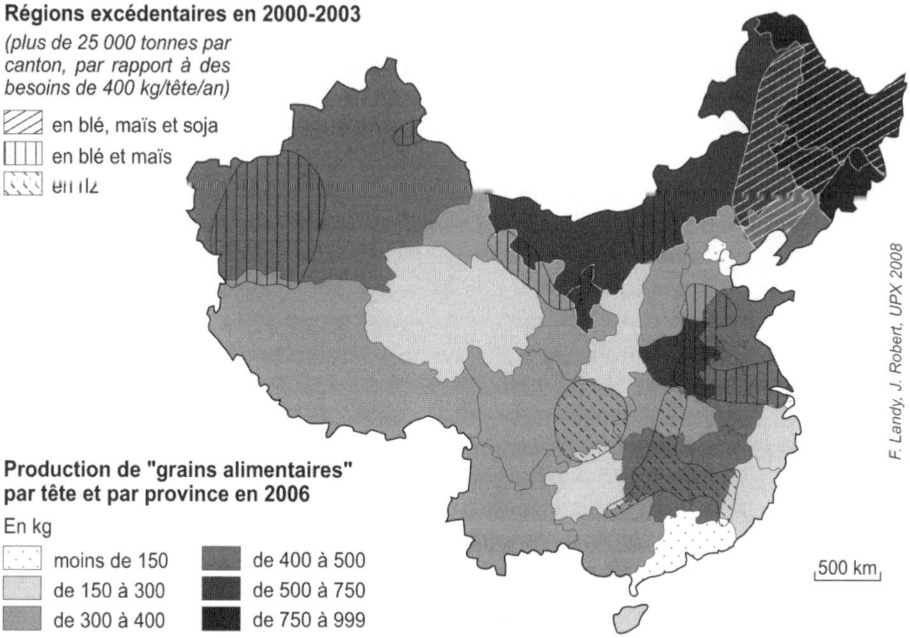

Sources : Yin et al., 2006, simplifié; Aubert d'après China Statistical Yearbook 2007

été en quelque sorte inversés en deux décennies, passant de Sud-Nord à Nord-Sud. La baisse relative de la consommation de céréales dans le sud-est ne suffit pas à enrayer une dépendance progressive de la Chine envers les régions bordant le front pionnier du « Far West » (cf. carte 3). Les zones déficitaires sont bien sûr la Chine des mégapoles, mais aussi les littoraux méridionaux, les cours moyens du Hoang He et du Yangzi, les zones montagneuses du Hebei ou du Shandong, les plateaux de lœss (ces deux dernières zones connaissant une politique de reforestation qui réduit les surfaces cultivées), tandis que tout une bande du Tibet à la frontière mongole se trouve dans une situation précaire. La libéralisation économique a encouragé à convertir les surfaces agricoles de la Chine orientale, et entraîné une certaine dépendance envers la « Chine des minorités », à la périphérie du territoire où le coût d'opportunité de l'agriculture est moindre : les enjeux pour la géopolitique interne en sont évidents.

L'espace agricole indien est plus immobile, marqué par le maintien de la domination (qui existait déjà il y a plus d'un siècle) de l'amont de la plaine gangétique, du Punjab à l'Uttar Pradesh occidental (carte 5). Des exploitations plus grandes que la moyenne (4 ha au Punjab, ancien front pionnier conquis sur le désert du Thar) et le passage de l'irrigation par barrage à une irrigation par forages font que ce bastion de la révolution verte demeure la zone nourricière par excellence de l'Inde en fournissant 95 % du blé et la moitié du riz des stocks publics. Une seconde zone nourricière (pour le riz) est apparue dans le sud-est avec l'Andhra Pradesh et ses deux riches deltas (carte 2). Sur les marges de l'Inde sont des montagnes aux faibles besoins alimentaires en raison des densités réduites, mais dont une bonne part de la produc-

Carte 5 – Les espaces de l'émergence agro-alimentaire indienne

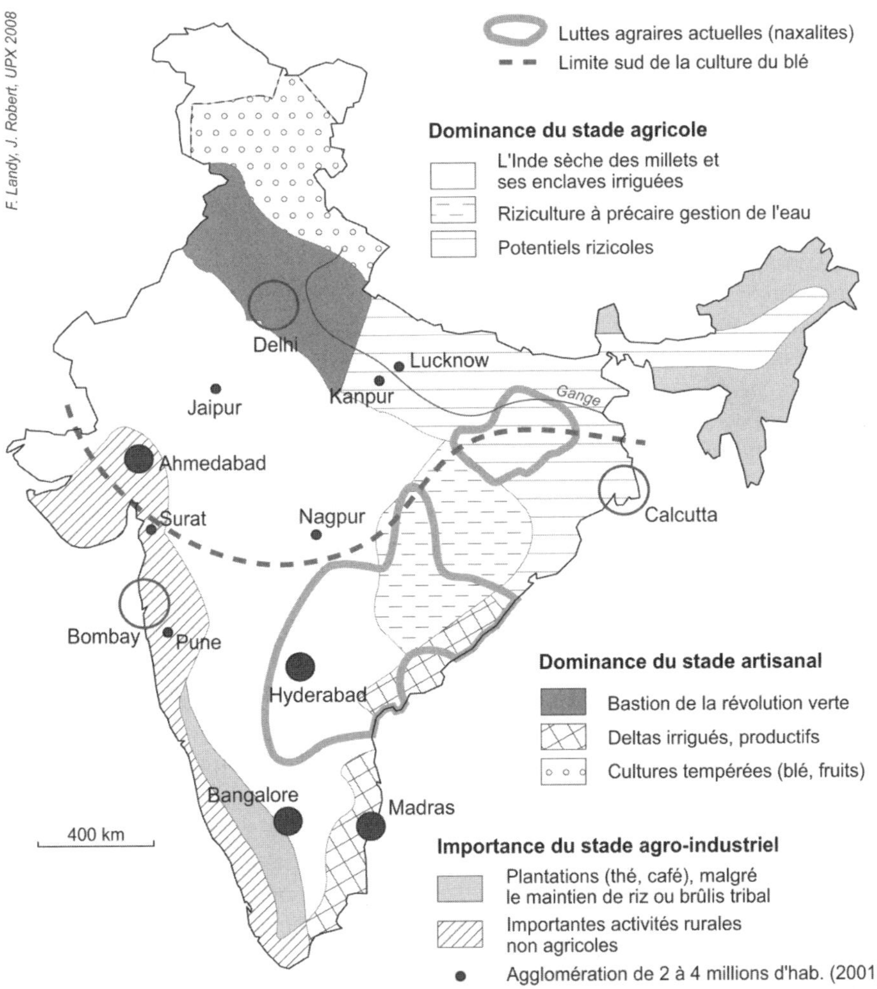

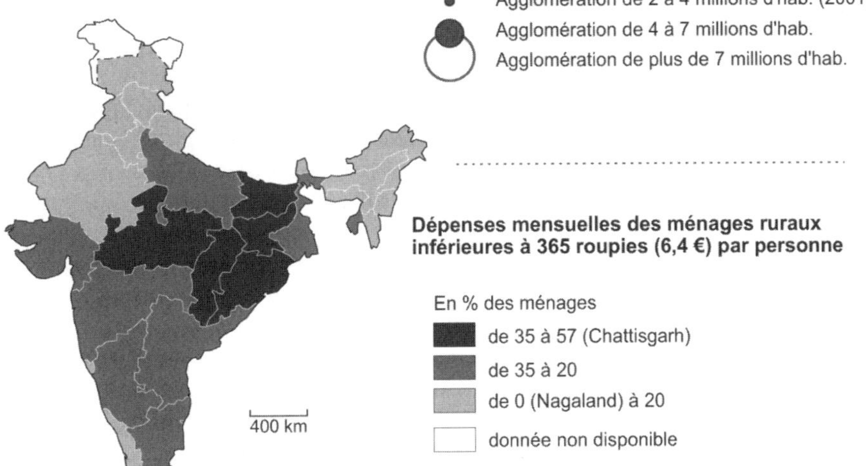

Sources : Landy (2002) et autres, National Sample Survey Report 2004-2005

tion est fondamentalement commerciale (thé ou pommes himalayennes, café ou hévéa des Ghats). Le cœur du territoire national est dominé par une vaste zone semi-aride globalement pauvre, trouée par quelques périmètres irrigués à la faveur de barrages, où les récents forages ne peuvent trouver beaucoup d'eau en raison du socle rocheux cristallin. C'est là avant tout qu'est l'Inde déficitaire – mais peu de flux alimentaires y convergent en raison du faible pouvoir d'achat des consommateurs. L'Inde de l'est, de l'Orissa à l'Assam, se trouve dans une situation intermédiaire, avec un bon potentiel agricole en raison du capital hydrologique et pédologique de ces plaines alluviales, mais avec une productivité faible en raison d'une situation sociale, politique et économique très difficile (taille moyenne des exploitations de 0,6 ha au Bihar, exploitation d'un prolétariat nourrissant les révoltes maoïstes, gouvernements corrompus, etc.).

La présence urbaine est tout à la fois un facteur de transition en faveur de styles alimentaires moins céréaliers à l'intérieur des villes, et un facteur de dynamisme favorisant la diversification économique des campagnes et le passage au « stade agro-industriel », pour reprendre la typologie de J.L. Rastoin (cf. introduction) : élevage, horticulture, et activités non agricoles se développent. Le problème est que, en Inde encore plus qu'en Chine, les régions les plus urbanisées (en pourcentage de la population) sont aussi souvent celles qui ont l'agriculture la plus dynamique (Punjab, Tamil Nadu) : l'urbanisation a donc tendance à accroître les contrastes ruraux plutôt qu'à les réduire. Le centre du Deccan et l'aval de la plaine du Gange sont dotés de villes nombreuses, mais le taux de population urbaine demeure faible en raison des fortes densités rurales, et les villes semblent incapables de dynamiser les campagnes. Pour ainsi dire, l'Inde en est encore à trouver positive pour les campagnes la croissance urbaine (même si de nombreux problèmes apparaissent déjà en termes de disponibilité en terre et en eau), tandis que bien des campagnes chinoises sont menacées de disparition radicale du fait d'une extension urbaine incontrôlée (cf. le delta des Perles).

Les disparités régionales, quand elles sont considérées à travers le filtre alimentaire, ne correspondent plus à la carte agricole traditionnellement proposée. Celle-ci définit des systèmes de culture dominants, qui correspondent souvent à des styles alimentaires distincts. Mais la commercialisation brouille les cartes. Le Punjab produit désormais plus de paddy que de blé, alors qu'il ne consomme quasiment que cette dernière céréale. Le Sud-Est chinois, caractérisé globalement par la double voire la triple culture du riz, apparaît en réalité fort éclaté dans une carte des disponibilités céréalières : ses zones littorales sont en fort déficit en raison de l'urbanisation et l'industrialisation, et c'est ainsi que le groupement en une même région agricole des Hunan, Jiangxi et Zhejiang (Centre-Sud) perd de son sens (Aubert, communication perso.). Le fertile Fujian a désormais des disponibilités en grain par tête, inférieures à celles du pauvre Guizhou… Tout se passe comme si les clivages régionaux dans ce quart sud-est, marqués jusque-là par une forte organisation latitudinale (tracé des fleuves, climats zonaux…), se trouvaient désormais bouleversés par une organisation plus méridienne fondée sur l'éloignement au littoral.

Un tel éclatement n'est qu'en devenir en Inde. Autour de Calcutta et de Madras, riches terres à riz, autour de Delhi, zone de double culture blé-riz, assurément l'urbanisation fait basculer des espaces très productifs dans une situation déficitaire. Mais la croissance autour de Hyderabad, de Bangalore ou de bien des axes routiers du Deccan, voire autour de Bombay, n'a que peu d'impact sur la situation céréalière régionale étant donné la faible productivité de ces terres. Elle a même ponctuellement des aspects économiques positifs, le capitalisme urbain permettant le développement de vergers (mangue, vin) et de maraîchage dans des zones jusque-là semi-arides. Les conséquences sociales sont, elles, plus douteuses, étant donné que bien des agriculteurs vendent leur terre à bas prix, et que même si le prix obtenu est élevé ils ne savent guère faire fructifier ce capital.

Si l'on reprend la typologie des modèles de consommation proposée par Padilla (1996, p. 45), on peut faire le bilan suivant :

– Le *modèle d'autosubsistance* est devenu très rare, du moins dans son sens le plus strict. Il n'existe plus que dans des marges du territoire chinois chez certaines minorités, et dans certaines collines et montagnes tribales indiennes. Mais il reste que l'essentiel de la consommation, pour la très grande majorité des ruraux indiens et une grande part des ruraux chinois, provient de la production à la ferme – seuls des compléments tels que les épices, certains fruits et légumes, sont achetés. L'exception majeure demeure la période de soudure, quand les greniers des petits exploitants sont vides alors que la prochaine récolte n'est pas encore faite. Cette période peut être très précoce quand ces agriculteurs, ayant besoin de numéraire, ont vendu une partie de leur production.

– Le *modèle rural diversifié* prédomine largement, étant donné que désormais presque toutes les campagnes sont intégrées à l'économie nationale voire mondiale. Les éleveurs du désert du Rajasthan mangent des galettes de blé comme les cultivateurs… Les produits agro-industriels restent cependant peu présents, surtout en Inde (très peu de produits emballés à part quelques biscuits, bonbons, huile…). Et les particularismes régionaux quant aux types de produits et de recettes culinaires demeurent très forts.

– Le *modèle urbain* se décompose en trois sous-types : le *modèle urbain privilégié*, celui des élites, connaît une croissance remarquable vu l'essor des pays émergents. Le conservatisme alimentaire des Indiens et le maintien d'une grande pauvreté le rendent cependant encore très minoritaire. Il n'existe que 23 McDonald's à Bombay, soit un peu plus d'un pour un million d'habitants[1]… *Le modèle urbain marginalisé* se rapproche du modèle rural diversifié, mais les identités régionales peuvent être brouillées : les habitants des bidonvilles de Bangalore mangent moins d'éleusine (céréale à petit grain) que les paysans des environs, au profit du riz pourtant plus cher ; les immigrés conservent souvent quelques styles alimentaires de leur région d'origine, et apportent parfois avec eux des sacs de grain provenant de leur village. *Le modèle urbain intermédiaire*, celui des classes moyennes, est dominant : en Inde « seulement » un cinquième des citadins vivent en habitat précaire (bidonville, taudis, constructions illégales, etc.) ; encore tous ne sont-ils pas miséreux.

Les cartes 3 et 5 proposent une typologie spatiale doublement trompeuse : d'une part elles sont très simplifiées à des fins de lisibilité et de mémorisation. D'autre part, elles ne rendent pas compte des disparités sociales à l'intérieur même des espaces. Cette difficulté, qu'on rencontre pour la plupart des cartes de ce genre, a des enjeux politiques évidents : à trop « typologiser à la louche » spatialement, on gomme les disparités sociales. Elle n'est pas propre à notre sujet, mais apparaît particulièrement délicate à surmonter dans les cas chinois et indiens, étant donné qu'il

1. Il y a environ 600 McDonalds en Chine (800 annoncés pour 2009), contre 132 en Inde (mcdonaldsindia.net, consulté en juin 2008).

s'agit de deux pays émergents. Or, vue à travers la perspective alimentaire, « l'émergence » n'est rien d'autre que la juxtaposition de différents systèmes agroalimentaires dans un même espace. L'émergence engendre une élite sociale qui cohabite avec une importante population demeurée pauvre. Ces contrastes sociaux vont engendrer des contrastes agroalimentaires, les groupes pauvres demeurant dans des « stades » (agricole ou artisanal) déjà dépassés par les groupes riches. Il est vrai cependant que le maintien de la pauvreté, par ailleurs, freine les changements alimentaires des classes aisées : en Inde, le bas prix de la main-d'œuvre domestique fait que nombre de familles de la classe moyenne ont au moins un ou une *servant* pour faire la cuisine et les courses. Ceci permet le maintien de la consommation de produits frais, et vendus au micro-détail, chez des couches sociales dont le pouvoir d'achat et le peu de temps libre les auraient dans d'autres pays conduits à utiliser des produits emballés vendus dans des grandes surfaces. (En Chine, on ira davantage au restaurant, sans acheter beaucoup de plats préparés à l'exception des nouilles instantanées).

Le phénomène est d'autant plus marqué en Inde que même dans les grandes villes, les cadres moyens ou supérieurs qui ne rentrent pas chez eux pour le repas de midi peuvent profiter de la cuisine familiale grâce à la *tiffin box* (boîte de métal à étages) que la domestique ou l'épouse a remplie, avant le départ de l'époux, de riz ou galettes avec quelque légume. À Bombay, célèbre est le cas des *dabbawala* : au petit matin, ces hommes habillés de blanc et d'une coiffe à la Nehru passent au domicile des banlieusards collecter les *tiffin boxes* puis les transportent, en train et à vélo, pour les déposer jusqu'au lieu de travail, et ce selon un complexe codage des boîtes. Le système a plus de cent ans, repose sur une seule caste originaire d'Uttar Pradesh – mais continue à fonctionner parfaitement dans la capitale économique de l'Inde… Une raison de plus pour la prise en compte des facteurs socio-culturels dans l'analyse et la prospective des pratiques et besoins alimentaires.

Chapitre 6

Les évolutions des systèmes agroalimentaires dans les pays du Mercosur

Hervé THÉRY

1. Le Mercosur, « ferme du monde » ?

Au moment où la hausse des prix agricoles provoque des émeutes dans plusieurs pays et l'inquiétude dans bon nombre d'autres, la situation des pays du *Mercosur*[1] paraît enviable puisque non seulement ils alimentent sans difficulté leurs 267 millions d'habitants, mais sont en outre de gros exportateurs de grains, de viandes, de tourteaux et de matières grasses.

Est-ce à dire que l'Amérique du Sud est la région-solution, qu'elle peut devenir la « ferme du monde » ? Peut-elle nourrir la planète, comme le promettent certains de ses dirigeants ? C'est bien, en effet, la seule région au monde qui ait encore de vastes étendues rapidement mobilisables pour la production agricole, mais il faut y regarder de plus près.

D'abord parce que les pays qui forment cette union sont bien différents entre eux. Le cœur du système est sans aucun doute le Brésil, et si l'Argentine – l'autre grand pays du bloc – a lui aussi construit un complexe agro-industriel très bien organisé et puissant dans quelques domaines (blé, soja, viande de bœuf), elle ne joue pas – pour prendre une métaphore dans un sport très apprécié dans la région – dans la même division que lui, tant en diversité qu'en volumes de production.

Le Brésil est en effet non seulement un très grand producteur de grains, mais il est aussi le premier fournisseur mondial de café, de canne à sucre et, depuis peu, le premier exportateur mondial de viande de bœuf. Parmi ces denrées, la canne à sucre est particulièrement stratégique puisqu'à côté de l'augmentation des prix des denrées agricoles, celle des cours du pétrole a aussi attiré l'attention sur le Brésil, vu par certains comme la solution miracle : il suffirait de se tourner vers ce pays pour s'y procurer les biocarburants qu'il produit déjà en grande quantité, et qu'il pourrait exporter en plus grande quantité encore. Mais le Brésil peut-il pour autant, avec l'aide de l'Argentine et de ses voisins, devenir non seulement le grenier du monde, mais aussi une seconde Arabie Saoudite ?

C'est possible, mais pas si sûr, car le monde rural brésilien ne se résume pas au complexe agro-industriel qui aligne ces records ; à côté de lui persiste une paysannerie

1. Marché commun fondé en 1991 par l'Argentine, le Brésil, le Paraguay et l'Uruguay, le Chili et la Bolivie y ayant un statut d'observateurs. Les Brésiliens l'appellent Mercosul mais la graphie espagnole est la plus utilisée internationalement.

Tableau 6.1 – Les pays du Mercosul dans la compétition agricole internationale

Rang mondial	Céréales	Production (tonnes)	Pourcentage mondial	Viandes	Production (tonnes)	Pourcentage mondial	Fruits et légumes	Production (tonnes)	Pourcentage mondial
Les premiers									
1	Chine	413 166	18,20	Chine	74 306	28,57	Chine	506 634	36,62
2	États-Unis	389 066	17,14	États-Unis	38 891	14,95	Inde	127 560	9,22
3	Inde	232 360	10,23	Brésil	19 919	7,66	États-Unis	69 382	5,01
4	Russie	76 231	3,36	Allemagne	6 798	2,61	Brésil	43 774	3,16
5	France	70 534	3,11	France	6 255	2,40	Turquie	36 046	2,61
6	Indonésie	65 314	2,88	Inde	6 032	2,32	Italie	34 276	2,48
7	Brésil	63 812	2,81	Espagne	5 531	2,13	Espagne	29 401	2,12
Autres pays du Mercosur									
11				Argentine	4 175	1,61			
13	Argentine	34 212	1,51						
21							Argentine	10 670	0,77
32							Chili	7 407	0,54
35				Chili	1 126	0,43			
50				Uruguay	602	0,23			
52	Chili	3 956	0,17						
61				Bolivie	446	0,17			
63				Paraguay	414	0,16			
71							Bolivie	1 863	0,13
72	Uruguay	2 523	0,11						
80	Paraguay	1 979	0,09						
91	Bolivie	1 341	0,06						
103							Paraguay	773	0,06
105							Uruguay	714	0,05

1 000 tonnes, données 2004, FAOSTAT 2008.

qui n'a pas dit son dernier mot et lui dispute le contrôle d'un espace encore mouvant : le Brésil n'a pas fini de consolider son territoire, et si cette mobilité offre des perspectives sans équivalent dans le monde, elle crée aussi des tensions qui peuvent empêcher certaines promesses imprudentes de se réaliser.

Six pays pleins de ressources

Les pays du Mercosur se tirent plutôt à leur avantage d'une comparaison internationale des performances agricoles telle que la donnent les statistiques de la FAO : dans les tableaux agrégés en grandes catégories (céréales, viandes, fruits et légumes, tableau 6.1) le Brésil se situe dans les trois cas parmi les sept premiers rangs mondiaux, parmi des pays à population infiniment plus nombreuse, comme la Chine et l'Inde, ou à complexes agro-industriels puissants comme les États-Unis ou la France. Les autres pays du bloc viennent derrière, mais avec des rangs encore honorables dans le cas de l'Argentine (respectivement 13e, 11e et 21e rang mondial) ou le Chili (52e, 35e et 32e). L'Uruguay se situe encore dans les 50 premiers pays pour la viande, et tous les autres sont encore dans la première moitié de la liste, ce qui n'est pas si mal pour des pays à population somme toute assez faible (tableau 6.3).

Tableau 6.2 – Les pays du Mercosul dans les productions agricoles mondiales

Rang	Brésil	Argentine	Paraguay	Uruguay	Bolivie	Chili
1	Café, canne à sucre, oranges, haricots, maté, papayes,					
2	Viande de bœuf, viande de poulet, soja, bananes, manioc, tabac	Viande de cheval				Lupins
3	Maïs, noix de cajou, ricin, poivre, mandarines	Viande de bœuf, soja, maté, tournesol, citrons, artichauts, miel,	Maté			Kiwi
4	Viande de porc, noix de coco, cocons de soie, ananas					
5	Fèves de cacao, avocats, citrons	Maïs, poires			Châtaignes	Jute
6	Jute	Sorgho, haricots verts, laine	Soja		Fèves	Avocats
7	Lait, œufs	Pamplemousses				Prunes
8	Mangues	Ail, raisins, tabac			Soja	
9	Riz	Thé, arachides				Raisins
10	Caoutchouc, figues, oignons, sorgho	Lin				Pêches, viande de dinde

Source : FAOSTAT 2008, données 2005.

Si l'on passe des agrégats à chacun des produits mis sur le marché, on constate que les pays du Mercosul se situent dans les tout premiers rangs mondiaux pour des denrées d'importance parfois limitée (comme le maté, qu'ils sont à peu près seuls à consommer) mais aussi pour d'autres bien plus stratégiques : soja, viande de bœuf, de porc et de poulet, café, canne à sucre, oranges, tabac, etc.

Figure 6.1 – Les surfaces agricoles utiles en Amérique du Sud

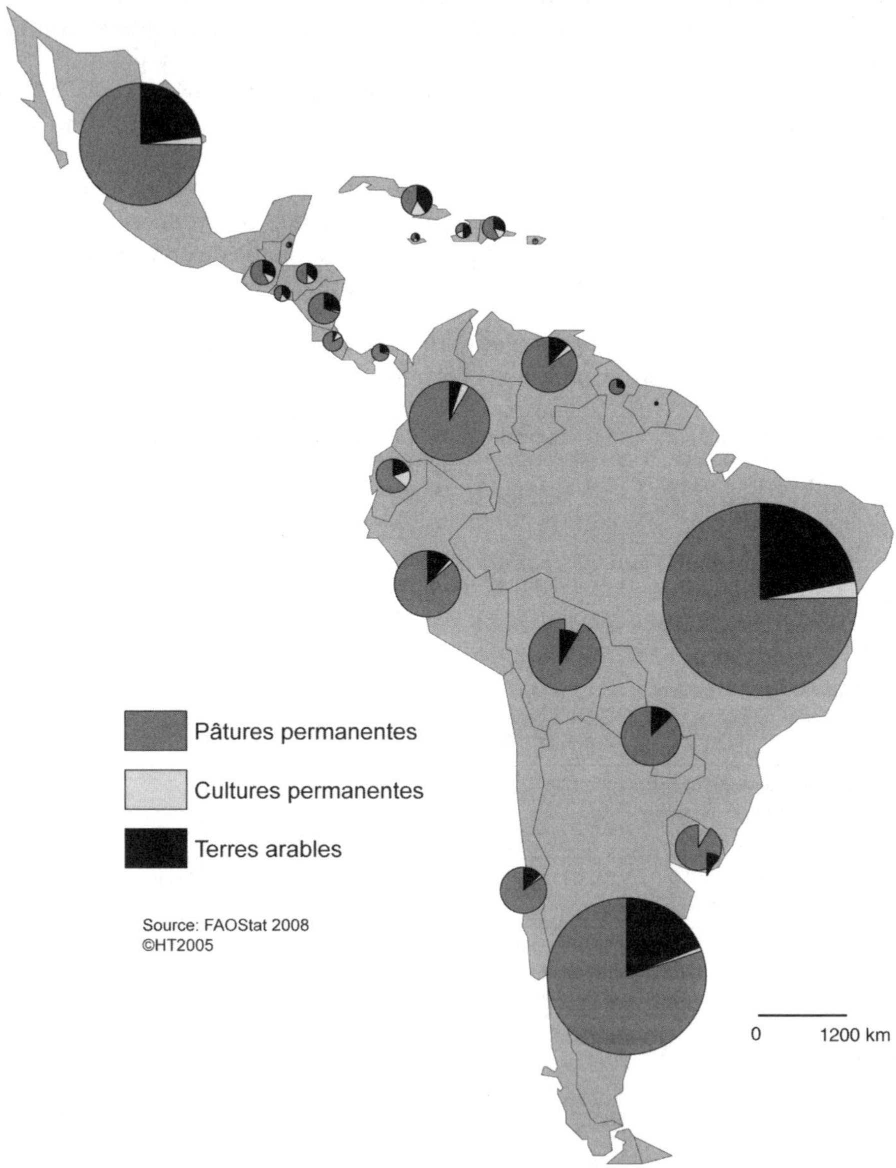

Si l'on se demande d'où la planète va tirer les aliments nécessaires aux trois milliards d'habitants supplémentaires qu'elle devrait accueillir avant le milieu du XXIe siècle, la prévision n'est pas très difficile à faire : l'Europe et l'Amérique du

Nord, déjà très productives, n'ont guère de marge de progression sauf en Europe centrale et orientale ; la situation de l'Afrique ne permet guère d'espérer de progrès a court et moyen terme ; l'Asie a des possibilités, mais plus encore de demandes, car elle sera le grand marché demandeur. Il ne reste donc que l'Amérique du Sud, le seul continent où des terres agricoles soient disponibles, en grande quantité et à court terme, même en respectant les réserves déjà constituées pour la protection de l'environnement (parcs, réserves biologiques, forêts nationales) ou des populations autochtones (réserves indiennes, réserves de cueillette).

La principale marge de progression (à part les forêts, que l'on peut vouloir préserver), se trouve, dans la plupart des pays du continent, dans les pâturages occupés par un élevage extensif mis en place par les Espagnols et les Portugais. C'était l'activité essentielle (avec les plantations de canne à sucre, de café, de cacao ou de bananes) des *latifundios*, les grandes propriétés occupées par les *conquistadores* et leurs descendants, alors que les *minifundios*, dans lesquels étaient cantonnées les paysanneries indiennes, se consacraient à l'agriculture vivrière.

Avec l'intensification de l'élevage, des espaces se libèrent, sans diminution de la production, bien au contraire. En Amazonie brésilienne l'Embrapa (l'équivalent brésilien de l'INRA) recommande un taux de charge d'une tête de bétail à l'hectare (au lieu d'une tête pour trois ou quatre hectares, comme c'est bien souvent le cas actuellement). Cela permet de mieux contrôler le recru forestier, et libère des milliers d'hectares déjà déboisés pour d'autres cultures (le soja par exemple), là où le climat le permet, ou pour des reboisements.

Tous les pays de la région ne disposent pas des mêmes potentiels, à la fois parce qu'ils sont de tailles très différentes et parce que tous n'ont pas la même proportion de terres utilisables (tableau 6.3) : entre l'Uruguay, petit pays mais dont 85 % des terres sont utilisées par l'agriculture et l'immense Brésil, dont seulement 31 % sont utilisés et 7 % cultivés, la gamme est vaste. On remarquera toutefois qu'aucun d'entre eux ne cultive, pour le moment, plus de 11 % de ses terres agricoles, dont l'essentiel est consacré à l'élevage, et que les superficies forestières sont majoritaires dans deux pays, le Brésil et la Bolivie, ou très près de l'être, au Paraguay.

Tableau 6.3 – Utilisation du sol dans les pays du Mercosul

	Population (millions)	Superficie totale (1 000 km²)	Superficie agricole (%)	*dont* Terres arables (%)	Cultures permanentes (%)	Prés et pâturages permanents (%)	Superficie forestière (%)
Argentine	40	2 780	47	10	0,4	36	12
Brésil	192	8 515	31	7	0,9	23	56
Paraguay	6.7	407	61	11	0,2	43	47
Uruguay	3.5	176	85	8	0,2	77	9
Bolivie	9	1 099	35	3	0,2	32	54
Chili	16	757	20	3	0,5	17	22

FAOSTAT 2008, valeurs 2005.

Les pays du Mercosul ne bénéficient pas tous de la même dotation de facteurs, et le Brésil se détache nettement par sa taille et son potentiel de croissance ; l'Argentine a plus de terres froides et a sacrifié son appareil industriel sur l'autel de la dollarisation ; l'Uruguay et le Chili sont est bien petits, même s'ils tirent le maximum de leur territoire ; le Paraguay et la Bolivie ont plus de handicaps naturels à vaincre alors qu'ils ne sont pas encore sortis du sous-développement.

Cette différence de dotation naturelle explique aussi que les pays se soient spécialisés. Argentine et Brésil ont des productions qui reflètent leurs situations, tempérées et froide pour l'une, équatoriale et tropicale pour l'autre. Au Brésil la canne à sucre, le café et les oranges ; à l'Argentine le blé, le tournesol, le vin, et pour les deux le soja et le maté puisqu'ils partagent la zone subtropicale, où ces deux plantes et quelques autres trouvent leur optimum, et le goût pour l'infusion amère de *yerba* mate/*chimarrão*. Cette complémentarité a ses avantages, et le Brésil achète désormais son blé en Argentine, ayant renoncé à le produire lui-même (et supprimé les subventions qu'il donnait à ses producteurs) en signe de bonne volonté après la constitution du Mercosur, bien que ce soit la première de ses importations, avant même le pétrole.

Tableau 6.4 – Principales productions agricoles argentines et brésiliennes

	Canne à sucre	Sucre de canne	Soja	Huile de soja	Café vert	Oranges	Graines de tournesol	Maté
Argentine	1,35	1,83	18,27	17,56		1,22	12,12	25,47
Brésil	32,70	25,25	23,64	15,47	33,06	27,87	0,38	41,28
Union européenne (27 pays)		0,26	0,55	7,40		10,49	21,50	

En % du total mondial. Source : FAOSTAT 2008, valeurs 2006.

Tableau 6.5 – Principales exportations agricoles du Brésil et de l'Argentine

Brésil	Quantité (millions t)	Valeur (millions US dollars)	Argentine	Quantité (millions t)	Valeur (millions US dollars)
Graines de soja	19 248	5 395	Tourteaux de soja	18 002	3 598
Tourteaux de soja	14 486	3 271	Huile de soja	4 341	2 336
Viande de poulet	2 425	2 494	Graines de soja	6 520	1 740
Viande bovine, sans os	924	1 961	Blé	9 977	1 365
Café vert	1 411	1 750	Maïs	10 692	1 194
Sucre	9 566	1 511	Viande bovine, sans os	318	811
Huile de soja	2 517	1 382	Huile de tournesol	924	562
Feuilles de tabac	579	1 380	Lait entier en poudre	177	363
Sucre raffiné	6 198	1 129	Vin	160	221
Jus d'orange concentré	1 010	790	Préparations de bœuf	87	190

FAOSTAT 2008, valeurs 2004.

Les spécificités des deux pays se retrouvent dans l'orientation de leurs exportations, mais l'on constate, à parcourir la liste des dix principales rubriques pour les deux pays (tableau 6.5), que pour les premières d'entre elles ils sont en franche rivalité : ils se disputent le marché mondial du soja dont ils tirent l'un et l'autre des milliards de dollars, soit directement (graines, huile, tourteaux), soit indirectement (viande de poulet, de porc et – dans une moindre mesure – de bœuf), les animaux recevant une bonne part de leur ration alimentaire sous forme de tourteaux de soja. Ensuite chacun place sur le marché mondial ce à quoi il excelle.

2. Le centre de gravité, le Brésil

Des six pays du Mercosur, le Brésil est donc manifestement le centre de gravité, suivi de loin par l'Argentine : par l'étendue et les caractéristiques de son territoire, la masse critique de sa population, la qualité de ses cadres publics et privés, de ses centres de recherche et de ses universités, le poids de son appareil industriel, il dispose d'immenses avantages comparatifs : de l'espace, du soleil, de l'eau, de la main-d'œuvre d'exécution et d'encadrement, les industries d'amont et d'aval qui enserrent l'agriculture dans un complexe agro-industriel, ce qui fait aujourd'hui toute la différence.

Le monde rural n'y a certes plus la même importance que naguère, la croissance spectaculaire de l'industrie et des services ayant fait passer au second plan ce qui était jusqu'aux années 1940 la principale base économique du pays, et le cadre de vie de la grande majorité de ses habitants. Mais c'est du monde rural qu'est sortie la croissance d'aujourd'hui : les capitaux qui ont édifié l'industrie de São Paulo venaient du café ; les ouvriers des usines arrivaient tout droit des plantations ou des campagnes nordestines ; le pouvoir politique et les leviers de l'État fédéral ont longtemps été partagés entre les « barons » du sucre, du café ou de l'élevage. Sa place dans l'économie, même si elle a diminué, est loin d'être négligeable et depuis plusieurs années, sans la croissance du secteur agricole, celle du PIB national serait quasi nulle. Les exportations agricoles ont représenté en 2006 15 % du total des exportations brésiliennes, et près de 24 % si l'on ajoute aux produits bruts ou semi-transformés les produits industrialisés qui en sont directement dérivés. Et c'est largement lui qui modèle le territoire, dans les régions déjà consolidées comme sur les fronts pionniers encore actifs qui sont une des grandes originalités du monde rural brésilien.

Agriculture et territoire

La figure n° 2, qui analyse les types d'usage de la terre dans les exploitations agricoles, montre une organisation de l'espace rural brésilien très typée Elle oppose nettement trois zones dominées respectivement par la forêt (au nord), les pâturages (au centre, au sud et dans l'extrême nord), et l'agriculture (dans quelques régions bien délimitées du Nordeste, du Sudeste et du Sud, plus des régions très peu peuplées de la haute Amazonie)

Cette tripartition correspond d'assez près aux domaines respectifs de trois grands secteurs qui se partagent l'espace rural brésilien. De vastes zones sont encore couvertes de leur végétation primaire, la cueillette s'y pratique encore et ce sont celles qu'attaquent les fronts pionniers. Les pâturages, naturels et artificiels, sont occupés par un puissant secteur d'élevage, principalement bovin, qui gagne chaque année en puissance et en extension. Et une agriculture très composite, on le verra, se partage le reste, tout en conquérant encore chaque année de nouvelles terres, principalement dans le Nord, en mettant en culture des milliers d'hectares de forêts et de savanes : de ce point de vue, le Brésil est encore ce qu'on appelait naguère un « pays neuf »

Figure 6.2 – Types d'usage du sol dans les exploitations agricoles

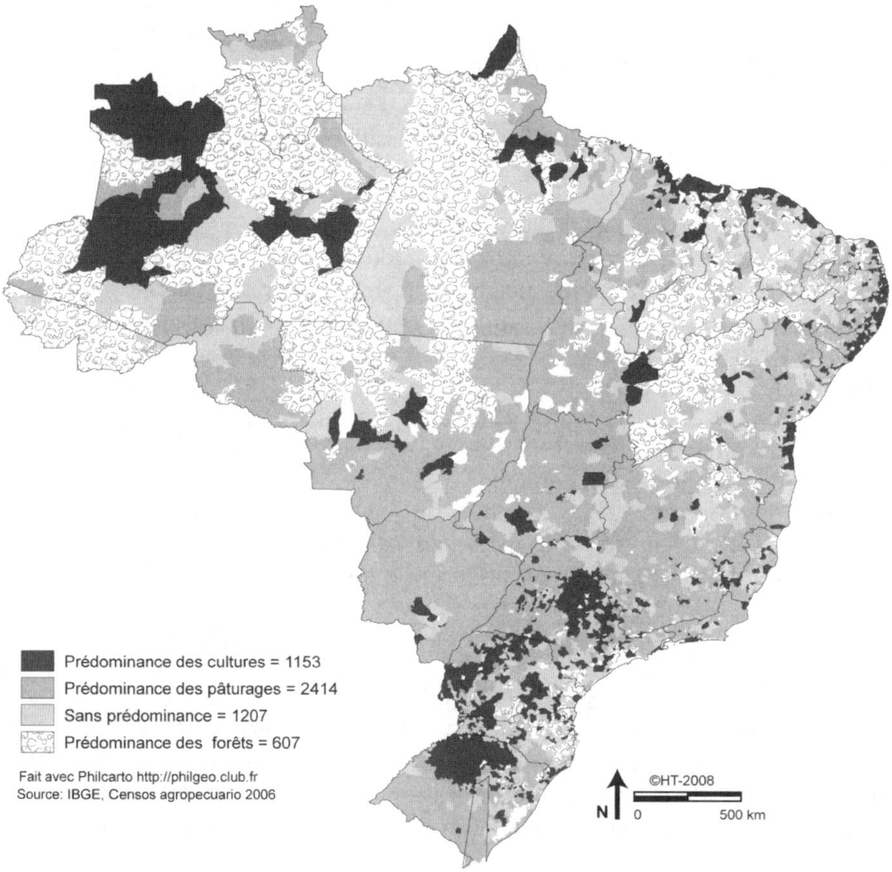

Depuis l'arrivée des Portugais, en 1500, le mouvement de conquête de terres nouvelles a constamment progressé. Entre 1940 et 2006 près de 160 millions d'hectares – plus de cinq fois la SAU française – ont été incorporés aux exploitations agricoles, soit en moyenne 2,3 millions d'hectares par an. Le style prédateur de la « mise en valeur » coloniale a survécu bien au-delà de l'indépendance, comme l'a montré Warren Dean. L'attraction toujours présente de la « frontière » a souvent dissuadé les colons de s'enraciner, d'établir avec le terroir la longue familiarité qui permet la gestion des ressources et le maintien du niveau de production au long des siècles. Même dans les régions plus stabilisées du Sud, les départs sont nombreux, soit en raison de l'attrait des terres nouvelles, soit que les agriculteurs migrent parce qu'ils sont repoussés de leurs régions d'origines (difficulté d'accès à la terre, mécanisation de l'agriculture, etc.)

Ce comportement a longtemps eu une certaine rationalité, car les méthodes agricoles généralement utilisées ne laissaient guère le choix. En dehors de quelques zones privilégiées (berges des fleuves périodiquement fertilisées par les crues, oasis du *sertão)* ou de quelques enclaves de colons allogènes (allemands, italiens, japonais) les agriculteurs s'en sont longtemps tenus à des méthodes agricoles très primitives. Pour l'essentiel elles consistaient à défricher et brûler, puis à cultiver, sans apport d'engrais ni rotation de cultures, jusqu'à ce que la fertilité chute, au bout de quelques années. On abandonnait alors ces parcelles pour occuper de nouvelles terres vierges, voisines ou lointaines. La limite de l'expansion était celle de la main-d'œuvre disponible, celle des familles – souvent nombreuses – ou celle des esclaves ou des travailleurs sous contrat.

Tableau 6.6 – L'espace agricole brésilien

	1940	1960	1970	1985	1996	2006
Exploitations agricoles (en milliers)	1 904	3 337	4 924	5 802	4 860	5 204
Superficie agricole totale (en millions d'hectares)	197	249	294	375	354	355
% du territoire national	23	29	35	44	42	42
Surface moyenne des exploitations agricoles (ha)	104	75	60	65	73	68

Source : IBGE, *Censos agropecuários.*

On observe donc, de décennie en décennie, une progression régulière de l'espace agricole et pastoral. Le recensement de 1996 semblait marquer une inflexion – un million d'exploitations et vingt millions d'hectares en moins – mais les premiers résultats de celui de 2006 le corrigent un peu, au moins sur le premier point, avec des explications pas très claires : « Les données de la série historique présentée dans ce tableau proviennent des publications disponibles à l'époque [de leur production]. Plus spécifiquement, pour l'année de 1996 de petites corrections ont été faites après la publication, ce qui peut causer une différence minime entre ces données et celles des autres tableaux, dont les données ont été mises sous forme de tableaux postérieurement à la divulgation officielle »[1]. Qu'en termes galants ces choses-là sont mises… mais on se gardera de jeter la pierre à l'IBGE, faire l'inventaire de ce pays géant, jusqu'au fond de l'Amazonie, n'est pas chose facile.[2]

Il semble en fait y avoir un double mouvement, d'une part l'évolution des régions plus développées du Sud, où l'intensification et la technisation progressent rapidement et de pair, et où l'on observe une réduction des terres cultivées, sans réduction de la production. C'est le contraire au nord, dans le Nord du Mato Grosso et le Sud

1. « Os dados da série histórica disponibilizados nesta tabela são reflexo das publicações disponíveis à época Especificamente para o ano de 1996, pequenas correções foram feitas após a publicação, o que pode ocasionar uma diferença mínima entre estes e aqueles disponíveis em outras tabelas cujos dados foram tabulados posteriormente à divulgação oficial ».
2. Les données de la FAO sont également un peu différentes (cf. tableau 6.3).

du Pará, ainsi que dans le Roraima et l'Amapá, où la progression continue, principalement du fait de l'extension des pâturages.

Face à cette progression, et à la demande mondiale de terres, se pose évidemment la question de la limite de cette conquête : jusqu'où peut-elle aller, combien de millions d'hectares le Brésil peut-il encore incorporer ? Le débat est vif entre les partisans du développement de la production et ceux de la protection de l'environnement, et l'estimation suivante a été présentée par Roberto Rodrigues, ancien ministre de l'Agriculture. Elle tient compte des réserves existantes et de la forêt amazonienne telle qu'elle est aujourd'hui : sans défrichements supplémentaires et sans conversion des pâturages, qui est pourtant une des possibilités les plus prometteuses, il estime que 106 millions d'hectares sont disponibles, soit plus de trois fois la SAU française.

Tableau 6.7 – Terres occupées, terres disponibles (en millions d'hectares)

Forêt amazonienne	345
Pâturages	220
Parcs et réserves naturelles	55
Cultures annuelles	47
Cultures permanentes	15
Villes, lacs et routes	20
Reboisements	5
Autres usages	38
Sous-total	745
Surfaces non utilisées et disponibles pour l'agriculture	106
Total	851

Source : Roberto Rodrigues/*IBGE e Conab/MAPA*.

Cet espace immense et encore mouvant est disputé – et cela contribue à son dynamisme – entre deux systèmes très différents, deux agricultures concurrentes.

A. Deux agricultures dans un seul pays

Le Brésil a deux ministères de l'agriculture, le *Ministério da Agricultura, Pecuária e Abastecimento*[1] (Ministère de l'Agriculture, de l'élevage et du ravitaillement), qui s'occupe d'appuyer le puissant secteur agro-industriel, et le *Ministério do Desenvolvimento agrario*[2] (Ministère du développement agraire), chargé d'encadrer la petite agriculture et de promouvoir la réforme agraire. Cette dichotomie, qui rappelle celle qui juxtaposait naguère en France Ministère des Affaires Étrangères et Ministère de la Coopération, met en évidence que l'agriculture brésilienne associe des systèmes de production très différents, d'une part une petite agriculture familiale, qui a des

1. Site du MAPA : http://www.agricultura.gov.br
2. Site du MDA : http://www.mda.gov.br/portal/

parentés avec ses homologues européens, d'autre part un *agrobusiness* qui n'a rien à envier à ses équivalents nord-américains. Ce partage est le résultat d'une longue histoire de conquête, et le partage du territoire, qui n'est pas encore totalement fixé, est le fruit de rivalités aiguës entre ces deux secteurs, comme l'ont montré Eduardo Girardi et Bernardo Fernandes.

Le clivage qui oppose grandes et petites exploitations – qui n'existe pas au même degré en Argentine – est aussi un clivage spatial, qui apparaît bien sur la figure n° 3 : les petites exploitations (moins de 10 hectares) se concentrent dans le Nordeste et en haute Amazonie, alors que dans le Sud du pays elles n'ont quelque importance que dans les régions les plus pauvres des États de São Paulo (Vale do Ribeira) et de Rio de Janeiro, ailleurs ce sont les exploitations moyennes (10 à 100 hectares) qui l'emportent.

Figure 6.3 – Grandes, moyennes et petites propriétés

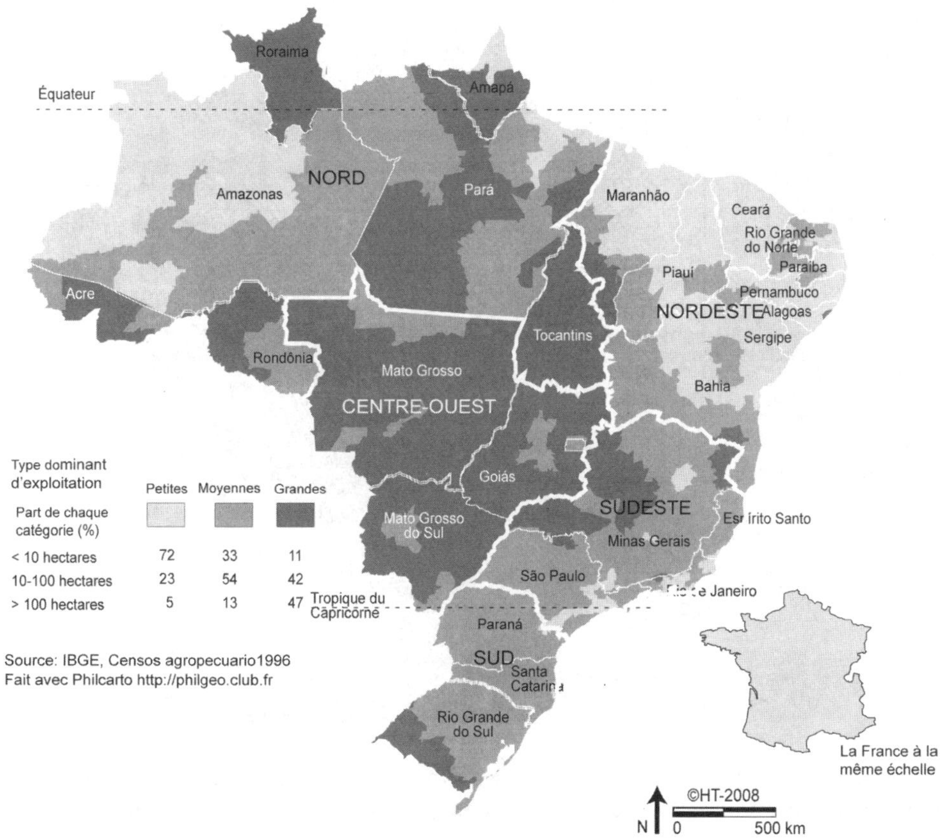

Le domaine des grandes exploitations (plus de 100 hectares, et bien souvent plusieurs milliers d'hectares) correspond d'assez près à celui des savanes arborées, les *cerrados* et de l'élevage, au centre du pays, et des savanes herbeuses, les *campos*, au sud et au nord

Ces oppositions traduisent des différences entre des systèmes de production, dominés selon les régions par les grandes et les petites exploitations. Le statut des exploitants oppose nettement ces deux groupes : alors que dans les régions de petites exploitations la main-d'œuvre se réduit la plupart du temps à l'exploitant et à sa famille, dans celles où domine la grande exploitation, le recours à une main-d'œuvre salariée permanente est fréquent, que ce soit dans les zones de plantations ou dans celles qui sont vouées à l'élevage. La figure 6.4, fondée sur le pourcentage de la main-d'œuvre qui a – ou non – un lien de parenté avec l'exploitant, fait bien ressortir le bloc central de l'*agronegócio* (traduction portugaise de l'*agrobusiness*) face aux régions d'agriculture familiale, pour reprendre le terme consacré au Brésil.

Figure 6.4 – Agriculture familiale et agriculture salariée

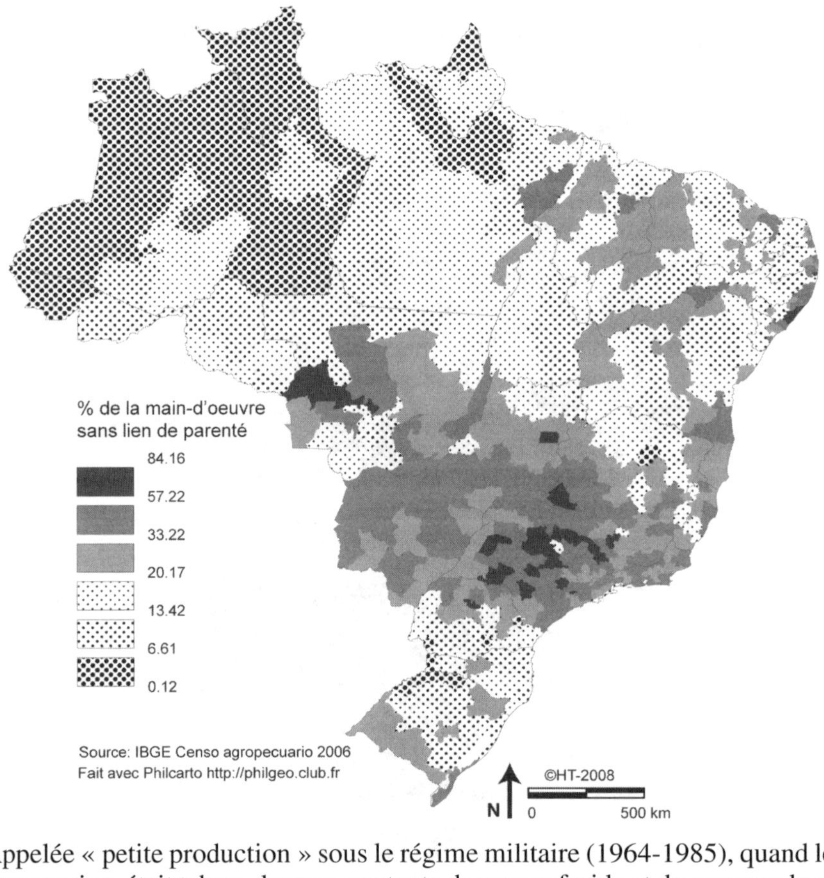

Appelée « petite production » sous le régime militaire (1964-1985), quand le mot « paysannerie » était tabou, dans un contexte de guerre froide et de menace de contagion cubaine, aujourd'hui rassemblé sous ce terme ambigu, il s'agit bien d'une véritable paysannerie, même si elle est très composite, allant des Amérindiens d'Amazonie aux colons d'origine allemande du Sud. Ce secteur représente 75 % des propriétés agricoles du pays, 25 % des terres cultivées et 35 % de la production agricole nationale. Il mobilise 14 millions de personnes, soit 60 % des travailleurs de l'agriculture.

Il présente une autre particularité, capitale quand on s'intéresse à l'alimentation de la population : près de 70 % des aliments qui sont mis sur la table des Brésiliens viennent de l'agriculture familiale, selon le secrétaire national à la Sécurité Alimentaire et Nutritionnelle du Ministère du Développement Social et du Combat contre la Faim (MDS), Onaur Ruano : la quasi-totalité du manioc (85 %), 70 % des haricots, 60 % des porcs, la moitié du maïs et du lait, 40 % des volailles et des œufs, 30 % du riz – autrement dit les principales bases alimentaires de la population – sauf la viande de bœuf – viennent de l'agriculture familiale.

Pourtant ce secteur ne reçoit que peu d'aide des pouvoirs publics, à l'exception du Pronaf (Programme national de renforcement de l'agriculture familiale). Actuellement celui-ci touche 1,6 million d'agriculteurs dans tout le pays. Créé sous le gouvernement précédent, celui de Fernando Henrique Cardoso, il a été amplifié sous le mandat de Luís Inácio Lula da Silva : jusqu'en 2003, les investissements avaient représenté 2,2 milliards de Reais (environ 700 millions d'Euros) pour 900 000 agriculteurs, en 2006 il a atteint 6,3 milliards, l'objectif étant d'arriver à 9 milliards et de toucher deux millions d'agriculteurs.

Figure 6.5 – L'inégal partage des tracteurs

Cet effort était nécessaire quand on considère l'abîme qui existe entre les pratiques agricoles des exploitations. Les indicateurs dont on dispose (dans le recensement agropastoral de l'IBGE) vont pratiquement tous dans le même sens, et montrent un recours beaucoup plus fréquent, dans le Sud-Sudeste, à la mécanisation agricole (figure 6.5) aux intrants modernes, à l'assistance technique publique et privée, et des pratiques plus respectueuses de l'environnement. Ce sont donc les grandes exploitations qui en bénéficient principalement, et dans le « bouquet » de ces pratiques modernes, les régions d'agriculture familiale du Sud ont privilégié ce qui est utile et accessible à de plus petites exploitations : engrais, phytosanitaires, assistance technique, conservation des sols et, pour certaines, là où le climat l'exige, l'irrigation.

B. Des productions agricoles différenciées

On trouve au Brésil à peu près toute la gamme des produits agricoles mondiaux, car son étalement en latitude permet d'y cultiver aussi bien les plantes tropicales que celles du monde tempéré. Les conditions du milieu naturel, principalement le climat, sont évidemment parmi les principaux déterminants de ces spécialisations : le poivre, la mauve, le jute et le palmier à huile apprécient le climat chaud et humide de l'Amazonie. Les climats subtropicaux de São Paulo et du Sud leur permettent de jouer à la fois sur les denrées tropicales (canne à sucre, café, arachide) et les grains, fruits et légumes de climats tempérés (pomme de terre, maïs, blé, avoine, raisin, pommes). Le partage des tâches et des cultures entre paysannerie et agrobusiness joue également et des « spécialités » régionales apparaissent nettement.

Figure 6.6 – Les cultures paysannes

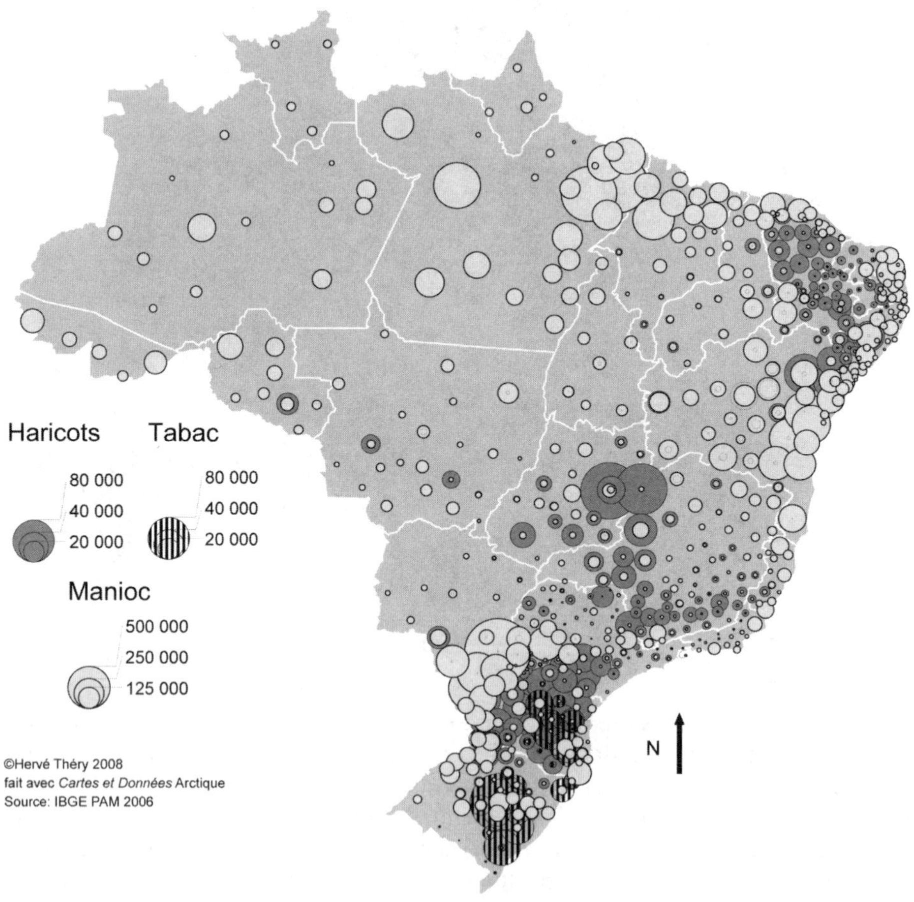

Figure 6.7 – Les grandes cultures commerciales

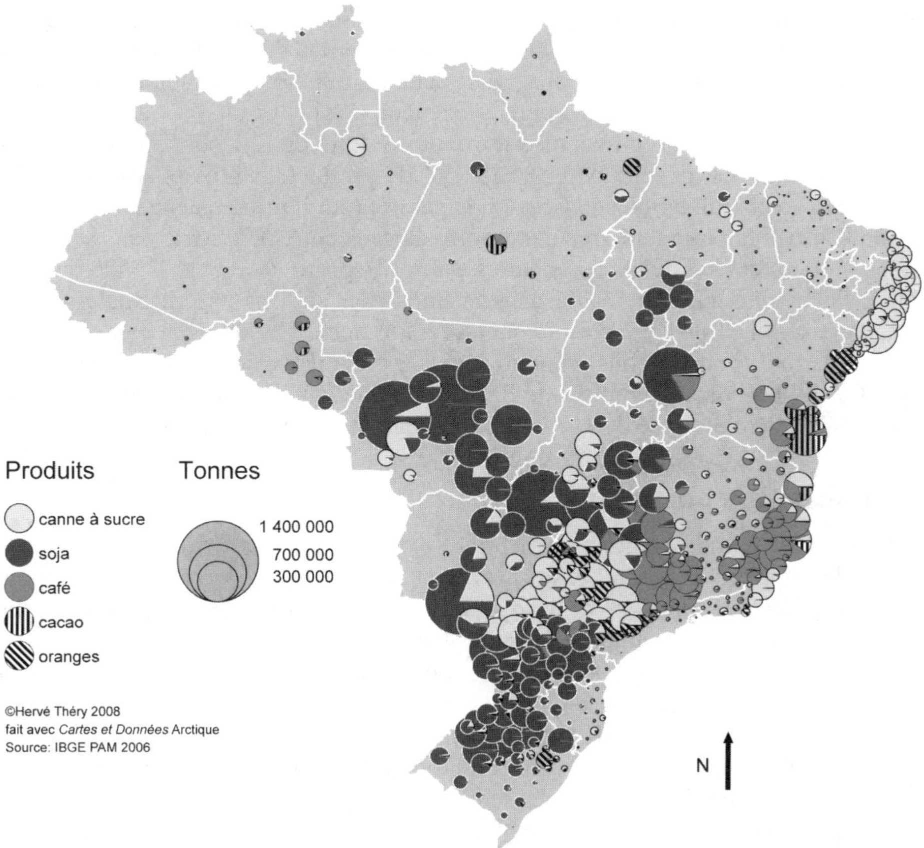

Parmi les grandes productions alimentaires, celle qui présente la dispersion la plus grande (et les valeurs les plus faibles) est le manioc, l'une des bases de la nourriture des hommes (et des porcs). Le riz et les haricots rouges sont présents sur toutes les tables du pays, à tous les repas, le couple *arroz-feijão* étant l'équivalent brésilien de ce qu'était naguère notre « pain quotidien » : les haricots proviennent des deux grandes zones d'agriculture familiale du pays, le Sud et le Nordeste, plus récemment des environs de Brasília où ils sont plantés en culture irriguée, sous de gigantesques « pivots », des rampes d'arrosages de plusieurs centaines de mètres de diamètre. Le riz, qui était naguère produit dans tout le pays, vient aujourd'hui principalement de deux régions spécialisées, dans le Rio Grande do Sul (rizières irriguées) et sur un arc allant du Mato Grosso au Maranhão : il s'agit là de l'arc du déboisement, où le riz est la première culture pratiquée, à la fois pour nourrir les défricheurs et pour nettoyer les parcelles, avant d'y planter l'herbe destinée à l'alimentation des bovins.

Canne à sucre, oranges, café et soja sont les grandes cultures commerciales du Brésil, pour lesquelles il occupe les tout premiers rangs mondiaux (tableaux 6.2, 6.4 et 6.5) Dans trois de quatre cas, la production se partage entre deux régions principales, l'ancienne et la nouvelle. La canne à sucre a été pendant des siècles le quasi-monopole du Nordeste, où elle pousse bien sur les sols profonds du littoral, la *zona da mata* (la bien mal nommée « zone de la forêt », celle-ci ayant été depuis longtemps défrichée pour lui faire place). Elle a été la base économique et sociale principale de la région depuis le XVIe siècle, sous la forme de plantations solidement contrôlées par les oligarchies locales, mais cette domination a été contestée dans les années 1970 par de nouveaux venus, les planteurs de l'État de São Paulo qui, prompts à saisir les subventions offertes pour produire de l'alcool combustible, ont en quelques années, développé une capacité de production plus puissante et plus moderne que celle du Nordeste. Le café, naguère produit principalement dans l'État de São Paulo et le Nord du Paraná, a désormais son centre de gravité dans le Sud du Minas Gerais, et des pôles secondaires dans l'Espírito Santo, le Rondônia et la Bahia. Et le soja, naguère planté dans le Sud, vient désormais principalement du Mato Grosso, où il progresse rapidement vers le nord. Les oranges sont présentes presque partout, pour la consommation locale, mais deux points de concentration apparaissent, les pôles spécialisés de Bahia et de São Paulo, grâce auxquels le Brésil produit 80 % du concentré de jus d'orange commercialisé dans le monde.

C. Un élevage conquérant

L'élevage mérite une attention particulière en raison de son poids économique et surtout de ses effets structurants sur l'espace : il est, depuis l'arrivée des Portugais, l'un des principaux moteurs de la dynamique des espaces ruraux brésiliens, des zones périurbaines à la pointe avancée des fronts pionniers.

Le Brésil est depuis 2005 le premier exportateur mondial de viande bovine et se situe au 2e rang mondial pour le cheptel bovin, derrière l'Inde, où les vaches ont un tout autre statut et un tout autre rôle (cf. chapitre 5). On notera d'ailleurs que l'Inde a contribué au développement du cheptel bovin brésilien puisque dans son discours à São Paulo, le 14 avril 2008, la Présidente de la République indienne Pratibha Patil, rappelait que « presque 80 pour cent du bétail brésilien tire son origine de la variété de Nellore de l'Inde, qui est connue au Brésil comme zébu. L'année 2006 a marqué le 100e anniversaire de l'importation de la première vache d'Inde au Brésil ».

Selon les données récemment publiées par l'IBGE (*Censo Agropecuário 2006, Resultados preliminares*) le Brésil comptait en 2006 un peu moins de 170 millions de têtes de bétail, alors que selon la *Pesquisa Pecuária Municipal*, du même IBGE et à la même date, le pays en comptait alors près de 206 millions. Sans chercher pour le moment la cause de cette différence – de méthodologie, très probablement – et en se rappelant que l'IBGE avertit que ces données provisoires « *podem sofrer alterações quando da divulgação definitiva* » (« peuvent être modifiées lors de leur divulgation définitive »), on se bornera à constater que plus de 26 millions de ces bovins fantômes se situent en Amazonie et dans le Centre Ouest. On ne s'en étonnera guère, car c'est dans ces régions, par ailleurs immenses et peu accessibles, que l'élevage s'est le plus développé dans les dernières années, ce qui n'a évidemment pas facilité le dénombrement des animaux.

Il n'en est que plus remarquable que, même avec ces chiffres très inférieurs à ceux de la *Pesquisa pecuária municipal*, le recensement révèle bien l'ampleur de cette croissance de l'élevage dans le nord du pays. Les figures 6.8 et 6.9 montrent bien la progression des bovins dans le Centre Ouest, et en Amazonie, le front de l'élevage a désormais franchi les limites des *cerrados* et avance de plus en plus dans la forêt amazonienne.

Figure 6.8 – Cheptels bovins en 1974 et 2006

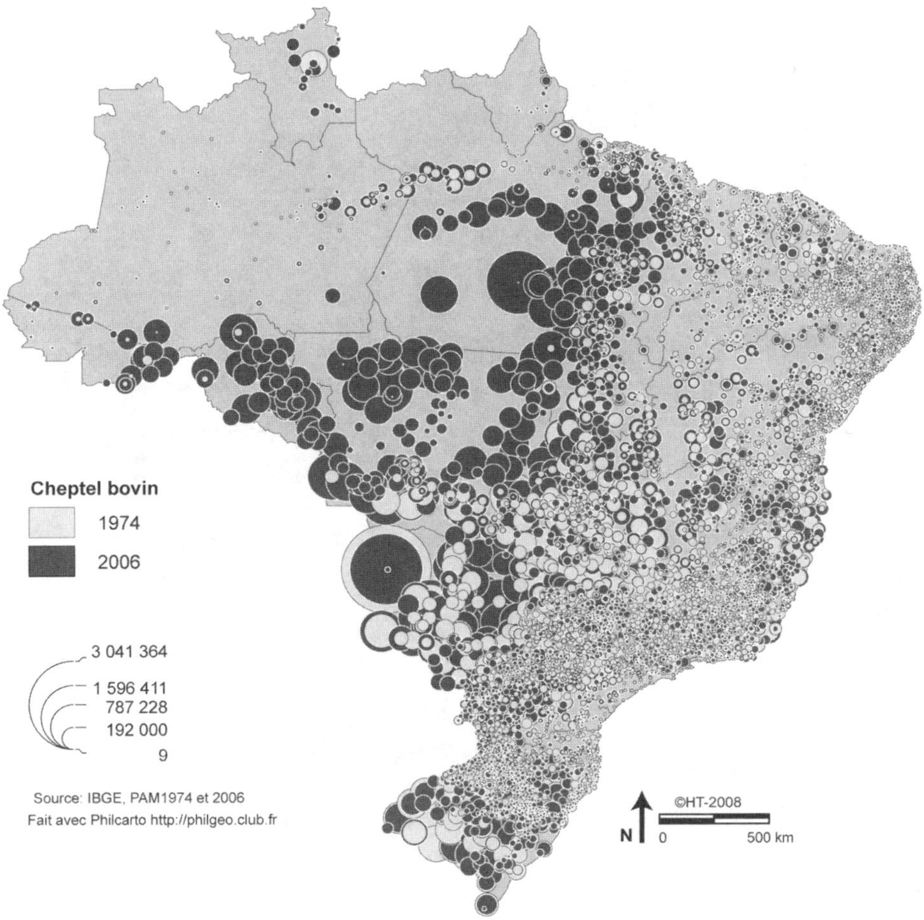

Si l'on s'intéresse à la croissance du cheptel dans les dix ans qui séparent le recensement de 2006 du précédent, on voit bien (figure n° 9) à quel point c'est le nord qui la concentre (à l'exception de l'île de Marajó) alors que les déprises concernent principalement le Sudeste (et tout particulièrement l'État de São Paulo). La plage la plus sombre, celle qui indique les plus fortes variations positives (sur une échelle allant de -1 à +1), souligne très clairement l'arc du déboisement qui court du Maranhão à l'Acre et elle se situe même – ce qui est plus inquiétant encore – en avant de celui-ci, mordant sur l'état d'Amazonas, pour le moment peu affecté par les déboisements.

Figure 6.9 – La marche vers le Nord de l'élevage bovin

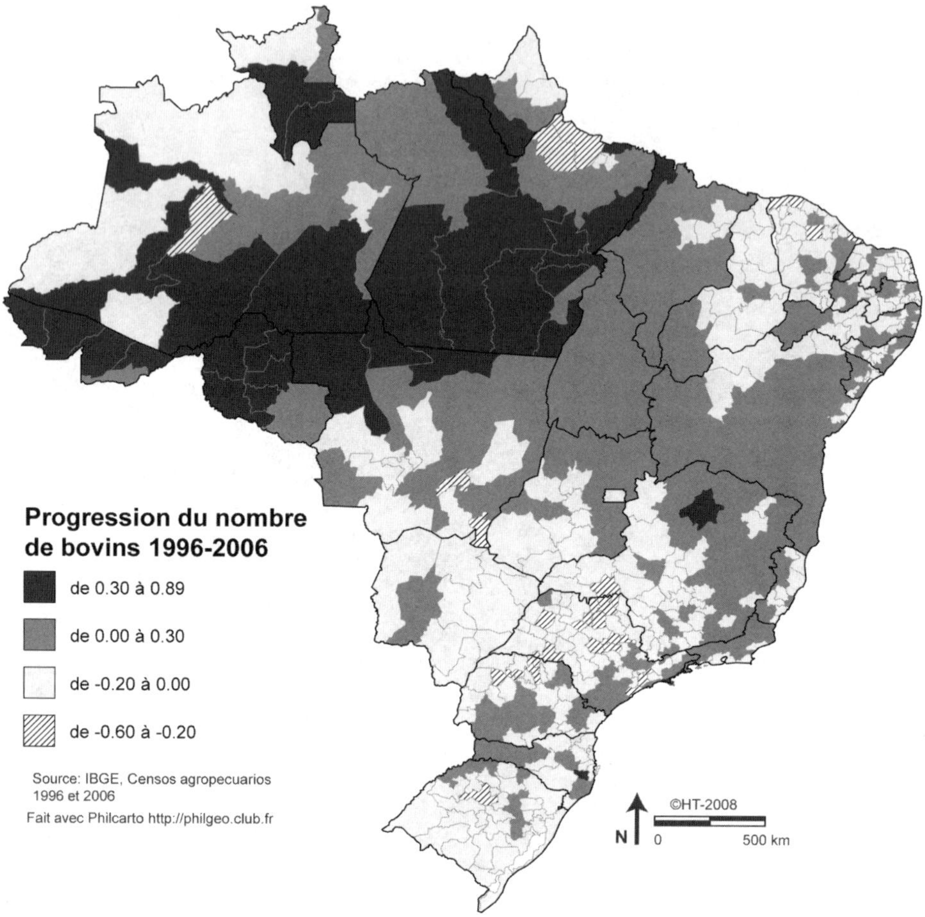

D. Une nouvelle dimension, les biocarburants

Au moment où d'autres pays commencent à peine à y songer, le Brésil a déjà établi une production et une distribution de masse de l'éthanol tiré de la canne à sucre, une politique qui ne date pas d'hier puisque le *Proalcool*, lancé en 1975 à la suite du choc pétrolier de 1973, maintenu puis relancé au gré des évolutions du prix du pétrole et du sucre, avait déjà été un choix stratégique dans cette direction.

Aujourd'hui, dans plus de 90 % des 32 000 stations-service du pays, proposent de l'alcool combustible, à côté des pompes qui débitent de l'essence sans plomb, elle-même mélangée à de l'alcool[1]. De nouvelles perspectives sont ouvertes par des expériences prometteuses de production de biodiésel, tiré de plusieurs plantes que le pays produit en abondance, principalement le soja, le ricin et l'huile de palme.

1. Le taux d'incorporation de l'éthanol dans l'essence est décidé chaque année à la suite de discussions entre pétroliers, sucriers et l'État, il varie actuellement entre 25 % et 30 %.

Le Brésil est le plus grand producteur et le plus grand exportateur mondial d'éthanol : la production brésilienne en 2006 a été de 16,3 milliards de litres, soit le tiers de la production mondiale et 42 % de l'éthanol utilisé comme combustible dans le monde, et la projection de sa production pour 2008 est de 26,4 milliards de litres. La production actuelle est réalisée par plus de 300 usines, situées pour 60 % dans le Sudeste (surtout l'État de São Paulo) et le Centre Ouest, et pour 40 % dans le Nordeste, mais des centaines de projets sont en cours de réalisation dans d'autres régions, plus au Nord, ce qui pourrait rendre nécessaire la création de nouvelles infrastructures, des « alcooloducs » pour acheminer l'éthanol jusqu'aux régions consommatrices, ou de polyducs capables d'acheminer alternativement plusieurs fluides différents (figure6.10).

Figure 6.10 – Usines de biocarburants en projet

Le pays fait donc figure de précurseur dans l'utilisation de biocarburants pour remplacer des sources d'énergie coûteuses en devises et non renouvelables comme le pétrole. De plus la production de sucre et d'alcool utilise la bagasse[1] comme combustible et produit de l'électricité en quantité supérieure aux besoins propres de

1. Résidu ligneux de la canne à sucre, après extraction du jus sucré.

la production d'alcool (dans le cas des usines les plus modernes) : la canne à sucre est ainsi en train de devenir la troisième source énergétique du pays, derrière le pétrole et l'énergie électrique (principalement d'origine hydraulique).

La demande d'éthanol s'est accrue de manière considérable sur le marché intérieur en fonction de la croissance du parc automobile utilisant ce carburant : de 11,4 millions de litres consommés en 2003, la demande devrait passer à 16,9 millions de litres en 2010, dont les deux tiers sous forme d'alcool hydraté utilisé par les moteurs *flexfuel*. L'industrie automobile brésilienne a en effet développé des véhicules qui peuvent utiliser plusieurs types de combustible, connus en anglais comme « *full flexible fuel vehicles* » (FFFVs), ou plus simplement « *flex* », pour leur capacité à fonctionner avec n'importe quel mélange d'essence et d'éthanol. Disponibles sur le marché depuis 2003, ces véhicules ont remporté un vrai succès commercial : en mars 2008, la flotte de voitures *flex* avait atteint 5 millions de véhicules, soit presque 10 % du parc automobile brésilien, et l'on estime qu'ils seront plus de 8 millions en 2010. Ce succès et l'obligation d'utiliser de 20 à 25 % d'alcool mélangé à l'essence classique (E25), ont permis au Brésil en 2006 de fournir un peu de plus de 40 % de la consommation de combustibles de ses véhicules légers et 16,9 % de sa consommation de combustibles pour les transports (en comptant les véhicules diesel, camions et bus).

Pour ses adversaires, la limite la plus forte à l'expansion des biocarburants au Brésil serait le risque de détournement d'aliments que représente l'usage des biocarburants. Pour ses partisans cela ne parait pas un danger à court terme puisque, pour l'instant, ce sont surtout les excédents de sucre exportés (13,8 millions de tonnes en 2005, qui représentent plus de la moitié de la production) qui sont un gisement à exploiter, en transformant la canne à sucre en éthanol plutôt qu'en sucre, à condition que le prix du sucre sur le marché international soit bas. En effet, on le sait, tout emballement des prix internationaux du sucre incite la filière alcool-sucre à exporter du sucre et à délaisser la transformation en alcool. Ce comportement a d'ailleurs failli être fatal à la filière éthanol à la fin des années 1990, 85 % des voitures et des véhicules de transports légers utilisaient alors exclusivement de l'alcool, jusqu'à ce que les garanties gouvernementales soient supprimées et que la production s'effondre, laissant des millions d'automobilistes brésiliens sans combustible pour leurs voitures qui ne fonctionnaient qu'à l'alcool.

En revanche, à moyen et long terme, une allocation des terres à la production de canne à sucre dépassant les 10 % actuels pourrait entraîner une tension sur la disponibilité en sols cultivables pour les biens alimentaires, et une hausse de leurs prix relatifs. Dans le cas des biodiésels, la concurrence entre l'usage comme carburant avec la consommation des huiles alimentaires sera plus directe pour le soja, le tournesol et l'huile de palme, mais pas pour le ricin, non comestible. Là aussi, dans un premier temps, le gisement de matières premières se trouve dans la réorientation des excédents exportables (surtout pour l'huile de soja) et l'utilisation réelle des biodiésels se fera en fonction des prix relatifs des sous-produits pétroliers (comme le diesel) vis-à-vis des prix des huiles végétales. L'atout brésilien reste dans tous les cas sa réserve en terres qui sera toujours mobilisable, au moins pour les prochaines 50 années, et l'arbitrage entre production alimentaire, production énergétique et préservation à long terme de cette ressource sera important pour assurer un équilibre satisfaisant entre ces divers besoins.

C'est d'ailleurs l'avis d'experts soucieux du bien-être de la population pauvre, comme le ministre du Développement Social et du Combat conte la Faim (MDS) du gouvernement Lula, Patrus Anania, pour qui le Brésil peut rendre compatibles l'augmentation de la production d'aliments et celle des biocarburants : il déclarait, lors de la 30e Conférence Régionale de l'Organisation des Nations unies pour l'Agriculture et l'Alimentation (FAO), le 14 avril 2008 à Brasília : « Nous avons garanti le droit à l'alimentation, qui est la première étape du droit à la vie [...], le Brésil a beaucoup de terres et des potentialités énormes et il peut, en même temps, investir dans les biocarburants et garantir la production d'aliments ». Pour lui, cette forme d'énergie contribue aussi à l'émancipation de l'agriculture familiale : « Nous pouvons rendre compatible les plus vigoureuses politiques d'agriculture familiale avec la génération d'énergie », a-t-il insisté.

Ce développement des biocarburants et les controverses qu'il soulève montrent que les situations ne sont toutefois pas figées, et que les cartes ne sont pas encore toutes distribuées. Le monde rural brésilien est encore en construction, mobile, mais aussi traversé de tensions et de conflits.

E. Mobilités, tensions et conflits

L'un des aspects les plus frappants de la capacité d'adaptation de l'agriculture brésilienne est sa capacité à modifier presque du jour au lendemain la carte de ses productions, comme en témoigne le déplacement de la production de soja (figure 6.11) : ces déplacements, sur des centaines de kilomètres, comme celles du café, du riz et du coton, sont un exemple de la mobilité de la carte agricole du Brésil, perpétuellement remise en question au gré des mouvements migratoires et des sollicitations des marchés mondiaux.

Le Brésil ne produisait pratiquement pas de soja avant les années 1970, il est aujourd'hui le second producteur de graines, le second exportateur mondial de tourteaux, et le second également pour l'huile. Cette progression s'est faite par la mise en culture des *cerrados* du Mato Grosso, du Goiás et de l'ouest de Bahia, alors que dans les « vieilles » régions de production du Sud (celles des années 1970) il était concurrencé par d'autres productions.

Parallèlement, les gelées de 1975 ayant détruit les plantations de café du Paraná, il s'est déclenché un mouvement de migration des caféiers vers le Minas Gerais, devenu le premier État producteur, vers l'Espírito Santo, le Rondônia et la Bahia. Le riz, associé (en dehors du Rio Grande do Sul) au front pionnier, le suit : il est donc logiquement en progression sur le tracé du front, sur l'arc du déboisement, et en déclin derrière lui, là où il est remplacé par d'autres cultures ou – plus fréquemment – par des pâturages. Le coton a suivi à peu près la même évolution que le soja, et dans ce cas également le Mato Grosso est devenu le principal producteur national.

On assiste donc à la progression de véritables fronts pionniers, sans équivalent dans le monde (à part certaines régions d'Indonésie ou de Malaisie), qui rappellent ceux des États-Unis au XIXe siècle ou, plus près dans le temps et l'espace, ceux du café dans les États de São Paulo et du Paraná dans les années 1930 et 1940, magnifiquement analysés par Pierre Monbeig (figure 6.12).

Le monde rural brésilien est donc à la fois en pleine évolution et marqué par de très fortes disparités, dans tous les domaines : les tailles des exploitations, la valeur de leur production, leurs spécialisations. De ces contrastes et de leurs combinaisons ressort une opposition marquée entre des systèmes économiques et régionaux très

Figure 6.11 – Déplacement de la production de soja 1990-2006

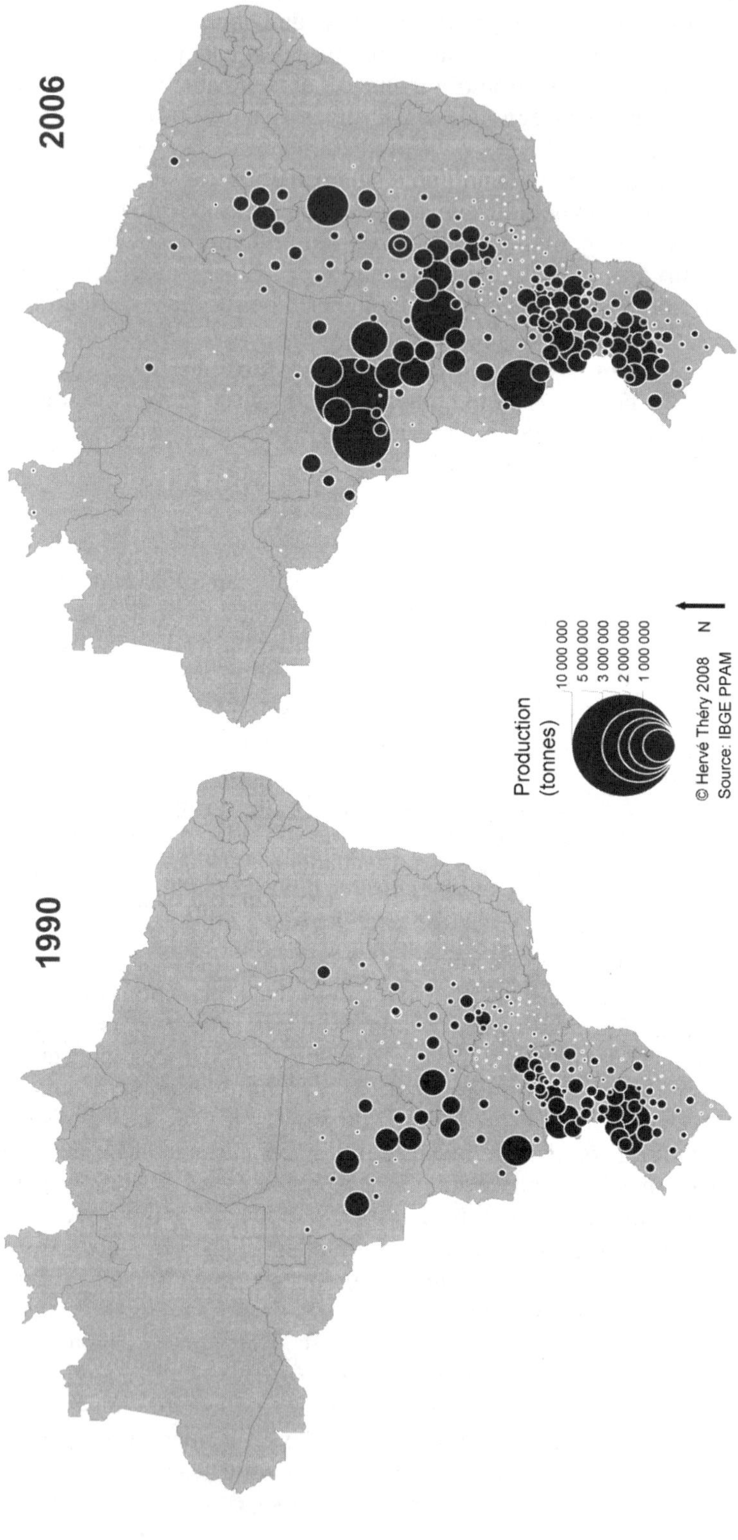

Figure 6.12 – Modèles pionniers d'hier et d'aujourd'hui

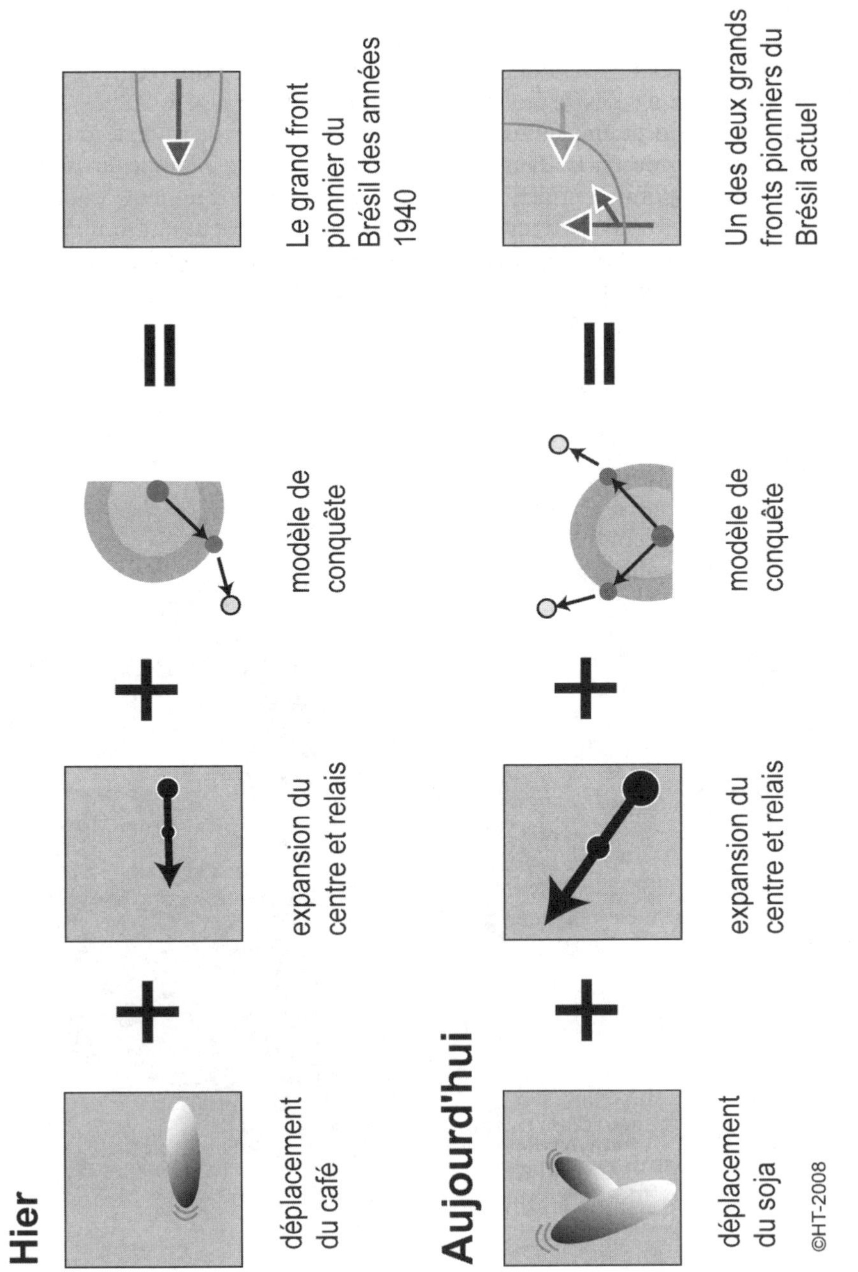

différents, dont les performances économiques et sociales sont on ne peut plus inégales. Cette situation crée des tensions sociales qui prennent souvent une forme violente, et peuvent à tout moment mener à l'explosion.

Ces tensions peuvent sembler étranges dans un pays où tant d'espace est disponible, où l'agriculture et l'élevage n'ont en moyenne occupé que 41 % du territoire national (dont moins de 7 % sont effectivement cultivés). Cette moyenne a de surcroît peu de sens car elle recouvre des situations très différentes : en dehors du littoral nordestin et des régions d'agriculture intensive du Sud-Sudeste le taux d'anthropisation n'atteint nulle part 12 % du territoire de chaque commune, et il tombe en dessous de 1,5 % dans toute l'Amazonie. Certes, tout le territoire n'est pas actuellement disponible pour l'agriculture, et des aménagements coûteux seraient nécessaires pour l'ouvrir tout entier (à supposer que ce soit souhaitable), mais aucune partie du territoire brésilien n'est inutilisable pour l'agriculture, comme c'est le cas pour la majeure partie du grand Nord Canadien ou de la Sibérie, pour ne citer que deux autres pays géants.

Figure 6.13 – Agriculture et violence

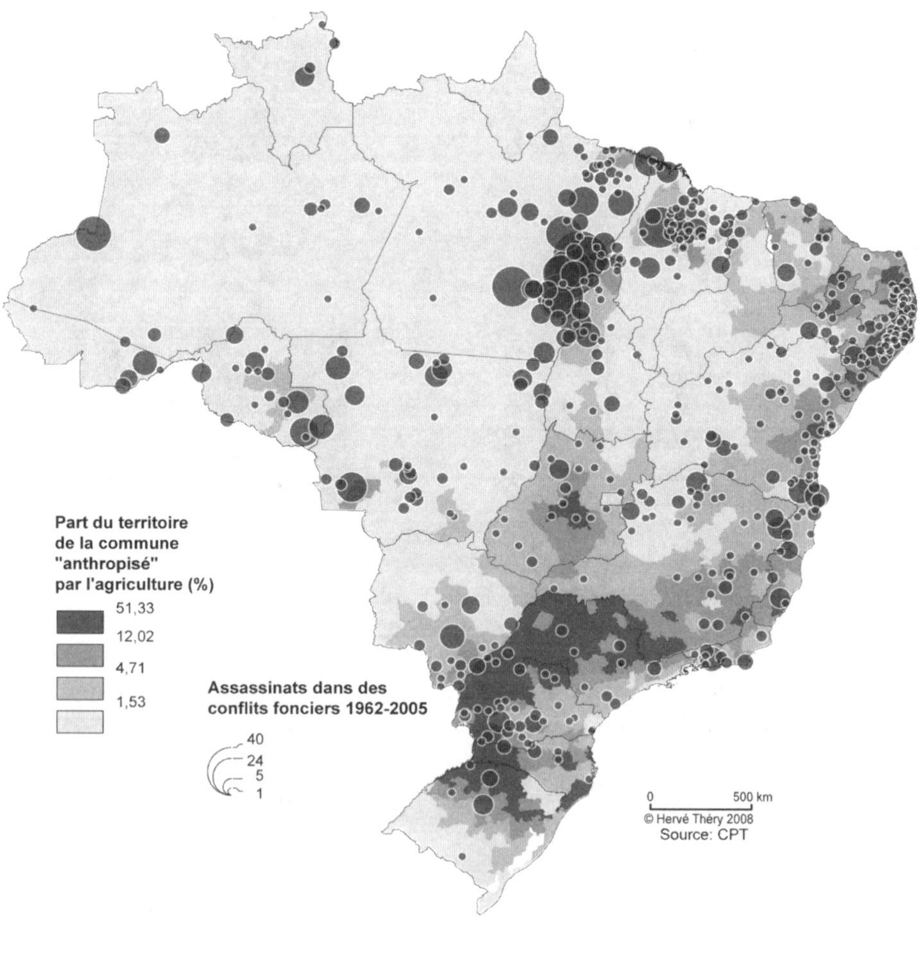

Mais malgré cette disponibilité les conflits existent pourtant, à cause d'une situation agraire tendue, les terres – en particulier les meilleures terres – étant souvent accaparées par des propriétaires négligents ou absentéistes, à proximité immédiate de paysans sans terres ou sans assez de terres. C'est en particulier le cas dans le Nordeste, où cohabitent terres en friches et paysans occupant des terres sans titre de propriétés, d'où la vigueur des conflits dans cette région, et aussi l'émigration des Nordestins vers l'Amazonie orientale. Arrivés là, ils entrent encore souvent en conflit – qui peut être violent – avec les anciens occupants ou d'autres immigrants, petits paysans comme eux ou éleveurs, aux méthodes parfois expéditives, et ce n'est pas par hasard que la région du *bico do papagaio* (le « bec-de-perroquet », la pointe septentrionale de l'État de Tocantins) est celle où se sont produits les conflits les plus meurtriers.

Sous la pression du MST, le « mouvement des sans-terres » et grâce à la baisse du prix de la terre (liée à la stabilisation de la monnaie par le Plan Real en 1994) une vaste campagne de colonisation a été lancée, et des milliers de familles ont été installés dans des *assentamentos*, des zones de colonisation, sur des terres expropriées ou sur des terres publiques. Malheureusement, ces dernières se situent principalement en Amazonie, dans des régions mal dotées et mal desservies, si bien que les invasions illégales de terres continuent de plus belle, dans des régions plus attirantes. Même si elle a perdu de sa force, à mesure que l'exode rural se poursuit, la question de la réforme agraire reste donc posée.

Conclusion

De multiples changements, qui transforment profondément le monde rural, sont donc à l'œuvre : la géographie agricole du Brésil en sort profondément changée, ainsi que la place de l'agriculture dans le système économique. Plusieurs systèmes coexistent en fait tant bien que mal dans l'espace rural du pays : d'un côté des formes nouvelles d'organisation de la production agropastorale modernes, intégrées à un puissant complexe agro-industriel et bien reliées aux autres formes de production, de circulation et de consommation, mais qui emploient peu de main-d'œuvre par rapport à leur production et à leur capital investi. Plus au nord et au nord-est (mais aussi, dans une moindre mesure, dans le Sud), des régions où la population agricole est nombreuse, mais qui sont largement tournées vers l'autoconsommation et encore mal intégrées dans les circuits commerciaux. Enfin des zones pionnières, encore en cours d'incorporation au territoire national, puisque le Brésil a le privilège d'avoir encore de vastes espaces disponibles.

L'agriculture et l'élevage gardent donc une place importante dans l'économie brésilienne : générateurs de devises indispensables à l'équilibre des comptes nationaux, pourvoyeurs d'aliments bon marché et de main-d'œuvre avide de travailler, ils donnent aux autres secteurs les moyens de maintenir les salaires au plus bas. Mais leur développement même peut menacer l'équilibre de l'ensemble du système : trop miser sur les exportations pourrait compromettre la sécurité alimentaire, trop « rationaliser » transforme la libération de main-d'œuvre en exode rural massif, ce qui aggrave les problèmes urbains.

CHAPITRE 7

L'alimentation de qualité

Gilles FUMEY

L'émergence d'une exigence de qualité dans l'agriculture et l'alimentation ne date pas d'aujourd'hui, ni d'hier. Elle est inscrite dans les codes comportementaux de tous les mangeurs qui partagent la condition d'omnivores. Alternant les nourritures connues et inconnues nécessaires à l'adaptation à des milieux sociaux et naturels différents, les mangeurs recherchent toujours ce qui leur paraît le meilleur. L'histoire de l'homme face à son alimentation est donc une quête permanente de qualité qui s'est exprimée par des améliorations dans la production des matières premières alimentaires, dans leur transformation et leur consommation. Chaque mangeur, où qu'il soit, dans un pays pauvre comme dans un pays riche, cherche toujours l'optimum alimentaire, en fonction de ses ressources et en rapport avec des codes socio-religieux souvent très coercitifs (idéal de minceur, tabou sur tel produit, etc.). L'universalisme de ce rapport à la qualité s'exprime notamment par la recherche de produits frais ou bien conservés, par des cuisines, des plats et des consommations qui vont dans le sens d'une meilleure qualité perçue. En même temps, chaque grande civilisation a produit avec sa médecine un rapport au monde environnant par des correspondances qui permettent d'attribuer des réponses simples à des questions complexes comme la maladie, le manque, les carences, voire l'abondance.

Peu visible dans les statistiques, l'alimentation « de qualité » regroupe pourtant un nombre d'acteurs croissants comme en témoigne le succès de filières agroalimentaires qui dégagent, dans certains pays européens (France, Italie, Allemagne) et méditerranéens (Grèce, Israël, Tunisie, Maroc) des excédents commerciaux qui peuvent atteindre des niveaux considérables. Pourvoyeuse d'images fortes et valorisantes, elle positionne parfois l'alimentation sur le mode du loisir (dans les couches supérieures des pays riches) et du plaisir. A une époque où les crises sanitaires engendrent craintes et angoisses, la recherche d'une alimentation possédant des vertus, censée donner des qualités à ceux qui l'incorporent, demeure plus que jamais la première exigence de tout mangeur.

1. Des processus anciens

Aussi loin qu'on remonte dans l'histoire, on retrouve toujours cette exigence de qualité. L'invention de la cuisson il y a cinq cents mille ans a été vue comme un moyen d'améliorer la comestibilité de certains aliments. Richard Wrangham a montré en 1999 que la cuisson double nos capacités à absorber l'amidon comme celui des ignames, un tubercule qu'on trouve en grandes quantités dans les forêts tropicales. Les premiers banquets à Sumer (3e millénaire av. J.-C.) avaient une fonction sociale qui était d'assurer une nourriture de qualité partagée à l'occasion d'une fête. La qualité ici était fournie précisément par la sociabilité du banquet. L'écriture des recettes sur des tablettes mésopotamiennes en 1700 avant notre ère a été destinée à préserver un niveau de connaissances supérieur pour améliorer la qualité des aliments. Ce que renforcent toutes les anciennes médecines du monde, de l'Egypte pharaonique à la Rome de Galien et l'école de Salerne au Moyen Age, organisant les cadres d'une qualité alimentaire par des prescriptions à connotation sanitaire. Avec la nutrition moderne mise en place grâce, entre autres, aux travaux de Magendie qui ouvrirent à la distinction en trois grands types de nutriments (protides, lipides, glucides) à partir de 1840, la quête de l'homme contemporain est la même : toujours plus de science pour une qualité irréprochable. Car l'incorporation peut inhiber l'homme dans ses choix devant une nourriture qu'il ne connaît pas.

Aujourd'hui, pour rassurer les mangeurs sur les qualités de leurs produits, les producteurs ont mis en place deux systèmes de marquage des produits : la mention de la provenance géographique et la marque artisanale et industrielle.

A. La provenance est mentionnée par la désignation de lieux géographiques d'origine des produits

Elle l'est en instaurant un lien direct entre ceux qui mangent et ceux qui ont pensé les produits en amont. La géographie tient dans ce processus un rôle qui s'explique par ce que les anthropologues ont appelé la pensée magique, intervenant souvent lorsque les mangeurs doivent répondre à la question de savoir s'ils *peuvent* manger sans crainte ce qu'ils ont à leur disposition. Concrètement, nommer un produit agricole ou un aliment, c'est gommer une part d'incertitude à peu de frais. C'est habiller un objet, pour le rendre comestible, des mêmes qualités que ceux que les mangeurs attribuent aux produits de proximité. La confusion entre les deux fonctions d'un toponyme pouvant désigner un lieu et un produit est éloquente.

C'est pourquoi les produits alimentaires ont été désignés ainsi pour faire face aux fraudes et aux copies. Lorsqu'un fromage ou un vin atteint une certaine notoriété, la tentation est de le copier et de capitaliser sur cette image positive. Les produits comme les vins et les fromages qui ont circulé très tôt et loin parce qu'ils n'étaient pas interchangeables géographiquement et que des systèmes de transport ont pu être mis en place (jarres, tonneaux, puis bouteilles pour les vins, conditionnements particuliers pour certains fromages ou charcuteries) ont été les premiers à se protéger. Ils ont contribué à construite l'économie de l'identification qui s'est mise en place en Europe occidentale et, principalement en France, dans la société d'Ancien régime, marquée selon A. Stanziani[1] « par un souci de l'identification et une exigence de

1. A. Stanziani (dir.), 2003, *La qualité des produits en France (XVIIIe-XXe siècles)*, Paris, Belin, p. 28.

mise en catégorie ». Car la falsification vient du crédit que les marchés accordent à telle ou telle provenance. L'un des cas les mieux connus est celui du roquefort que le Parlement de Toulouse protège contre les faux en autorisant dès 1666 les poursuites judiciaires. Mais les gros dossiers de fraude qui ont mobilisé les pouvoirs publics sont liés à la production de vin ordinaire dans le Midi français vers 1875. Le redéploiement du vignoble consécutif au phylloxéra inquiète les chambres de commerce, les associations professionnelles et les parlementaires qui dénoncent le mouillage, l'addition de sucre, de colorants artificiels, de sulfate de potasse, de raisins secs, d'acides sulfureux, d'arsenic et d'autres substances chimiques que cette industrie nouvelle commence à mettre sur le marché. L'essor du mouvement hygiéniste, la baisse des exportations liée à la dégradation de la qualité des vins amorce les deux premières étapes de la construction de la qualité par l'expertise administrative (services municipaux d'hygiène, douanes) et par l'expertise judiciaire (pratiquée par les tribunaux).

La loi du 1er août 1905 va définir les produits et assurer des normes en fonction de celles des procédés de falsification. La question de la définition est résolue par des règlements qui définissent les produits. Une définition à la fois générique (du raisin…) et qui énonce les procédés admis pour faire le vin. Après plusieurs années de contentieux, la solution de la loi-cadre, intégrant par règlements d'administration publique, pression des acteurs économiques, exigences de l'administration et orientation des experts montre que la construction de la qualité procède d'interactions complexes entre acteurs et associations, administrations publiques et magistrats.

Petite chronologie de la législation sur les appellations d'origine

1905 : Loi sur la répression et les fraudes dans l'agroalimentaire. Institue des zones géographiques pour les appellations d'origine dans la viticulture. Le zonage est administratif. Sans cahier des charges sur la production et la qualité des produits, la loi ne règle pas les conflits entre vignerons.
1919 : Loi qui confie aux tribunaux le zonage des périmètres et la définition des « usages locaux, loyaux et constants » qui y sont associés.
1925 : Première AOC sur un fromage, le roquefort.
1935 : Institution des AOC intégrant des indications de provenance et des « caractéristiques particulières héritées de facteurs naturels et humains ». Création de l'Institut national des appellations d'origine (INAO) chargé de la reconnaissance des AOC et de leur réglementation.
1936 : Première AOC sur le vin, à Arbois, Jura.
1955 : Création du Comité national des appellations d'origine du fromage (CNAOF).
1990 : L'INAO étend son périmètre juridique aux produits laitiers et agroalimentaires.
1992 : Premier règlement européen sur la protection des toponymes instituant les appellations d'origine protégée (AOP) et les Indications géographiques protégées (IGP).
2007 : L'INAO devient l'Institut national de l'origine et de la qualité.

B. La marque

La marque alimentaire est une désignation qui intervient après un processus de transformation artisanal ou industriel. C'est souvent le transformateur du produit agricole en produit alimentaire qui donne son propre nom au produit : Nestlé, Moët et Chandon, Budweiser, Kellog's sont des patronymes. Ils rendent hommage à l'intuition et au talent d'entrepreneurs qui se sont développés dans les grandes villes et les régions industrielles de l'Europe et des Etats-Unis. A l'inverse des désignations par l'origine, souvent paysannes et attachées à l'inaliénabilité d'un lieu, les marques sont issues de cultures industrielles et marchandes. Beaucoup sont nées dans des ports de commerce, désignant des produits nomades comme les boissons ou les produits « tropicaux » destinés aux marchés riches. Les Anglais ont été les pionniers de ce système à l'époque de leur apogée colonial du 19e siècle. Et les Etatsuniens ont mondialisé des produits alimentaires à partir du début du 20e siècle en passant par des marques dont ils ont cultivé la charge symbolique par un marketing astucieux et omniprésent. Affublées d'un patronyme, les marques sont aussi, d'une certaine manière, géographique. Sapporo est un nom de famille qui ne prête pas à confusion sur son origine, pas plus que Tsingtao, Petrossian ou Panzani.

C. Les systèmes mixtes

Certaines régions paysannes sont très imbriquées dans des régions où les systèmes marchands urbains sont puissants. De ce fait, comme l'a montré Roger Dion, le goût des consommateurs locaux est fortement influencé par cette proximité qui a créé des filières de qualité. Les régions de vignoble en France appartiennent parfois à ces systèmes mixtes où marques et marquages géographiques sont complémentaires : en Alsace, les vins sont désignés par des cépages qui tiennent lieu de marque ; en Bourgogne, ce sont les « climats » - ces petites parcelles désignant des qualités pédologiques et climatiques reconnues comme spécifiques – dont la renommée date des puissants ducs de Bourgogne et qui donnent aujourd'hui des formes de reconnaissance mondiales sans lien avec la taille des exploitations. Le domaine de la Romanée-Conti à Vosne-Romanée (Côte-d'Or) n'a que 1,8 ha de superficie, mais il est estimé à plus de 300 millions d'euros et sa production offre les bouteilles parmi les plus chères du monde.

Aujourd'hui, la tendance est à « géographiser » les marques, leur donner des attributs d'inaliénabilité que le marketing met en valeur.

2. Une nouvelle perception de la qualité alimentaire

Ces origines anciennes de la qualité alimentaire n'épuisent pas toutes les questions des mangeurs d'aujourd'hui. D'une part, le contexte a évolué dans les pays riches où l'abondance alimentaire s'est accompagnée de nouvelles pathologies (surpoids, obésité et leur cortège de maladies) tandis que dans les pays pauvres, seuls trois êtres humains sur cinq ont accès à une alimentation sinon de qualité, du moins suffisante.

A. Dans les pays riches

L'exigence de qualité a évolué. L'extension des innovations techniques et scientifiques à tous les secteurs de la vie économique et sociale dans les pays riches, l'évolution vers un mode de vie urbain généralisé, les crises sanitaires perçues comme des manquements graves à l'exigence de qualité, l'augmentation du nombre de maladies dont l'origine alimentaire est soupçonnée, tout concourt à reformuler cette exigence.

Néanmoins, cette exigence n'ôte pas le goût du risque alimentaire. Le maintien du fugu au Japon, poisson très apprécié dont la vésicule contient un poison violent et que seuls des cuisiniers spécialisés sont habilités à préparer, montre que le risque zéro n'est pas la préoccupation première de tous les mangeurs. L'argument du risque est parfois un argument stimulant pour certains produits : les alcools forts comme la vodka Absolut dont la forme de la bouteille est celle d'un flacon injectable, rappellent que le consommateur entre dans un univers inquiétant qu'il faut surmonter pour le faire pénétrer en soi. La consommation abusive de nombreux produits issus de l'alimentation industrielle n'est pas non plus sans risque. Néanmoins, les mangeurs cherchent, pour une bonne part, l'assurance d'une qualité alors même que nutritionnistes et psychologues affirment que les comportements alimentaires ne sont souvent pas en phase avec cette demande.

Cela étant, le désordre alimentaire provoqué par les injonctions contradictoires de la santé publique et de la publicité industrielle conduit les mangeurs à reformuler du sens à leur alimentation. Une alimentation dont les codes culinaires et gustatifs sont de moins en moins transmis par la parenté. Désorientés, les mangeurs sont coincés entre culpabilité et plaisir. Le sens qu'ils vont donner à leur alimentation n'est pas issu d'une transmission familiale mais d'un code de valeur qui est construit par l'environnement sanitaire et socio-économique. Sur le plan sanitaire, les consignes de santé publique sont conçues dans la crainte d'une pandémie d'obésité et d'une meilleure maîtrise du nombre des cancers. Sur le plan économique, l'époque où « manger bien » était « manger bon marché » a changé de contenu social : la flambée des prix alimentaires en 2008 a poussé une majorité de consommateurs à faire attention à leur budget, mais un nombre non négligeable de mangeurs a donné un sens éthique à cette nourriture dont le coût bon marché est suspect. « Manger mal, c'est mal », une nouvelle pensée issue de la prise de conscience des dégâts écologiques, sanitaires et économiques de l'alimentation industrielle, d'une grande distribution qui flatte les consommateurs par les prix. L'idéologie du développement durable est passée par là. Les impératifs de sauvegarde environnementale sont en train de construire de nouveaux regards : sauver la planète en mangeant est possible, et même souhaitable. Le mouvement Slow Food (85 000 adhérents dans le monde) fondé par Carlo Petrini ne milite pas pour autre chose : manger « bon, propre et juste »[1]. Ce qui est « bon » est ce que les mangeurs connaissent, qui a été investi par leur sociabilité, par leur proximité vis-à-vis du producteur. Ce qui est « propre » rejoint l'exigence d'une agriculture de qualité, peu intensive, attentive à l'environnement. Ce qui est « juste » rejoint l'équitable, l'éthique, le solidaire ancrant l'alimentation dans une forme de « savoir être ensemble ». Cette trilogie offre de nouvelles qualités à l'alimentation : ce qui est durable valorise le temps, l'ancienneté comme les valeurs, rapportant la qualité des aliments à des « traditions » imaginées à partir de ce que les mangeurs croient avoir perdu de « sain » et de « naturel » dans un passé mythique.

B. Dans les pays en développement

L'abondance alimentaire y est réservée à une toute petite fraction de la population. La majorité a accès à une alimentation suffisante, offerte la plupart du temps dans le cadre domestique qui garantit sa qualité. Ainsi, en Inde, les tabous de pureté sont si contraignants qu'on mange rarement une cuisine préparée par quelqu'un inférieur à soi dans la hiérarchie des castes (cf. chapitre 5). Ce qui implique des systèmes de distribution très personnalisés. Le désir d'une nourriture saine est identique à celui

---

1. C. Petrini, 2006, *Bon propre et juste*, Gap, Le Souffle d'or.

qu'on trouve dans les pays riches. Dans les villes en Chine et en Amérique latine, les produits consommés passent par des stades de transformation semi-industriels (sauf pour les boissons et quelques produits de base comme le sucre) et artisanaux, notamment dans la phase culinaire. Les circuits de distribution sont courts pour les 2,5 milliards de personnes vivant dans les campagnes. Certaines grandes marques alimentaires des pays riches dans les boissons ou les céréales parviennent dans la plupart des pays mais l'accès à ces produits n'est réservé qu'aux classes aisées ou, occasionnellement, aux classes moyennes.

De nombreux pays en développement ont compris le parti commercial qu'ils pouvaient tirer des indications géographiques sur des produits locaux destinés à l'exportation. Les pays proches culturellement du monde latin ont les premiers engagé des systèmes de certification : le Chili pour les vins, l'Argentine pour la viande, le Costa Rica pour les fromages et la Colombie pour le café. La Chine, fortement intégrée commercialement par le thé, a déposé entre 1997 et 2007 600 demandes d'indications géographiques protégées, parmi lesquelles 32 sont d'origine étrangère et 171 pour une dénomination supplémentaire de « marque certifiée »[1].

Cette évolution qui touche des volumes encore marginaux de la production agricole signale un mouvement de fond dans l'alimentation que certains attribuent à la mondialisation. La diversité est perçue comme menacée par un nivellement des pratiques alimentaires et du goût, qui accroît le recours aux systèmes d'identification comme signatures d'une origine inaliénable.

3. Les outils de la qualité alimentaire

Aujourd'hui, la recherche de la qualité alimentaire a pris de nombreuses formes, parmi lesquelles :

– un développement et une rationalisation des appellations géographiques ;

– une culture marquée par la distinction, essentiellement le luxe ;

– enfin, une amélioration de la traçabilité par des systèmes techniques, adossée à des programmes d'amélioration de la production liés à l'environnement (alimentation bio).

A. Une alimentation géographique?

Elle repose sur un lien entre la qualité et l'origine géographique. La perception dans l'Union européenne de la diversité alimentaire a conduit à utiliser le système français de la certification d'origine à partir de 1992 : l'appellation d'origine protégée (AOP) désigne les produits dont la production, la transformation et l'élaboration doivent avoir lieu dans une aire géographique protégée et bien délimitée, avec un savoir-faire reconnu. L'Indication géographique protégée (IGP) souligne aussi le lien avec le terroir, mais pour un des stades de la production ou de la transformation d'un produit. La mention Spécialité traditionnelle garantie (STG) ne fait pas réfé-

1. G. WANG, 2007, *The definition and the implementation of a system of Geographical Indications in an economy in transition, the case of China. Examples of the tea of Longjing, the ham of Jinghua, and the Shaoxin yellow wine.* Source : www.originfood.org

rence à une origine géographique mais met en valeur une composition traditionnelle ou un mode de production. L'objectif de ces systèmes est de favoriser la diversité de la production agricole, de protéger les dénominations contre les usurpations et les imitations et, enfin, d'aider les consommateurs en les informant sur les caractéristiques spécifiques des produits.

En France, depuis fin 2006, les signes d'identification de l'origine et de la qualité (SIQO) regroupent un certain nombre de démarches garantissant des produits et des services répondant à des caractéristiques particulières, dont la gestion est confiée à l'Institut national de l'origine et de la qualité (INAO) : signes européens (évoqués plus haut), label rouge (attestant d'une qualité supérieure) et mention AB (agriculture biologique) attestant d'une qualité environnementale.

D'autres régions du monde ont opté pour des systèmes proches. Au Québec, dans une aire culturelle anglo-saxonne et sans forte culture paysanne, la loi de 2004 sur les appellations réservées ne porte que sur les produits biologiques. Mais de nouvelles certifications sont en cours, visant à désigner des terroirs, des produits fermiers, artisanaux et régionaux. Aux Etats-Unis où la culture paysanne n'existe pas et où la production agricole s'est toujours faite dans un cadre économique capitaliste et marchand, les appellations géographiques désignent certains vins comme ceux de la Napa Valley en Californie. Mais ces appellations sont gérées plutôt comme des marques commerciales, à l'instar du St Supery, de la famille Skalli à Rutherford & Dollarhide (Napa). Au Japon, les certifications géographiques se développent pour certains riz, pour le thé, le saké et la viande de bœuf de Kobé.

Hypostases de l'enracinement, de la continuité et du futur, les terroirs sont les expressions de cet attachement à la terre des cultures paysannes de l'Europe occidentale et méridionale. Ils expriment ce qu'une très vieille agriculture peut donner dans une civilisation moderne où la vitesse et le « progrès » sont le mode d'être au monde. Nés d'une vision quasi mystique de la terre nourricière dans les vignobles de l'abbaye de Cîteaux (Bourgogne), ils ont pris la forme de périmètres inaliénables, bien désignés qui garantissent un effort continu pour produire le meilleur. Nouveaux sanctuaires d'un développement durable agricole et alimentaire, ils offrent cette part de rêve d'une agriculture qui se veut une alternative à l'agro-industrie et une solution à certaines dérives productivistes, voire à un appauvrissement de la biodiversité.

Chaque pays construit sa culture du terroir : la France dirigiste et colbertiste a mis au point une administration qui garantit la bonne tenue économique et juridique du système qu'elle a diffusé dans l'Union européenne. L'Italie aime à désigner ses terroirs à partir des villes et des initiatives « citoyennes » dont le mouvement Slow Food est le parangon. Les pays de l'Europe du Nord et de culture anglo-saxonne mixtent le système des terroirs (par exemple, le geschützte Ursprungsbezeichnung (gU) allemand ou la Denominazione di Origine Protetta (DOP) italienne) avec celui des marques. Dans le monde, les terroirs se développent là où la tradition paysanne reste forte : l'Asie de l'Est des fortes densités, l'Amérique andine.

L'Organisation mondiale du commerce (OMC) a accueilli en 2002 le réseau international ORIGIN qui vise à étendre le bénéfice juridique des indications géographiques. Origin (pour Organization for an International Geographical Indications Network) réunit des pays développés ou non. Le répertoire multilatéral de produits de marque protégés (fromages, charcuteries, viandes, fruits, céréales dont le riz, thé et miel) consigne des produits qui ont vocation à être protégés ainsi que le sont déjà largement les vins et spiritueux dans la rubrique « Propriété intellectuelle » (accords Adpic[1]). Néanmoins, le groupe de Cairns qui regroupe les pays exportateurs de produits agricoles les plus libéraux et les Etats-Unis sont opposés à une extension de la protection des indications géographiques. Certains espèrent intégrer les indications géographiques dans une négociation avec les subventions agricoles, d'autres considèrant que la défense des marques constitue une nouvelle forme de protectionnisme.

B. Le luxe

Sa place pourrait paraître marginale mais dans certains pays qui en cultivent la tradition comme la France et l'Italie, il pèse lourd, à la fois dans la balance commerciale et dans l'image qu'il donne des autres productions. Né des exigences particulières de systèmes curiaux, le luxe a été entretenu par les restaurants qui ont diffusé une part non négligeable du patrimoine gastronomique d'Ancien régime à partir de la Révolution. Un puissant discours gastronomique a accompagné en France cette diffusion dans la bourgeoisie montante et en a fixé les codes qui sont devenus pendant deux siècles les modèles. Plus récemment, les technologies de conservation (vide, congélation) ont permis la mise en place de gammes de produits « prêts à manger » qui relaient cette excellence dans de nouvelles couches sociales urbaines. Enfin, les marques développent un rapport privilégié avec de nombreux ateliers et PME qui entretiennent un artisanat alimentaire de très grande qualité. Le *buzz* permanent autour des grands chefs de cuisine devenus des stars par la voix de médias spécialisés habiles et omniprésents entretient cette image d'excellence gastronomique. Peu accessible, elle est un rêve que la majorité essaie d'atteindre en s'y approchant, dans des établissements non moins méritants.

On aurait tort de tenir pour marginal son impact dans l'agriculture et l'alimentation. Car le luxe est devenu une affaire industrielle, parfaitement rationalisée comme le montrent le cas du champagne et du cognac en France, largement intégrés dans des conglomérats qui cultivent cette vision de l'excellence et, rétroactivement, offrent des images fortes qui entretiennent cette position. Mais plus que des images, le luxe est aussi un grand pourvoyeur de produits de qualité, grâce à des technologies de pointe. Nul ne sait ce que deviendra la gastronomie moléculaire actuellement en vogue dans certaines grandes cuisines de l'Europe et des Etats-Unis. Mais on ne risque pas un gros pari de voir certaines technologies culinaires passer dans la sphère industrielle, notamment dans la conservation et la mise au point de nouvelles cuissons offrant de nouvelles saveurs.

C. La traçabilité

Instrument de qualification de produits alimentaires mis sur le marché, la traçabilité a surtout pour objectif d'abaisser le niveau des risques alimentaires et elle permet de connaître les sources d'intoxication ou de fraudes alimentaires. L'Union européenne impose depuis 1993 un certain nombre de mesures au nom de l'hygiène par une législation mise en œuvre au début des années 2000 et efficiente en 2006. Elle

1. L'Accord de l'OMC sur les aspects des droits de propriété intellectuelle qui touchent au commerce (ADPIC), négocié au cours du Cycle d'Uruguay, qui s'est tenu de 1986 à 1994, a introduit pour la première fois des règles relatives à la propriété intellectuelle dans le système commercial multilatéral.

s'inspire de normes internationales (largement américaines) issues de systèmes de management des filières agroindustrielles de l'alimentation (ISO 22002 et 19113).

Ces systèmes ont été adoptés, d'une part, du fait d'une plus grande souplesse de systèmes électroniques et, d'autre part, de crises alimentaires dont la plus spectaculaire a été celle de l'ESB à la fin des années 1990. Elles se sont d'abord imposées dans les filières carnées avant d'être généralisées à tous les produits frais, notamment ceux issus de l'agriculture.

Tableau 7.1 – L'agriculture sous signe de qualité en France en 2006

		Nombre de producteurs
AOC (Appellations d'origine contrôlée)	476 vins	75 000
	48 produits laitiers	2 800
	39 autres produits agroalimentaires (huile…)	13 500
Total AOC		91 300
LABEL ROUGE	348 Labels	50 000
AB (Agriculture biologique)		11 600
TOTAL		152 900

Source INA et Agreste GraphAgri 2008.

Conclusion

Sans vraiment être une nouveauté, l'alimentation de qualité a développé des pratiques agricoles et des filières originales qui jouent un rôle non négligeable aujourd'hui. Elle entretient cette part de rêve que porte tout mangeur d'incorporer le meilleur de ce qu'il pense et dont il dispose pour lui. Elle est à la fois une manière de se situer pour certains producteurs, cuisiniers, restaurateurs et mangeurs qui ne trouvent pas leur compte dans l'alimentation agroindustrielle. Elle constitue une forme d'horizon plus ou moins indépassable de ce à quoi prétend tout être humain : être au monde et l'incorporer avec du sens et des valeurs auxquelles il tient. L'alimentation de qualité est nécessaire pour comprendre l'histoire de l'alimentation, ses progrès et ses échecs, et cette inaltérable volonté d'en faire un instrument pour se situer les uns par rapport aux autres. C'est en quoi elle est fondamentalement géographique.

CHAPITRE 8

Les produits aquatiques dans l'alimentation des hommes

François CARRÉ

Introduction

Au moment où les cours des matières premières alimentaires s'envolent et où des émeutes de la faim éclatent ici et là dans les pays en développement, la recherche de ressources alternatives pour nourrir une humanité de plus en plus nombreuse devient pressante. Dans ce contexte de pénurie apparente ou réelle, il est paradoxal de constater le rôle très secondaire qu'occupent les produits aquatiques dans l'alimentation humaine, alors que l'océan Mondial couvre une superficie de 361 millions de km^2, les eaux continentales environ 3,5 millions, soit au total 72 % de la surface du globe. Or la production de matières vivantes aquatiques n'a atteint que 157 millions de tonnes en 2005, en additionnant les résultats de la pêche et de l'aquaculture, ce qui, pour une population de 6,5 milliards d'individus, donne une disponibilité brute de seulement 24 kg par habitant et par an. En termes plus précis, les spécialistes montreraient que la production aquatique ne couvre que 1 à 2 % de l'ensemble des besoins alimentaires mondiaux, soit 4 % des calories et 6 % des protéines consommées (Moiseev, 1989). D'où provient cette discordance entre l'immensité des espaces liquides et une aussi faible contribution à l'alimentation humaine ? Pourquoi le « poisson », terme que nous mettrons entre guillemets quand il est pris au sens large pour désigner en raccourci l'ensemble des produits aquatiques (poissons, crustacés, mollusques et algues), est-il un aliment mineur ? Est-ce une médiocrité de la demande ou une insuffisance de l'offre ? Y aurait-il des réticences à sa consommation, des obstacles à sa mise sur les marchés et à sa diffusion auprès des consommateurs, malgré des progrès techniques qui semblent avoir ouvert des débouchés nouveaux ? Ou, plus grave encore, y aurait-il des verrous naturels et biologiques qui limiteraient l'accroissement de l'offre sur les marchés, autrement dit la production elle-même, en dépit du renfort que l'aquaculture marine apporte aux pratiques purement prédatrices de la pêche ?

Tels sont les grands thèmes que nous aborderons successivement dans ce chapitre en remontant de la consommation des matières aquatiques à leur production.

1. Le « poisson », nourriture humaine traditionnellement secondaire

En dehors de rares peuples ichtyophages qui, faute de pouvoir pratiquer l'agriculture, vivent en symbiose étroite avec la mer et se nourrissent presque exclusivement de produits aquatiques, par exemple, les Imraguens sur les côtes de Mauritanie, certains groupes littoraux du Chili méridional et les nomades de la mer en Asie du Sud-Est, le « poisson » est en général une composante mineure, parfois même presque inexistante, d'un grand nombre de régimes alimentaires.

A. Image et place du « poisson » dans l'alimentation humaine

Les habitudes alimentaires des populations humaines ont été façonnées peu à peu par la présence sur les territoires qu'elles occupent de ressources immédiatement disponibles et faciles à récolter ou à produire. Ensuite sont venus se greffer des déterminants culturels, d'origine souvent religieuse, qui induisent des comportements acquis face aux aliments et à leurs usages.

Dans nos civilisations de l'Europe occidentale, le poisson a longtemps fait l'objet d'un préjugé peu favorable, celui d'une chair de second ordre qui ne serait pas l'égale des viandes provenant de la chasse ou des élevages d'animaux domestiques. La viande blanche du poisson était considérée comme peu énergétique. Pendant des siècles le christianisme a entretenu cette idée dans la mentalité collective des peuples européens, tenant le poisson pour un aliment « maigre », tout juste bon à calmer la faim et vivement conseillé les jours où la religion interdisait les viandes véritables et les aliments gras, c'est-à-dire les jours de pénitence et d'abstinence, le vendredi et pendant le carême. Ce faisant, le christianisme a été un vecteur de la consommation du poisson.

Dans son livre, *Physiologie du goût*, Brillat-Savarin (1825) se faisait l'écho de cette idée reçue, d'une manière assez savoureuse, en écrivant que les peuples ichtyophages « ont moins de courage que ceux qui se nourrissent de chair », qu'ils « sont pâles, ce qui n'est point étonnant, parce que d'après les éléments dont le poisson est composé, il doit plus augmenter la lymphe que réparer le sang », bien qu'il reconnût un peu plus loin que « le régime ichtyophage favorise la longévité » et qu'il « agit fortement et de façon bénéfique sur le génésique » ! Encore de nos jours, en France, dans beaucoup d'endroits, y compris dans les cantines scolaires, le poisson est la viande du vendredi, ce qui se traduit par un pic de consommation hebdomadaire ce jour-là, auquel les circuits de distribution doivent répondre.

En outre, l'abondance d'espèces très communes sur les côtes de l'Europe du Nord-Ouest, tels le hareng, la sardine et la morue, a longtemps maintenu les prix du poisson à un niveau assez bas, inférieur à ceux de la viande rouge, ce qui en a fait la viande des pauvres. Il suffit de mentionner ici l'importance du plat célèbre et bon marché au Royaume-Uni, le « fish and chips » dans l'alimentation des classes populaires britanniques, de la fin du XIXe siècle aux années 1960 (Carré, 1988).

D'autres religions dans le monde, pour des raisons variées, ont jeté des interdits sur certains produits de la mer. L'islam déconseille en principe la consommation des poissons à écaille et n'a guère incité les peuples littoraux à se lancer dans l'exploitation de la mer, sauf des exceptions remarquables (de Planhol, 2000). Sur les côtes du sous-continent indien, les musulmans ne pratiquent guère la pêche ; celle-ci est plus volontiers l'affaire des minorités catholiques et des bouddhistes, comme l'avait bien montré Fritz Bartz (1959) à Ceylan, Sri Lanka aujourd'hui, et en Inde (1965). Le poisson n'étant pas une nourriture noble, les pêcheurs appartenaient aux castes inférieures, aux « intouchables ».

Ces interdits ou cette image dévalorisée du poisson ont sans doute freiné sa capture et sa consommation, mais les mentalités évoluent, même si les habitudes alimentaires sont parmi les plus persistantes. Les nutritionnistes ont fait justice des affirmations simplistes et préscientifiques sur le poisson. Chimiquement la différence est minime entre la viande de bœuf et la chair du poisson, les apports en calories et en protéines étant presque identiques (Besnard, 1948). De plus, le poisson est plus riche en phosphore, en vitamines A et D, plus digeste aussi ; il contient des minéraux et des acides gras essentiels, sans oublier, dans les poissons gras, les fameux « oméga 3 », dont on vante souvent les bienfaits aujourd'hui.

Même si l'image du poisson est mieux valorisée de nos jours, il reste qu'en terme quantitatif l'offre en produits aquatiques n'est pas à la hauteur de la production de viandes, de céréales, de fruits et légumes, ce qui les cantonne nécessairement à un rôle mineur dans l'alimentation humaine, de l'ordre de 2 % des denrées consommées, selon les estimations de Moiseev (1989). Quelle influence peuvent avoir les 157 Mt (millions de tonnes) que fournissent chaque année la pêche et l'aquaculture face aux productions de céréales (2 030 Mt), de pommes de terre, fruits et légumes (environ 1 500 Mt), de viande (245 Mt), de lait (600 Mt) et d'œufs (54 Mt).

Cependant il ne faudrait pas réduire l'intérêt du poisson à cet aspect purement quantitatif. Les nutritionnistes savent qu'une alimentation humaine équilibrée doit comporter des apports quotidiens de substances dites énergétiques (glucides et lipides) qui fournissent des calories, et de substances plastiques, les protides ou protéines, qui contribuent à la construction de l'organisme, auxquelles s'ajoutent d'autres éléments : la cellulose, les oligo-éléments, les sels minéraux et les vitamines. En moyenne un être humain devrait disposer quotidiennement de 2500 à 2600 kilocalories et d'au moins 65 g de protéines dont la moitié de protéines animales (cf. chapitre 1). Si la disponibilité moyenne mondiale, qui tourne autour de 2 800 kilocal. par personne et par jour, selon les données de la FAO, paraît suffisante, en réalité elle est très inégalement répartie. À l'échelle des continents, l'Afrique et l'Asie n'arrivent pas au seuil des 2 600 kcal., alors que l'Europe et l'Amérique du Nord atteignent 3 400 kcal. Malgré des progrès assez nets depuis le début des années 1970, on estime que près de 860 millions d'individus sont sous-alimentés, dont une bonne partie en Asie. Dans l'Afrique au sud du Sahara, le tiers de la population est insuffisamment nourri (cf. chapitres 1 et 4).

À cela s'ajoutent des carences plus qualitatives. La disponibilité moyenne mondiale en protéines est d'environ 77 g par personne et par jour, dont 47 g d'origine végétale et à peine 30 g d'origine animale, ration inférieure au minimum souhaitable. Encore une fois l'Afrique et l'Asie n'arrivent pas à la moyenne et connaissent un fort déficit en protéines animales : 14 g pour l'Africain, 22 g pour l'Asiatique, face aux 58-60 g de l'Européen et de l'Américain du Nord. Encore faudrait-il ajouter que ces moyennes continentales ne tiennent pas compte des disparités régionales qui font que certaines populations subissent une véritable carence en protéines animales, source de phénomènes de malnutrition.

Selon Moiseev (1985, 1989), les produits aquatiques apportent 4 % des calories et 6 % des protéines consommées par l'humanité. Si l'on se réfère aux seules protéines animales, le poisson assure en moyenne 15 % des besoins, 50 % allant à la viande et 25 % aux produits laitiers. Sur tous les continents les produits aquatiques sont la troisième source de protéines animales, parfois très loin derrière la viande, comme en Amérique du Nord (4 g contre 34 g pour la viande), ou beaucoup plus près en Afrique (2 contre 7 g). Cependant n'oublions pas que, même en petites quantités, la consommation de « poisson », aliment hautement nutritif, est tout à fait bénéfique pour des populations qui souffrent de carences en vitamines, en minéraux et en acides aminés, en raison d'un régime trop exclusivement végétarien.

Ce rôle relativement faible laisse entrevoir l'intérêt de développer, si possible, la consommation de « poisson », et d'abord dans les pays en voie de développement. Et pourtant ces valeurs encore trop basses tiennent compte des progrès de la disponibilité en produits aquatiques réalisés depuis un siècle.

B. La lente amélioration de la disponibilité brute en produits aquatiques

Les données disponibles ne permettent pas de suivre sur le long terme les apports en calories et en protéines en provenance du poisson à l'échelle de toute l'humanité. Aussi faut-il se contenter de calculer la disponibilité brute ou quantité de « poissons » capturée par habitant et par an (D.B.H.) en faisant le rapport entre la production aquatique totale et la population mondiale. Le résultat obtenu est, certes, éloigné de la consommation réelle, parce qu'on y intègre toutes les parties non comestibles des produits aquatiques, les déchets, et le poisson dit « industriel », c'est-à-dire celui qui est détourné de l'alimentation humaine pour fabriquer des sous-produits, en particulier des farines et des huiles qui reviennent ensuite, mais de façon très indirecte, vers la consommation humaine par le biais des aliments pour animaux d'élevage. Par conséquent les niveaux de la D.B.H. se situent très au-dessus de ceux de la consommation. Malgré tout, ils sont un indicateur de l'offre globale des produits aquatiques au regard de la population mondiale. Leur intérêt à une échelle nationale serait beaucoup plus discutable, parce qu'ils incorporent les usages non alimentaires, toujours très variables d'un pays à l'autre.

Sur la longue période des deux siècles écoulés, on constate une augmentation de la D.B.H. qui est passée de 1,3 kg en 1800 à 24 kg en 2005, bien que les données sur les captures et la population au début du XIXe siècle soient des estimations moins fiables que celles qui portent sur le XXe siècle et notamment sur sa seconde moitié. Ces progrès de la disponibilité brute sont cependant marqués par une forte irrégularité qui permet d'individualiser plusieurs périodes (cf. tabl. 1, page suivante).

Tout au long du XIXe siècle, l'amélioration a été lente, puisqu'on est parvenu à doubler seulement le niveau de 1800, dans une phase de faible croissance, et des captures et de la population. Le rythme a changé dans la première moitié du XXe siècle qui a enregistré un quadruplement de la D.B.H., de 2,4 kg en 1900 à plus de 9 kg en 1938 ou encore en 1950. Ceci correspond à la « première révolution industrielle » des pêches, pour reprendre l'expression de l'Anglais Cushing (1988), marquée par la motorisation des navires, la généralisation de la technique du chalutage de fond et le développement du transport ferroviaire rapide vers les grands centres urbains des pays industriels, dans un contexte de croissance démographique encore modérée, la population ayant été multipliée par 1,5 dans cette période.

Tableau 8.1 – Produits aquatiques : évolution de la disponibilité brute par habitant (D.B.H.)

	1800	1850	1900	1938	1950	1960	1970	1980	1990	2000	2005
Population mondiale (milliers d'individus)	905	1200	1630	2295	2527	3060	3635	4430	5293	6056	6514
Production aquatique en millions de tonnes											
Pêche	1,2	2	4	21,1	21	40,2	63,8	68,2	85,9	96,8	94,5
Aquaculture							3,6	7,3	16,8	45,6	62,9
Total	1,2	2	4	21,1	21	40,2	67,4	75,5	103	142	157
D.B.H. en kg/hab./an	1,3	1,7	2,4	9,1	8,3	13,1	18,5	17	19,1	23,5	24,1

Jusqu'en 1970 l'aquaculture est incluse dans la pêche sans pouvoir être individualisée. Les algues ne sont comprises qu'à partir de 1980.
Source: données de Moiseev (1985 ; 1989) jusqu'en 1970, complétées ensuite à partir des annuaires statistiques de la FAO.

Ensuite, entre 1950 et 1970, les captures mondiales de la pêche ont progressé de façon spectaculaire, de 21 à plus de 67 Mt, en relation avec la « seconde révolution industrielle » des pêches, fondée sur une exploitation systématique des ressources de l'ensemble de l'océan Mondial, sur le développement des pêches de surface avec la senne coulissante et le chalut pélagique en vue de la capture de poissons industriels, et sur la diffusion des techniques de conservation par le froid. Pendant que la population mondiale était multipliée par 1,5 en vingt ans, les captures triplaient. Mais si les « vingt glorieuses » de la pêche ont porté rapidement la disponibilité brute à 18,5 kg par habitant, les deux décennies suivantes ont enregistré, à l'inverse, une quasi-stagnation : 19,1 kg en 1990, parce que les captures ne progressaient plus et que l'aquaculture marine n'en était qu'à ses premiers frémissements, face à une explosion démographique. Enfin, depuis quinze ans, la D.B.H.a repris sa marche en avant, augmentant de 5 kg, non sous l'effet de la pêche qui stagne autour de 95 Mt, mais sous l'influence du bond en avant de l'aquaculture dont la production est passée de 17 Mt en 1990 à 63 Mt en 2005.

Ainsi, depuis un siècle, non sans à-coups, l'augmentation de l'offre de produits aquatiques a plus que compensé la croissance démographique, grâce à une forte intensification des captures de la pêche et à l'essor des techniques de cultures et d'élevage que certains, dans un élan d'enthousiasme, ont appelé la « révolution aquacole » (Doumenge, 1986), par référence à la « révolution du Néolithique » qui apporta à l'humanité les cultures et l'élevage, sur les continents, il y a environ 10 000 ans. Nous verrons plus loin si les perspectives de l'aquaculture justifient cette comparaison. Toutefois, pour en rester à l'amélioration de la D.B.H., une réserve s'impose dès maintenant quant à son influence sur l'alimentation humaine, puisqu'elle a reposé entre 1950 et 1970 essentiellement sur le développement d'usages non alimentaires du poisson.

C. Le double usage du poisson

Pendant des siècles les produits aquatiques ont été exclusivement des denrées alimentaires, même si, localement et temporairement, face à des arrivages pléthoriques de produits périssables, on détournait une partie des débarquements pour en faire des engrais, voire, après séchage, des fourrages pour animaux domestiques. Ces usages persistent dans certains pays. Sur les côtes du golfe d'Oman, dans la plaine de la Batinah, on continue à faire sécher les petits poissons capturés dans les eaux littorales pour nourrir les Bédouins et leurs dromadaires (Bartz, 1965). Mais il s'agit là de pratiques peu répandues et épisodiques.

Dans la première moitié du XIXe siècle se sont développés, dans les pays les plus avancés, des usages industriels du poisson : extraction d'huile aux États-Unis pour fabriquer du savon, de la glycérine ou des additifs entrant dans la composition de peintures et de linos, les restes séchés servant à faire des engrais. Au début du XXe siècle, lors de l'essor du chalutage industriel de fond et des pêches de masse, on s'est efforcé de récupérer systématiquement les déchets issus de la préparation du poisson pour l'alimentation humaine (tête, peau et viscères), pour en tirer des engrais et de la colle. Toutefois ces usages non alimentaires restèrent marginaux jusqu'à la Seconde Guerre mondiale, puisqu'on estimait que le volume du poisson « transformé » en produits dérivés n'atteignait pas 8 % des captures mondiales. À la veille de la guerre, sept pays développés seulement se partageaient la fabrication des 500 000 t de farine et des 180 000 t d'huile : les États-Unis et la Norvège, largement devant le Royaume-Uni, le Canada, l'Islande, le Japon et l'URSS. On y voyait même une valorisation bénéfique de résidus de poissons ou de cargaisons avariées que le marché alimentaire ne pouvait pas absorber.

Les années 1950 allaient apporter des changements profonds de nature et d'échelle dans la fabrication des sous-produits avec l'apparition de la pêche de poissons entiers à usage industriel. En effet, le développement de l'élevage intensif d'animaux domestiques nourris d'aliments fabriqués à partir de céréales (maïs surtout) et d'une légumineuse, le soja, auxquelles on ajoutait des protéines animales tirées du poisson (huile et farine) devait élargir considérablement les débouchés des sous-produits de la pêche. Ainsi est née, entre 1955 et 1970, une pêche à finalité industrielle et une filière halieutico-industrielle (Corlay, 1993) aux énormes besoins en poisson brut. Les tonnages de ce poisson dit « industriel », car promis à une réduction en farine et en huile dans des usines, se sont envolés, passant de 3 ou 4 Mt en 1955 à 25 Mt en 1970, grâce à la mise en valeur d'espèces abondantes, parfois consommées depuis longtemps, parfois négligées jusque-là parce que de faible valeur alimentaire : hareng européen, anchois du Pérou, lieu d'Alaska, etc.. Ainsi, entre 37 et 38 % des captures mondiales furent absorbés chaque année par cette filière et détournés de l'alimentation humaine directe (Carré, 2006). Ce phénomène fut le moteur de la croissance des pêches mondiales de 1950 à 1970 et la cause des « vingt glorieuses », l'un des facteurs de ce que Cushing (1988) appelle « la seconde révolution industrielle des pêches », au même titre que des innovations techniques concommitantes, tel le chalutage pélagique, qui facilitèrent la capture de petits poissons de surface recherchés par ces industries. De nouveaux pays se sont spécialisés dans ces pêches à finalité industrielle, le Pérou par exemple qui, grâce à l'anchois, parvint alors à se hisser au premier rang des producteurs mondiaux.

Ce nouveau débouché du poisson a eu l'avantage de mettre en valeur des espèces jusque-là sans grand intérêt, parce que très périssables, lointaines ou de faible valeur alimentaire, tel l'anchois du Pérou, mais il s'est traduit aussi par des pêches massives de poissons parfaitement alimentaires, comme les harengs, les maquereaux, les chinchards et les sardinelles. Les captures à finalité industrielle ont gonflé les résultats de la pêche mondiale et mécaniquement amélioré la disponibilité brute par habitant, sans augmenter cependant la consommation réelle, puisque ces captures échappaient à l'alimentation humaine. Il est donc nécessaire d'examiner plus précisément la consommation effective des produits de la mer.

2. Consommation et commercialisation des produits aquatiques

Bien que, en moyenne, la consommation du « poisson » ait tendance à s'améliorer, elle demeure très inégale à une échelle internationale et même intranationale, malgré une modification profonde dans les modes de préparation et de commercialisation et l'apparition d'une véritable mondialisation des échanges de produits aquatiques.

A. La consommation apparente et ses inégalités régionales

En dehors d'enquêtes assez rares et ponctuelles d'envergure nationale ou locale sur la consommation réelle du « poisson », l'approche la plus fiable à l'échelle du monde et des pays repose sur le calcul d'une disponibilité nette par habitant et par an, ce que l'annuaire statistique des pêches de la FAO nomme la « consommation apparente ». Celle-ci est établie pour chaque pays à partir de la production nationale annuelle par la pêche et l'aquaculture, en excluant les algues, à laquelle on ajoute le bilan, positif ou négatif, des échanges extérieurs et dont on déduit les usages non alimentaires du « poisson ». La disponibilité nette ainsi obtenue est ensuite rapportée à la population nationale pour parvenir à une consommation apparente, exprimée en kilogrammes par habitant et par an. Bien que la FAO ne prenne pas en compte les algues dont l'usage est essentiellement circonscrit à l'Asie, ces résultats sont encore très supérieurs à la consommation effective, car la production retenue porte sur des poids vifs de poissons entiers, sans tenir compte des déchets qui représentent une proportion toujours forte. En effet, étêtage et éviscérage aboutissent à des pertes de 30 à 50 % selon les espèces. Même si une partie de ces déchets est recyclée dans la fabrication de sous-produits, ceux-ci n'entrent pas dans l'alimentation humaine.

Les dernières données de la FAO sur la consommation apparente portent sur la période 2001-2003 et font ressortir une moyenne mondiale de 16,4 kg/habitant/an. Comme pour la disponibilité brute, en dépit de la croissance démographique, on constate une tendance à l'élévation lente de ce niveau qui s'établissait à 15 kg au début des années 1990, en raison de l'expansion actuelle de l'aquaculture et du tassement des usages industriels du poisson. Mais l'analyse doit aller au-delà de cette moyenne mondiale.

1. L'écart entre les pays « riches » et les pays « pauvres »

En usant d'une terminologie moins simpliste que celle-ci, la FAO souligne les fortes disparités nationales dans la consommation apparente entre les pays « industriels et développés » (de 23 à 29 kg/hab./an) et les pays à « faible revenu et à déficit vivrier » (13,9 kg), pour l'essentiel les pays du Tiers-monde, entre lesquels l'Organisation pour l'Alimentation et l'Agriculture intercale la catégorie des « économies en transition », c'est-à-dire l'Europe centrale et les pays de l'ex-URSS où la consommation moyenne est la plus basse (10,8 kg), bien qu'elle soit supérieure en

Russie même. À l'échelle de ces grands ensembles économiques les écarts vont presque du simple au triple.

L'évolution au cours des dernières décennies montre que si la consommation s'améliore partout, les inégalités, loin de se réduire, se maintiennent ou s'aggravent (Chaussade, 1994), autrement dit que les pays développés accroissent plus vite leur consommation que les pays du Tiers-monde (cf. tabl. 2). Sachant que l'amélioration générale provient aujourd'hui de l'expansion de l'aquaculture et que cette dernière porte sur des produits de haute valeur marchande, on comprend qu'elle ait profité de préférence aux marchés des pays de « l'opulence alimentaire » (Chaussade, 1998). Même quand les élevages se pratiquent dans des pays du Tiers-monde, comme c'est le cas pour la crevetticulture, les productions ne sont pas destinées aux consommateurs locaux, mais aux populations de l'Amérique du Nord, de l'Europe, du Japon et de l'Australie, les seules à avoir un pouvoir d'achat suffisant pour s'offrir ces « denrées de luxe », dès lors que les problèmes du transport lointain ont été techniquement résolus.

Tableau 8.2 – Évolution de la consommation apparente de « poisson » dans les trois grands groupes de pays, en kg/habitant/an

	1960	1991-93	2001-03
Pays industrialisés	17,6	22,3	25
Pays en transition	?	10,6	10,8
Pays à faible revenu et déficit vivrier	5,1	10,2	13,9

Source : Annuaires statistiques de la l'O.A.A. (F.A.O.), Produits.

Si ce clivage entre pays riches et pauvres est bien réel, en moyenne, et explique les grands traits de la répartition des consommations, visibles sur la figure 8.1, il existe cependant à une échelle nationale bien des situations d'exception, qui font que chacun des groupes de pays n'est pas monolithique. Parmi les pays développés, les niveaux de la consommation apparente s'échelonnent de 91 kg en Islande à 11,5 kg en Autriche, en passant par 67 kg au Japon, 57 au Portugal, 49,5 en Norvège et 22-23 aux États-Unis et au Canada. De la même façon tous les pays en voie de développement ne connaissent pas une faible consommation. Au Sénégal (26,5 kg), au Gabon (37 kg) ou aux Philippines (31 kg), la consommation de poisson est supérieure à celle des États-Unis ou du Royaume-Uni (20,4 kg).

En effet, des facteurs locaux introduisent aussi des disparités. La proximité de la mer, la plus ou moins grande richesse des eaux côtières, la longueur des façades maritimes sont des phénomènes géographiques de type déterministe qui influent sur le niveau de la consommation du « poisson ». Presque partout les pays riverains de l'océan connaissent des régimes alimentaires plus riches en produits de la mer que ceux des pays qui en sont éloignés. L'Afrique atlantique, du Sénégal à l'Afrique du Sud présente un ourlet de pays plus gros consommateurs que ceux de l'intérieur du continent (fig. 8.1). De même, en Europe occidentale, les riverains de la mer du Nord ou de l'océan ont des niveaux de consommation plus élevés que ceux de la Suisse ou de l'Autriche. Pour cette raison la quasi-totalité des territoires insulaires enregistrent une forte dépendance alimentaire au « poisson », le record mondial étant détenu par les îles Maldives (190 kg).

Figure 8.1 – Consommation « apparente » des produits aquatiques dans le monde (moyenne 2001-2003)

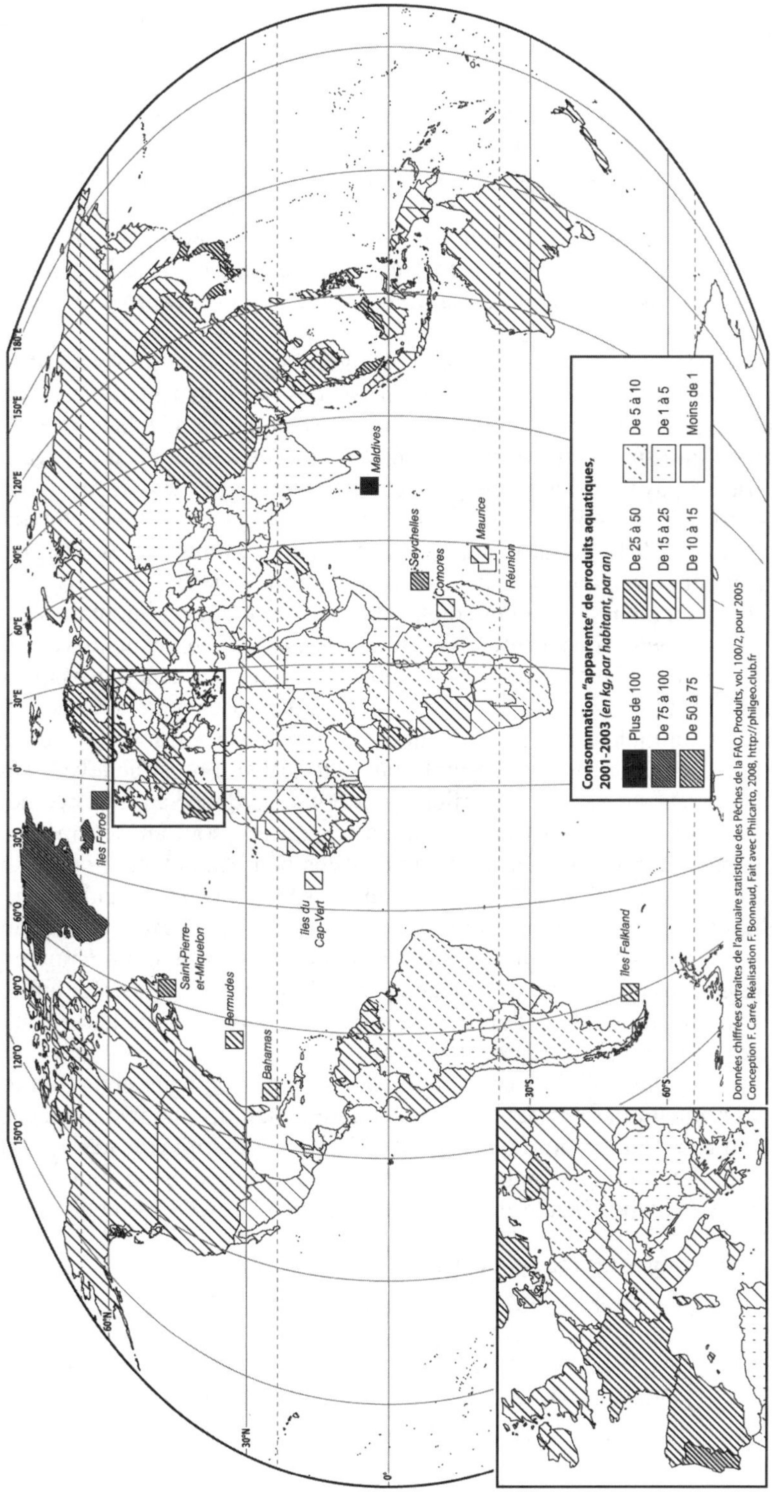

Données chiffrées extraites de l'annuaire statistique des Pêches de la FAO, Produits, vol. 100/2, pour 2005
Conception F. Carré, Réalisation F. Bonnaud, Fait avec Philcarto, 2008, http://philgeo.club.fr

Mais gardons-nous de tout déterminisme, car il serait facile de prendre en défaut ce critère de la proximité de l'océan. En Afrique orientale où les eaux côtières sont moins poissonneuses que celles de la façade atlantique du continent, faute du « moteur biologique », selon l'expression de Cushing, que constituent les grands « upwellings » ou remontées d'eaux froides, les consommations des pays riverains restent basses : 1,7 kg en Somalie par exemple. À l'inverse, des pays enclavés, c'est-à-dire dépourvus de façade maritime, peuvent bénéficier de la présence de grands lacs intérieurs, tel l'Ouganda en bordure du lac Victoria où la consommation de 7,7 kg dépasse celle de Madagascar, ou, dans une moindre mesure, le Malawi, sur la rive occidentale du lac du même nom. En outre, même en cas de ressources marines abondantes, quand ce sont des navires étrangers qui les exploitent, les riverains n'en profitent guère.

En outre, d'autres facteurs moins géographiques, d'ordre socioculturel et économique interviennent dans la consommation des produits aquatiques. Ainsi en Europe du Sud le poisson occupe au Portugal une place plus grande dans les régimes alimentaires qu'en Europe méditerranéenne et de l'ouest, au point que Livet (1969) avait qualifié ce pays « d'ichtyophage méditerranéen ». La rose alimentaire de ce pays, construite sur le modèle des roses des vents, souligne nettement cette tradition portugaise, héritée de l'époque des grandes pêches morutières sur les côtes de l'Amérique du Nord, et entretenue par l'influence du catholicisme (fig. 8.1).

Cependant, aussi durables soient-elles, les habitudes alimentaires évoluent peu à peu, notamment sous l'influence de l'élévation du niveau de vie et du pouvoir d'achat. On sait que les pays du Tiers-monde ont tendance à passer d'un régime alimentaire fondé sur les céréales et les légumineuses à des régimes plus riches en protéines animales, ce que l'on nomme parfois la « transition alimentaire » (cf. chapitre 1). En Europe occidentale où cette transition est achevée, Livet (1969) a pourtant constaté depuis la dernière guerre une tendance au renforcement du rôle de la viande et des produits laitiers, mais pas du poisson, au détriment des céréales. L'augmentation du niveau de vie pousse les consommateurs vers la viande et non vers le poisson qui souffre sans doute de son image de viande du pauvre. Cette évolution a été particulièrement nette au Royaume-Uni et en Allemagne depuis les années 1950. Les Britanniques, pour lesquels le poisson, et notamment le hareng, a été longtemps un aliment de base, en particulier dans les classes populaires, à travers cette sorte de plat national qu'était le « fish and chips », s'en détournent peu à peu et lui préfèrent la viande (Carré, 1988).

En bref, l'inégalité dans les niveaux nationaux de consommation apparente des produits aquatiques provient de la conjonction de plusieurs facteurs : géographiques, socioculturels et économiques qui expliquent la complexité de la carte (fig. 8.1). Mais au-delà des consommations nationales, à une échelle plus fine, on pourrait mettre en évidence bien d'autres disparités que ne révèle pas cette carte.

2. Les inégalités intranationales

Des enquêtes précises, malheureusement rares, montrent par exemple que la consommation tend à décroître dans un même pays à mesure que l'on s'éloigne du littoral. En Allemagne fédérale, dans les années 1950, la consommation atteignait 33 kg en Schleswig-Holstein ou à Brême et Hambourg pour tomber à 5 kg en Bavière et même à 4 kg dans le Bade-Würtemberg (Wührl, 1980 ; Bartz, 1964). En

Espagne, la consommation dans les ports du Nord-Ouest est trois fois plus forte que la moyenne nationale.

Dans les pays africains où les régions intérieures sont encore moins bien desservies par les réseaux de transport, sans parler des pays enclavés, le gradient entre la côte et l'intérieur est très net. Jean Domingo (1978) l'avait clairement montré en Côte d'Ivoire en individualisant trois domaines successifs du sud au nord dans lesquels la consommation baissait d'une quarantaine de kilos dans la zone côtière à 5 kg dans le nord du pays.

De la même façon, les populations urbaines, parce que plus concentrées géographiquement, sont mieux approvisionnées que les ruraux. En Inde par exemple, leur consommation est supérieure de 33 % (Coull, 1993).

Paradoxalement les progrès techniques dans la conservation et la distribution du poisson ne semblent pas avoir fait disparaître ces pesanteurs dans la consommation du « poisson ».

B. Nouveaux modes de consommation, mais persistance des disparités régionales

Le « poisson » est une denrée très périssable dont les aires de capture et de distribution à l'état frais ont traditionnellement été circonscrites à des régions proches des ports de débarquement (Carré, 1998a). Pêcheries et marchés de proximité ont été longtemps la règle, sauf recours à des méthodes assez sommaires de conservation par le séchage et le salage, connues dès l'antiquité, puisque Hérodote les mentionne à propos de l'Égypte. C'est à cette condition que les Européens ont pu organiser des campagnes lointaines de pêche de la morue sur les côtes de l'Amérique du Nord-Est dès le XVIe siècle et que les harengs européens mis en caques dans de la saumure ont pu rester consommables pendant plusieurs mois et gagner des marchés intérieurs assez éloignés. En allongeant à quelques semaines ou quelques mois les délais de consommation, les premières méthodes de conservation ont apporté un élargissement des marchés.

Au XIXe siècle, la conserve en boîtes hermétiques et stériles a fait franchir une étape nouvelle en prolongeant au-delà d'une année la stabilisation du « poisson », au prix d'une altération de son goût et d'une perte de ses qualités organoleptiques, ce qui lui a ouvert malgré tout l'intérieur des continents.

Mais l'innovation la plus décisive dans ce domaine pour une conservation de longue durée, aussi bien en mer après capture qu'à terre après débarquement, a certainement été le recours au froid par la congélation/surgélation, apparue dans les années 1960-1970. La congélation en mer à bord des navires a rendu possible l'organisation de campagnes lointaines et la mise en valeur de l'ensemble de l'océan Mondial, tandis que, à terre, les produits congelés s'affranchissaient des distances et du temps, à condition que la chaîne du froid ne soit pas rompue. Grâce à la congélation, dans les années 1970, les grandes puissances halieutiques de l'époque, l'URSS, le Japon et les États-Unis ont pu se lancer dans une exploitation intensive des ressources vivantes de l'océan tropical. Les deux dernières se sont intéressées à des espèces de grande valeur marchande, les thons notamment, très demandés sur leurs marchés. Parallèlement les produits congelés et surgelés ont permis l'essor des échanges internationaux, parmi lesquels ils prenaient une place prépondérante.

D'autres améliorations techniques associées à la conservation par le froid ont aussi contribué à l'élargissement de l'aire de diffusion du « poisson ». Ainsi la fabrication de filets surgelés qui conduit à ne conserver que les parties nobles du poisson en éliminant quasiment toutes les arêtes a facilité l'introduction de ce plat dans la restauration collective, en particulier dans les cantines scolaires.

Bien que ces avancées technologiques aient, en principe, levé des freins à la commercialisation et à la consommation du poisson, elles n'ont pas aboli toutes les contraintes qui pèsent sur ce produit très fragile, parce que les modes de conservation de longue durée ne sont pas dépourvus d'inconvénients et qu'ils ont des incidences sur le prix et sur la qualité gustative du produit. Aussi la consommation du poisson frais est-elle toujours bien présente, même si elle a fléchi lors de la généralisation de la congélation dans les années 1970-1990. Dans l'ensemble du monde, en 2005, le « poisson » frais et le « poisson » congelé étaient les deux formes dominantes de la consommation : 55,6 Mt pour le premier et 27,7 Mt pour le second, soit respectivement 39,4 et 20 % de la production halieutique, algues exclues. Les préparations traditionnelles, salage, fumage et séchage, et les conserves ne portaient que sur 11,6 et 12,9 Mt, soit 8,3 et 9,1 %. Enfin 33,3 Mt (23,6 %) allaient aux usages non alimentaires.

La marée fraîche conserve cette place prééminente parce qu'elle répond à la desserte de tous les marchés de proximité ou de moyenne distance qui peuvent être approvisionnés en moins de 48 heures, parce qu'elle dispense d'une préparation onéreuse du produit, hormis l'adjonction de glace et parfois l'éviscérage, et parce qu'elle lui garde sa saveur initiale.

Cependant il existe un clivage très net dans ces formes de consommation entre les pays industrialisés et les pays en voie de développement. Dans les premiers, la congélation l'emporte nettement (41 % du total) sur toutes les autres catégories : les conserves (20 %), les préparations traditionnelles (10 %) et le poisson frais (7 % seulement). Ceci est très représentatif des habitudes alimentaires de l'Amérique du Nord où l'on boude les produits frais non préparés qui, pourtant, résistent mieux dans la vieille Europe. À l'inverse, dans les pays du Tiers-monde, la consommation en frais arrive presque à 50 % du total, devant la congélation (14 %), les préparations traditionnelles (7,8 %) et les conserves (6,3 %). On comprend que dans des pays où les circuits de distribution par le froid sont encore mal organisés et peu ramifiés, où les traitements du poisson se traduisent par un surcoût difficilement supportable, les consommateurs soient restés fidèles aux produits frais ou au séchage-salage, tel qu'on le pratique sommairement sur nombre de plages africaines. De plus les produits congelés, parce qu'ils supposent une chaîne du froid, s'adressent beaucoup plus aux populations urbaines qu'aux habitants des campagnes, ce qui renforce des disparités existantes en fonction du taux d'urbanisation, comme nous l'avons vu plus haut. Enfin, l'irruption du poisson congelé dans ces pays a souvent eu pour effet de désorganiser les circuits commerciaux traditionnels et de créer une dépendance à l'égard de « poisson » importé. Selon Domingo (1978) le poisson congelé débarqué par les Soviétiques en Côte d'Ivoire avait rencontré « un succès dangereux », parce qu'il creusait le déficit du commerce extérieur des produits de la mer dans un pays capable d'assurer ses propres besoins.

Par conséquent l'élargissement des marchés qu'apportait la conservation par le froid n'a pas bien fonctionné partout. Il a profité surtout aux pays économiquement avancés qui disposaient de réseaux de distribution efficaces et étoffés et de chaînes du froid allant des navires aux congélateurs des consommateurs, alors que les pays en développement n'étaient pas à même d'en tirer les mêmes profits.

Il reste que la congélation a beaucoup favorisé le commerce international du « poisson » et qu'elle a engendré pour certains produits une véritable mondialisation de la production et des échanges. Mais avant d'en venir à ce commerce international des produits stabilisés, rappelons assez brièvement, car il est connu depuis longtemps, le système de commercialisation des produits frais.

C. Les marchés des produits aquatiques frais

La distribution du « poisson » est dominée par les contraintes qu'impose le caractère très périssable de cette denrée. La vente en frais s'apparente toujours à une course de vitesse pour réduire au mieux les délais entre la capture et la vente au détail, ce qui suppose des marchés de proximité et de moyenne distance ou des acheminements plus lointains par des moyens de transport très rapides, et même par avion. Mais ce dernier reste exceptionnel ; en règle générale, seule la longue conservation (conserves en boîtes, bocaux hermétiques, « poisson » congelé) autorise la longue distance.

La forme traditionnelle de commercialisation des produits aquatiques n'est plus limitée, comme autrefois, aux marchés de proximité, grâce aux moyens modernes de transport par le rail ou la route qui ont réduit les délais d'acheminement. Cependant, plus la distance s'allonge, plus le coût du transport tend à s'accroître et plus la gamme de produits susceptibles de le supporter se réduit. Les poissons courants sont aisément transportables à courte et moyenne distance, alors que seuls les produits de luxe pourront faire l'objet, « en frais », d'échanges intercontinentaux.

– Le marché de proximité correspond à une vente locale dans le port de débarquement ou ses environs dans des délais de l'ordre d'une journée, de « poisson » issu de brèves sorties en mer. Cette consommation de « poisson » frais répond à la demande des populations littorales, celles du cercle étroit des pêcheurs et de leurs familles qui pratiquent alors l'autoconsommation ou celles de personnes extérieures au monde de la pêche : particuliers, restaurateurs qui s'approvisionnent directement auprès des pêcheurs ou chez des poissonniers détaillants à l'aval de circuits courts. Ce type de commercialisation qui fut longtemps le plus répandu, prolonge en général de petites pêches côtières pratiquées par des navires dépourvus de moyens de conservation à bord, hormis un éventuel usage de glace. En Afrique cette commercialisation est l'affaire des femmes de pêcheurs qui achètent le « poisson » sur les plages au retour des pirogues, puis le vendent rapidement ou après un séchage sommaire au soleil.

– Les marchés de moyenne distance désignent des circuits de distribution plus vastes et plus lointains, fondés sur des moyens de transport rapides et de masse. Ils se sont organisés lors de la première révolution industrielle des pêches et se sont appuyés d'abord sur les chemins de fer et les « trains de marée », héritiers des fameux « chasse-marée », qui ont assuré une desserte rapide des grandes villes non littorales dans les pays industrialisés. Aujourd'hui les trains ont été remplacés par des camions qui apportent plus de souplesse dans la distribution. Ces circuits supposent des arrivages massifs dans de grands ports de chalutage, à l'issue de campagnes de pêche de douze à quinze jours, de « poisson » frais conservé dans la glace. Après achat en criée par des mareyeurs, le « poisson » est préparé et expédié « réfrigéré », c'est-à-dire dans la glace, vers des marchés de gros intérieurs où s'approvisionnent les détaillants et les poissonneries des grandes surfaces, quand elles n'ont pas de lien direct avec des mareyeurs. Certains groupes de grande distribution ont leur propre flotte de pêche. En 24 ou 36 heures les grands ports ravitaillent la majeure partie d'un territoire national en Europe. C'est ce poisson de marée qui a fait le succès de Hull, Grimsby et Aberdeen qui approvisionnaient Londres en Grande-Bretagne, de Boulogne sur Mer et Lorient en France, de Bremerhaven et Cuxhaven en Allemagne. D'autres espèces qui ne sont pas capturées au chalut empruntent aussi ces circuits commerciaux. Bien qu'il n'exige pas la même vitesse d'écoulement, le poisson congelé en mer ou dans les ports de débarquement peut utiliser les mêmes réseaux quand il est destiné au marché intérieur.

– Les ventes lointaines de produits frais, parfois cuits, ne portent que sur d'assez faibles quantités et sur des produits de haute valeur marchande. Parce qu'ils vivent plus longtemps hors de l'eau que les poissons et qu'ils valent cher, des homards sont transportés vivants par la voie aérienne. Les provinces maritimes du Canada en expédient vers l'Europe occidentale (Chaussade, 1983), et l'Écosse alimente les grandes capitales de l'Europe occidentale (Carré, 1988). L'avion transporte maintenant par conteneurs des produits provenant de l'aquaculture, des crevettes tropicales notamment, à destination des pays développés. Ces crevettes, en provenance de Madagascar par exemple, arrivent sur nos marché de détail sans avoir été congelées, ce qui leur vaut des prix plus élevés, mais tout de même après cuisson.

D. Le développement et l'organisation des échanges internationaux de produits aquatiques

1. L'essor du commerce international

En 2005 le commerce mondial du « poisson » et des produits dérivés a porté sur un volume record de 57 Mt pour une valeur de 78,4 milliards de dollars (valeur des exportations), soit une progression d'environ 30 % depuis 2000, ramenée à 18-20 % si on la corrige pour tenir compte de l'inflation, et de plus de 50 % depuis 1995. En volume les exportations auraient augmenté de plus de 140 % depuis 1985 (*Rapport de la F.A.O.*, 2007) ; elles portent désormais sur 40 % de la production mondiale de la pêche et de l'aquaculture, algues exclues. Cette proportion ne cesse de s'accroître (cf. tabl. 3), plus rapidement dans les pays développés où elle concerne presque 80 % de la production, que dans les pays en voie de développement (30 %). Le « poisson » est l'une des denrées alimentaires qui engendre le plus d'échanges internationaux, aussi bien pour la consommation humaine que pour l'alimentation animale, même si sa place reste faible dans le commerce total des marchandises, de l'ordre de 1 %, ce qui correspond à 8 ou 9 % des exportations agricoles. Dans les pays du Tiers-monde, la valeur des exportations nettes de produits aquatiques, c'est-à-dire après déduction des importations, continue d'augmenter, au point de dépasser celle de denrées agricoles telles que le riz, le café et le thé. Dans l'ensemble du monde, la crevette est, en valeur, en tête des échanges de produits aquatiques, environ 17 %, suivie par les poissons de fond (10 %), les thons (9 %) et le saumon (8,5 %). Farine et huile entrent respectivement pour un peu plus de 3 % et pour 1 % de la valeur des exportations de produits aquatiques.

Cet essor des échanges internationaux a des raisons diverses : une demande toujours plus forte des pays développés pour des produits de haute valeur marchande, tirés de la pêche (thons) ou de l'aquaculture (crevettes) dans la zone intertropicale, des besoins croissants en farine et huile pour fabriquer les aliments destinés aux élevages, y compris à l'aquaculture. Enfin, pour la période récente, la faiblesse du dollar américain a favorisé ces échanges dans la mesure où les cours de ces produits s'établissent dans cette monnaie.

Tableau 8.3 – La croissance des échanges internationaux de produits aquatiques

Années	production en millions de tonnes de poids vif	Exportations en millions de tonnes	Part de la production exportée (%)
1974	70,5	19,4	27,5
1980	72,1	23,7	32,9
1982	76,8	25,8	33,6
1984	83,9	27,5	32,8
1986	92,8	32,9	35,5
1988	100,4	35,1	35
1990	99	36,4	36,8
1992	101,7	37,7	37,1
1994	113,5	46,2	40,6
1996	121	44,2	36,5
1998	118	39,1	33,2
2000	131	49,9	38,1
2002	133,5	50,5	38,6
2004	140,2	52,8	37,7
2005	141,4	57	40,4

La production comporte la pêche et l'aquaculture, sans les algues.
D'après Uthoff (2000), jusqu'en 1996, complété ensuite par l'annuaire statistique des pêches de la FAO.

Tout ceci prouve que, grâce aux progrès techniques, les produits aquatiques tendent à surmonter le handicap à la mobilité dont ils ont très longtemps souffert, celui de leur grande « périssabilité » qui interdisait leur transport à longue distance. La preuve se trouve dans les formes de préparation qui participent à ces échanges. Rien d'étonnant à ce que le « poisson » congelé représente 36 % des exportations en volume, suivi par les conserves (15 %), le poisson frais (10 %), le poisson séché-salé-fumé (5 %) et les produits non alimentaires (34 %). Autrement dit 90 % des échanges internationaux portent sur des produits transformés et stabilisés. Ce sont les plus stables qui circulent le plus facilement et le plus loin. Le « poisson » frais n'occupe pas ici la place qu'il a dans la consommation mondiale, mais ces pourcentages des types de produits exportés correspondent assez bien aux formes de la consommation dans les pays développés.

2. Les grands courants d'échanges

L'organisation des échanges, représentée sur la fig. 8.2, en négligeant les courants secondaires et le pôle mineur du Moyen-Orient, en écartant aussi les flux internes au sein des dix grands ensembles commerciaux, montre qu'il y a trois grands pôles importateurs.

– Le secteur du Japon et de la Corée du Sud, le premier des deux étant en tête des importateurs mondiaux de produits aquatiques, pour une valeur de 14 milliards de dollars, et présentant un fort déficit des échanges extérieurs en ce domaine.

– L'Europe au sens large, sans la Russie, est nettement importatrice, mais beaucoup moins déficitaire que le Japon parce qu'elle exporte davantage. L'Espagne, la France et l'Italie sont au troisième, quatrième et cinquième rangs des importateurs mondiaux, suivis, après la Chine, de l'Allemagne, du Royaume-Uni et du Danemark. Mais l'Europe compte aussi le second exportateur mondial après la Chine, la Norvège, et le cinquième, le Danemark. La France importe pour 4,5 milliards de dollars de produits aquatiques et n'exporte que pour 1,5 milliard.

– L'Amérique du Nord constituée par les États-Unis et le Canada est dans une situation analogue à celle de l'Europe, déficitaire certes, mais avec des exportations qui ne sont pas négligeables. Les États-Unis occupent le second rang des importateurs (11,9 milliards de dollars) et le quatrième parmi les exportateurs (4,2 milliards de dollars).

Ces trois groupes de pays développés s'approvisionnent surtout en Chine et dans le Tiers-monde, en particulier pour les sous-produits (Amérique du Sud) et les produits de l'aquaculture (Asie du Sud et du Sud-Est), mais commercent aussi entre eux.

À l'inverse, plusieurs aires géographiques sont franchement exportatrices : l'Amérique du Sud et l'Asie méridionale, médiocres importateurs, enfin l'Asie du Sud-Est, l'Afrique, l'Amérique centrale et l'Océanie, sont moins largement excédentaires parce qu'elles importent davantage. N'oublions pas dans l'interprétation des statistiques et de la carte que l'Afrique est sous-représentée dans ces échanges en raison de l'absence de données pour un tiers des pays qu'elle compte. Ce groupe d'exportateurs nets est constitué pour l'essentiel de pays intertropicaux dont les produits sont dirigés à 77 % de leur valeur vers les pays développés de l'hémisphère nord. Il s'agit de thonidés, de crevettes, de petits poissons pélagiques, de langoustes, de céphalopodes, etc..

La Chine occupe une place à part, ne serait-ce que par le volume exceptionnel de sa production aquatique : 60,6 Mt en incluant les algues, soit 38 % du total mondial, dont 43,2 Mt en provenance de l'aquaculture. Ce pays, plus exportateur qu'importateur, est celui qui a les échanges les plus proches de l'équilibre. Il était en 2005 le premier exportateur mondial pour une valeur de 7,5 milliards de dollars, devant la Norvège, la Thaïlande, les États-Unis et le Danemark, et le sixième importateur, pour une valeur de 3,9 milliards de dollars. Les échanges extérieurs de la Chine en ce domaine ont connu une forte expansion depuis une quinzaine d'années, en raison de l'augmentation rapide de sa production, mais aussi de l'essor du secteur de la préparation du « poisson ». Les Chinois importent des denrées brutes et, profitant des bas coûts de leur main-d'œuvre, les transforment pour les réexporter en engrangeant la valeur ajoutée. La Chine est ainsi au centre d'un réseau de flux qui la mettent en relation avec la quasi-totalité des grands pôles d'échanges, sauf l'Afrique et l'Asie du Sud avec lesquelles les relations sont moins étroites.

Figure 8.2 – Le commerce des produits aquatiques (moyenne 2003-2005)

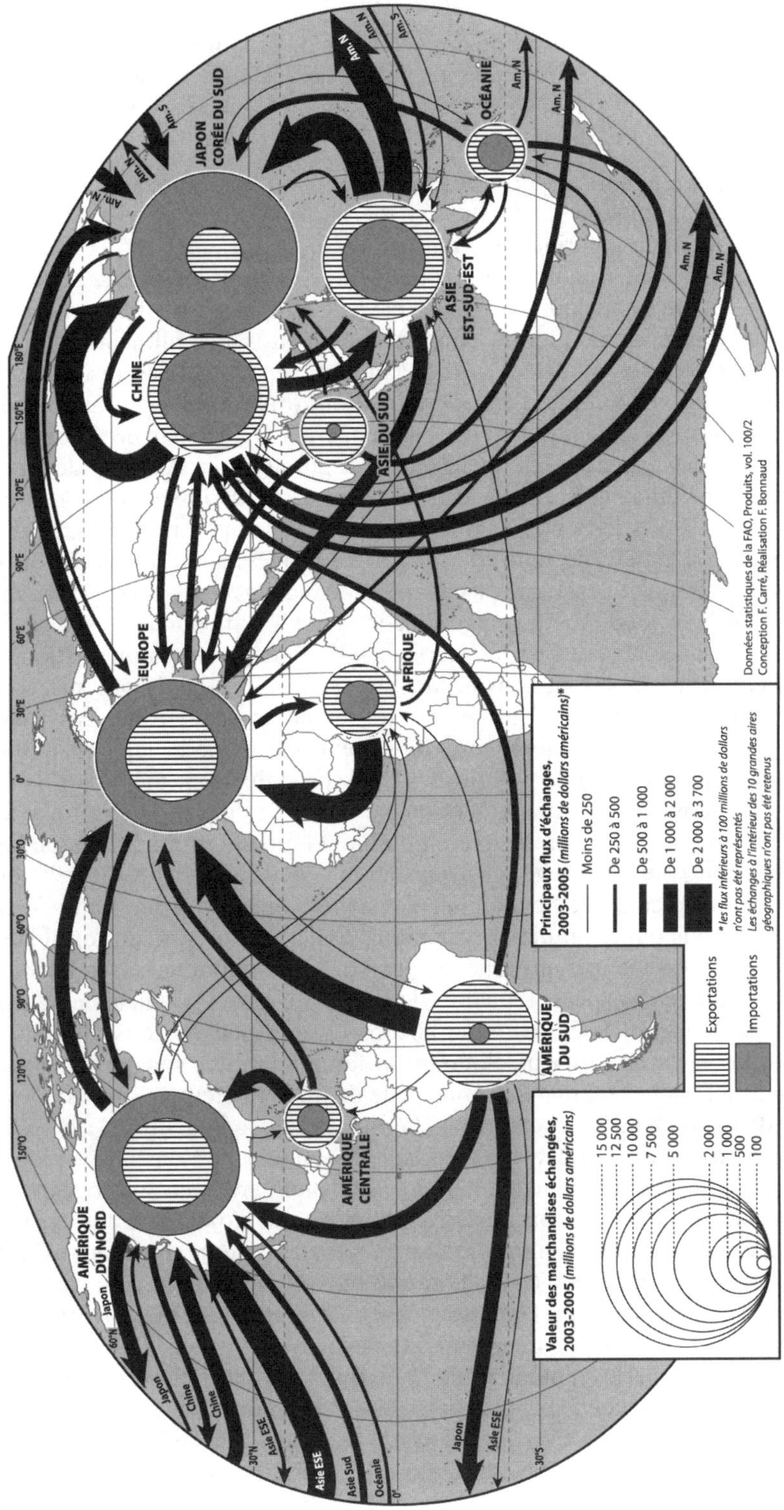

3. Quelques exemples de la mondialisation

Pour illustrer cette mondialisation des échanges de produits aquatiques, nous choisirons trois cas emblématiques, parce qu'ils ont été des facteurs de l'expansion évoquée plus haut : les échanges de sous-produits (farine et huile de poisson) et le commerce des thons et des crevettes.

– *Le commerce des sous-produits* (farine et huile, cf. figure 8.3)

Les pêches minotières, comme on dit parfois, parce qu'elles fournissent la matière première de la farine, ont connu un grand essor entre 1950 et 1970, comme nous l'avons vu plus haut, pour répondre aux besoins des élevages industriels, surtout de volailles et de porcs, dans les pays développés. En effet, farine et huile de poisson entrent comme additifs dans la composition des aliments pour animaux domestiques dont ils favorisent la croissance. Les pays industrialisés, gros utilisateurs de cette nourriture animale fabriquée, ont d'abord produit eux-mêmes de la farine et de l'huile en petite quantité en récupérant les déchets de « poisson » et en puisant dans des espèces côtières aisément capturables et sans grande valeur pour l'alimentation humaine. Les États-Unis et la Norvège fabriquaient 60 % de ces sous-produits juste après la Seconde Guerre mondiale, les premiers à partir d'un petit poisson à chair grasse de leur côte orientale, le menhaden, le second à partir de déchets de poisson et de cargaisons avariées de hareng. Mais vers 1955, l'industrie des dérivés du « poisson » a changé d'échelle et s'est mondialisée sous la pression de la demande des éleveurs et des fabricants d'aliments pour animaux domestiques. On a cherché alors, partout dans le monde, des stocks de poissons susceptibles de fournir la matière première qui devait être abondante, car il faut environ 10 et 6 tonnes de poisson pour obtenir respectivement une tonne d'huile et une tonne de farine, bien que l'on puisse extraire les deux produits d'un même poisson à chair grasse. Ces sous-produits ayant une longue durée de conservation, il n'y avait pas d'obstacle à leur écoulement dans l'ensemble du monde, à condition que les usines de « réduction » soient proches de la ressource vivante et des ports de débarquement. Les pays producteurs, même éloignés des zones consommatrices, n'avaient pas de peine à approvisionner un marché mondial. Telle fut l'origine du formidable essor de la pêche péruvienne, presque exclusivement minotière, entre 1966 et 1970, fondée sur une seule espèce, l'anchois du Pérou. Le développement de l'aquaculture à partir des années 1985 a stimulé encore la demande en sous-produits, car les élevages intensifs en utilisent. Pourtant la fabrication des sous-produits est plutôt stabilisée en raison d'un manque chronique de matière première. Aussi tout fléchissement de l'abondance de l'anchois du Pérou, tel celui enregistré en 1998, se traduit-il par une baisse de la production mondiale de farine et des tensions sur les cours.

Les pays industrialisés manquant de matière première pour approvisionner leurs propres marchés, ont eu recours à des importations en provenance de pays minotiers. Ainsi sont apparus des échanges lointains, souvent intercontinentaux. En 2005 on produisait dans le monde 6,6 Mt de farine et 0,87 Mt d'huile, à partir de diverses espèces de petits poissons pélagiques : l'anchois du Pérou, le pilchard et le chinchard du Chili, le menhaden aux États-Unis, le capelan en Islande, le hareng en Europe occidentale, auxquels s'ajoutaient des poissons de fond plus variés à chair moins grasse, ainsi que des déchets de « poisson ». La production est géographiquement concentrée en deux régions : l'Amérique du Sud pacifique, le Pérou et le Chili, deux pays riverains du fameux upwelling qui est à l'origine de la richesse planctonique exceptionnelle des eaux côtières de cette région. En ajoutant un troisième producteur

Figure 8.3 – Production et commerce des sous-produits du « poisson » (farine et huile) en 2005

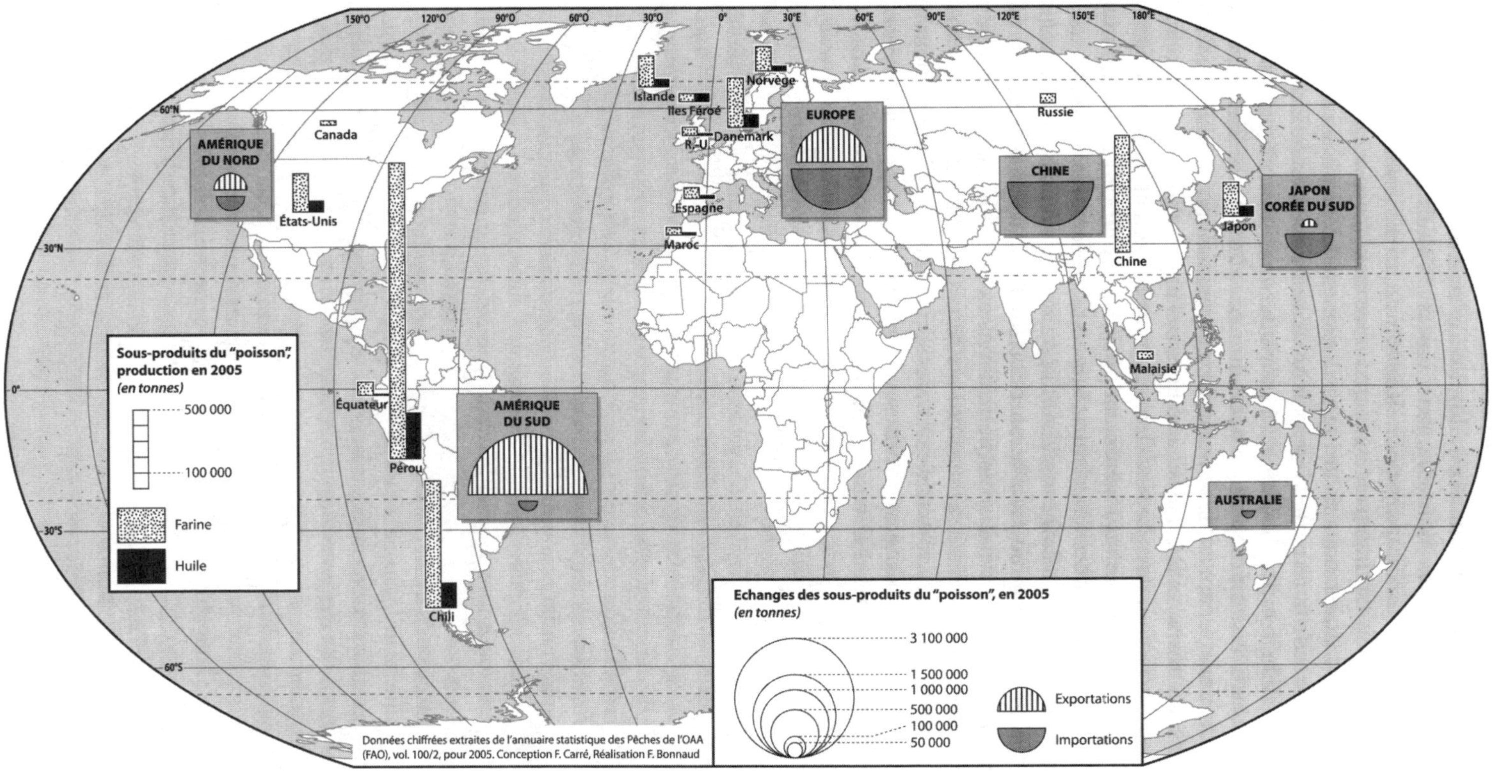

sur cette façade, l'Équateur, qui ne leur est pas comparable, on a dans ce secteur 53 % de la production mondiale d'huile de poisson et 46 % de celle de farine (figure 8.3). Le second pôle est constitué par l'Europe, à savoir le Danemark, l'Islande, la Norvège, l'Espagne et le Royaume-Uni qui fournissent environ 23 % de l'huile et 14,5 % de la farine. Ensuite viennent trois producteurs de moindre importance : la Chine pour la farine seulement (11,5 %), les États-Unis (8,5 % de l'huile et 4,5 % de la farine) et le Japon (7 % de l'huile et 3,5 % de la farine).

La première région productrice exporte la quasi-totalité de ses fabrications et ravitaille les pays développés, c'est-à-dire les États-Unis, l'Europe, le Japon et même la Chine. Cependant le développement de la salmoniculture au Chili a conduit ce pays à s'autoapprovisionner et à réduire ses exportations.

Parmi les pays industrialisés, deux régions exportent et importent à la fois, les États-Unis dont le bilan est légèrement positif et l'Europe plutôt importatrice. Mais ici beaucoup d'échanges sont intrarégionaux. Quant au Japon il est fortement importateur : 53 000 t d'huile et 376 000 t de farine. En Chine les besoins de l'aquaculture sont tels que l'augmentation pourtant forte de la production nationale de farine, passée de 0,15 Mt en 1995 à 0,72 Mt en 2005, n'a pas suffi à répondre à la demande, ce qui oblige à des importations deux fois supérieures à la production.

Plus encore que ces sous-produits, des « poissons » de haute valeur marchande, en particulier les thons et les crevettes, ont, grâce à la congélation et aux conserves, engendré des échanges d'envergure planétaire.

– Aperçu sur le commerce du thon

Les Thonidés sont capturés pour la plupart en zone intertropicale où ils font l'objet d'une pêche intensive, pratiquée par des flottes bien équipées, armées aux États-Unis, au Japon, en Corée du Sud, à Taïwan, aux Philippines, mais aussi en Espagne et en France (Chaussade, Corlay, 1990). Les poissons, congelés en général, sont débarqués dans des ports de la zone chaude ou acheminés vers les pays développés pour approvisionner des conserveries, car 10 % seulement des captures sont consommés frais, bien que le sashami soit un plat très apprécié au Japon. En dehors de quelques élevages de thon rouge, une espèce assez côtière, en Australie et au Japon, les Thonidés, malgré leur valeur marchande, ne sont pas l'une des cibles de la mariculture.

Longtemps concentrée dans les pays développés de l'hémisphère nord, lorsque la pêche ne portait que sur des espèces tempérées, le thon blanc germon ou le thon rouge, l'industrie de la conserve a eu tendance, depuis l'exploitation des eaux tropicales dans les années 1960, à essaimer vers les pays en développement, c'est-à-dire à proximité des pêcheries intertropicales. Ainsi sont apparus de nouveaux fabricants de conserves, hors des États-Unis, du Japon et de l'Europe, comme la Thaïlande, les Philippines, le Mexique, etc.. Cependant ces conserveries du Tiers-monde qui sont parfois des émanations de multinationales de la conserve, écoulent ensuite leur production vers les pays à haut niveau de vie. Ainsi fonctionne un système mondial largement aux mains des pays riches qui dominent les captures, la conserverie et les marchés internationaux.

Un autre exemple de mondialisation des échanges nous est offert par une denrée de luxe, encore une fois, dont l'essor commercial est plus récent, puisqu'il est associé au développement de l'aquaculture moderne et intensive, il s'agit du marché de la crevette.

– *Production et commerce des crevettes*

Depuis vingt-cinq ans la production mondiale de crevettes n'a cessé de s'accroître, étant passée d'environ 1,5 Mt au début des années 1980 à 6,1 Mt en 2005. Alors qu'en 1980 l'essentiel provenait de la pêche, sous toutes les latitudes, car il existe des espèces d'eau tempérée et d'eau froide, aujourd'hui l'aquaculture, presque exclusivement tropicale, en fournit 2,6 Mt, soit presque 45 % du total, la pêche conservant une position à peine dominante. La crevetticulture tropicale est, en effet, avec la salmoniculture en eau tempérée, l'une des réussites de l'aquaculture moderne et intensive (Carré, 1998b). Les fermes d'élevage se multiplient sur les littoraux de la zone chaude, en particulier sur les côtes basses couvertes de mangrove de l'Asie méridionale et, dans une moindre mesure, de l'Amérique latine. De nos jours, ces régions où sont élevées de grosses crevettes de la famille des Pénaeidés fournissent presque 95 % de la production mondiale, pêche et élevage confondus. Celle-ci est géographiquement très concentrée en deux grandes aires : l'Asie du Sud et du Sud-Est et l'Amérique tropicale.

L'Asie, de la Chine à l'Inde et à l'Indonésie, livre 4 Mt par pêche et aquaculture, soit 88,5 % du total mondial, la Chine ayant un poids écrasant dans ce secteur, 2,4 Mt en 2005, dont plus d'un million de tonnes par l'élevage. Derrière elle se rangent dans l'ordre l'Indonésie, l'Inde, la Thaïlande et le Viet Nam (figure 8.4). Le second pôle de production est en Amérique latine, du Mexique au Brésil, mais avec seulement 470 000 tonnes, de l'ordre de 7 % du total. L'Afrique n'a que de petits producteurs dispersés, plus pêcheurs qu'éleveurs, bien que l'aquaculture soit mieux implantée à Madagascar. Quant aux zones tempérées et froides de l'hémisphère boréal, régions de pêche et non d'élevage, elles rassemblent de nombreux petits producteurs et ne totalisent que 295 000 t en Europe, dont 137 000 t au Groenland, et 116 000 t en Amérique du Nord, soit 4 et 1,8 % du total mondial. On mesure aussi sur la carte le poids de l'aquaculture en zone chaude, même si elle n'est pas encore dominante en Chine et en Inde.

Si aujourd'hui la crevette est à 95 % d'origine tropicale, il reste que les consommateurs de cette denrée de luxe habitent les pays à haut niveau de vie, presque tous en zone tempérée, à savoir l'Amérique du Nord, l'Europe et le Japon, ce qui implique des flux commerciaux sud/nord de grande ampleur, puisqu'ils représentent, en valeur pas moins de 17 % de tous les échanges internationaux de produits aquatiques.

Le commerce international est d'autant plus aisé que la marchandise est chère, qu'elle se congèle facilement, que les consommateurs américains et japonais l'apprécient en conserves, qu'elle peut aussi voyager loin après une simple cuisson ou même avant cuisson si celle-ci est effectuée sans tarder à l'arrivée. Sur nos étals on trouve ces grosses crevettes « fraîches » et cuites, décongelées et cuites ou en boîtes et bocaux. Le commerce international à grande distance porte sur 2,3 Mt, à 71 % sur de la crevette congelée, à 23 % sur des conserves et à 5 % sur des crustacés frais et non congelés.

La carte localise les trois grandes régions importatrices : l'Europe (770 000 t), l'Amérique du Nord (582 000 t) et l'ensemble Japon-Corée du Sud (350 000 t) (figure 8.4). Les États-Unis, pays consommateur traditionnel depuis longtemps, avant l'apparition de la crevetticulture, représentent le premier marché mondial. L'Europe et le Japon y sont venus plus tard, au moment de l'essor de la mariculture. À la place des petites crevettes tempérées, la « grise » ou la « rose » en France, ou des crevettes nordiques, consommées fraîches ou en conserves, les consommateurs

Figure 8.4 – Production et échanges internationaux de crevettes en 2005

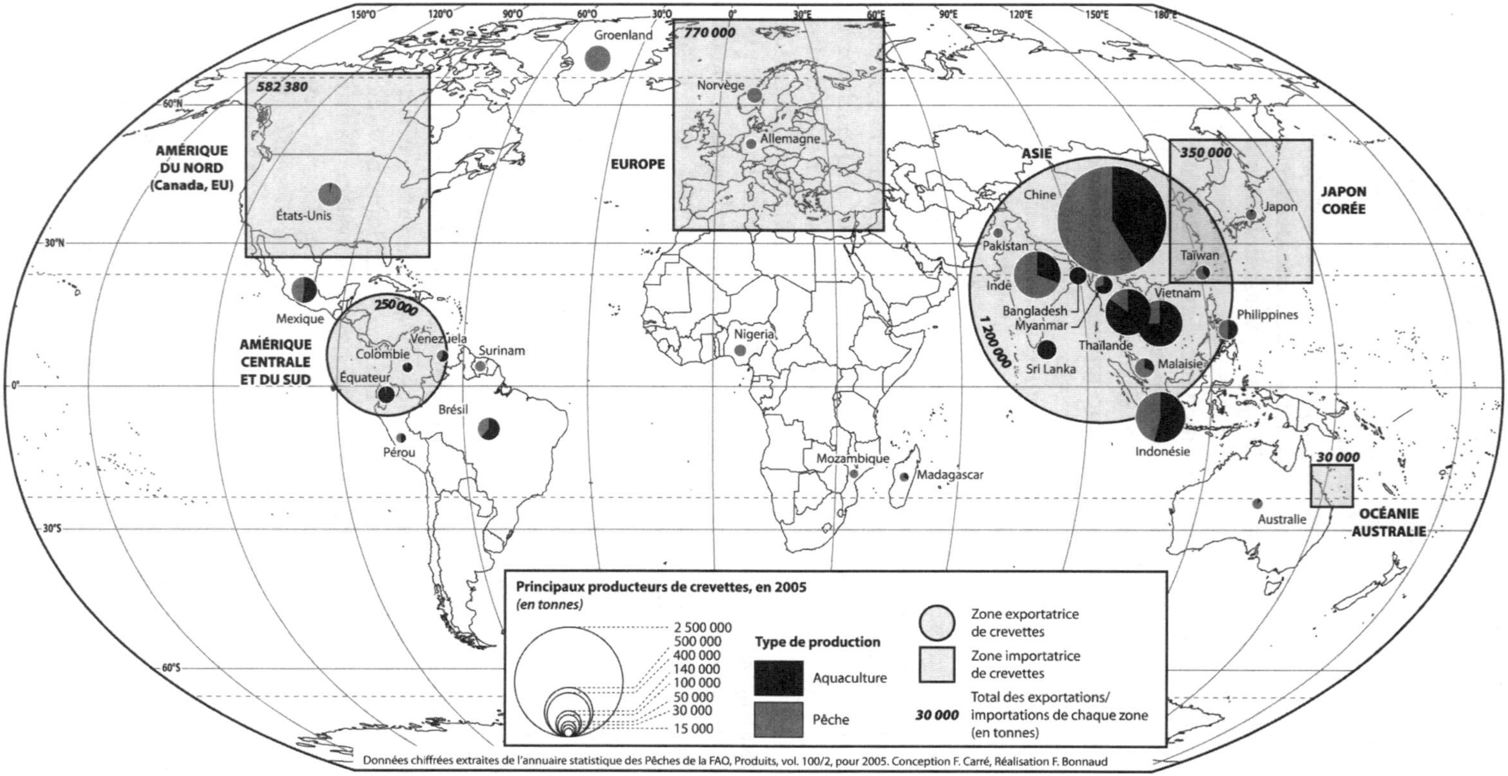

Données chiffrées extraites de l'annuaire statistique des Pêches de la FAO, Produits, vol. 100/2, pour 2005. Conception F. Carré, Réalisation F. Bonnaud

semblent avoir pris l'habitude d'acheter ces grosses crevettes, vendues moins cher et venues du Brésil, de Thaïlande, de l'Inde, du Viet Nam et de la Chine qui est désormais le premier fournisseur de l'Espagne. Avec l'expansion considérable de la crevetticulture, dont la production a augmenté d'environ 165 % de 1997 à 2004 et un euro fort ou un dollar très bas, les prix de cette denrée restent acceptables sur nos marchés, d'autant qu'il s'agit souvent d'un produit d'accompagnement dans nos repas. Cependant le marché international et les cours sont fluctuants, surtout que la production des élevages est irrégulière en raison d'épizooties parfois très sérieuses.

Ce commerce de la crevette est symbolique de la dynamique créée par l'aquaculture et de la mondialisation des marchés qui l'accompagne. Par la crevetticulture les pays développés utilisent la zone intertropicale et ses faibles coûts de main-d'œuvre pour obtenir des animaux qu'ils ne peuvent pas élever chez eux, qui conviennent à leurs marchés, mais qui restent inadaptés à la consommation des pays producteurs. Ceci accroît la disponibilité en produits aquatiques, sans profiter aux populations qui ont le plus besoin de protéines animales, ce qui renforce les inégalités dans la consommation.

Avec la création de nouveaux produits, l'ouverture de débouchés, l'élargissement des marchés et la mondialisation des échanges se pose la question cruciale de savoir si les espaces aquatiques ont la possibilité de répondre à l'expansion de la demande. Autrement dit, la pêche et l'aquaculture sont-elles en mesure de produire davantage et de façon durable ?

3. Quelles perspectives pour la pêche et l'aquaculture ?

Nous avons déjà évoqué les deux faits marquants qui ont permis d'améliorer le niveau de la consommation individuelle de « poisson », malgré la croissance démographique, à savoir les deux « révolutions industrielles » de la pêche qui, au XXe siècle, ont multiplié la production par 22, grâce à une exploitation de l'ensemble de l'océan Mondial, et l'essor de l'aquaculture depuis les années 1980 (Carré, 2002). Aujourd'hui la pêche est à l'origine de presque 95 Mt, tandis que l'aquaculture arrive à un peu plus de 62 Mt, en incluant les algues, ce qui fait une proportion respective de 60 et 40 %. Mais peut-on envisager de porter les captures de la pêche à un niveau supérieur à celui d'aujourd'hui ? Jusqu'où ira l'aquaculture ?

A. L'avenir de la pêche

Grâce à des techniques de production de masse, le chalutage de fond et de surface, la senne coulissante, à la conservation par le froid, toutes les ressources aujourd'hui techniquement accessibles et économiquement exploitables ont été mises en valeur, de sorte que la pêche avait atteint le seuil des 90 Mt dès le début des années 1990. Or, depuis une quinzaine d'années, on constate que les captures marines stagnent autour de 85 Mt par an. Certes les pêches continentales apportent un complément d'environ 9 Mt et continuent à s'améliorer lentement, mais on les sait limitées à court ou moyen terme. Avec une production qui plafonne entre 90 et 100 Mt les pêches auraient-elles atteint leur niveau maximum ? Pour comprendre les raisons de cette stabilisation, il faut d'abord présenter l'organisation des pêches maritimes mondiales et retracer leur évolution depuis quelques décennies.

1. Organisation des pêches dans le monde et tendance récente

Dans la seconde moitié du XXe siècle on a assisté à un élargissement planétaire des zones de captures massives, jusque-là circonscrites aux pêcheries de l'Atlantique Nord et du Pacifique Nord, berceaux des grandes puissances halieutiques qui furent à l'origine du chalutage de fond et des pêches intensives, à savoir les pays de l'Europe du Nord et de l'Ouest, les États-Unis, le Japon et même un peu plus tard, l'URSS. Certes, de nos jours, la zone tempérée boréale concentre encore 44 % des captures maritimes sur un total de 83,4 Mt en 2005, grâce à deux régions prépondérantes parmi les aires océaniques individualisées par la FAO à des fins statistiques (figure 8.5) :

– le Pacifique du Nord-Ouest qui baigne la Chine, le Japon et la Russie, d'où sont tirés 21,6 Mt, soit le quart du total mondial ;
– l'Atlantique du Nord-Est, autrement dit européen, loin derrière, avec 9,6 Mt.

La zone tropicale, pourtant plus étendue, ne fournit que le tiers de la production mondiale, bien que son rôle se soit beaucoup amélioré depuis un demi-siècle, puisqu'elle était à l'origine de 17 % des prises en 1960 (Moiseev, 1989). Certes, ses eaux sont biologiquement moins riches, sauf exceptions locales, que celles des zones tempérées, et ses riverains ne disposent pas des meilleurs moyens techniques pour exploiter la mer, mais c'est l'arrivée des grandes flottes de pêche des pays développés de l'hémisphère nord dans les années 1960, à la faveur de la congélation, qui a permis une mise en valeur plus intense et plus systématique des eaux tropicales. Les Américains sont venus y chercher des thons et des crevettes, les Japonais, les Coréens du Sud, les Espagnols et les Français des thons seulement, les Soviétiques et les pays de l'Europe de l'Est, des « poissons » plus ordinaires. Ce glissement des grandes flottes industrielles vers la zone chaude pour y exploiter des espèces dites « nouvelles », accompagné de transferts technologiques vers les pays du Tiers-monde a fait progresser les captures mondiales en favorisant aussi le décollage halieutique de certains pays riverains, notamment en Asie.

Quant aux eaux tempérées de l'hémisphère austral où les continents se font rares, elles sont éloignées des grands foyers de peuplement et ont toujours été marginales : 1 % des prises mondiales en 1950. En y incluant, comme le fait la FAO, la production des poissons à farine du Chili et du Pérou qui vivent en bordure de zone tropicale, leur position s'est améliorée ensuite, pour atteindre maintenant 18,8 Mt.

Cette expansion géographique des pêches de masse dans l'ensemble de l'océan Mondial a conduit à une diversification des arrivages, par l'entrée d'espèces jusque-là négligées et par l'intensification des prises de poissons utilisés depuis longtemps. De nos jours les captures se composent de 71Mt de poissons, de 5,5 Mt de crustacés et de 6,7 Mt de mollusques. Onze espèces de poissons dépassent le niveau du million de tonnes et la première, l'anchois du Pérou, a même franchi le seuil de 10 Mt. À l'exception du lieu d'Alaska, espèce endémique du Pacifique Nord, plus asiatique qu'américaine, qui occupe la seconde place (2,7 Mt), toutes, y compris deux thons tropicaux, appartiennent à la catégorie des poissons de surface, espèces grégaires et généralement plus faciles à capturer. Parmi elles, plusieurs sont des espèces dites « nouvelles » qui ont détrôné les poissons traditionnels de l'Atlantique Nord, hareng et morue, qui furent longtemps les plus pêchés. Cependant cette situation reste fragile et instable, à l'image de l'ensemble de la pêche mondiale.

Figure 8.5 – Production de la pêche et de l'aquaculture, algues incluses, en 2005

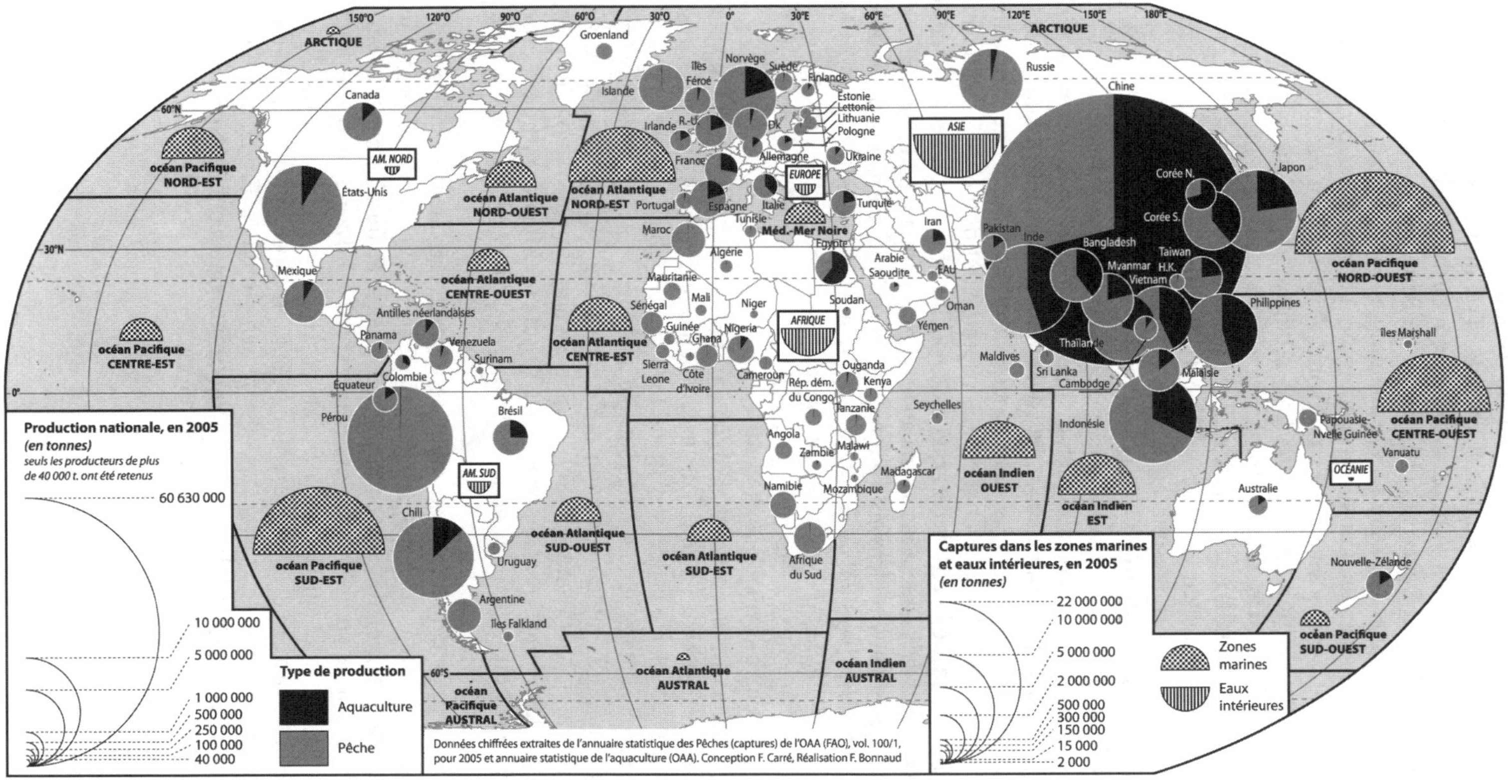

Ainsi la hiérarchie des grandes puissances halieutiques, à la fois cause et effet de ces bouleversements, a beaucoup changé. Traditionnellement les grands pays producteurs étaient des riverains de l'Atlantique Nord : en Europe, la Norvège, l'Islande, l'URSS, le Danemark, l'Espagne, le Royaume-Uni, et en Amérique, les États-Unis et le Canada auxquels s'ajouta le Japon qui occupa la première place dans les années 1970. La situation s'est transformée à partir de 1990 par suite de l'essor spectaculaire des pêches chinoises qui sont parvenues à un record de 17,3 Mt en 2005, et de l'apparition de plusieurs gros producteurs en Asie du Sud : Indonésie, Inde, Thaïlande qui capturent entre 4,5 et 2,5 Mt et dépassent largement les pays européens (figure 8.5). Enfin, en Amérique tropicale le Pérou est un cas original. Il est le second producteur mondial (9,3 Mt) derrière la Chine, grâce à ses prises d'anchois qui servent presque en totalité à fabriquer des sous-produits. Pour des raisons à peu près identiques, à savoir l'abondance de l'anchois et du pilchard, le Chili (4,3 Mt) se classe au 5e rang et en tête des pays de la zone tempérée australe, le Pérou étant en zone chaude, même si la FAO fait aller le secteur statistique du Pacifique du Sud-Est jusque sur sa façade. L'émergence de la Chine et de l'Asie du Sud et du Sud-Est a relégué les vieilles puissances halieutiques de l'Atlantique Nord et du Pacifique Nord, d'autant que leurs captures ont diminué, à des positions plus modestes et modifié le centre de gravité des pêches. Le développement des exportations et des échanges que nous avons analysé plus haut a rendu possible cette distorsion entre les grands centres consommateurs et les nouveaux producteurs.

En bref, vingt pays ont des captures supérieures à 1 Mt et totalisent 71 Mt, autrement dit 85 % de la production maritime mondiale. Parmi eux, douze sont en Asie, deux en Europe, plus la Russie à la fois européenne et asiatique, trois en Amérique du Nord et deux en Amérique du Sud

Tous ces bouleversements témoignent d'une volonté de produire davantage pour répondre à la demande en généralisant une exploitation intensive dans l'ensemble de l'océan de toutes les espèces disponibles et accessibles. Ainsi, après la seconde guerre mondiale, la production halieutique a augmenté à un rythme moyen supérieur à 6 % par an, plus rapide que celui de la croissance démographique (2 %) et de la production agricole (Troadec, 1989), d'où a découlé l'amélioration de la consommation de produits aquatiques analysée précédemment. Mais ce rythme s'est fortement ralenti.à partir du milieu des années 1970 pour arriver au plafonnement actuel des résultats (fig. 8.6).

À la faveur de cette mondialisation, on a vérifié ce que l'on savait, sans en avoir eu la preuve éclatante, à savoir que la pêche est une activité prédatrice qui se contente de prélever des ressources « sauvages » et qu'elle est tributaire de leur renouvellement spontané. Jusqu'aux années 1970, on a pu répondre à l'élargissement de la demande sur les marchés par une fuite en avant vers des espèces et des espaces nouveaux, mais il est devenu évident que l'océan est lui aussi un « monde fini » et que ses ressources vivantes ne sont pas illimitées. En témoignent les graves crises qu'a connues la pêche depuis quelques décennies et les restrictions de plus en plus contraignantes imposées à son exercice.

Figure 8.6 – L'évolution de la production aquatique mondiale de 1800 à 2005

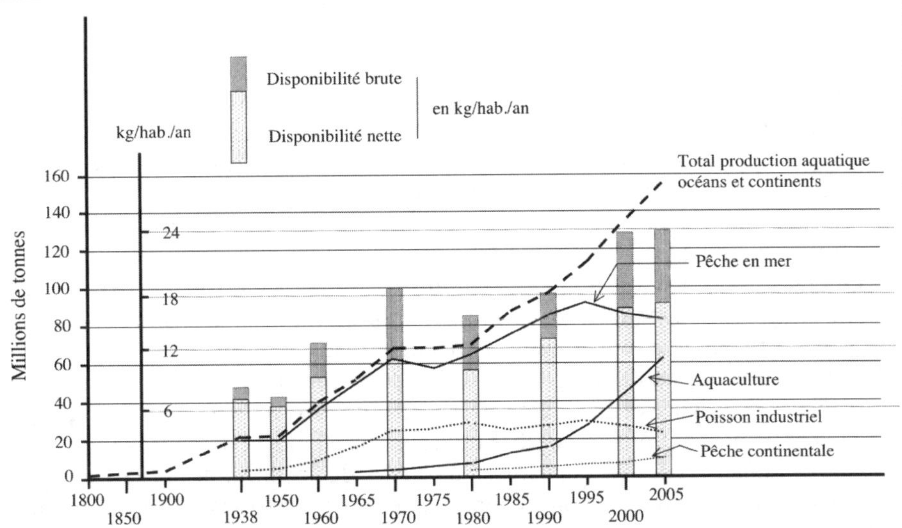

La disponibilité brute est calculée sur le total de la production aquatique, la disponibilité nette après soustraction du poisson à usage industriel.
Source: annuaires statistiques des pêches (OAA-FAO) pour 1938 - 2005; estimations de Moiseev (1985 et 1989) pour la période antérieure; statistiques de l'aquaculture (OAA-FAO), 1996 - 2005.

F. Carré, 2008

2. Les grandes crises de la seconde moitié du xxe siècle et l'encadrement des pêches

Les crises, manifestations probables de la « surpêche »

Après les « vingt glorieuses » (1950-1970) de la pêche, les quatre dernières décennies pourraient être qualifiées des « quarante douloureuses », ponctuées par une série de crises graves, provoquées par l'effondrement spectaculaire des captures de poissons jusque-là très abondants : crise du hareng dans l'Atlantique du Nord-Est à partir de 1969 (Carré, 1988 ; 2002), du pilchard de Namibie (1970-1971) et de l'anchois du Pérou à partir de 1972, pour ne citer que les plus marquantes. Sans être nouveaux, car d'autres espèces avaient enregistré auparavant des reculs prononcés, par exemple le pilchard du Japon entre 1938 et 1940, la sardinelle des Indes dans les années 1940, ces phénomènes ont frappé par leur ampleur, leur brutalité et leur multiplication. En quelques années, entre 1972 et 1975, la pêche minotière péruvienne s'est effondrée, au point qu'il fallut interdire la capture des anchois dont les stocks ont mis ensuite plus de vingt ans à se reconstituer, tout en restant depuis très fragiles et irréguliers : 1,7 Mt en 1998, puis 11,3 Mt en 2000. On a cherché des causes naturelles, d'ordre hydrologico-biologique, à ces raréfactions imprévues, et il est certain que l'« upwelling » péruvien connaît parfois des « pannes » qui appauvrissent les eaux, avant d'incriminer les prélèvements massifs et sans limite de la pêche à finalité industrielle. De même, les captures importantes de jeunes harengs immatures par les Soviétiques et les Islandais en mer de Norvège, et par les Danois en mer du Nord pour fabriquer de la farine ont une large part de responsabilité dans l'effondrement des différents stocks de cette espèce (Corlay, 1993). Des poissons de fond ont été aussi affectés, par exemple le lieu d'Alaska dans le Pacifique Nord. En bref, on s'est aperçu que les pêches intensives, stimulées par un marché presque illimité avaient entamé la faculté naturelle de reconstitution des stocks et que l'on était entré dans l'ère de la « surpêche », équivalent français d'« overfishing », c'est-à-dire de la surexploitation des ressources vivantes. Aujourd'hui les experts de la FAO. estiment que dans l'océan Mondial la moitié des stocks sont pleinement exploités et qu'un quart sont surexploités, le nombre de ces derniers ne cessant d'augmenter. La quasi-totalité des dix premières espèces qui sont à l'origine de 30 % des captures mondiales sont en situation de surpêche.

Les pêcheurs ont réagi à ces crises en reportant leur effort de pêche sur des espèces géographiquement proches et susceptibles d'avoir les mêmes débouchés, quand elles existaient, par exemple le capelan en Islande, le pilchard et le chinchard au Pérou et au Chili, au risque de ne pas compenser les pertes subies et de déplacer la surpêche vers d'autres stocks. Par un jeu de dominos, il y a eu ainsi une propagation de la surexploitation à un nombre croissant de stocks et d'espèces.

Dans ce contexte, des responsables nationaux des pêches, des organismes internationaux et des scientifiques ont recommandé des restrictions à l'exploitation et la modification des règles d'accès aux ressources.

L'abandon de la liberté de la mer

Pendant des siècles avait régné le régime juridique de la mer ouverte, « mare liberum », qu'avait préconisé le Hollandais Grotius au XVIIe siècle. Cela signifiait que les ressources vivantes appartenaient à personne, sauf à ceux qui voulaient bien les exploiter, en dehors de bandes très étroites devant les États riverains, appelées eaux territoriales où les États se réservaient l'exclusivité de la pêche. Au-delà de ces zones de quelques milles de large, le domaine dit de « la haute mer » était international et librement accessible.

Ce régime a favorisé les grandes flottes halieutiques et leur expansion mondiale, puisqu'elles pouvaient opérer presque partout, y compris devant les côtes de pays du Tiers-monde, à condition de respecter les eaux territoriales. De nombreux riverains ont vu dans cette présence étrangère un pillage et un gaspillage intolérables de leurs ressources. C'est pourquoi des revendications sont apparues pour un élargissement des eaux territoriales ou, mieux encore, pour la création au bénéfice des États riverains de zones économiques exclusives (ZEE) larges de 200 milles marins (370 km) dans lesquelles ils bénéficieraient de l'exclusivité de l'utilisation de toutes les ressources, vivantes et minérales. Les ZEE se multiplièrent de façon sauvage et unilatérale, au point que les Nations Unies durent accepter de refondre le droit de la mer. La convention signée en 1982, puis entrée en application en 1994, a autorisé tout État qui le souhaiterait à créer une ZEE sur sa façade maritime. Comme la plupart des ressources vivantes sont sur les marges continentales de l'océan, celles-ci ont été placées de fait sous la juridiction des États riverains, ce qui équivaut à leur nationalisation (Uthoff, 2000) et met presque un terme, du point de vue de la pêche, à la liberté de la mer. Les grandes puissances halieutiques en furent les premières victimes et durent soit se replier sur leur propre ZEE soit négocier des droits d'accès, moyennant finance ou assistance technique, dans les ZEE de pays étrangers (Carré, 2005).

En outre, en restreignant beaucoup la liberté d'exploitation, on conférait aux États riverains et aux organisations régionales de pêche un pouvoir de gestion des ressources.

Gestion des ressources et encadrement de la pêche

Il devenait évident, en effet, que les ressources « sauvages » n'avaient pas une abondance illimitée et qu'il fallait les gérer dans la durée en essayant d'adapter les captures et l'effort de pêche à la dynamique des stocks, en appliquant les concepts de la théorie des pêches, élaborés par les scientifiques, aussi imparfaits et approximatifs fussent-ils. Ainsi sont apparues de nombreuses mesures réglementaires, des systèmes de quotas de captures, des licences de pêche, des cantonnements qui avaient tous pour objectif de restreindre l'exercice de la pêche et de réduire les captures. Ces mesures coercitives, mal acceptées par les pêcheurs qui ont plutôt tendance à nier l'épuisement des stocks, mais souhaitables dans une perspective de gestion rationnelle, c'est-à-dire de pérennité de la ressource, ont inévitablement porté un coup d'arrêt à l'expansion de la pêche. On limitait les prises pour les espèces les plus menacées au moment où l'on découvrait que l'océan était fini et qu'il n'y avait plus de ressources nouvelles à mettre en valeur.

La pêche est alors entrée dans une ère nouvelle de restrictions ; elle s'est heurtée en quelques décennies à ses propres limites, beaucoup plus rapidement qu'on ne le pensait, car l'océan n'a pas la richesse quasi illimitée qu'on lui prêtait volontiers autrefois. On comprend mieux, dès lors, le plafonnement des résultats depuis les années 1980. La question essentielle qui se pose désormais pour l'avenir de la pêche est de connaître le volume global approximatif qu'il est raisonnable de prélever chaque année sans menacer la survie des populations marines exploitées.

3. Où se situe, pour la pêche, le seuil de l'exploitation optimale et durable ?

Plusieurs éléments sont à prendre en compte pour aboutir à des estimations plausibles. Les espèces animales capturées par la pêche appartiennent aux maillons supérieurs d'une chaîne trophique ou pyramide alimentaire qui part des végétaux, les seuls producteurs nets de matière vivante, en l'occurrence le phytoplancton et les macrophytes (algues), pour aboutir à des poissons carnassiers de grande taille, comme les thons et les requins, en passant par le zooplancton, les petits poissons planctonophages, puis carnassiers. Or, tout au long de cette chaîne alimentaire, le rendement est faible, de l'ordre de 10 ou 15 % quand on passe d'un maillon à l'autre. C'est dire que malgré l'abondance de la production primaire par les végétaux, la biomasse est fortement réduite quand on arrive au troisième ou quatrième échelon de la pyramide. En outre, les prises de la pêche ne portent que sur une partie de l'ichtyofaune, c'est-à-dire sur des espèces d'intérêt commercial et suffisamment abondantes pour assurer la rentabilité des navires et des entreprises.

Compte tenu de ces données, les biologistes marins, après avoir longtemps cru à des ressources océaniques inépuisables, ont cherché à quantifier les volumes annuels dont pouvait disposer la pêche, soit par des calculs à partir de la quantité de matière vivante fabriquée par les végétaux, ce que l'on mesure assez bien, soit à partir des résultats de la pêche dans des secteurs de l'océan intensément exploités, compte tenu des grandes inégalités régionales dans les valeurs de la biomasse. Naturellement les estimations obtenues diffèrent, mais, si l'on élimine des résultats peu crédibles, on s'aperçoit que beaucoup d'auteurs se rejoignent vers un plafond théorique de 100 à 120 Mt par an pour les ressources classiques. Telle était l'estimation de Gulland

(1971) à laquelle se ralliaient volontiers d'autres Britanniques. Les Soviétiques envisageaient un niveau un peu inférieur, de 80 à 100 Mt, pensait Moiseev (1989).

Pour dépasser ces valeurs, il faudrait que la pêche puisse prélever de la matière vivante à des niveaux inférieurs de la chaîne trophique où cette dernière est évidemment beaucoup plus abondante, par exemple en utilisant du macroplancton, à condition de résoudre les problèmes de sa capture, de sa préparation et de son acceptabilité par les consommateurs. Quelques espoirs sont nés en ce sens dans les années 1975-1985, lorsque les Japonais et les Soviétiques ont tenté de capturer du « krill », une petite crevette de 2 à 3 cm, appartenant au zooplancton de l'océan Austral où elle est la nourriture des baleines. À partir de ce petit crustacé on a fabriqué des pâtes, parfois vendues en tubes, qui apportaient, certes, des protéines, mais ne répondaient pas au goût et aux attentes des consommateurs, alors que les campagnes de pêche, au large, sous les latitudes moyennes de l'hémisphère sud coûtaient très cher. Faute de débouchés, ces tentatives sont restées sans lendemain et il semble que le plancton, même de grande taille ne soit pas susceptible, pour le moment, de remplacer les ressources dites conventionnelles.

En dehors du plancton, il existe aussi en abondance des poissons méso- et bathypélagiques, autrement dit des espèces du large et plus profondes que celles que l'on utilise actuellement, dans la grande famille des Myctophidés ou poissons-lanterne, par exemple, qui compte environ 230 espèces et joue un grand rôle dans les chaînes trophiques océaniques. Ces espèces pourraient peut-être faire l'objet d'une mise en valeur, à condition de savoir les rendre acceptables par les consommateurs, car les poissons de la plupart de ces espèces mesurent entre 3 et 10 cm de long. À supposer que ces ressources non classiques puissent entrer dans les circuits de l'alimentation humaine, ce ne serait qu'une solution provisoire qui repousserait un peu la limite de l'exploitation.

En réalité, ceci soulève une dernière question encore plus cruciale : pourquoi la biomasse des niveaux supérieurs de la chaîne trophique n'est-elle pas plus abondante dans l'océan ?

Les cartes de répartition de la biomasse totale à la surface du globe quand elles prennent en compte à la fois les milieux océaniques et continentaux, montrent bien l'infériorité des premiers. En mer les valeurs sont comprises entre moins de 0,01 et moins de 0,6 kg/km^2 en moyenne annuelle, alors que sur les terres émergées les valeurs s'échelonnent de moins de 0,6 à plus de 125 kg/km^2. En outre, dans les océans, la vie est concentrée dans les eaux superficielles et sur les marges continentales, dans une province que l'on appelle « néritique » où se pratiquent presque toutes les pêches, à quelques exceptions près, comme celles des thons tropicaux qui vivent au large. Autrement dit la haute mer est quasiment désertique, sauf quand une île permet la reconstitution d'un écosystème néritique sur ses marges. Selon la belle formule du biologiste marin britannique Yonge, les îles du large sont des « oasis dans le désert ». On comprend dès lors que l'océan ne soit pas cet immense garde-manger qu'avaient imaginé certains biologistes du XIXe siècle en découvrant la richesse des eaux côtières et en la généralisant à l'ensemble des océans.

Comme la pêche ne prélève qu'une faible part de la biomasse océanique, ses rendements sont faibles, de l'ordre de 230 kg/km^2, si on rapporte la production marine à la surface totale de l'océan Mondial. En réalité, les rendements sont très inégaux d'un endroit à l'autre. La carte qu'avait établie Moiseev (1989) et qui reste d'actualité, car la situation n'a guère changé, montrait bien la décroissance des valeurs de la côte vers le large : plus de 3 000 kg/km^2 en mer du Nord et moins de

10 au centre de l'Atlantique. De même, il existe de grands écarts entre les provinces néritiques elles-mêmes. Les rendements halieutiques les plus élevés sont loin d'égaler ceux que les agriculteurs obtiennent sur des surfaces terrestres, bien que la tranche d'eau ait une épaisseur verticale. Dès lors, il n'est pas étonnant que la pêche maritime, malgré l'immensité des océans, contribue aussi peu à la nourriture des hommes qui doivent tirer leurs aliments des 148 millions de km^2 des terres émergées dont le tiers seulement est utilisable pour des activités de production agricole. Peut-on espérer changer la situation par l'aquaculture ?

B. L'avenir de l'aquaculture

Passer d'une économie de prédation, celle de la pêche, à des systèmes de cultures et d'élevages généralisés en milieu marin serait, en raison de la dimension de l'océan, une solution miracle pour nourrir les hommes. Nous avons vu que l'amélioration de la consommation des produits aquatiques reposait depuis trente ou quarante ans sur les progrès de l'aquaculture, à la fois en eau douce où les espaces sont limités et plus sensibles à la pollution, et en mer. Mais là encore il s'agit de savoir quelles sont les perspectives de l'aquaculture. Faut-il croire à une « révolution aquacole » comparable à celle qu'apporta aux hommes l'agriculture au Néolithique, en imaginant que l'homme est en mesure de maîtriser l'aquaculture dans l'ensemble des océans, ou bien faut-il être moins idéaliste en entrevoyant les limites et les difficultés de la mariculture à partir de la situation présente et de son évolution depuis une quarantaine d'années.

1. Situation et transformation de l'aquaculture

Organisée autour de l'élevage de poissons et qualifiée de pisciculture, l'aquaculture est pratiquée, dit-on, depuis plusieurs millénaires en Chine, peut-être en Égypte, dans les eaux douces. Son apparition en mer, sur les littoraux, ce que l'on nomme aujourd'hui la mariculture, daterait du début de notre ère, toujours en Chine (Moiseev *et al.*, 1985). Elle s'est étendue par la suite dans le monde sous des formes toujours extensives ou semi-intensives, sans parvenir à de grosses productions. En 1950, l'aquaculture ne fournissait guère plus de 650 000 tonnes, par moitié en eau douce et en mer, alors que la pêche atteignait déjà plus de 20 Mt. Elle portait alors sur des poissons dans les eaux douces et sur des mollusques (coquillages) et des algues sur les littoraux. La forme de mariculture la plus répandue était celle que connaissaient les côtes françaises, à savoir la conchyliculture ou élevage de coquillages, en l'occurrence les huîtres et les moules, par des systèmes semi-intensifs qui consistaient à contrôler le grossissement de jeunes animaux prélevés dans le milieu marin.

La situation de l'aquaculture a changé profondément à partir des années 1970, quand on a réussi à maîtriser la totalité du cycle biologique de certains animaux et mis au point des élevages véritablement intensifs en milieu fermé avec des écloseries et une nourriture artificielle. Ainsi est apparue la « révolution aquacole », évoquée plus haut, qui dans les années 1980 devait provoquer le décollage de l'aquaculture et la conduire à une croissance spectaculaire depuis une vingtaine d'années (fig. 8.6). De 3,5 Mt en 1970 l'aquaculture est passée à 45 Mt en 2000, au rythme de plus d'un doublement tous les dix ans, pour parvenir à presque 63 Mt en 2005. Le phénomène a touché aussi bien les eaux douces que la mer. Les premières fournissent aujourd'hui presque 30 Mt et la mariculture arrive à 33 Mt. En eau douce la production repose presque exclusivement sur des poissons, des Cyprinidés (carpes) pour 19,5 Mt, des tilapias et autres Cichlidés, sans oublier quelques mollusques et crustacés. À l'inverse, en mer, la production est dominée par les algues (14,7 Mt), les coquillages (13,3 Mt), des crustacés (presque 3 Mt), enfin par des poissons, au premier rang desquels, les saumons. En effet, l'élevage marin des poissons n'est maîtrisé que pour un petit nombre d'espèces et soulève encore beaucoup de difficultés scientifiques et techniques.

Berceau de l'aquaculture, l'Asie concentre de nos jours 92 % de la production mondiale, soit presque 58 Mt sur 63, aussi bien en eau douce qu'en mer, et ses résultats ont doublé entre 1995 et 2005. Ceci est largement l'œuvre de la Chine, première puissance aquacole avec ses 43,2 Mt, dont plus de 32 Mt d'animaux et 10,8 Mt d'algues, ce qui représente presque 70 % du total mondial (fig. 8.5). La prééminence mondiale de ce pays est encore plus affirmée ici que dans le secteur de la pêche. L'aquaculture y a connu une envolée exceptionnelle et unique au monde, caractérisée par un rythme moyen de croissance de 10 % par an depuis 1970, aussi bien dans les eaux continentales que sur les littoraux, alors qu'ailleurs dans le monde les taux n'étaient que de 6 à 7 %. Faut-il rappeler que la mariculture chinoise ne procurait qu'une centaine de milliers de tonnes en 1965, essentiellement des algues et des coquillages. Des espèces nouvelles ont été introduites et élevées depuis, des poissons, des crevettes et des crabes. Il a fallu aménager de vastes surfaces littorales et prélittorales en repoussant vers le large jusqu'à l'isobathe de 50 m la limite d'exploitation des eaux marines, pour des élevages semi-intensifs de mollusques ou franchement intensifs pour les crevettes, au risque d'aboutir à des surmortalités catastrophiques dans les bassins, comme celles de 1993-1994 (Carré, 1999).

C'est encore en Asie, mais loin derrière la Chine, que se situent des pays dont l'aquaculture dépasse un ou deux millions de tonnes : l'Inde (2,8 Mt), l'Indonésie (2,1 Mt), puis les Philippines, le Viet Nam, le Japon et la Thaïlande. Certains, tels l'Inde, l'Indonésie et les Philippines accordent encore une assez large place à une mariculture extensive et traditionnelle, voire vivrière, dans des lagunes ou des bassins sommairement aménagés dans les mangroves, en Indonésie particulièrement. C'est ainsi que l'on élève le poisson-lait (milkfish, *Chanos chanos*) dans les tambacks en Indonésie et aux Philippines. D'autres ont opté pour une mariculture intensive, le Japon, la Thaïlande et le Viet Nam. Le Japon fut un pionnier de cette forme moderne d'élevage, notamment de crevettes et de poissons, dans les années 1970 et pourtant sa production stagne depuis quinze ans autour de 1,2 Mt.

Hors d'Asie l'aquaculture n'a pas la même envergure, ne serait-ce qu'en raison de la quasi-absence de la culture des algues, puisque les végétaux marins appartiennent à l'aire alimentaire et culturelle de l'Asie. Quelques pays tropicaux se sont lancés dans la crevetticulture : l'Équateur et le Brésil en Amérique du Sud, sans obtenir des volumes comparables à ceux de l'Asie (fig. 8.5). L'Afrique est encore très peu impliquée dans cette activité, alors que ses littoraux s'y prêtent.

En zone tempérée l'Europe occidentale et l'Amérique du Nord ont une tradition d'élevages de coquillages en mode semi-intensif. Ici les développements les plus récents ont porté sur la salmoniculture, en Norvège, premier producteur mondial, en Écosse et, dans l'hémisphère sud, au Chili, après transplantation de l'espèce de l'Atlantique Nord. Cette activité, née dans les années 1970 en Norvège, a connu une grande expansion, soutenue par la forte demande de saumon, un poisson jusque-là réputé, rare et cher dans les pays développés. Elle exige des eaux fraîches et très pures, ce qui la confine aux bordures froides de la zone tempérée et à des littoraux assez peu humanisés. Comme on le voit, chaque espèce a ses contraintes écologiques, mais l'aquaculture dans son ensemble est aussi soumise à de nombreux impératifs, susceptibles de freiner son expansion (Ferlin, 1994).

2. Jusqu'où ira la croissance de l'aquaculture ?

L'avenir d'une activité en plein développement est difficile à prévoir. Il faut éviter de se laisser porter par un optimisme excessif, car la mise en valeur des océans n'est pas aussi simple que celle des continents et la totalité de la surface océanique ne se prête pas à l'aquaculture. Très probablement la croissance récente trouvera ses limites et se heurtera à des obstacles difficiles à surmonter. À l'inverse, il ne faudrait pas mésestimer la place que pourront occuper les élevages marins dans l'alimentation dc l'humanité. Pour preuve cette remarque d'un spécialiste français de la pêche et des élevages marins vers 1960, cruellement démentie aujourd'hui par les faits, qui disait que « l'aquaculture ne sera jamais à la pêche que ce que l'horticulture est à l'agriculture » (cité par Harache et Laubier, 2003).

Sans se livrer à des prévisions hasardeuses, on peut tout de même envisager ici les problèmes que devra affronter l'aquaculture et qui freineront un jour son expansion. Ceci porte sur les formes les plus modernes et les plus intensives de la mariculture, car en eau douce on sait que les développements sont nécessairement limités par la dimension des plans d'eau et par des phénomènes de pollution. Quant à la mariculture extensive et vivrière, elle est moins exposée, même si elle est dévoreuse d'espaces littoraux.

Sans vouloir aller trop loin ici, retenons quatre groupes de défis posés à la mariculture intensive.

– Des problèmes techniques et scientifiques

Pour progresser, elle doit parvenir à maîtriser la reproduction et l'élevage en milieu fermé d'animaux sauvages qui appartiennent à une grande variété d'espèces. Ceci implique des connaissances scientifiques qui sont loin d'être acquises, dans la mesure où l'on ne parvient à élever qu'un petit nombre d'espèces, en principe les plus côtières et les plus sédentaires, même si en Australie et au Japon on commence à maîtriser la production du thon rouge.

La concentration, sans doute excessive, de ces animaux dans des espaces fermés provoque des pathologies virales et bactériennes qui s'avèrent aussi brutales que redoutables et qui entraînent des hécatombes. Pour donner une idée de cette intensivité il suffit de comparer les rendements par hectare des élevages extensifs traditionnels de crevettes en Thaïlande, de l'ordre de 230 kg/ha, à ceux que l'on obtient dans les fermes modernes, environ 4 780 kg/ha.(Uthoff, 2000). Rien d'étonnant à ce que ces dernières soient limitées aux littoraux et aux eaux côtières, car leurs installations ont besoin, en général, d'un substrat, notamment la culture des algues, même si avec des cages flottantes on peut s'en affranchir et, par conséquent, s'avancer plus loin vers le large. Dans ce dernier cas, cependant, celui de l'élevage de poissons, il faut veiller à ce que les cages soient dans des endroits abrités, donc près des côtes, et qu'elles puissent être surveillées et rapidement accessibles. Ainsi la mariculture est une activité d'eaux peu profondes. Or, l'organisation bathymétrique de l'océan est telle que le domaine des plates-formes continentales, entendu jusqu'à une profondeur de 200 m, ne couvre que 25 millions de kilomètres carrés, dont il faudrait retrancher les 6 millions de km^2 des plates-formes arctiques et antarctiques impropres à ces élevages.

En réalité, il n'y a que la partie interne des plates-formes qui soit susceptible de recevoir les installations aquacoles. Si l'on fixe la limite du domaine utilisable à l'isobathe 20 m, cela donne une surface disponible de 0,76 million de km^2, selon les calculs de Moiseev (1989), dont il faut soustraire les secteurs impropres à ces aménagements pour des raisons diverses, climatiques ou hydrologiques par exemple. Il resterait, selon le même auteur, 500 000 kilomètres carrés propices à la mariculture, ce qui correspond à 1/30 de la surface cultivée sur les continents. Même en allant jusqu'à 50 m de profondeur, dans des conditions d'exploitation plus délicates, la révolution aquacole sera loin d'avoir l'ampleur de la révolution agricole du Néolithique.

En tablant sur une production moyenne de 200 t/km^2 – elle est de 350 t au Japon et de 300 t en Chine – on peut espérer obtenir environ 100 Mt de produits aquatiques par la mariculture, à peu près l'équivalent du volume obtenu par la pêche maritime, auxquels s'ajouterait la production des eaux douces.

Certes d'autres possibilités existent, comme le pacage marin ou « sea ranching » qui consiste à produire des juvéniles de diverses espèces marines en écloserie et à les lâcher en mer pour repeupler les eaux. Cette méthode très extensive qui améliore ensuite les résultats de la pêche est employée par les Japonais pour maintenir les populations de saumons du Pacifique Nord. On peut aussi, pour augmenter les rendements de la pêche, installer sur le fond de la mer en zone côtière des récifs artificiels qui contribuent à favoriser la densité des populations sauvages, mais ils connaissent des épizooties périodiques qui entraînent des reculs sévères de la production. La Thaïlande, Taiwan, la Chine, l'Inde et l'Équateur ont connu de telles catastrophes dans les années 1990, sans que les antibiotiques ni les vaccinations aient pu éradiquer ces maladies. Les marchés internationaux s'en trouvent désorganisés pendant plusieurs années.

– Des problèmes économiques

L'aquaculture intensive repose sur des investissements élevés pour la construction des « fermes », des écloseries, et leur fonctionnement : frais de personnels scientifiques, de main-d'œuvre, nourriture des animaux, etc.. Par conséquent, pour dégager des profits suffisants, ces entreprises doivent viser des produits nobles à haute valeur marchande, destinés aux marchés internationaux, saumons, crevettes, bars, daurades, turbots par exemple. Elles tournent le dos aux productions vivrières que fournissaient les aquacultures traditionnelles et extensives dans les pays du Tiers-monde. Elles améliorent la consommation des produits aquatiques dans les pays riches, mais à condition de trouver un prix d'équilibre rémunérateur sur ces marchés où les productions aquacoles subissent la concurrence d'espèces identiques ou voisines issues de la pêche et, en général, plus appréciées. Les apports de saumons d'élevage ont fait baisser les cours qui n'ont plus rien de comparables au prix du saumon sauvage. On en vient à vendre à un prix modique un produit de grande réputation… mais qui n'est pas l'équivalent et n'a pas la même saveur. Le bar d'élevage coûte nettement moins cher que le bar sauvage, de chalut et surtout de ligne. En outre, il faut compter sur l'irrégularité des cours due aux fluctuations de la production. Le saumon a connu des crises de mévente qui ont affecté les grosses sociétés qui s'étaient lancées dans cet élevage en Europe (Guiffre, 1990).

– Le défi des espaces disponibles pour les installations aquacoles est sans doute l'un des plus sérieux.

Pour le moment la mariculture a favorisé la densité des populations sauvages. Mais il faut savoir que tout milieu naturel a une charge biotique maximale que les repeuplements ne sauraient lui faire dépasser.

Le problème des espaces disponibles se pose aussi en d'autres termes, car la mariculture occupe des eaux côtières déjà utilisées ou convoitées par d'autres activités littorales. Elle entre ainsi en conflit d'usages avec bien d'autres formes d'occupation des côtes : industries, tourisme, champs d'éoliennes, etc.. Dans un pays comme le Japon le domaine côtier arrive à saturation et on attribue au manque d'espaces disponibles la stagnation de la mariculture dans ce pays.

Cette multiplication des usages dans une zone côtière nécessairement étroite induit aussi une dégradation de la qualité des eaux, très préjudiciable à l'élevage de certaines espèces, les saumons par exemple. Les Norvégiens ont imposé des normes strictes à l'installation des fermes de salmoniculture dans leurs fjords, qui ont freiné le développement de ces activités et incité même des investisseurs à se reporter sur les fjords écossais et féringiens où la législation était moins contraignante. Sachant que les eaux littorales sont parmi les plus polluées, les fermes aquacoles ne peuvent qu'accroître la pollution organique et biochimique, car les animaux d'élevage ingurgitent des antibiotiques qu'ils libèrent ensuite dans l'eau, sans oublier la pollution génétique des stocks sauvages par des spécimens échappés des parcs ou des cages (Harache, Laubier, 2003) ou relâché volontairement pour le pacage marin.

C'est aussi au nom de la qualité du milieu et de la préservation des écosystèmes littoraux que des voix s'élèvent contre l'extension des élevages de crevettes en zone chaude, parce qu'ils contribuent à la destruction des mangroves. Uthoff (1998) se faisait l'écho de leur recul rapide en Asie du Sud-Est, sous l'effet de l'expansion de la crevetticulture, associée à d'autres facteurs. On estime que la moitié des surfaces de mangrove ont disparu au cours des dernières décennies en Thaïlande et aux Philippines.

– Enfin les formes les plus modernes de l'aquaculture souffrent d'un grave inconvénient inhérent à leur fonctionnement : la consommation de poisson que leur fournit la pêche. Certes, les systèmes traditionnels, extensifs ou semi-intensifs, qui se bornent à laisser grossir sous surveillance des animaux qui s'alimentent eux-mêmes dans le milieu marin, comme la conchyliculture, n'encourent pas ce reproche, d'autant que ces mollusques se nourrissent à la base de la chaîne trophique. En revanche, tous les élevages intensifs de poissons et de crustacés impliquent une nourriture artificielle, fabriquée à partir de farine et d'huile de poissons, voire de petits poissons entiers, les « trash fishes », le poisson-fourrage. Une étude récente de la FAO a souligné l'importance des besoins de l'aquaculture en ce domaine (Tacon *et al.*, 2006). En 2003 elle absorbait 3 Mt de farine et 0,8 Mt d'huile, soit 53 et 86 % de l'ensemble de ces sous-produits du « poisson ». Désormais l'aquaculture en consomme davantage que les élevages de porcs et de volailles. Convertis en équivalent-poisson, les tonnages cités ci-dessus correspondent à 15-18 Mt, auxquels s'ajoutent 5 à 6 Mt de « poisson-fourrage ». Autrement dit l'aquaculture a besoin de 20 à 25 Mt de poissons issus de la pêche pour produire 30 Mt de poissons et de crustacés. L'avantage est mince d'un point de vue quantitatif, mais l'intérêt économique réside dans la transformation, au passage, d'espèces de qualité médiocre et bon marché en produits de luxe. Parfois les taux de conversion sont encore beaucoup moins favorables. Par exemple, il faut 50 000 à 60 000 tonnes de pilchard pour obtenir 30 000 t de thons rouges d'élevage. Ce faisant l'aquaculture ponctionne entre un quart et un cinquième de la production mondiale des pêches. Alors que ces poissons pourraient avoir un usage alimentaire et nourrir les populations des pays qui les capturent, on les transforme en animaux à haute valeur marchande qui seront écoulés sur les marchés des pays développés. Un système que certains jugent contestable (Chaussade, 1994), mais que d'autres estiment bénéfique, parce qu'il assure une complémentarité entre la pêche et l'aquaculture en offrant des débouchés et des emplois à des communautés de pêcheurs (Doumenge, 1995).

Conclusion

Malgré la croissance démographique et son accélération au XXe siècle, la consommation per capita des produits aquatiques a augmenté peu à peu, en même temps que le « poisson » parvenait à des populations qui n'y avaient pas accès auparavant. Ceci a été obtenu par un accroissement de l'offre à la suite des deux « révolutions industrielles » des pêches maritimes, puis de l'essor d'une aquaculture intensive à partir des années 1980, associée à une mondialisation des échanges.

Il reste que les produits aquatiques continuent d'occuper une place secondaire parmi les aliments dont disposent les hommes et que les progrès s'avèrent de plus en plus difficiles. La pêche plafonne parce que le niveau des captures a quasiment atteint le maximum que peuvent offrir les ressources conventionnelles. En revanche, la mariculture recèle des possibilités d'expansion, bien que sous ses formes les plus intensives, elle commence à rencontrer des butoirs : disponibilité en espaces côtiers, pollution des eaux, besoin de sous-produits et de poisson-fourrage. Cette aquaculture spéculative devra, pour continuer à se développer, remplacer la farine et l'huile de poisson par des produits analogues issus de l'agriculture ou par des protéines animales prélevées aux niveaux inférieurs de la chaîne trophique marine (Tacon *et al.*, 2006). On pourrait envisager d'utiliser la pâte de krill, mentionnée plus haut, dont les hommes n'ont pas voulu. En outre, il faudra aussi s'interroger, dans une perspective de « durabilité » et d'amélioration quantitative et qualitative de l'alimentation mondiale, sur la pérennité d'un système qui repose sur des logiques économiques internationales et sur la mondialisation au service des hommes les mieux nourris. Ne serait-il pas préférable de favoriser l'expansion d'une aquaculture moins intensive et moins artificielle qui utiliserait les écosystèmes marins en s'y intégrant et qui s'efforcerait de répondre aux besoins des populations locales dans les pays producteurs ?

Cependant, quels que soient les visages à venir de l'aquaculture, il n'y a pas lieu de nourrir des espoirs chimériques sur les ressources vivantes aquatiques. L'océan, malgré son immensité, n'est pas en mesure d'apporter aux hommes autant d'aliments que les continents, parce que de très vastes étendues y sont biologiquement pauvres, parce que ses écosystèmes sont en moyenne moins productifs et plus fragiles, enfin parce que son exploitation par l'homme est moins facile et plus aléatoire.

Conclusion

Dans ses conclusions François Carré souligne que « l'océan n'a pas la richesse illimitée qu'on lui prêtait autrefois » et qu'il apparaît désormais comme « un monde fini » alors que les productions « aquatiques » ne couvrent aujourd'hui que moins de 2 % des besoins alimentaires mondiaux. Elles sont au début des années 2000 de l'ordre de 95 millions de tonnes par an, pour un plafond estimé par la majorité des experts à 100-120 millions de tonnes par an en ce qui concerne les ressources « classiques ». Quant à l'aquaculture, « elle a besoin de 20 à 25 millions de tonnes de poissons issus de la pêche pour produire 30 millions de tonnes de poissons et crustacés » (F. Carré). C'est donc essentiellement sur les productions alimentaires obtenues sur les terres émergées qu'il faut compter pour faire face à la forte croissance des besoins alimentaires mondiaux à laquelle nous assistons.

Sur les terres émergées, Hervé Théry nous rappelle que « l'Amérique du Sud est le seul continent où des terres agricoles sont disponibles en grande quantité et à court terme », mais que les importantes opérations de défrichement qui s'y déroulent sont de plus en plus contestées. Ceci, pendant que dans le monde, comme nous l'avons vu dans le chapitre I, de 12 à 14 millions d'hectares de terres agricoles sont perdus chaque année, sur les différents continents et selon différents processus. Pour les ressources alimentaires produites sur les continents nous rapprochons-nous également de certaines limites, de celles d'un « monde fini » ?

Comme il a été également rappelé dans le chapitre I, l'indispensable accroissement de la production agricole mondiale a presque uniquement reposé au cours des dernières décennies sur la progression des rendements. Il en sera très certainement de même dans les décennies qui viennent alors que la population mondiale va passer de 6,5 milliards de personnes en 2007 à 8 milliards en 2025 et à 9 milliards en 2050. Jusque-là les progrès techniques et scientifiques des deux premières révolutions agricoles avaient finalement donné tort à Malthus qui craignait, à la fin du XVIIIe siècle, que le nombre de bouches à nourrir ne croisse plus rapidement que la production de denrées alimentaires. À quelles conditions pourra-t-il encore en être de même avec la troisième révolution agricole, celle des biotechnologies, qui commence à prendre de plus en plus d'importance ?

Dans ce contexte, et cela a été amplement montré et démontré dans les différents chapitres consacrés aux évolutions des systèmes alimentaires et agroalimentaires sur tous les continents, le progrès scientifique et technique n'est pas tout : encore faut-il être à même de le mobiliser tout en étant conscient de ses limites et capable de contrôler ses retombées négatives. Pour le développement et la diffusion du progrès technique, un rôle essentiel a été joué, et continuera à l'être, par les politiques agricoles. Tous les « poids lourds » de l'agriculture mondiale : les États-Unis, l'Union européenne, la Chine, l'Inde, le Brésil… et bien d'autres pays ont su mettre en place et fonder le développement de leurs productions alimentaires sur des politiques agricoles fortes. Le marquis de Mirabeau avait noté, à la fin du XVIIIe siècle que « toute politique part d'un grain de blé ». Nous pouvons retourner sa formule et considérer qu'aujourd'hui « tout grain de blé part d'une politique ».

Les principales composantes des politiques agricoles mises en place dans les principaux pays agricoles de la planète ont été présentées dans différents chapitres : elles se recoupent assez largement même si leurs poids relatifs et leurs combinaisons varient d'un pays à l'autre.

De fait, le développement de la production agricole apparaît fonction :

– de législations foncières favorables aux agriculteurs, qu'ils soient propriétaires ou locataires des terres qu'ils cultivent, leur accordant la sécurité foncière indispensable pour les inciter à investir (et pour garantir les crédits qu'ils pourraient être amenés à contracter),
– d'infrastructures de communication favorisant une commercialisation aisée des produits agricoles,
– de politiques de crédit (crédits à taux zéro ou crédits bonifiés) et de soutien des revenus des agriculteurs encourageant les indispensables investissements dans le développement de la production agricole,
– de politiques des prix agricoles garantissant des prix plancher pour les principales productions agricoles,
– d'une recherche fondamentale et appliquée et d'un enseignement agricole adaptés aux réalités locales.

Dans bien des cas, des investissements dans le domaine hydro-agricole sont en outre les bienvenus pour permettre d'accroître la mobilisation de potentialités locales ou régionales de production. D'où l'importance des politiques de l'eau pour le développement agricole : 40 % de la production agricole mondiale provient de périmètres irrigués.

Enfin, comme nous l'avons montré, les politiques agricoles sont amenées à devenir de moins en moins des politiques uniquement agricoles : elles intègrent désormais de plus en plus, outre des mesures organisant la production agricole elle-même, des données relevant de politiques alimentaires, de politiques environnementales et d'aménagement des espaces ruraux, voire de politiques d'aménagement et de développement régional… Elles ont ainsi tendance à devenir des politiques de plus en plus globales. Mais il n'y a pas dans ce domaine de modèle unique : des approches plurielles sont souhaitables et existent déjà en fonction des conditions culturelles, économiques et sociales propres à chaque pays.

La nourriture des hommes continue à reposer, comme l'avait bien montré en son temps et à propos des pays tropicaux le géographe Pierre Gourou, non seulement sur la maîtrise de techniques de production, mais aussi, et sans doute davantage, sur celle de techniques d'organisation et d'encadrement des populations agricoles et rurales.

La variété des conditions rencontrées constitue une des explications majeures de la difficulté à parvenir à un accord international sur les soutiens aux activités de production agricole dans les négociations commerciales menées dans le cadre de l'OMC. Les oppositions se manifestent non seulement entre pays du Nord et pays du

Sud, mais aussi à l'intérieur de chacun de ces deux groupes de pays. Ainsi, dans le groupe des pays riches, s'opposent d'une part les pays du groupe de Cairns, emmenés par l'Australie, qui prônent des politiques très libérales voire ultra-libérales dans le domaine agricole et d'autre part les États-Unis et l'Union européenne qui demeurent attachés à des politiques agricoles fortes garantes de la puissance de leurs agricultures. De même, dans le groupe du G 20 ou groupe des pays en développement s'opposent les intérêts des grands pays agro-exportateurs tel le Brésil et ceux des pays agro-importateurs telle la Chine.

Bibliographie

1. Ouvrages généraux

ARNOULD (P.) et SIMON (L.), 2007 : *Géographie de l'environnement,* Belin, collection « Atouts ».

BANQUE MONDIALE (Rapport sur le développement dans le monde), 2008 : « L'agriculture au service du développement », Banque Mondiale.

BÉRARD (L.) et MARCHENAY (P.), 2004 : *Les produits de terroir, entre culture et règlements,* CNRS.

BONNAMOUR (J.) (dir.), 1996 : *Agricultures et campagnes dans le monde,* SEDES.

BORIS (J.-L.), 2005 : *Commerce inéquitable : le roman noir des matières premières,* Hachette Littératures.

Boulanger (S.) et Legouy (F.), 2008 : « Vins, vignes et vignerons en France et dans le monde », dossier (1re partie), *Historiens et Géographes,* n° 402, mai 2008.

BRUNEL (S.), 1999 : *La faim dans le monde, comprendre pour agir,* PUF.

BRUNEL (S.), 2002 : *Famines et politiques,* Presses de Sciences Po.

« Cahiers techniques de l'agriculture durable », 2001, CIVAM/RAD (Réseau Agriculture Durable).

CADÈNE (Ph.) (dir.), 2007 : *La mondialisation. L'intégration des pays en développement,* SEDES.

CANEVET (C.), 1992 : *Le modèle agricole breton, histoire et géographie d'une révolution agroalimentaire,* PUR

CARROUÉ (L.) (dir.), 2006 : *La mondialisation,* A. Colin, collection « U ».

CHALÉARD (J.-L.) et CHARVET (J.-P.), 2004 : *Géographie agricole et rurale,* Belin, collection « Atouts ».

CHALÉARD (J.-L.), 2007 : « Agriculture et mondialisation dans les pays en développement », chapitre VI, dans *La mondialisation. L'intégration des pays en développement* (Ph. Cadène, dir.), SEDES.

CHAPUIS (R.), 2001 : *Systèmes et espaces agraires dans le monde,* A. Colin, collection « U ».

CHARVET (J.-P.), 1985 : *Les greniers du monde,* Économica.

CHARVET (J.-P.), 1996 *: Le blé,* Économica.

CHARVET (J.-P.), CROIX (N), DIRY (J.-P.), 2004 : « Agricultures durables et développement durable des territoires ruraux en France », in *Historiens et Géographes,* n° 387.

Charvet (J.-P.), 2006 : « L'agriculture dans la mondialisation », chapitre III, dans *La mondialisation* (L. Carroué, dir.), CNED/SEDES.

Charvet (J.-P.), 2006 : *L'alimentation dans le monde ; mieux nourrir la planète*, Larousse, collection « Petite Encyclopédie », 2e éd.

Charvet (J.-P.), 2007 : « Agriculture et développement durable », chapitre V, dans *Le développement durable* (Y. Veyret, dir.), SEDES.

Charvet (J.-P.), 2007 : *L'agriculture mondialisée*, Documentation Photographique n° 8059, La Documentation Française.

Croix (N) dir., 1998 : *Environnement et nature dans les campagnes : nouvelles politiques, nouvelles pratiques*, Presses Universitaires de Rennes.

Croix (N) dir., 2000 : « Des campagnes vivantes, un modèle pour l'Europe ? », Cestan-Igarun (Nantes).

Debatisse (M.), 1964 : *La révolution silencieuse ; le combat des paysans*, Calmann-Lévy.

Declerck (F.) et Portier (M.), 2007 : *Comment utiliser les marchés à terme agricoles et agroalimentaires*, Éditions France Agricole/Educagri.

Deleage (E.), 2004 : *Paysans. De la parcelle à la planète. Socioanthropologie du Réseau Agriculture Durable*, Syllepse.

Delpeuch (F.), 2006 : « Pour des politiques de nutrition publique », dans Hubert (B.) et Clément (O.) : *Le monde peut-il nourrir tout le monde ? Sécuriser l'alimentation de la planète*, Quae/IRD.

Diry (J.-P.), 1999 : *Les espaces ruraux*, SEDES, collection « Campus ».

Diry (J.-P.), 2000 : *Campagnes d'Europe, des espaces en mutation*, La Documentation Française, Documentation photographique n° 8018.

Diry (J.-P.), 2006 : « La mondialisation de l'aviculture. L'exemple des volailles de chair », *in Acteurs et espaces de l'élevage (XVIIe-XXIe siècles)*, Bibliothèque d'Histoire Rurale, 9, MRSH Caen.

Dufumier (M.), 2004 : *Agricultures et paysanneries des Tiers-monde*, Karthala.

FAO, 2007 : *La situation mondiale de l'alimentation et de l'agriculture*, FAO (ouvrage commercialisé avec un CD qui contient une importante banque de données statistiques portant sur l'agriculture mondiale).

FARRE, 2004 : *Le guide du référentiel agriculture raisonnée : de la théorie à la pratique.*

Fruit (J.-P.), 1998 : « Les opérations locales agri-environnementales dans l'espace français et la vallée de la Seine normande », in Croix (N) (dir.), 1998 : *Environnement et nature dans les campagnes*, Presses Universitaires de Rennes.

Fumey (G.) et Etcheverria (O.), 2004 : *Atlas mondial des cuisines et des gastronomies*, Autrement.

Granier (G.) et Veyret (Y.), 2006 : *Développement durable : quels enjeux géographiques ?*, La Documentation Française, Documentation photographique n° 8053.

Griffon (M.), 2006 : *Nourrir la Planète*, Odile Jacob.

Hatem (F.) et Pouch (Th.), 2008 : « Agroalimentaire : le poids des firmes multinationales », *Revue des Chambres d'agriculture*, n° 971, mars 2008.

Heffernan (W.), Hendrickson (M. K), Gronski (R.), 1999 : « Consolidation in the food and agriculture system » (www.foodcircles. missouri. edu/pub. htm)

Hervieu (B.) et Viard (J.), 2001 : *Au bonheur des campagnes*, Éditions de l'Aube.

Hinnewinkel (J.-C.), 2002 : « Territoires du vin, AOC et mondialisation », in *Les territoires de la vigne et du vin*, Cervin/Éditions Féret.

HUBERT (B.) et CLÉMENT (O.), 2006 : *Le monde peut-il nourrir tout le monde ? Sécuriser l'alimentation de la planète*, Quae/IRD.

IFPRI, VON BRAUN (J.), 2007 : « The world food situation », IFPRI.

KAYSER (B.), 1990 : *La renaissance rurale*, A. Colin.

MALASSIS (L.), 1973 : *Économie agroalimentaire : économie de la consommation et de la production agroalimentaire*, Cujas.

MAZOYER (M.) et ROUDART (L.), 1997 : *Histoire des agricultures du monde*, Éditions du Seuil.

MENZEL (P.) et D'ALUISIO (F.), 2005 : *Hungry planet : what the world eat*, Material World Books, Napa, California, www.menzelphoto.com

MILLSTONE (E.) et LANG (T.), 2005 : *Atlas de l'alimentation dans le monde*, Autrement.

MORGAN (K.), MARSDEN (T.), MURDOCH (J.), 2006 : *Worlds of Food, Place, Power and Provenance in the food chain*, Oxford University Press.

MUTIN (G.), 2000 : *De l'eau pour tous ?*, La Documentation Française, La Documentation Photographique n° 8014.

OCDE/FAO, 2007 : « Perspectives agricoles de l'OCDE et de la FAO, 2007-2016 », OCDE/FAO.

PARMENTIER (B.), 2007 : *Nourrir l'humanité*, La Découverte.

PERRIER-CORNET (P.), dir., 2002 : *Repenser les campagnes*, Éditions de l'Aube/Datar.

PISANI (E.), 2001 : *Un vieil homme et la terre*, Seuil, « L'Histoire Immédiate ».

RASTOIN (J.-L.) et GHERSI (G.), 2000 : « La mondialisation des échanges agroalimentaires », *Économies et sociétés*, n° 10-11, oct-nov 2 000. Article repris dans *Problèmes économiques*, n° 2719 du 27 juin 2001, sous le titre : « Agroalimentaire : la mondialisation en marche ».

RAINELLI (P.), 2007 : *L'agriculture de demain : gagnants et perdants de la mondialisation*, Éd. du Félin.

RENARD (J.), 2002 : *Les mutations des campagnes, paysages et structures agraires dans le monde*, A. Colin, collection « U ».

TDC (Textes et Documents pour la Classe) n° 881, 1er octobre 2004 : « Nourrir la planète ».

TRÉBUIL (G.) et HOSSAIN (M.), 2004 : *Le riz, enjeux écologiques et économiques*, Belin, collection « Mappemonde ».

VON BRAUN (J.), 2007 : « The world food situation », IFPRI.

2. Ouvrages portant sur des aires géographiques spécifiques

Chapitre 2 : Les systèmes alimentaires des pays du Nord

CARAËS (D.), 2008 : « L'agriculture française, repères économiques, édition 2007/2008 », *Revue des Chambres d'agriculture*, n° 973, mai 2008.

CARAËS (D.) et PONS (V.), 2008 : « Les enjeux régionaux de l'agriculture européenne », *Revue des Chambres d'Agriculture*, n° 969, janvier 2008.

CHARVET (J.-P.), 1996 : « Mutations récentes des agricultures et des espaces ruraux en Amérique du Nord », chapitre III, dans Bonnamour (J.) (dir.) : *Agricultures et campagnes dans le monde*, SEDES.

CHARVET (J.-P.), 1997 (2e éd.) : *La France agricole dans son environnement européen et mondial*, Liris.

DEVIENNE (S.), BAZIN (G.), CHARVET (J.-P.), 2005 : « Politique agricole et agriculture aux États-Unis : évolution et enjeux actuels », *Annales de Géographie,* n° 641 (janv.-fev. 2005).

DOREL (G.), 1985 : *Agriculture et grandes entreprises aux États-Unis,* Économica.

LE CARO (Y.), MADELINE (Ph.), PIERRE (G.) dir., 2007 : *Agriculteurs et territoires, entre productivisme et exigences territoriales,* Presses Universitaires de Rennes.

LOYAT (J.) et PETIT (Y.), 2008 (3e éd.) : *La politique agricole commune ; une politique en mutation,* La Documentation Française, collection « Réflexe Europe ».

Chapitre 3 : De nouveaux modèles agroalimentaires en Europe centrale et orientale

DEPRAZ (S.), *Recompositions territoriales, développement rural et protection de la nature dans les campagnes d'Europe centrale post-socialiste,* Thèse de doctorat, Université Paul Valéry/UMR 5045 CNRS, 2005, Montpellier, 525 p. + annexes.

ECKERT (D.), *Le monde russe,* Paris : Hachette, 2007.

GRANDEMANGE (A.), « Ni immobilisme ni chaos : les mutations de la propriété et de l'usage des terres à Verkhni Ikoretz (Russie) », *Mappemonde,* n° 67, 2002, 1-7.

HERVÉ (J.-J.), *L'agriculture russe, du kolkhoze à l'hypermarché,* coll. « Biologie, Écologie, Agronomie », L'Harmattan, 2007.

HERVOUET (R.), *Datcha Blues. Existences ordinaires et dictature en Biélorussie,* Paris : Aux lieux d'être, 2007.

HIRSCHHAUSEN (B. Von), *Les nouvelles campagnes roumaines. Paradoxes d'un « retour » paysan,* Belin, 1997, 240 p.

LACQUEMENT (G.), *La décollectivisation dans les nouveaux Länder allemands ; acteurs et territoires face au changement de modèle agricole.* Paris, L'Harmattan, coll. « Pays de l'Est », 1996.

LOMPECH (M.), SPISIAK (P.), « L'agriculture de montagne en Slovaquie dans la transformation post-socialiste » in *Crise et mutation des agricultures de montagne,* coll. « CERAMAC », Presses universitaires Blaise Pascal, Clermont-Ferrand, 2003, p. 441-459.

MACIULYTE (J.), « Agriculture familiale et propriété foncière », in *Bulletin de l'Association des Géographes Français*, 2005, vol. 82, n° 2, p. 140-155.

MACIULYTE (J.), « La recomposition de l'espace rural lituanien dans la perspective de l'intégration européenne », in *Annales de Géographie,* n° 636 (La nouvelle Europe centrale), mars-avril 2004, p. 188-210.

MACIULYTE (.), « L'agriculture en Lituanie. Dix ans de transition », in *Le courrier des pays de l'Est,* n° 1025, 2002, p. 52-60.

MACIULYTE (J.), « Les mutations agraires dans l'espace lituanien », in *Territoires en mutation,* Publication de l'UMR 5045 du CNRS n° 9/2002, Montpellier, juin 2001, 186 p.

MAUREL (M.-C.) (2001), « La conversion structurelle de l'agriculture lituanienne », in Estonie, Lettonie, Lituanie : 10 ans d'indépendance recouvrée, Langues'O, Paris, p. 87-102.

MAUREL (M.-C.), LACQUEMENT (G.) *dir., Agriculture et ruralité en Europe centrale, Paris : Aux lieux d'être, 2007, 164 p. Atlas de 24 planches en couleurs.*

MAUREL (M.-C.), HALAMSKA (M.), LAMARCHE, (H.), *Le repli paysan. Trajectoires de l'après communisme en Pologne,* L'Harmattan, Paris, 2003, 252 p.

MAUREL (M.-C.), « La filiation du modèle agricole soviétique : rétrospective sur les grands tournants agraires », in Sapir (Jacques) (dir.), *Retour sur l'U.R.S.S. Économie, société, histoire,* Paris : L'Harmattan, 1997, 201-216.

MAUREL (M.-C.), *La transition postcollectiviste. Mutations agraires en Europe centrale,* L'Harmattan, 1994, 366 p.

NÉFÉDOVA (T.), « L'agriculture russe après 10 ans de réformes : transformations et diversité », *L'Espace géographique,* n° 4, 2003, 289-300.

REY (V.), *Atlas de la Roumanie,* Reclus-La documentation française, 2007, 208 p.

REY (V.) coord., *Les nouvelles campagnes de l'Europe centre orientale,* CNRS éditions, 1996, 240 p.

ZRINSCAK (G2), *Mutations des campagnes tchèques – Une décollectivisation pragmatique,* Belin, « Mappemonde », Paris, 1997, 256 p.

Chapitre 4 : Les systèmes agroalimentaires des pays du Sud

ALTERSIAL-CERED-MSA, *Nourrir les villes en Afrique subsaharienne,* Paris, L'Harmattan, coll. « Villes et Entreprises », 1986, 421 p.

AUROI (C.), 1998, « Les agricultures andines, une lente évolution », in Auroi C. et Maurer, J-L., *Tradition et modernisation des économies rurales : Asie-Afrique-Amérique latine.* Mélanges en l'honneur de Gilbert Étienne. Paris, PUF, p. 285-309.

BLANC-PAMARD (C.) et CAMBREZY (L.), 1995, *Terre, Terroir, Territoire. Les tensions foncières.* Paris, Orstom éditions, 472 p.

BONNAMOUR (J.) dir., 1995, *Agricultures et campagnes dans le monde,* Paris, SEDES, 320 p.

BOURLIAUD (J.), DOLLFUS (O.), GONDARD (P.), 1998, « Pérou : le Haut-Huallaga, de la coca à l'abandon », *in Problèmes d'Amérique latine,* n° 28, janvier-mars 1998, p. 109-123

BRICAS (N.), SECK (P. A.), 2004, « l'alimentation des villes du Sud : des raisons de craindre et d'espérer », in *L'alimentation des villes* Cahiers Agricultures, vol. 13, n° 10-4, janvier-février, pp. 5-14.

CARROUÉ (L.), 2002, *Géographie de la mondialisation,* Paris, A. Colin, 254 p.

CHALÉARD (J.-L.), 1996, *Temps des villes, temps des vivres. L'essor du vivrier marchand en Côte d'Ivoire,* Paris, Karthala, 661 p.

CHALÉARD (J.-L.), 1998, « Croissance urbaine et production vivrière en Afrique subsaharienne », in *Afrique contemporaine,* n° 185, 1er trimestre 1998, pp. 3-18.

CHALÉARD (J.-L.), CHARVET (J.-P.), 2004, *Géographie agricole et rurale dans le monde,* Paris, Belin, collection « Atouts », 240 p.

CHALÉARD (J.-L.), MESCLIER (É.), 2004, « Dans le nord du Pérou, l'agriculture commerciale augmente-t-elle les risques pour les petits producteurs ? », in *Espaces tropicaux et risques. Du local au global.* (G. David, dir.), Orléans, Presses Universitaires d'Orléans-IRD, pp. 279-291.

CHALÉARD (J.-L.), MESCLIER (É.), 2006, « Les campagnes andines dans la mondialisation », *Festival International de géographie de Saint-Dié* 28 septembre-1er octobre 2006, 10 p. (lien : http://fig-st-die.education.fr/actes/actes_2006)

CHALÉARD (J.L.), DUBRESSON (A.) dir., 1999, *Villes et campagnes dans les pays du Sud. Géographies des relations,* Paris, Karthala, 258 p.

CHALMIN (P.) dir., 2006, *Cyclope. Les marchés mondiaux,* Paris, Économica, 2006, 740 p.

CHALMIN (P.) dir., 2008, *Cyclope. Les marchés mondiaux,* Paris, Économica, 676 p.

CHONCHOL (J.), 1995, « Le problème de la terre et les sociétés rurales en Amérique latine » in Blanc-Pamard C. et Cambrézy L., *Terre, Terroir, Territoire. Les tensions foncières.* Paris, Orstom éditions, p. 257-287.

CORMIER-SALEM (M.-C.), 1992, *Gestion et évolution des espaces aquatiques : la Casamance,* Paris, ORSTOM, coll. « Études et thèses », 584 p.

CORTES (G.), 2000, *Partir pour rester. Survie et mutations des sociétés paysannes andines (Bolivie)*, Paris, IRD-Éditions, coll. « À travers champs », 521 p.

COTE (M.), 1996, *Pays, paysages, paysans d'Algérie*, Paris, CNRS-Éditions, 382 p.

DE KONINCK (R.), *L'Asie du Sud-Est*, Paris, Masson, 317 p.

DOLLFUS (O.), BOURLIAUD (J.), 1997, « L'agriculture de la côte péruvienne au vent du néolibéralisme », in *Problèmes d'Amérique Latine*, n° 25, avril-juin 1997. pp. 87-104.

DORIN (B.), LANDY (F.), 2002, *Agriculture et alimentation en Inde. Les années vertes (1947-2001)*, Paris, INRA-Éditions, 248 p.

DUBRESSON (A.), RAISON (J.-P.), *L'Afrique subsaharienne. Une géographie du changement*, Paris, A. Colin, coll. « U », 2003 (2e édition), 246 p.

DUMONT (R.), *L'Afrique Noire est mal partie*, Paris, Le seuil, coll. « Politique », 1961, 288 p.

FAO, site www.fao.org

FORERO ÁLVAREZ (J.), 1999. *Economía y sociedad rural en los Andes colombianos*. Bogotá, Pontificia Universidad Javeriana, 378 p.

FRANQUEVILLE (A.), 2000, *La Bolivie. D'un pillage à l'autre*, Toulouse-Paris, P.U. du Mirail et IRD-Éditions, 292 p.

GOUROU (P.), 1982. *Terres de bonne espérance. Le monde tropical*, Paris, Plon, coll. « Terres Humaines », 456 p.

Haubert (M.) dir., 1999, *L'avenir des paysans. Les mutations des agricultures familiales dans les pays du Sud*, Paris, PUF, 187 p.

INEI, 1994, *III Censo Nacional Agropecuario* http://www.inei.gob.pe

International Cocoa Organization, site internet www.ICCO.org

International Coffee Organization, site internet www.ICO.org

LABROUSSE A., ROMERO L., *Rapport sur la situation du cannabis dans le Rif marocain (juin-août 2001)*, Paris, OFDT, 23 p., http://www.ofdt.fr/BDD/publications/docs/epbxal-hc.pdf

LANDY (F.), 2006, *Un milliard à nourrir. Grain, territoire et politiques en Inde*, Paris, Belin, 270 p.

LÉONARD (É.), 1995, *De vaches et d'hirondelles. Grands éleveurs et paysans saisonniers au Mexique*, Paris, IRD-Éditions, 325 p.

LESOURD (M.) coord., 2003, *L'Afrique. Vulnérabilité et défis*, Paris, Éd. du Temps, 2003, 447 p.

LOMBARD (J.) *et al.*, 2006, *La mondialisation côté sud. Acteurs et territoires*, Paris, IRD-Éditions.

MAZOYER (M.), ROUDART (L.), 1997, *Histoire des agricultures du monde*, Paris, Seuil, 357 p.

MESCLIER (É.), 2006, « Les espaces ruraux de l'Amérique latine dans la mondialisation », in Durreau F., Gouëset V., Mesclier É, *Géographies de l'Amérique latine*, Rennes, Presses Universitaires de Rennes, p. 139-227

MESCLIER (É.), CHALÉARD (J.-L.), 2006, « Le paradoxe social d'un territoire gagnant : l'exemple de Motupe au Pérou », in Lombard J., Mesclier É., Velut S. (Éd. Sc.) *La mondialisation côté Sud. Acteurs et territoires*, Paris, ENS-IRD Éditions, p. 373-388

MORLON (P.) coord., 1992, *Comprendre l'agriculture paysanne dans les Andes Centrales*. Dijon, INRA, 519 p.

MOUSTIER (P.) *et al.*, *Agricultures périurbaines en Afrique subsaharienne*, Montpellier, CIRAD-CORAF, 1999, 278 p.

Moustier (P.), Chaléard (J.-L.), Leplaideur (A.), 2002, « L'approvisionnement vivrier des villes de Guinée : entre fragilité et dynamisme », *in Autrepart*, n° 23, septembre 2002, pp. 5-23.

Murra (J.), 1975, *Formaciones económicas y políticas del mundo andino.* Lima, IEP, 339 p.

Musset (A.), 1994, *L'Amérique centrale et les Antilles,* Paris, Masson, 180 p.

Office Général Des Drogues, 1997, *Atlas mondial des drogues,* Paris, PUF, 272 p.

Pélissier (P.), 1995, *Campagnes africaines en devenir,* Paris, Arguments, 1995, 318 p.

Peltre-Wurtz (J.), 2004, *Alimentation et pauvreté en Équateur. Manger est un combat,* Paris, IRD-Karthala, 184 p.

Pourtier (R.), 2001, *Les Afriques noires,* Paris, Hachette, coll. « Carré Géographie », 255 p.

Smith (S.), Trivelli (C.), 2001, *El consumo urbano de los alimentaos andinos tradicionales,* Lima, MSP-COSUDE-IEP, 87 p.

Tersiguel (P.), 1998, *Le pari du tracteur, la modernisation des agricultures cotonnières au Burkina Faso,* Paris, ORSTOM, coll. « À travers champs », 280 p.

UNODC (United Nations Office on Drugs and Crime), 2006a, *Peru. Coca Cultivation Survey,* juin 2006, 62 p. (lien : http://www.unodc.org/pdf/andean/Peru coca survey).

UNODC (United Nations Office on Drugs and Crime), 2006a, *Peru. Coca Cultivation Survey,* juin 2006, 62 p. (lien : http://www.unodc.org/pdf/andean/Peru coca survey).

UNODC (United Nations Office on Drugs and Crime), 2006b, *Colombia. Coca Cultivation Survey,* juin 2006, 118 p. (lien : http://www.unodc.org/pdf/andean/Colombia coca survey).

UNODC (United Nations Office on Drugs and Crime), 2006b, *Colombia. Coca Cultivation Survey,* juin 2006, 118 p. (lien : http://www.unodc.org/pdf/andean/Colombia coca survey).

Chapitre 5 : Nourrir 2,5 milliards de personnes, plus et mieux : les défis de l'Inde et de la Chine

Aubert, Claude, 2004, « Consommations alimentaires : l'inconnue chinoise », *Déméter 2005. Économie et stratégies agricoles,* Club Déméter, pp. 19-41.

Aubert, Claude, 2005a, « Le devenir de l'économie paysanne en Chine », *Revue Tiers-Monde,* 183, pp.491-515.

Aubert, Claude, 2005b, « Politiques agricoles chinoises : la porte étroite », *L'économie mondiale 2006,* CEPII-La Découverte, pp.69-83.

Aubert, Claude, 2008, « Food security and consumption patterns in China : the grain problem », *China Perspectives,* Hong Kong, à paraître.

Aubert, Claude, LI Xiande, 2002, « Sous-emploi agricole et migrations rurales en Chine », *Perspectives chinoises,* avril, CEGC, Hong Kong, pp.49-61.

Banik, Dan, 2007, *Starvation and India's Democracy,* Londres, Routledge.

Boland, Alana, 2000, Feeding fears : competing discourses of interdependency, sovereignty, and China's food security, *Political Geography,* 19, pp.55-76.

Bricas N. 2006, « La pluralité des références identitaires des styles alimentaires urbains en Afrique » in F. Dreyfus *et al.* (éd.), *Les nouvelles figures des marchés agro-alimentaires. Journées d'études du GDR-CNRS, Montpellier, 23 et 24 mars 2006.* Montpellier : INRA-UMR Innovation, p. 159-168.

Brown, Lester R., *Who Will Feed China. Wake-up call for a small planet,* New York : World Watch Institute, 1995, 163 p.

BRUNEL, Sylvie (éd.), 1986, *Asie-Afrique : greniers vides, greniers pleins,* Économica.

DORIN, Bruno, LANDY Frédéric, 2002, *Agriculture et alimentation en Inde,* INRA Éditions.

DOULET, Jean-François, GERVAIS-LAMBONY Marie-Anne, 2000, *La Chine et les Chinois de la diaspora,* Ed. Atlante.

DRÈZE, Jean, SEN, AMARTYA, 1989, *Hunger and Public Action,* New Delhi, Oxford University Press.

ETIENNE, Gilbert, 2007a, « Agricultural prospects and the rural economy in China and India », *Sapra Bulletin,* juin, New Delhi

ETIENNE, Gilbert, 2007b, *Chine-Inde. La grande compétition,* Dunod.

FAO, 2007, *The State of Food and Agriculture 2007* (www.fao.org/docrep/010/a1200e/a1200e00.htm)

GENTELLE, Pierre, 1999, *La Chine et les Chinois de la diaspora,* SEDES.

GULATI, ASHOK, FAN, SHENGGEN (éd.), 2007, *The Dragon and the Elephant. Agricultural and rural reforms in China and India,* Oxford University Press, New Delhi.

High Level Committee on Long Term Grain Policy, 2002 : http://fcamin.nic.in/hlc_contents.htm.

JOSHI, PK., GULATI Ashok, CUMMINGS Jr. Ralph, 2007, *Agricultural diversification and small-holders in South Asia, New Delhi,* Academic Foundation.

KUHN, Mélanie, 2007, *Les défis et mutations de l'agriculture chinoise,* Chambres d'Agriculture, 966, pp.9-40.

LANDY, Frédéric, 1999, « Entre villes et campagnes, la politique alimentaire de l'Inde », in J.L. Chaléard, A. Dubresson (éd), *Villes et campagnes dans les pays du Sud,* Karthala, 260 p., pp. 21-45.

LANDY, Frédéric, 2006, *Un milliard à nourrir,* Belin.

LARIVIERE, Jean-Pierre, MARCHAND Jean-Pierre, 1999, *Géographie de la Chine,* Armand Colin.

MOHANTY, Manoranjan, *et al.* (ed.), 2007, *Grass-roots Democracy in India and China. The Right to Participate,* New Delhi, Sage.

Nceus, 2007, Report on Conditions of Work and Promotion of Livelihoods in the Unorganised Sector, New Delhi : http://nceus.gov.in/Condition_of_workers_sep_2007.pdf

NSSO, diverses enquêtes (http://mospi.nic.in)

PADILLA, Martine, 1996, *Les politiques alimentaires,* Cujas.

PINGALI, Prabhu, 2004, *Westernization of Asian Diets and the transformation of food systems : Implications for research and Policy,* ESA Working Paper, FAO, 18 p. (ftp://ftp.fao.org/docrep/fao/007/ae127e/ae127e00.pdf)

RACINE, Jean-Luc (éd.), 1994, *Les attaches de l'homme. Enracinement paysan et logiques migratoires en Inde du Sud,* Éditions de la MSH-Institut Français de Pondichéry.

SANJUAN, Thierry (dir.), 2007, *Dictionnaire de la Chine contemporaine,* Armand Colin.

SEN, Amartya, 1981, *Poverty and Famines,* Oxford, Clarendon Press.

USDA, 2007a, India. *Livestock and Products,* GAIN Report IN7094, 16 p.

USDA, 2007b, *China Export Guide,* GAIN Report CH7823, 15 p.

VON BRAUN, Joachim, 2007, *The World Food Situation,* IFPRI : www.ifpri.org/pubs/fpr/pr18.asp

YIN PEIHONG, *et al.,* 2006, « The changing regional distribution of grain production in China in the 21st century », *Journal of Geographical Sciences,* 16, (4), pp.396-404.

Chapitre 6 : Les évolutions des systèmes agroalimentaires dans les pays du Mercosur

BERTRAND (J.-P.) et THÉRY (H.), « Le marché mondial et l'expansion du complexe soja dans les *cerrados* du Mato Grosso » *in* Lombard, J, Mesclier, E et Velut, S (dir.), *La mondialisation côté Sud, acteurs et territoires,* IRD Éditions et Éditions Rue d'Ulm, 2006, pp. 45-65.

BERTRAND (J.-P.) et HILLCOAT (G.), *Brésil et Argentine : la compétitivité agricole et agro-alimentaire en question,* INRA/L'Harmattan, 1996, Paris, 319 p

BERTRAND (J.-P.), DE MELLO (N.) et THÉRY (H.) « Brésil : l'agriculture, une base puissante pour le développement des biocarburants », *Demeter 2008 économie et stratégies agricoles,* Club Demeter, 2007, pp. 187-224

BERTRAND (J.-P.), DE MELLO (N.), RIEDACKER (A.) et THÉRY (H.), « La politique brésilienne en matière de biocarburants : le pari sur l'éthanol », *Demeter 2008 économie et stratégies agricoles,* Club Demeter, 2007, pp. 163-186.

CARON (P.) et SABOURIN (E.) *Paysans du sertão, mutations des agricultures familiales dans le Nordeste du Brésil,* Cirad, 2002

CASCUDO (L. C.) *História da alimentação no Brasil.* Companhia Editora Nacional, São Paulo, 1967.

CASTRO (J. de), *Géographie de la Faim, le dilemme brésilien : pain ou acier,* Seuil, Paris 1964

DEAN (W.), *With Broadax and Firebrand. The Destruction of the Brazilian Forest,* Berkeley, University of California Press, 1997.

GIRARDI (E. P.) et FERNANDES (B. M.), Brésil : les territoires de la question agraire, M@ppemonde n° 82, 2/2006, http://mappemonde.mgm.fr/num10/articles/art06206.html

Grégoire (E.) et Théry (H.), « L'ogre et le petit Poucet », L'espace géographique, 2007/3, pp 267-282

LINHARDT (R.), *Le Sucre et la faim, Enquête dans les régions sucrières du Nord-Est brésilien,* Éditions de Minuit, 1981

MONBEIG (P.), *Pionniers et planteurs de São Paulo,* Armand Colin, Paris 1995, 376 pages.

SACHS (I.), WILHELM (J. E.), PINHEIRO (P. S.) dir., *Brasil, um século de transformações* Companhia das Letras, São Paulo 2001, 427 pages

THÉRY (H.) et DE MELLO (N.), *Atlas du Brésil,* CNRS Libergéo-La Documentation Française, 2003, 304 pages

THÉRY (H.) « La vague déferlante du soja brésilien » *M@ppemonde nº 74* (2-2004), http://mappemonde mgm fr/num2/articles

THÉRY, (H.) « Le Monde vu du Brésil », in *Géopolitique du monde contemporain, États, continents, puissances,* Pierre Gentelle (dir.), Nathan, 2008, pp 190-202.

Chapitre 7 : L'alimentation de qualité

BÉRARD L., MARCHENAY P., *Les produits de terroirs, entre culture et règlements,* Paris, CNRS, 2004

CREDOC, *Les opinions des Français sur la qualité et les risques sanitaires des produits alimentaires,* Rapport, 190, Paris, 1998.

FUMEY G., *Manger local, manger global. L'alimentation géographique,* Paris, Ed. du CNRS, 2008

HINNEWINKEL (J.-C.), 2007 : « L'avenir du terroir : gérer de la complexité par la gouvernance locale », in *Méditerranée,* n° 109, 2007, pp. 17-22.

RAINELLI P., *L'agriculture de demain : gagnants et perdants de la mondialisation*, Paris, Ed. du Félin, 2007

PALLOTIN G., *L'agriculture raisonnée. Rapport au ministre de l'agriculture*, Paris, INRA, 2 000.

POUZENC (M.), *et al.*, 2007 : « Diversification des modèles de qualité territorialisée des produits agroalimentaires : risques ou opportunité pour les terroirs ? » in *Méditerranée*, n° 109, 2007, pp. 31-40.

TORRÈS O. et YAOUANC D., *La guerre des vins : l'affaire Mondavi : mondialisation et terroirs*, Paris, Dunod, 2005.

VIEL J.-M., *L'agriculture biologique, une réponse* ? Paris, Éditions Entente, 1979.

Site : inao. org/

Chapitre 8 : Les produits aquatiques dans l'alimentation des hommes

BARTZ (F.), 1959. *Fischer auf Ceylan,* Bonn, Bonner geographische Abhandlungen, fasc. 27, 107 p.

BARTZ (F.), 1964, 1965, 1974. *Die grossen Fischereiräume der Welt,* Stuttgart, Springer, tome 1 : 461 p., tome 2 : 594 p., tome 3 : 800 p.

BESNARD (W.), 1948, *Les produits d'origine marine et fluviale*, Paris, Payot, 366 p.

CARRÉ (F.), 1988, *Pêches et pêcheries de l'Écosse,* thèse doct. d'État, Brest, Univ. de Bretagne occidentale, 5 vol., 1870 p. mimeo.

CARRÉ (F.), 1998a, *Culture, élevage et pêche sur les littoraux, in Les littoraux, espaces de vies,* A. Gamblin dir., Paris, Sedes, coll. « D.I.E.M. », n° 23, p. 147-178.

CARRÉ (F.), 1998b, *La mariculture sur les littoraux, in Géographie humaine des littoraux, activités liées à la mer,* sous la direction de B. Dumortier, Paris, Edit. du Temps, p. 67-112.

CARRÉ (F.), 1999, « La façade maritime de la Chine populaire et ses activités littorales », in *La Chine et les Chinois de la diaspora,* sous la direction de J.-P. Larivière, Paris, CNED-Sedes, chapitre 9, p. 263-295.

CARRÉ (F.), 2002, *Exploitation et gestion des ressources vivantes de l'océan,* Boletim da Sociedade de Geografia de Lisboa, Lisbonne, série 120a, janv.-déc., p. 77-98.

CARRÉ (F.), 2005, « L'effet de la généralisation des zones économiques exclusives sur les pêches mondiales (1970-1985) », GeoINova, *Revista do Departamento de Geografia e Planeamento Regional,* Lisbonne, Université Nouvelle, n° 11 : *Espaços maritimos, pesca e sustentabilidade,* p. 79 - 101.

CARRÉ (F.), 2006, « L'Évolution des pêches à finalité industrielle », in *Pêche et aquaculture, Pour une exploitation durable des ressources vivantes de la mer et du littoral, ouvrage en l'honneur de Jean-Pierre Corlay,* sous la direction de J. Chaussade et J. Guillaume, Rennes, Presses Universitaires de Rennes, p. 101 - 113.

CHAUSSADE (J.), 1983, *La pêche et les pêcheurs des provinces maritimes du Canada,* Montréal, Presses de l'Univ. de Montréal, 303 p.

CHAUSSADE (J.), 1994, *La mer nourricière : enjeu du XXIe siècle,* Champtoceaux, chez l'auteur, 153 p.

CHAUSSADE (J.), 1998, « La pêche et les cultures marines », in *Géographie humaine des littoraux maritimes,* Paris, CNED-Sedes, p. 211-250.

CHAUSSADE (J.), Corlay (J.-P.) dir., 1990, *Atlas des pêches et des cultures marines (France, Europe, Monde),* Rennes, Edit. Ouest-France - Le Marin, 252 p.

CORLAY (J.-P.), 1993, *La pêche au Danemark. Essai de géographie halieutique,* Brest, Univ. Bretagne occidentale, thèse doct. État, 1331 p. miméo.

COULL (J.R.), 1993, *World fisheries resources,* Londres, Routledge, 267 p.

CUSHING (D. H.), 1988, *The Provident Sea,* Cambridge, Cambridge Univ. Press, 329 p.

DOMINGO (J.), 1978, *L'approvisionnement en poisson de la côte d'Ivoire et ses problèmes,* T.I.G.R., Reims, n° 33-34, p. 59-82.

DOUMENGE (F.), 1986, « La révolution aquacole », *Annales de Géographie,* Paris, Colin, vol. 95, n° 530 et 531, p. 445-482 et 530-586.

DOUMENGE (F.), 1995, *L'interface pêche/aquaculture, coopération, coexistence ou conflit,* Norois, Poitiers, vol. 42, n° 165, p. 205-223.

FERLIN (P.), 1994. *L'aquaculture,* Paris, P.U.F., « Que sais-je ? » n° 2901, 128 p.

GUIFFRE (P.), 1990, *Les produits de la mer,* Paris, Économica, coll. « Cyclope », 145 p.

GULLAND (J.A.), 1971, sous la direction de., *The fish resources of the ocean,* Londres, FAO et Fishing News (Books), 255 p.

HARACHE (Y.), Laubier (L.), 2003, *L'aquaculture marine, in Exploitation et surexploitation des ressources vivantes,* sous la direction de L. Laubier, Paris, Lavoisier, Acad. des Sciences, rapports sur la science et la technologie n° 17, p. 266-286

LIVET R., *Géographie de l'alimentation,* Paris, Éd. Ouvrière, « développement et civilisations ». 1969, 317 p.

MOISEEV (P.A.), sous la direction de., 1985, *Biologiceskie resursy okeana/Les ressources biologiques de l'océan,* Moscou, Agropromizdat, 288 p. ; 2e édit, 1989, 368 p.

PLANHOL (X. de), 2000, *L'islam et la mer, la mosquée et le matelot,* VIIe - XXe siècle, Paris, Perrin, 658 p.

Rapport de la F.A.O., 2007, *Situation mondiale des pêches et de l'aquaculture* 2006, Rome, 70 p.

TACON (A. G. J.), HASAN (M. R.), SUBASINGHE (R.P.), 2006, *Use of fishery resources as feed inputs to aquaculture development : trends and policy implications,* F.A.O. Fisheries Circular, Rome, n° 1018, 99 p.

TROADEC (J.-P.), 1989, « Les pêches et les cultures marines face à la rareté de la ressource », in *L'homme et les ressources halieutiques,* sous la direction de J.-P. Troadec, Plouzané, IFREMER, p. 21-66.

UTHOFF (D.), 1998, *From Traditional Use to Total Destruction. Forms and Extent of Economic Utilization in the Southeast Asian Mangroves,* in KellÉtat, German Geographical Coastal Research, The Last Decade, Tübingen, Institute for Scientific Co-operation, Committee of the Federal Republic of Germany for the Internat. Geographical Union, p. 341-379.

UTHOFF (D.), 2000, *Seefischerei und marine Aquakultur. Wandel und Trends in der Nutzung des Nahrungspotentials der Meere,* Petermanns Geographische Mitteilungen, Gotha, Justus Perthes, vol. 143, Pilotheft 2000, p.58-73.

WÜHRL (E.), 1980, *Das Meer als Nahrungspotential,* Praxis Geographie, Braunschweig, Westermann, vol. 10, n° 3, p. 101-143.

Statistiques

Annuaire statistique des pêches, Rome, Organisation des Nations Unies pour l'alimentation et l'agriculture (F.A.O.), Captures ; Produits, 2 vol., annuel, pag. variable.

Statistiques de la production de l'aquaculture, Rome, F.A.O., annuel, depuis 1985, pag. var.

3. Sources statistiques

Annuaires statistiques de la FAO (auxquels on peut avoir accès par internet sur www.fao.org)

Graphagi 2008 : « L'agriculture, la forêt et les industries agroalimentaires », Agreste, Ministère de l'Agriculture et de la Pêche (statistiques agricoles portant principalement sur la France).

Images Economiques du Monde, éditions 2008 et 2009 : voir les pages consacrées à l'agriculture.

Rapports Cyclope (établis sous la direction de Philippe Chalmin et édités par Économica) : voir le rapport le plus récent (2008) et le rapport 2006 (celui-ci, qui constitue le vingtième rapport de la série Cyclope présente, sur un certain nombre de points, d'intéressantes rétrospectives portant sur les deux dernières décennies)

4. Revues autres que les revues de géographie

On peut en particulier se référer à la revue « *Économie rurale* » et à la revue « *Chambres d'Agriculture* » qui publie régulièrement des dossier thématiques (cf. ceux portant sur les agricultures de la Chine (octobre 2007), de l'Union européenne (janvier 2008), de la France (mai 2008)... ou sur des thèmes transversaux comme l'agroalimentaire (mars 2008). Les Chambres d'Agriculture éditent également d'intéressantes mises au point portant sur l'agriculture en France, en Europe et dans le monde dans leur série « Focus » (voir : http://paris.apca.chambagri.fr/repeco).

Rapports Déméter (A. Colin) : rapports annuels thématiques accompagnés de statistiques. Voir en particulier *Déméter2008* avec différents articles abordant des thèmes d'actualité :

La nouvelle modernité : une agriculture productive à haute valeur écologique.

Signes de qualité : quels résultats économiques pour le producteur ?

L'avenir à moyen terme des biocarburants.

5. Sites internet

www.fao.org (FAO)

www.wri.org (World Ressources Institute)

www.wto.org (World Trade Organization = Organisation mondiale du Commerce)

www.igc.org.uk (International Grain Council = Conseil International des Céréales)

www.Agriculture.gouv.fr (Ministère de l'Agriculture, de l'Alimentation, de la Pêche et des Affaires rurales)

http://europa.eu.int/comm/agriculture/index.htm (Direction Générale de l'Agriculture de l'Union européenne)

http://www.nal.usda.gov ou usda. gov (National Agricultural Library ou Ministère américain de l'agriculture).

En outre, toutes les grandes firmes agroalimentaires de la planète entretiennent un site internet sur lequel elles présentent, à leur manière, leur histoire et leurs activités.

Table des cartes, tableaux et figures

Table des matières

11007679 - (I) - (3,5) - OSB 80° - STYL - ACT
Imprimé en France par EMD S.A.S. – 53110 Lassay-les-Châteaux
N° d'impression : 20031 – Dépôt légal : septembre 2008